Kohlhammer

Grundwissen Soziale Arbeit

Herausgegeben von Rudolf Bieker

Band 13

Astrid Krus/Christina Jasmund (Hrsg.)

Psychomotorik in sozialpädagogischen Arbeitsfeldern

Verlag W. Kohlhammer

Dieses Werk einschließlich aller seiner Teile ist urheberrechtlich geschützt. Jede Verwendung außerhalb der engen Grenzen des Urheberrechts ist ohne Zustimmung des Verlags unzulässig und strafbar. Das gilt insbesondere für Vervielfältigungen, Übersetzungen, Mikroverfilmungen und für die Einspeicherung und Verarbeitung in elektronischen Systemen.

1. Auflage 2015

Alle Rechte vorbehalten
© W. Kohlhammer GmbH, Stuttgart
Gesamtherstellung: W. Kohlhammer GmbH, Stuttgart

Print:
ISBN 978-3-17-022684-5

E-Book-Formate:
pdf: ISBN 978-3-17-029049-5
epub: ISBN 978-3-17-029050-1
mobi: ISBN 978-3-17-029051-8

Für den Inhalt abgedruckter oder verlinkter Websites ist ausschließlich der jeweilige Betreiber verantwortlich. Die W. Kohlhammer GmbH hat keinen Einfluss auf die verknüpften Seiten und übernimmt hierfür keinerlei Haftung.

Vorwort zur Reihe

Mit dem so genannten „Bologna-Prozess" galt es neu auszutarieren, welches Wissen Studierende der Sozialen Arbeit benötigen, um trotz erheblich verkürzter Ausbildungszeiten auch weiterhin „berufliche Handlungsfähigkeit" zu erlangen. Die Ergebnisse dieses nicht ganz schmerzfreien Abstimmungs- und Anpassungsprozesses lassen sich heute allerorten in volumigen Handbüchern nachlesen, in denen die neu entwickelten Module detailliert nach Lernzielen, Lehrinhalten, Lehrmethoden und Prüfungsformen beschrieben sind. Eine diskursive Selbstvergewisserung dieses Ausmaßes und dieser Präzision hat es vor Bologna allenfalls im Ausnahmefall gegeben.

Für Studierende bedeutet die Beschränkung der akademischen Grundausbildung auf sechs Semester, eine annähernd gleich große Stofffülle in deutlich verringerter Lernzeit bewältigen zu müssen. Die Erwartungen an das selbständige Lernen und Vertiefen des Stoffs in den eigenen vier Wänden sind deshalb deutlich gestiegen. Bologna hat das eigene Arbeitszimmer als Lernort gewissermaßen rekultiviert. Die Idee zu der Reihe, in der das vorliegende Buch erscheint, ist vor dem Hintergrund dieser bildungspolitisch veränderten Rahmenbedingungen entstanden. Die nach und nach erscheinenden Bände sollen in kompakter Form nicht nur unabdingbares Grundwissen für das Studium der Sozialen Arbeit bereitstellen, sondern sich durch ihre Leserfreundlichkeit auch für das Selbststudium Studierender besonders eignen. Die Autor/innen der Reihe verpflichten sich diesem Ziel auf unterschiedliche Weise: durch die lernzielorientierte Begründung der ausgewählten Inhalte, durch die Begrenzung der Stoffmenge auf ein überschaubares Volumen, durch die Verständlichkeit ihrer Sprache, durch Anschaulichkeit und gezielte Theorie-Praxis-Verknüpfungen, nicht zuletzt aber auch durch lese(r) freundliche Gestaltungselemente wie Schaubilder, Unterlegungen und andere Elemente.

Prof. Dr. Rudolf Bieker, Köln

Zu diesem Buch

Die Psychomotorik als Wissenschaftsdisziplin ist im „Spannungsfeld" der Fachdisziplinen Psychologie, Medizin, Pädagogik und Sportwissenschaften verortet, mit Schnittstellen zur Sozialen Arbeit. Seit ihren Anfängen im jugendpsychiatrischen Bereich in den 1950er Jahren hat sie sich als ein Handlungskonzept Sozialer Arbeit nicht nur im Fachdiskurs bewährt, sondern insbesondere in den vielfältigen, Lebensspannen übergreifenden, sozialpädagogischen Arbeitsfeldern etabliert. Bewegung (Körperlichkeit) als eine anthropologische Grundkategorie erschließt neue Zugangsweisen einer entwicklungsorientierten Persönlichkeitsförderung. Forschungsergebnisse belegen die Bedeutung der Bewegung und Wahrnehmung für eine stabile Entwicklung in den Bereichen Emotionalität, Sprachentwicklung, Sozialverhalten und Kognition. Im Vordergrund der psychomotorischen Arbeit steht die bewegungsgebundene Eigenaktivität des Individuums, die als Erkundungstätigkeit die Auseinandersetzung mit der personalen und materialen Umwelt sowie Erfahrungsgelegenheiten für eine aktional getragene Selbstorganisation ermöglicht und zugleich Wirksamkeitserfahrungen eröffnet, die ihrerseits den Aufbau eines positiven Selbstkonzeptes unterstützen. Die Qualifizierung sozialpädagogischer Fachkräfte im Fachgebiet der Psychomotorik bietet umfassende Handlungskompetenzen einer bewegungsorientierten klientenzentrierten Persönlichkeitsförderung und/oder gruppenorientierten Entwicklungsförderung.

Der vorliegende Band beschreibt ausgehend von einer kurzen historischen und fachlichen Einordnung des Fachgebiets die theoretischen Grundlagen der Psychomotorik sowie die Schnittstellen und Ansatzpunkte zur Sozialen Arbeit. Anhand ausgewählter Beispiele aus den vielfältigen Arbeitsfeldern, die sich über die gesamte Lebensspanne von der Frühförderung bis zur Arbeit mit älteren, demenzerkrankten Menschen (Motogeragogik) ziehen, werden die unterschiedlichen Aufgabenfelder und Ansätze der Psychomotorik aufgezeigt. Diese umfassen sowohl die entwicklungsorientierte Perspektive der Psychomotorik als auch neue Perspektiven der (betrieblichen) Gesundheitsförderung, der Stressbewältigung oder Beratungsangebote aus psychomotorischer Perspektive in Organisationen. Für Leserinnen[1], die mit dem Konzept der Psychomotorik bislang nicht vertraut sind, bieten die Beispiele aus den unterschiedlichen Handlungsfeldern in Teil II einen guten Einblick in die psychomotorische Arbeit.

Die Beiträge dokumentieren sehr anschaulich das dynamische Entwicklungspotential, welches sich durch das Medium des körper-/leibbetonten Zugangs für die Arbeit mit Klienten ergibt. Es ist davon auszugehen, dass sich die Einsatzmöglichkeiten im Handlungsfeld Sozialer Arbeit weiter ausdifferenzieren und

---

1 Aus Gründen der leichteren Lesbarkeit wird auf eine geschlechtsspezifische Differenzierung, wie z. B. Teilnehmer_innen, verzichtet. Entsprechende Begriffe gelten im Sinne der Gleichbehandlung für beide Geschlechter.

sowohl neue Zielgruppen als auch neue Handlungsfelder erschlossen werden. Der zunehmenden Selbstentfremdung und Isolation in heutigen Lebenswelten können Selbstwirksamkeitserfahrungen durch das leibhaftige Erleben mit Anderen entwicklungsfördernde Potentiale entgegensetzen. Psychomotorik ermöglicht nicht nur den Klientinnen, sondern auch den Sozialarbeiterinnen die Chance auf neue Welt- und Selbsterfahrungen und damit auf neue Handlungsoptionen. Diese können sich sowohl auf interdisziplinäre Kooperationen in und mit Institutionen als auch auf Angebote in sozialen Settings beziehen. Sensibilität für die Situationen von Klienten entwickelt sich über die eigene Reflexivität, ohne die Psychomotorik nicht möglich ist. Insofern stellt Psychomotorik nicht nur eine Bereicherung des Spektrums der Sozialen Arbeit dar, sondern unterstützt auch die Selbstachtsamkeit und Persönlichkeitsentwicklung von Sozialarbeiterinnen und Sozialpädagoginnen.

INHALT

Vorwort zur Reihe 5
Zu diesem Buch 7

Teil I   Allgemeine Grundlagen

1 Entwicklungslinien der Psychomotorik 15
   1.1 Ernst Jonny Kiphard – der Vater der Psychomotorik
       in Deutschland 15
   1.2 Entwicklungslinien der Psychomotorik 18
   1.3 Psychomotorik im internationalen Kontext 26
   1.4 Wirksamkeitsforschung in der Psychomotorik 31

2 Psychomotorik – Gegenstandsbestimmung 36
   2.1 Bedeutungsdimensionen des Begriffs Psychomotorik 36
   2.2 Schlüsselbegriffe der Psychomotorik 39
   2.3 Die Bedeutung der Bewegung für Bildungs- und
       Erziehungsprozesse 45

3 Methodisch-didaktische Prinzipien professionellen
   psychomotorischen Handelns 57
   3.1 Auswahl und Gestaltung des Settings 58
   3.2 Auswahl des Materials 59
   3.3 Sozialform 60
   3.4 Stundenaufbau 60
   3.5 Prinzipien psychomotorischen Handelns 61
   3.6 Professionelle Haltung 62

4 Das Konzept der Psychomotorik in der Sozialen Arbeit 65
   4.1 Professionelles Handeln in der Sozialen Arbeit 65
   4.2 Auswahl und Begründung der eingesetzten Methoden ... 71
   4.3 Psychomotorik als „neue Intervention" in der
       Sozialen Arbeit 72

5 Psychomotorik in der Sozialen Arbeit – Das Darmstädter Modell 74
   5.1 Schulsonderturnen in der Sozialen Arbeit (1976–1985) ... 74
   5.2 Sportförderunterricht und Psychomotorik (1985–1997) .. 74
   5.3 Psychomotorik und Sport in sozialpädagogischen
       Arbeitsfeldern (seit 1997) 76
   5.4 Von der kompetenzorientierten Psychomotorik zur
       reflexiven Leiblichkeit in der Sozialen Arbeit – Inhaltliche
       Entwicklung der Psychomotorik an der Hochschule
       Darmstadt 77

5.5 Psychomotorische Forschung 78
5.6 Die Projekt-Praxis im Studium der Sozialen Arbeit 78
5.7 Die verstehende Grundhaltung in einer
    psychomotorischen/verkörperten Sozialen Arbeit 86

Teil II   Psychomotorische Arbeit in Handlungsfeldern der Sozialen Arbeit

1 Psychomotorik in Tageseinrichtungen für Kinder (0–6 Jahre) 91
   1.1 Die Betreuung von Kindern in Tageseinrichtungen in
       Deutschland – eine historische Einordnung 91
   1.2 Rechtliche Einordnung des Handlungsfeldes 92
   1.3 Gesetzlicher Förderauftrag von Kindern in Tageseinrichtungen ... 93
   1.4 Kindertageseinrichtungen als Bildungsinstitutionen 94
   1.5 Ganzheitliche individuelle Bildungs- und
       Entwicklungsförderung 96
   1.6 Ganzheitliches Lernen in der Kindheit durch
       Bewegung und Spiel 96
   1.7 Förderung von Kindern in Tageseinrichtungen
       durch Psychomotorik 98
   1.8 Psychomotorik in Tageseinrichtungen für Kinder 99
   1.9 Psychomotorik im systemischen Ansatz der
       Familienbildung in Familienzentren 101

2 Psychomotorisches Handeln in sozialpädagogischen Arbeitsfeldern
   des Lern- und Bildungssystems Schule 104
   2.1 Sozialpädagogische Arbeitsfelder in der Schule:
       Schulsozialarbeit und Tätigkeit als sozialpädagogische
       Fachkraft in der Schuleingangsphase 104
   2.2 Anthropologische Orientierung in der Sozialpädagogik
       und Psychomotorik 105
   2.3 Didaktisch-methodische Grundlagen der Psychomotorik in
       den sozialpädagogischen Handlungsfeldern von Schule 106
   2.4 Ziele und strukturelle Elemente psychomotorischer
       Angebote 107
   2.5 Medien und Methoden psychomotorischer Angebote – oder:
       Handeln, Fühlen, Interagieren – das psychomotorische
       Verständnis von Bewegung und Wahrnehmung 108
   2.6 Psychomotorische Angebote in den sozialpädagogischen
       Handlungsfeldern von Schule 114

3 Psychomotorisches Arbeiten im Setting eines Sozialpädiatrischen
   Zentrums 120
   3.1 Arbeitsfeld Sozialpädiatrisches Zentrum 120
   3.2 Das Entwicklungs- und Störungskonzept der
       psychomotorischen Entwicklungstherapie 121

3.3	Diagnostik in der psychomotorischen Entwicklungstherapie	124
3.4	Ziele der psychomotorischen Entwicklungstherapie	125
3.5	Die psychomotorische Entwicklungstherapie	127

4 Psychomotorik in der Kinder- und Jugendhilfe ... 133
4.1	Kinder- und Jugendhilfe heute	133
4.2	Bewegung, Spiel und Sport in der Kinder- und Jugendhilfe	134
4.3	Psychomotorische Entwicklungsförderung in der Kinder- und Jugendhilfe	136
4.4	Methodisch-didaktische Überlegungen	141
4.5	Psychomotorische Haltung im pädagogischen Alltag	143

5 Psychomotorik als Bestandteil der Stadtteilarbeit in sozial benachteiligten Regionen ... 146
5.1	Leben tatsächlich arme Menschen in Deutschland?	146
5.2	Armut im Kindesalter	147
5.3	Resilienz im Kontext Armutslagen	150
5.4	Resilienzförderung durch Psychomotorik im Kontext Armutslagen	151
5.5	Die Mobile Bewegungsbaustelle – ein psychomotorisches Angebot für Eltern und Kinder in benachteiligten Regionen	154
5.6	Fazit und Ausblick	159

6 Belastungen und Ressourcen im Gleichgewicht – Psychomotorische Perspektiven auf betriebliche Gesundheitsförderung im Kontext der Sozialen Arbeit ... 162
6.1	Handlungsfelder und Handlungsaufgaben der Sozialen Arbeit im Gesundheitsbereich	162
6.2	Betriebliches Gesundheitsmanagement – Grundlagen auf nationaler und internationaler Ebene	164
6.3	Zentrale Handlungsfelder der betrieblichen Gesundheitsförderung	166
6.4	Psychische Belastungen und Stress am Arbeitsplatz	167
6.5	Betriebliche Gesundheitsförderung aus psychomotorischer Perspektive	171
6.6	Psychomotorische Gesundheitsförderung und Soziale Arbeit	181

7 Mototherapie – Die Umsetzung des psychomotorischen Gedankens in der klinischen Arbeit mit psychisch erkrankten Erwachsenen ... 186
7.1	Einleitung	186
7.2	Das Arbeitsfeld	187
7.3	Mototherapie als spezifische Bewegungstherapie in der psychiatrischen Klinik	190

    7.4 Mototherapie dargestellt an der Körper- und
         Bewegungsarbeit mit depressiv Erkrankten 194
    7.5 Qualifikationen 203

8   Einrichtungen in Bewegung. Organisationsentwicklung
    bewegt begleiten 206
    8.1 Einleitung 206
    8.2 Fallbeispiel: eine „psychomotorische Bildungseinrichtung"
         für alle 207
    8.3 Organisationen und ihre Organisationskultur: verborgen,
         aber wirksam 209
    8.4. Auftragsklärung: Fach- und Prozessberatung 212
    8.5 Widerstand: „...natürlich schütze ich mich" 213
    8.6 Metaphorische Bewegungssituationen und reflexive
         Leiblichkeit 215
    8.7 Praxisbeispiele 216
    8.8 Fachwissen? 221
    8.9 Fazit: Eine zarte Pflanze 222

9   Motogeragogik: Psychomotorik im Alter 225
    9.1 Einleitung 225
    9.2 Das Konzept 226
    9.3 Psychomotorik mit vitalen Älteren 233
    9.4 Psychomotorik im Alten- und Pflegeheim 234
    9.5 Psychomotorik und Demenz 236

Teil III   Weiterführende Informationen

1   Qualifizierungsmöglichkeiten 243
    1.1 Studiengänge 243
    1.2 Fachschulausbildung 245
    1.3 Fort- und Weiterbildungen 245

2   Verbände und Organisationen 247

Verzeichnis der Autorinnen und Autoren 250

TEIL I   ALLGEMEINE GRUNDLAGEN

1 ENTWICKLUNGSLINIEN DER PSYCHOMOTORIK

Astrid Krus

Was Sie in diesem Kapitel lernen können

In diesem Kapitel erhalten Sie einen umfassenden Überblick über die Ursprünge und Entwicklungslinien der Psychomotorik in Deutschland. Ausgehend von den circensischen Bewegungsangeboten Jonny Kiphards in der Kinder- und Jugendpsychiatrie in Gütersloh entwickelte sich ein pädagogisch-therapeutisches Konzept der Psychomotorik, das seitdem durch theoretische Fundierung und „Verwissenschaftlichung" eine Ausdifferenzierung erfährt.

In Deutschland ist die Psychomotorik als Konzept untrennbar mit dem Namen Ernst Jonny Kiphard verbunden, der – ohne Zweifel – als der Vater der deutschen Psychomotorik bezeichnet wird. Der Vaterbegriff trifft die Entstehung des Konzeptes in besonderem Maße, da die Ursprünge einerseits in der Biografie eines hochgradig bewegungsaffinen/-begeisterten Menschen und andererseits in den praktischen Erfahrungen eines professionellen Bewegungsfachmanns gründen. Die zunächst personenbezogenen Inhalte wurden in den Anfangsjahren durch Ausprobieren und Nachahmen der bewährten Handlungsrezepte des Bewegungsfachmanns Kiphard verbreitet, die dem von Seewald (1991) titulierten Aspekt der „Meisterlehre" entsprechen. Diese Entstehungsgeschichte weist aber zugleich bis heute wesentliche Merkmale psychomotorischer Arbeit auf, der eigene Zugang zur Bewegung und die Beziehungsgestaltung des Psychomotorikers zu seiner Klientel als zentrale Wirkfaktoren.

1.1 Ernst Jonny Kiphard – der Vater der Psychomotorik in Deutschland

1923 in Eisenach geboren, wurden Jonny Kiphard und sein Bruder Fritz von den Eltern in ihrer motorischen Begabung gefördert. Der Vater engagierte einen Meisterturner, der die Kinder am Reck im eigenen Garten unterrichtete und das Interesse Jonnys an circensischen Elementen unterstützte (vgl. Höhne/Jessel 2011, 54; Schäfer 2011, 58). Die Erfahrung eigener Bewegungsaktivitäten als lebensgestaltendes und handlungsleitendes Element zeigt sich in Kiphards Biografie auch in seiner beruflichen Tätigkeit sehr markant. Schon als Kind begeisterte ihn der Zirkus als Zuschauer und Aktiver. Bereits im Kindesalter probierte er vielfältige akrobatische Elemente aus und präsentierte diese auf Schulfesten und Feiern. Das

Thema Zirkus und seine sportliche Neigung begleiteten Kiphard bis an sein Lebensende und bestimmten maßgeblich sein fachliches Wirken.

Mit 17 Jahren zog Kiphard nach dem Abitur als Freiwilliger bei der Marine in den Krieg und blieb bis 1945 dem Zirkus gedanklich treu. Eine glückliche Fügung führte dazu, dass Kiphard im Lazarett mit dem Berufsmagier Harry Hohndorf auf einem Zimmer lag, der ihn in die Kunst des Zauberns einführte. Mit akrobatischen Einlagen und Zauberstücken organisierte Kiphard bald Artistenshows für die sogenannte Wehrbetreuung der Soldaten und tingelte nach seiner Freilassung aus britischer Gefangenschaft zunächst mit einem Akkordeonisten durch Schleswig-Holstein. Nach der Hochzeit machten sich seine Frau Ramona und er als Luftakrobatik-Künstler selbstständig; Kiphard hatte u. a. als Trapez-Akrobat und Clown Engagements im Zirkus Carl Althoff. Eine Knieoperation beendete seine Artistenlaufbahn, er blieb aber seinem Bewegungsthema treu und nahm stattdessen ein Sportstudium an der Universität zu Köln auf. Zunächst war er noch von der Idee angetan, nach erfolgreichem Abschluss eine Akrobatenschule zu eröffnen, die seinen bisherigen beruflichen Weg fortführen sollte. Im Rahmen seines Studiums beteiligte er sich an Bewegungsangeboten für behinderte Kinder, was zu einem Wandel seiner beruflichen Ausrichtung führte. Er intendierte nun nicht mehr die Besten der Besten weiter qualifizieren zu wollen, sondern wollte sich denen widmen, „die am unteren Ende der Leiter stehen und den ersten Schritt auf die untere Sprosse nicht wagen" (Kiphard 2001, 9). Damit gab er eine sehr treffende Beschreibung für eine der Kernaufgaben der Psychomotorik, Menschen in ihrem Selbstbewusstsein zu stärken, so dass sie darin unterstützt werden, eigene Schritte vorwärts zu gehen, sich etwas zuzutrauen.

Gegen Ende seines Studiums (1955) las Kiphard in einem Zeitungsartikel ein Interview mit der Leiterin der Westfälischen Jugendpsychiatrie in Gütersloh, Frau Dr. Elisabeth Hecker. Sie stellte im Rahmen ihrer Tätigkeit ein neues Konzept der Intervention mit Kindern und Jugendlichen vor, das interdisziplinär ausgerichtet auf die individuellen Bedürfnisse der Kinder zugeschnitten werden und sie zur Selbsttätigkeit anregen sollte. Von dem grundlegenden Ansatz begeistert, kritisierte Kiphard allerdings das Fehlen einer Bewegungsfachkraft im Team, was er Frau Hecker schriftlich mitteilte. Sie lud ihn daraufhin zu einem Gespräch ein, in dem er über seine positiven Erfahrungen in der Arbeit mit gehemmten Kindern berichtete, die über Bewegungs- und Erfolgserlebnisse in ihrem Selbstvertrauen gestärkt wurden. All diejenigen, die Jonny Kiphard bis in das Jahr 2010 hinein noch leibhaftig und in seiner charismatischen Art und Weise erleben und begleiten durften (vgl. Höhne/Jessel 2011), konnten die Reaktion von Elisabeth Hecker, ihn mit Beginn des Folgetages in der Klinik einzustellen, nachvollziehen. Unter einfachsten Bedingungen, d.h. ohne Turnhalle und die in den Folgejahren entwickelten psychomotorischen Übungsgeräte, gestaltete Kiphard mit Alltagsmaterialien Bewegungsangebote, die das kindliche Spiel betonten und die er selbst als „im vorsportlichen Bereich" (Kiphard 2001, 10) angesiedelt beschrieb. Die Zielgruppe seiner Intervention erweiterte sich um aggressive und hyperaktive Kinder, für die er Übungseinheiten zusammenstellte. Sein im Rahmen des Sportstudiums erworbenes, primär sporttechnisches Wissen konnte er bei den bewegungsgehemmten, überaktiven oder auch aggressiven Kindern nur begrenzt einsetzen, so dass er sich mehr seiner circensischen und rhythmisch-musikalischen Kompetenzen bediente. Ihn beeindruckte die heilpädagogische Rhythmik nach Charlotte Pfeffer, die in ihren Publikationen für ihre Arbeit mit körperlich und geistig behinderten Kindern den Terminus „psychomotorische Erziehung" einführte (vgl. Pfeffer 1958).

Kiphard übernahm diesen Begriff der Psychomotorik oder – wie er es später nannte – der psychomotorischen Übungsbehandlung, da in jedem Bewegungsangebot „das innere Gefühl und auch das Kognitive eine Rolle spielte" (Pfeffer 1958, 11), indem „das Bewegungsmäßige sehr stark verbunden ist mit dem Verhalten eines Kindes" und „das innerlich Erlebte dann auch wieder äußerlich im motorischen Verhalten sichtbar wird" (ebd., 10).

1958/59 erhielten Kiphard und Kolleginnen vom Sozialminister NRW den Forschungsauftrag, die Grundlagen der psychomotorischen Übungsbehandlung zu entwickeln, was mit der Übungsfibel „Bewegung heilt" 1960 (Hünnekens/ Kiphard 1960/1971) erfolgreich abgeschlossen wurde. Die Intention dieser Publikation war es, das psychomotorische Gedankengut insbesondere im elementarpädagogischen Bereich zu etablieren, um Entwicklungsstörungen bei Kindern entgegenzuwirken und den Sitzkindergarten zum Bewegungskindergarten zu führen, eine gerade heute wieder hochaktuelle Forderung nach mehr Bewegung im Kindergartenalltag. Durch Vorträge und Veröffentlichungen von Kiphard und Hünnekens angeregt, stieg die Nachfrage nach Schulungen in diesem neuen Fachgebiet, die zu Beginn primär für Mitarbeiterinnen in Heimen und Einrichtungen des Landschaftsverbandes ausgerichtet waren (vgl. Schäfer 2011, 62). Das wachsende Interesse einerseits und das Fehlen speziell ausgebildeter Bewegungsfachleute andererseits mündete 1974 nach einem legendären Waldspaziergang von Hünnekens, Kiphard und Schilling in die Gründung eines interdisziplinären *Arbeitskreises für spezielle Bewegungspädagogik und psychomotorische Therapie*, aus dem 1976 der Aktionskreis Psychomotorik (AKP) als erster deutscher Interessenverband hervorging. Ein zentrales Anliegen der engagierten Gründungsmitglieder des AKP war es, die Inhalte der psychomotorischen Praxis zu systematisieren und fachspezifisch zu formulieren, um sie dann einem breiteren Fachpublikum zugänglich zu machen. Eine Grundlagenkommission und eine Kommission Fortbildung und Curriculum wurden 1977 mit diesen Aufgaben betraut. Die Arbeitsgruppe um Hünnekens und Kiphard legte den curricularen Grundstein für eine vierwöchige Zusatzqualifikation Motopädagogik im AKP, für die einjährige Fachschulausbildung Motopädie sowie für den zweijährigen Aufbau-/Masterstudiengang Motologie an der Philipps Universität Marburg. Aus der Meisterlehre entwickelte sich ein theoretisch fundiertes Konzept, das über Nachahmen und Ausprobieren hinaus lehr-/lernbare Qualifikationen hervorbrachte und durch fachwissenschaftliche Publikationen den Zugang in die Wissenschaft erhielt. Kiphard selber verfolgte neben seiner praktischen Tätigkeit seine wissenschaftliche Karriere, in dem er 1976 seine Promotion zum Thema Motorik und Behinderung an der Universität zu Bremen abschloss und von 1980 bis 1989 als ordentlicher Professor für Motopädagogik als Prävention und Rehabilitation am Institut für Sportwissenschaften der Universität Frankfurt am Main lehrte. Kiphard verstarb 2010 im Alter von 86 Jahren. Sein Konzept der psychomotorischen Übungsbehandlung findet bis heute in modifizierter Form in der Praxis Anwendung und ist zugleich der Ausgangspunkt fachlicher Ausdifferenzierungen.

1.2 Entwicklungslinien der Psychomotorik

Die Inhalte und Grundlagen der psychomotorischen Übungsbehandlung speisen sich aus verschiedenen Quellen. Aus seinem eigenen (bewegungs-)biografischen Hintergrund brachte Kiphard circensische Elemente der Akrobatik und Clownerie sowie mütterlicherseits musikalische Neigungen mit, die gewissermaßen als Nährboden seines professionellen Handelns angesehen werden können. Die fachliche Fundierung fand er u.a. in der heilpädagogischen Rhythmik nach Charlotte Pfeffer. Charlotte Pfeffer bezeichnete ihre Arbeit mit körperlich und geistig behinderten Kindern, die von einem funktional-mechanistischen Bewegungsverständnis abwich, als „psychomotorische Erziehung" (vgl. Pfeffer 1958). Sie war ihrerseits vom Gedankengut der bereits bestehenden französischen Psychomotorik inspiriert, legte den Schwerpunkt ihrer Arbeit jedoch in die Musik und differenzierte zwischen der Bewegung als „aller Erziehung Anfang" und der Musik als „aller Heilung Beginn". Interessanterweise bediente sich Kiphard im Rahmen seiner ersten Publikationen dieser Wortwahl, indem er mit „Bewegung heilt" (1960) den Fokus seiner Arbeitsweise in Abgrenzung zu Pfeffer dokumentierte. In der Darstellung der psychomotorischen Praxis betonte Kiphard, dass er nicht etwas grundsätzlich Neues entwickelt habe, sondern brauchbare Inhalte aus anderen Konzepten in sein Handeln integriert, um „... über die Motorik eine leibseelische Harmonisierung und Stabilisierung der Gesamtpersönlichkeit zu bewirken" (Schäfer 1998, 82). Als weitere Quellen seiner Übungsbehandlung dienten ihm Beispiele aus der Kleinkinder-Gymnastik (vgl. Diem 1967), der motorischen Behandlung hirngeschädigter Kinder (Göllnitz 1954), der Ausdruckstherapie, dem Biodrama (Plätzer 1954) sowie der Sinnesschulung nach Montessori (1952) (vgl. Hünnekens/Kiphard 1971). Die Intention, die praktischen Erfahrungen und Erfolge in lehr- und lernbare Modelle zu überführen, setzte mit der Grundlagenkommission des AKP einen Prozess in Gang, der zu einer ersten Systematisierung und theoretischen Fundierung der psychomotorischen Übungsbehandlung führte. Kiphard selber sah darin den Anfang eines dynamischen Prozesses, der „...die Lebensfülle und Wirklichkeitsbezogenheit der Psychomotorik" (Kiphard 1979, 10) abbildet. Seit Ende der 1970er Jahre sind im Zug wissenschaftlicher Publikationen (Promotionsschriften) Ausdifferenzierungen des ursprünglichen Praxiskonzeptes entstanden, die der erforderlichen „Verwissenschaftlichung" dienten. Neue Erklärungsansätze, Bezugstheorien und Begründungszusammenhänge sind herangezogen worden, welche zu einer Modifikation der intendierten Ziele, des zugrundeliegenden Bewegungsverständnisses sowie des methodischen Vorgehens geführt haben. Seewald (2009) verwendet für diese Konzepterweiterungen die Metapher der Brille, durch die „neue bzw. andere Aspekte in der Arbeit mit unseren Klienten" (ebd., 31) wahrgenommen und in das psychomotorische Handeln integriert werden. Diese Metapher impliziert nicht nur, dass je nach Brille eine andere theoretische Erklärung und praktische Zugangsweise in den Fokus rückt, sondern die Brille auch zum professionell Handelnden passen, seiner Sichtweis(t)e entsprechen muss. Die Kenntnis und die Auseinandersetzung mit der jeweiligen Ausrichtung bilden den Reflexionsrahmen, auf dem die Ziele, Methoden und Wirkungen des Handelns begründet werden. Sie dienen der eigenen fachlichen Verortung und Professionalisierung und bieten Orientierung für das praktische Handeln.

Der Versuch einer Systematisierung der verschiedenen Entwicklungslinien bedarf einer erklärenden Einleitung, da es keineswegs eine einheitliche, theoretisch fundierte Systematik gibt, nach der die psychomotorischen Konzepte als solche erkannt und unterschieden werden können. Im aktuellen Fachdiskurs werden verschiedene Kategorisierungen vorgestellt, die gemeinsame Schnittmengen, aber auch Unterschiede aufweisen (vgl. Seewald 2009, 32). Als übergeordnete Klammer, als gemeinsames Fundament gilt die Orientierung an Bewegung und Körperlichkeit als Medium und der „Geist der Psychomotorik" (ebd., 33), der sich in grundlegenden Prinzipen psychomotorischen Handelns abbildet. Differenzierungen ergeben sich hinsichtlich der zugrundeliegenden Bezugstheorien und Ausrichtungen, die für die Erklärung beobachtbaren/messbaren Verhaltens und das praktische Handeln relevant sind. Eine Möglichkeit, die Vielfalt der Konzepte zu systematisieren, bietet die von Seewald vorgeschlagene Differenzierung in eine übergeordnete Kategorie an Perspektiven, die durch ein gemeinsames zugrundeliegendes Menschenbild sowie Bezugstheorien gekennzeichnet sind. Auf einer zweiten Ebene werden Ansätze definiert, die sich durch inhaltliche Kriterien wie den wissenschaftlich fundierten Bezug zu Bewegung, einer klientenspezifischen Diagnostik, methodisch-didaktischer Gestaltungselemente sowie einer Evaluation der Wirksamkeit auszeichnen (vgl. Seewald 2009, 33).

In Anlehnung an Fischer (2009), Seewald (2009), Reichenbach (2011) lassen sich die psychomotorische Übungsbehandlung sowie die daraus entwickelten Konzeptdifferenzierungen den folgenden vier übergeordneten Perspektiven zuordnen, denen alle die Grundkonzepte Bewegung, Wahrnehmung, Körper/Leib zugrunde liegen:

- Medizinisch-funktionale Perspektive
- Erkenntnisstrukturierende, selbstkonzeptorientierte Perspektive
- Identitätsbildende, sinnverstehende Perspektive
- Systemisch-ökologische Perspektive

Die einzelnen Perspektiven sind zu unterschiedlichen Zeitpunkten entstanden und spiegeln den jeweiligen fachwissenschaftlichen Diskurs wider. Innerhalb der Perspektiven können weitere Ausdifferenzierungen in Form unterschiedlicher Ansätze vorgenommen werden (vgl. Köckenberger/Hammer 2004, Fischer 2009), welche sowohl die Prozesshaftigkeit wie auch die Entwicklungsspielräume des noch jungen Fachgebietes verdeutlichen.

Abb. 1: Entwicklungslinien der Psychomotorik

1.2.1 Die medizinisch-funktionale Perspektive

Bezugstheorien: Das theoretische Fundament dieser Perspektive bilden neurophysiologische und neuropsychologische Grundlagen, die Entwicklungsbeeinträchtigungen als Folge gestörter neuronaler Funktionen (sog. Dysfunktionen) betrachten. In den Anfängen der psychomotorischen Übungsbehandlung wurde dazu der Terminus des minimal hirngeschädigten Kindes verwendet (Hünnekens/Kiphard 1971), der später durch den Begriff der minimalen cerebralen Dysfunktion (MCD) ersetzt wurde (vgl. Kiphard 1983). Die Folgen dieser Dysfunktion äußern sich – nach damaligem Verständnis – in quantitativen und qualitativen Beeinträchtigungen der Bewegungsfunktionen, wodurch die Kinder in ihrer Körperkoordination und demzufolge in ihrer Bewegungsfreude beeinträchtigt sind. Kiphards psychomotorische Übungsbehandlung wird dieser Perspektive zugeordnet, da sie, im klinisch-medizinischen Kontext angesiedelt, von einem linearen Ursache-Wirkungszusammenhang ausgeht. Behebt man die Ursache der Störung, so wird sich auch die Bewegung verbessern. Als logische Konsequenz wurden gezielte Übungsfolgen zur Minimierung der Defizite eingesetzt. Kiphard selber kritisierte diese Zuordnung, da er bereits in den Anfängen die ganzheitliche Wirkungsweise auf die Persönlichkeitsentwicklung betonte, und grenzte sich demzufolge in den späteren Publikationen (Kiphard 2004) von dieser ihm zugeschriebenen symptom- und defizitorientierten Vorgehensweise ab.

Als neuere Ansätze werden u. a. die „Motatherapie bei Sensorischen Integrationsstörungen" von Kesper/Hottinger (2007) genannt, die auf dem Konzept der sensorischen Integration nach Ayres (1984) basieren. Sie orientieren sich weiterhin an einem funktionalen Verständnis, bei dem Probleme in der Verarbeitung der körpernahen, sensorischen Reize (Fühlen, Gleichgewicht, Muskelspannung u.a.) zu Bewegungsbeeinträchtigungen führen, die den kindlichen Entwicklungsprozess nachhaltig hemmend beeinflussen sollen. Die Einordnung dieses Konzeptes in die Entwicklungslinien der Psychomotorik darf allerdings kritisch hinterfragt werden. Zum einen beruhen bereits die Grundlagen der Sensorischen Integrationstherapie nach Ayres auf theoretischen Annahmen, die einem heutigen Verständnis der Entwicklungsneurologie und -psychologie nicht mehr entsprechen (vgl. Karch et al. 2002). Zum anderen zeigen sich im methodischen Vorgehen nicht durchgängig Bezüge zu den Grundprinzipien psychomotorischen Handelns (vgl. Kapitel 2.4). Die gemeinsame Basis mit den anderen Entwicklungslinien liegt in der Orientierung an Bewegung und Körperlichkeit als Medium.

Methodik: Ziel der psychomotorischen Förderung ist es, die Funktionsbeeinträchtigungen durch gezielte Impulse in Form von Wahrnehmungs- und Bewegungsangeboten, Übungen aus der Sinnesschulung oder der heilpädagogischen Gymnastik zu verbessern. In der psychomotorischen Übungsbehandlung orientieren sich die Angebote nicht an Leistungsforderungen und -normen, sondern greifen Inhalte, z.B. aus dem circensischen Bewegungsspektrum, auf, die den Kindern neue, lustbetonte und erfolgreiche Bewegungshandlungen ermöglichen. Da das Kind als „Organisator seiner eigenen neuronalen Prozesse" (Seewald 1998, 154) angesehen wird, steht eine kindbezogene, spielerische Herangehensweise im Vordergrund. Bereits Kiphard hat dem kindlichen Spiel eine entscheidende Bedeutung beigemessen und, trotz einer der klinischen Institution geschuldeten medizinischen Sichtweise, die wertschätzende Haltung und erlebniszentrierte Ausrichtung der Angebote betont. Seine Metapher, den Kindern dabei zu helfen, auf die erste Stufe zu steigen, betont den heute immer noch zentralen Aspekt des Impulsgebens für Eigenaktivität und Selbstheilung. Die Bewegungs- und Wahrnehmungsschulung zielt auf eine Verbesserung der Funktionsfähigkeit und Funktionslust, die ihrerseits eine Verringerung der Entwicklungsbeeinträchtigung und damit eine Stabilisierung der Gesamtpersönlichkeit zur Folge hat.

Bewegungsverständnis: Bewegung wird in dieser Perspektive in einem unmittelbaren wechselseitigen Zusammenhang mit den Wahrnehmungsleistungen gesehen. Auf der Basis vielfältiger körpernaher (Fühlen, Muskelspannung, Gleichgewicht) und körperferner (Sehen, Hören) Wahrnehmungen können die Bewegungen erst angemessen gesteuert werden. Bewegung wird damit zur Anpassungsleistung an biologisch-neuronale Wahrnehmungsprozesse, ist aber zugleich auch ein Medium, durch das sich sensorische Leistungen wie beispielsweise die Verarbeitung von Gleichgewichtsreizen verbessern lassen.

Menschenbild: Die Verhaltenssteuerung des Individuums steht in unmittelbarer Abhängigkeit von seinen sensorischen und motorischen Funktionen, d.h. Entwicklung basiert auf der Funktionsfähigkeit und wird durch äußere Impulse beeinflusst. Die Motivation des Individuums, seine Interessen, aber auch seine Ängste, sich mit der Umwelt auseinanderzusetzen, bleiben dabei weitestgehend unberücksichtigt.

1.2.2 Die erkenntnisstrukturierende, selbstkonzeptorientierte Perspektive

Bezugstheorien: Die Erklärungsmodelle für Entwicklungsauffälligkeiten wie für das methodische Vorgehen basieren auf der Vorstellung einer wechselseitigen Beeinflussung von Handlungsfähigkeit und Persönlichkeitsentwicklung. Handlungsfähigkeit bzw. Handlungskompetenz bezeichnet die Möglichkeiten des Kindes, sich den Personen und Gegenständen seiner Lebenswelt zuzuwenden und sich mit diesen auseinanderzusetzen. Die Eigenaktivität des Kindes wird damit zum Motor der Entwicklung. Die zuvor beschriebene, primär funktionale Betrachtungsweise wurde um eine dynamische, entwicklungstheoretische Perspektive erweitert, welche die psychische und soziale Entwicklung des Kindes in seinem Lebensumfeld mit berücksichtigt. Schilling (1986) bezog sich dabei auf den Gestaltkreis von Weizäckers (1950), Piagets Entwicklungstheorie (1975) sowie die Handlungstheorie von Leontjew (1973). Die an Bewegung gebundene Handlung wird als „entwicklungsrelevantes Handeln" (Fischer 1996, 52) und damit als Grundkategorie menschlichen Lebens definiert, aus dem sich die Persönlichkeit entwickelt. Einschränkungen der Handlungsfähigkeit, die sich darin äußern können, dass Kinder Bewegungsaufgaben nicht bewältigen können oder Aktivitäten mit ihnen unbekannten Materialien verweigern, gründen nun nicht mehr allein in Funktionsbeeinträchtigungen des Individuums, sondern auch sozialisationsbedingte Beschränkungen werden als Einflussfaktor wahrgenommen. Eine Verbesserung der Handlungsfähigkeit eröffnet demzufolge neue Auseinandersetzungsmöglichkeiten mit der materialen und sozialen Umwelt und entfaltet Entwicklungspotentiale. Ergänzend zur erlebnisorientierten Herangehensweise steht „die erlebnisorientierte Informationsverarbeitung in den Bewegungsangeboten" (Schilling 1986, 66) im Vordergrund.

Neuere Ansätze (Haas 1999, Zimmer 2004, Krus 2004) betonen einen weiteren Aspekt der Handlungsfähigkeit, die psychisch emotionalen Regulationsmechanismen der Bewegungshandlung wie die Selbsteinschätzung, erfolgreiche und missglückte Vorerfahrungen, Erwartungen, Ängste. Die aktive, an Bewegung gebundene Auseinandersetzung des Kindes mit seiner Umwelt bietet vielfältige Erfahrungen der eigenen Wirksamkeit (Selbstwirksamkeiterfahrungen), die über verschiedene Lebenskontexte hinweg den Aufbau generalisierter Erwartungshaltungen (sog. Kontrollüberzeugungen) unterstützen. Handlungsfähigkeit, Selbstwirksamkeitserfahrungen sowie eine positive Einstellung und Haltung zum eigenen Körper bilden als Körperkonzept einen zentralen Bestandteil der Vorstellung vom eigenen Selbst (Selbstkonzept) (Greve 2000, Shavelson et al. 1976) und tragen damit zur Persönlichkeitsentwicklung und Identitätsbildung bei. Die Betonung der Selbstwirksamkeit als eine Variable, welche die entwicklungsfördernde Auseinandersetzung mit der Umwelt maßgeblich beeinflusst (Moderatorvariable), greift die von Kiphard formulierte Grundhaltung auf, Individuen darin zu bestärken, den ersten Schritt zu gehen.

Methodik: Die Gestaltung erlebnisorientierter Handlungskontexte, die den kindlichen Kompetenzen und Interessen entsprechen, bildet den Ausgangspunkt. Selbsttätige Handlungen erfordern eine Angebotsstruktur, die über das Wiederholen (Üben) vorgegebener Muster hinausgeht und stattdessen eigenständige Aktivitäten und Lösungswege in wandelbaren Situationen ermöglichen. Demzufolge steht nicht die Ausführung funktional optimaler Bewegungsabläufe im Vordergrund, sondern das Explorieren und Erweitern des eigenen Bewegungsspektrums, die Entwicklung und Anwendung von Handlungsstrategien sowie die positive Aufgabenbewältigung. Für die Psychomotorikerin impliziert diese Theorieorientierung eine dialogische Vorgehensweise, die Stärken und Ressourcen des Kindes als Ausgangspunkt des Förderprozesses ansieht. Interessen und Ideen der Kinder werden aufgegriffen und Spielimpulse gesetzt, die eine quantitative und qualitative Erweiterung der Bewegungs- und Handlungskompetenz bedingen. Neben der erfolgreichen Bewältigung einer Aufgabe muss sich das Kind auch bewusst sein, dass es selber Verursacher des Erfolgs ist und nicht die Aufgabenschwierigkeit oder Glück dafür verantwortlich sind. Erst die bewusste Zuschreibung des Erfolgs auf die eigene Person unterstützt die kognitive Verarbeitung der selbstwirksamen Erfahrungen. Denn diese Erfahrungen werden nur wirksam, wenn sich das Individuum seiner Kompetenzen auch bewusst ist. Die Anregung zur Selbstreflexion über die Bewertungsmechanismen und die erforderliche Modifikation dysfunktionaler Zuschreibungsprozesse bilden neben der Gestaltung der Bewegungsangebote eine zentrale Handlungsmaxime der Psychomotorikerin.

Bewegungsverständnis: Bewegung wird als Strukturierungsleistung betrachtet, indem durch Wahrnehmungs- und Bewegungserfahrungen Muster aufgebaut werden, mit deren Hilfe das Individuum sich neue Umweltbedingungen erschließen und daran anpassen kann. Bewegungserfahrungen bilden damit einen wichtigen Teil der Handlungsfähigkeit. „Wahrnehmen, Erleben und Handeln bilden eine biologische, strukturelle Einheit, deren Leistungsfähigkeit und Wirkzusammenhänge sich in der Bewegung spiegeln" (Schilling 1986, 60).

Menschenbild: Der Mensch wird als selbsttätig handelndes Subjekt verstanden, das sich selber in der aktiven Auseinandersetzung mit seiner materialen und personalen Umwelt wahrnimmt und zugleich Handlungsoptionen erkennt. Das Individuum wird damit zum Konstrukteur seiner eigenen Entwicklung und benötigt eine anregungsreich gestaltete Umwelt als Motor der Entwicklung.

1.2.3 Die identitätsbildende, sinnverstehende Perspektive

Bezugstheorien: Seewald (2007) steht als Hauptvertreter des verstehenden Ansatzes in der leibphänomenologischen Tradition Merlau-Pontys (1966), der die Existenz eines objektiven (Körper) und eines beseelten Leibes postuliert, der als Mittler zwischen dem Subjekt und der Welt fungiert. Die handelnde Auseinandersetzung mit der umgebenden Welt erfolgt durch die Bewegung, durch die das Individuum leibliche Erfahrungen mit sich selbst macht und sich zugleich die Welt „einverleibt". In den Bewegungsaktivitäten erschließt sich der Mensch die subjektive Bedeutung und den Sinn seiner personalen und materialen Umgebung, und es eröffnen sich ihm neue Handlungsperspektiven. Der wahrnehmende Leib ist damit ein immanenter Bestandteil jeglicher Bewegungsaktivitäten, der erst die Existenz der Umwelt und des Ich hervorbringt. Die in der Bewegung wahrgenommenen leiblichen Erfahrungen wirken unmittelbar auf das Individuum zurück und prägen seine Identität. Beobachtbare Entwicklungs- und Bewegungsbeeinträchtigungen sind demzufolge ein Spiegel der biografischen Verarbeitungsprozesse von Störungen und Konflikten im Lebensumfeld. Die Bewegungsäußerungen bilden die Lebensthemen der Kinder ab und sind Ausdruck ihrer Erlebnisse, Gefühle und Bedürfnisse, die es im psychomotorischen Dialog zu verstehen gilt. Somit steht nicht die Veränderung bzw. Korrektur des Bewegungsgesamtes, sondern das Nachvollziehen des inhärenten Sinns der Bewegungshandlungen und -äußerungen im Fokus der psychomotorischen Arbeit. Als eine dem Entwicklungsparadigma verpflichtete Perspektive bezieht der verstehende Ansatz gleichfalls entwicklungspsychologische Theorien (Piaget, Kegan, Winnicott) in sein Erklärungskonstrukt mit ein. Entwicklung wird als ein erweiternder Prozess verstanden, in dem Individuen durch die handelnde Auseinandersetzung mit der personalen und materialen Umwelt „Sinn vorfinden und Sinn neu erschaffen" (Seewald 2007, 44). Dabei wird nicht nur dem Kind als Akteur seiner Entwicklung eine zentrale Bedeutung zugeschrieben, sondern auch die zwischenmenschlichen Beziehungen und gesellschaftlichen Einflüsse haben eine prägende, konstruierende Wirkung auf das Individuum.

Methodik: Das Ziel der psychomotorischen Intention ist nicht die von außen vorgegebene Verbesserung einer gestörten Bewegungsfähigkeit, sondern eine Angebotsstruktur zu schaffen, die es dem Individuum ermöglicht, eigene Wünsche und Vorstellungen zu realisieren und umzusetzen. Demzufolge kann es keine im Vorfeld festgelegten Handlungsmuster oder Bewegungsangebote für die Psychomotorikerin geben, sondern es können lediglich Strukturierungsformen aufgezeigt werden, die einen verstehenden Zugang zum Gegenüber eröffnen. Die Angebotsstruktur in Form der Raumgestaltung, Materialauswahl und Stundenstruktur richtet sich an den Themen des Kindes aus und bietet daher zunächst einen Handlungsrahmen, innerhalb dessen die Lebensthemen ihren Ausdruck finden können. Die Inszenierung von Geschichten und Spielsituationen erlauben im dialogischen Prozess eine Eröffnung und Bearbeitung inhärenter Themen. Der Psychomotorikerin obliegt als Kernaufgabe die Gestaltung einer wertschätzenden, zugewandten und akzeptierenden Beziehung, die einen vertrauensvollen (Beziehungs-)Raum schafft, innerhalb dessen das Kind sich öffnen und neue Erfahrungen erleben kann. Die für die Psychomotorikerin damit verbundene Handlungsunsicherheit in Bezug auf den Stundenverlauf setzt ein hohes Maß an Erfahrung, Fachwissen und Selbstreflexion voraus, um sich auf den dialogischen, psychomotorischen Prozess einlassen zu können.

Bewegungsverständnis: Bewegung ist das Medium, mit dem das Individuum sich der Welt zuwendet und sie zugleich in sich aufnimmt (einverleibt). Die in der Auseinandersetzung mit der Umwelt erworbenen Erlebnisse werden als leibliche Erfahrungen abgespeichert. Die Art und Weise, in der das Individuum agiert, ist ein Spiegel der individuellen Lebensthemen.

Menschenbild: Der Mensch wird als ein aktives, sich selbst konstruierendes Wesen verstanden, das auf der Suche nach der Sinnhaftigkeit seines Tuns ist und dies mit seiner Umwelt über Symbole (Bewegungshandlungen) kommunizieren kann. Für die Zuwendung zur Welt und die Herausbildung der eigenen Identität bedarf es einer entsprechend gestalteten Umgebung und persönlicher Beziehungen.

1.2.4 Die systemisch-ökologische Perspektive

Bezugstheorien: Der systemisch-ökologischen Perspektive (Balgo 1998) liegt ein Verständnis zugrunde, das von der Untrennbarkeit von Wahrnehmendem und Wahrzunehmendem ausgeht, so dass beobachtbare Bewegungsauffälligkeiten keine dem Individuum inhärente Beeinträchtigung darstellen, sondern vielmehr auf einer Bewertung des Betrachters basieren. Dies bedeutet, eine Störung ist nicht in sich gegeben, sondern muss im Kontext des gesamten Systems (inklusive des Beobachters) gesehen werden. Die Argumentationslogik folgt damit dem systemischen Denken nach Maturana und Varela (1990), die als Grundannahme formulieren, dass jede (Bewegungs)Beobachtung und jede Kommunikation über das beobachtete (Bewegungs)Verhalten den Beobachter miteinschließt.

In der Bewegungshandlung konstruiert das Individuum auf der Basis seiner bisherigen Erfahrungen, seiner Emotionen und seiner sozialen Hintergründe seine individuelle Wirklichkeit im jeweiligen Kontext, in die auch die Konstruktionen der anderen mit einfließen. In einer wechselseitigen Interaktion belegt das Subjekt seine Bewegungen mit Bedeutungen und deutet ebenso die Bewegungshandlungen des Gegenübers, die wiederum auf das eigene Handeln zurückwirken. Innerhalb dieses Dialoges werden nur die beobachtbaren Bewegungen sichtbar, nicht aber die zugrundeliegenden Wahrnehmungen, so dass jede Bewegung als sinnvolle Antwort auf die individuelle Wahrnehmung angesehen werden muss. Bewegungshandlungen können aber nicht losgelöst von vergangenen Erfahrungen und vom jeweiligen Kontext betrachtet werden, sondern diese bestimmen als Bezugsgrößen die individuelle Wirklichkeitskonstruktion und müssen in den psychomotorischen Förderprozess mit einbezogen werden. Die psychomotorische Intervention intendiert auch hier nicht eine qualitative und quantitative „Verbesserung" der Bewegung, sondern versucht dem Individuum eine neue Sichtweise auf Beziehungsstrukturen und damit neue Handlungsoptionen zu erschließen. Eine zentrale Bedeutung erhält diese Perspektive für die Psychomotorik durch die bewusste Einbindung des familiären und außerfamiliären Kontextes.

Methodik: Mit der Kenntnis um die Konstruktion der individuellen Wirklichkeit ist es die Aufgabe der Psychomotorikerin, Settings zu gestalten, die Probleme sichtbar werden lassen und neue Handlungsoptionen im jeweiligen System anbieten. In der wechselseitigen Interaktion können somit Handlungsspielräume eröffnet werden, die eine Vermittlung zwischen individuellen, sozialen und kulturellen Anforderungen ermöglichen (vgl. Balgo 1998). Dies impliziert einerseits die Betrachtung der Psychomotorikerin als Bestandteil des Systems und erfordert zugleich eine Reflexion der eigenen Rolle innerhalb der psychomotorischen Fördersituation. Zum anderen ist der Einbezug der Beobachter von Bewegung und Wahrnehmung als auch die an einer Störung Beteiligten (z. B. Eltern, Geschwister, Freunde) in die praktische Arbeit ein inhärenter Aspekt der Intervention. Nicht das „gestörte" Individuum steht im Fokus, sondern die innerhalb des Systems erfahrbaren neuen Sichtweisen, Beziehungskomponenten und gegenseitigen Verständigungsweisen haben Priorität. Psychomotorische Wahrnehmungs- und

Bewegungsförderung bietet über einen offen gestalteten spielerischen Bewegungsdialog die Möglichkeit, die jeweilige Wirklichkeitskonstruktion transparent und verstehbar zu machen. Dadurch entstehen veränderte Deutungsmuster, die innerhalb der Fördersituation die Exploration neuer Bewegungshandlungen zulassen.

Bewegungsverständnis: Bewegung und Wahrnehmung bilden ein System, bei dem die Bewegungsäußerung auf der individuellen Weltkonstruktion basiert. Sie wird zum sozialen und sozialräumlichen Phänomen, weil ein Verstehen der kindlichen Verhaltensweisen nur im Kontext sinnvoll ist (Fischer 1996).

Menschenbild: Nicht der Mensch steht im Mittelpunkt, sondern die ihn umgebende Welt, das ihn umgebende System. Das Individuum entwickelt sich innerhalb seines Bezugssystems.

Die vier vorgestellten Perspektiven bilden eine übergeordnete Kategorisierung der zurzeit im Fachdiskurs existierenden psychomotorischen Konzepte. Auf einer zweiten Ebene ergeben sich weitere Differenzierungen hinsichtlich einer Klientenbezogenheit wie beispielsweise Psychomotorik mit Erwachsenen (Haas 1999) oder Psychomotorik mit älteren Menschen (Motogeragogik) (Eisenburger 2005), welche eine Ausdifferenzierung auf die entwicklungspsychologisch relevanten Entwicklungsaufgaben und -phasen der jeweiligen Zielgruppe vornehmen. Des Weiteren kann eine Zuordnung zu Anwendungs- bzw. Arbeitsfeldern erfolgen wie z. B. Psychomotorik in der Schule, im Kindergarten, im klinischen Kontext, welche die Anforderungsprofile und strukturellen Rahmenbedingungen des Arbeitsfeldes integrieren. Für die anwendungsbezogene Umsetzung der Psychomotorik bedeutet dies, dass in Abhängigkeit von den strukturellen Bedingungen, der inhaltlichen Ausrichtung und Zielorientierung eines Arbeitsfeldes sowie der fachlichen Fundierung und persönlichen Verortung (Brille) der Psychomotorikerin sich die individuelle Arbeitsweise gestaltet. Die in Teil II dargestellten Beispiele der Psychomotorik in unterschiedlichen Handlungsfeldern der Sozialen Arbeit spiegeln die Vielfalt der Theoriebrillen, deren exemplarische Umsetzung in die Praxis wie auch die persönliche Ausrichtung der Autorinnen und Autoren wider.

1.3 Psychomotorik im internationalen Kontext

Psychomotorik als bewegungsorientiertes Konzept der Persönlichkeitsbildung und Entwicklungsförderung hat sich nicht nur in Deutschland als pädagogisches und therapeutisches Handlungskonzept und Lehrfach etabliert, sondern existiert im internationalen Kontext bereits seit den 1930er Jahren als Methode und seit den frühen 1940er Jahren als Lehrfach. Die theoretische Fundierung und praktische Umsetzung der internationalen Konzepte weisen dabei sowohl Parallelen wie Unterschiede zur deutschen Psychomotorik auf. Zugleich variiert die Bedeutung und Anerkennung der Psychomotorik als Behandlungsmethode und Lehrgebiet von Land zu Land. Eine grobe Klassifizierung lässt sich in die Ansätze unterteilen, die in der Tradition der deutschen Psychomotorik nach Kiphard stehen, und denjenigen, die eine anderweitige theoretische Fundierung haben. Trotz aller

Unterschiede gibt es essentielle Gemeinsamkeiten, die im Spiegel der gemeinsamen kulturellen Geschichte gesehen werden müssen.

Aufgrund der landesbezogen sehr unterschiedlichen Organisationsformen und Strukturen gab es bis in die 1990er Jahre lediglich informelle Kontakte zwischen den psychomotorisch Interessierten und Engagierten. 1994 entschied ein Kern von Psychomotorikern, unter ihnen der deutsche Vertreter Tilo Irmischer, diese losen Kontakte zu formalisieren und ein gemeinsames Forum zu schaffen. 1995 wurde eine erste Versammlung mit 15 europäischen Vertretern in Marburg einberufen, aus der 1996 die Gründung des bis heute aktiven Europäischen Forums für Psychomotorik (EFP) hervorging. Derzeit gehören dem EFP vierzehn ordentliche und ein außerordentliches Mitglied an: Belgien, Dänemark, Deutschland, Finnland, Frankreich, Italien, Luxemburg, Niederlande, Österreich, Portugal, Slowenien, Schweden, Schweiz (außerordentliches Mitglied), Spanien und Tschechien.

1.3.1 Das Europäische Forum für Psychomotorik

Eine erste zentrale Aufgabe des EFP war die Ausarbeitung einer gemeinsamen Begriffsbestimmung, die in die folgende Definition von Psychomotorik mündete:

„Aufgrund eines holistischen Menschenbildes, das von einer Einheit von Körper, Seele und Geist ausgeht, beschreibt der Begriff Psychomotorik die Wechselwirkung von Kognition, Emotion und Bewegung und deren Bedeutung für die Handlungskompetenz des Individuums im psychosozialen Kontext" (Präambel EFP).

Als langfristige Ziele intendiert das EFP, die psychomotorische Idee in allen europäischen Ländern zu verbreiten sowie jene Länder zu unterstützen, in denen die Psychomotorik noch nicht ausreichend etabliert ist. Die Umsetzung der Ziele soll durch folgende Aktivitäten erreicht werden:

- Förderung der Zusammenarbeit zwischen Psychomotorikerinnen aus verschiedenen Ländern und Regionen Europas (gegenseitiger Austausch, Kongresse, Projekte, Forschungsvorhaben)
- Unterstützung von Ländern oder Regionen, in denen Psychomotorik noch nicht etabliert ist: organisatorische oder finanzielle Hilfe, Unterstützung der Aus- und Fortbildung
- Koordination der Aus- und Fortbildung:
  - Abstimmung der Inhalte
  - Erstellung allgemeiner Leitlinien
  - Harmonisierung der beruflichen Bildung auf dem Niveau staatlicher Anerkennung
- Gegenseitige Anerkennung
- Vertretung der gemeinsamen Interessen über die Berufspolitik, Anerkennung durch Krankenkassen, Einkommensniveau, Schutz der Ausbildung

Konkretisiert wurden diese Intentionen durch die Gründung von Kommissionen, die sich inhaltlich mit dem Fachgebiet der Psychomotorik auseinandersetzen. Derzeit wird in drei Kommissionen gearbeitet: die Kommission Berufe, die Kommission Ausbildung und die Kommission Forschung und Wissenschaft. Auf

28 Allgemeine Grundlagen

internationaler Basis konnten die Kommissionen bislang folgende Ergebnisse erzielen:

Kommission Berufe:

- Broschüre zur beruflichen Situation von Psychomotorikerinnen in den Ländern des EFP. Jedes Land erläutert die Entstehung der Psychomotorik von ihren Anfängen bis in die Gegenwart und listet die entsprechenden Berufsorganisationen auf. Die landesspezifischen Ausbildungswege und Abschlüsse werden vorgestellt, Interventionsbereiche der Psychomotorik sowie Hinweise auf die gesetzliche Anerkennung des Berufsbildes beschrieben.
- Kompetenzprofil für Psychomotorikerinnen in Praxis und Wissenschaft

Kommission Ausbildung:

- Entwurf eines Rahmenlehrplans für die Ausbildung im Fachgebiet Psychomotorik
- Internationale Datenbank von Psychomotorik Experten
- Strategiepapier für die Umsetzung eines EFP-Rahmenlehrplans
- Liste der Hochschulen mit Masterabschlüssen Psychomotorik
- Liste der Fachschulen für eine psychomotorische Grundausbildung
- Liste von Fort- und Weiterbildungsanbietern für Psychomotorik

Kommission Wissenschaft und Forschung:

- Grundsätze und Leitlinien für die europäische Forschung und Projekt-Organisation und Entwicklungsplanung für die Wissenschafts-und Forschungskommission des EFP
- Taxonomie zur Klassifizierung der europäischen Forschung im Bereich psychomotorische Entwicklung, Ausbildung und Behandlung
- Liste mit Zeitschriften zum Fachgebiet Psychomotorik
- Liste mit Publikationen zum Fachgebiet Psychomotorik
- Forschungsmethodik und verschiedene methodische Zugänge zur Erforschung der Wirksamkeit psychomotorischer Arbeit

Weiterführende und aktuelle Informationen zu den Aktivitäten der Kommissionen des EFP finden Sie auf der Homepage www.psychomot.org. Neben der kontinuierlichen Arbeit in den Kommissionen veranstaltet das Europäische Forum alle vier Jahre einen Europäischen Kongress für Fachleute aus den diversen psychomotorischen Handlungsfeldern. Im Sinne der Nachwuchsförderung findet darüber hinaus alljährlich eine Students' Academy statt.

1.3.2 Psychomotorik in Europa

Innerhalb Europas hat sich die Psychomotorik in Bezug auf die theoretische Fundierung, die Etablierung in pädagogischen und therapeutischen Handlungsfeldern, die Ausbildung sowie die fachliche Anerkennung sehr unterschiedlich entwickelt. Die nachfolgende Tabelle 1 gibt einen kurzen Überblick über den aktuellen Stand des Konzepts der Psychomotorik innerhalb Europas.

Tab. 1: Psychomotorik in Europa

Nation	Wurzeln der Psychomotorik	Etablierung der Psychomotorik	Handlungsfelder	Ausbildung
Belgien	Zwei Ausrichtungen: belgisch-wallonischer Teil: Orientierung an französischer Psychomotorik (Aucouturier); flämischer Teil: Orientierung an der niederländischen Psychomotorik	seit ca. 1960; Zusammenschluss mehrerer Organisationen zu einem Gesamtverband der belgischen Vereinigung der psychomotorischen Erziehung und Therapie	Pädagogische und therapeutische Einrichtungen für Kinder, Jugendliche und Erwachsene	Bachelor psychomotorische Therapie; Masterstudiengang Rehabilitationswissenschaften und Physiotherapie
Dänemark	Entspannungspädagogin Gerda Alexander (Eutonie)	seit ca. 1940; Gründung einer Psychomotorikvereinigung 1978	Gesundheitsförderung/Entspannung mit Erwachsenen; Psychomotorik mit Kindern	Bachelor Psychomotorische Therapie und Entspannung; dreijährige Berufsausbildung zum Entspannungspädagogen
Deutschland	Jonny Kiphard	seit ca. 1955; Gründung einer Psychomotorikvereinigung AKP 1976; Zusammenschluss mehrerer Organisationen zu einer Deutschen Gesellschaft für Psychomotorik und Motologie 2006	Pädagogische und therapeutische Einrichtungen für Kinder, Jugendliche, Erwachsene und ältere Menschen	Einjährige Fachschulausbildung; Bachelorstudiengang interdisziplinäre Motologie, Masterstudiengang Motologie; inhärenter Bestandteil verschiedener universitärer Ausbildungen
Finnland	Deutsche Psychomotorik nach Kiphard	seit ca. 1975; Gründung einer Psychomotorikvereinigung 1994	Pädagogische und therapeutische Einrichtungen für Kinder und Jugendliche	Keine eigenständige Ausbildung, sondern inhärenter Bestandteil verschiedener universitärer Ausbildungen
Frankreich	Zwei Entwicklungslinien: a) Juan DeAjuriaguerra, Gisele Soubiran, b) Bernard Aucouturier	seit ca. 1947; Gründung einer Psychomotorikvereinigung 1973	Pädagogische und therapeutische Einrichtungen für Kinder, Jugendliche, Erwachsene und ältere Menschen	Bachelor Psychomotorik; Master Psychomotorik

Tab. 1: Psychomotorik in Europa – Fortsetzung

Nation	Wurzeln der Psychomotorik	Etablierung der Psychomotorik	Handlungsfelder	Ausbildung
Italien	Französische Psychomotorik nach DeAjuriaguerra	seit ca. 1970; Gründung einer Psychomotorikvereinigung 1987	Pädagogische und therapeutische Einrichtungen für Kinder, Jugendliche, Erwachsene und ältere Menschen	Private Fachschulausbildung Psychomotorik
Luxemburg	Deutsche Psychomotorik nach Kiphard sowie französische Psychomotorik	seit ca. 1980; Gründung einer Psychomotorikvereinigung 1983	Therapeutische Einrichtungen für Kinder und Erwachsene (franz. Psychomotorik), pädagogische Einrichtungen für Kinder im Vorschul- und Schulalter (deutsche Psychomotorik)	Keine eigenständige Ausbildung; Fortbildungen in Kooperation mit Deutschland und Frankreich
Niederlande	Psychiatrische Schulen nach Simon	seit ca. 1945; Gründung einer Psychomotorikvereinigung 1960	Therapeutische Einrichtungen für Kinder, Jugendliche, Erwachsene und ältere Menschen	Bachelor Psychomotorische Therapie; Masterstudiengang
Österreich	Deutsche Psychomotorik nach Kiphard	seit ca. 1960; Gründung einer Psychomotorikvereinigung 1993	Pädagogische und therapeutische Einrichtungen für Kinder, Jugendliche, Erwachsene und ältere Menschen	Bachelor Psychomotorische Rehabilitation; Masterstudiengänge; Fortbildungen
Portugal	Französische Psychomotorik nach DeAjuriaguerra	seit ca. 1980; Gründung einer Psychomotorikvereinigung 2000	Therapeutische Einrichtungen für Kinder, Jugendliche und Erwachsene	Bachelor Psychomotorische Rehabilitation, Master Psychomotorik
Schweden	Deutsche Psychomotorik nach Kiphard und Physiotherapie	seit ca. 1988; Gründung einer Psychomotorikvereinigung 1996	Schulischer Kontext und freie Praxen	Keine eigenständige Ausbildung; inhärenter Bestandteil der Lehrer- und Physiotherapeutenausbildung

Tab. 1: Psychomotorik in Europa – Fortsetzung

Nation	Wurzeln der Psychomotorik	Etablierung der Psychomotorik	Handlungsfelder	Ausbildung
Schweiz	Französische Psychomotorik nach DeAjuriaguerra	seit ca. 1964; Gründung einer Psychomotorikvereinigung 1972	im schulischen Kontext fest etabliert; heilpädagogische Ausrichtung	Bachelor Psychomotoriktherapie
Slowenien	Deutsche Psychomotorik nach Kiphard	seit ca. 1970; Gründung einer Psychomotorikvereinigung 1994	(sonder-) pädagogische Einrichtungen für Kinder im Elementarbereich	Keine eigenständige Ausbildung; verschiedene Fortbildungen
Spanien	Französische Psychomotorik nach DeAjuriaguerra, Wallon, Aucouturier	seit ca. 1970; Gründung einer Psychomotorikvereinigung, die verschiedene Einzelverbände vereint 1991	Überwiegend pädagogische Einrichtungen für Kinder	Keine eigenständige Ausbildung; inhärenter Bestandteil verschiedener universitärer Ausbildungen
Tschechien	Deutsche Psychomotorik nach Kiphard	ca. 1960; Einbindung in die Association Sports for all 1990	Pädagogische und therapeutische Einrichtungen für Kinder	Keine eigenständige Ausbildung; vorrangig Fort- und Weiterbildung für Pädagogen und Psychologen

1.4 Wirksamkeitsforschung in der Psychomotorik

Der direkte Nachweis positiver Effekte psychomotorischer Arbeit ist ein viel und kontrovers diskutiertes Thema innerhalb der Fachdisziplin. Die Diskussionsvielfalt resultiert aus einer unterschiedlichen Einschätzung bezüglich der Notwendigkeit und Möglichkeit empirischer Befunde. Im Gesundheitssystem sind Wirksamkeitsnachweise zur Legitimation einer Behandlungsmethode bei immer knapper werdenden Ressourcen dringend erforderlich. Aber auch im Bereich der Kinder- und Jugendhilfe sind die Überprüfung erbrachter Leistungen und Qualitätsnachweise eine Grundlage für die Finanzierung von Hilfeleistungen. Demgegenüber stehen die sehr unterschiedlichen methodischen Zugänge und Erklärungsmodelle innerhalb psychomotorischer Konzepte, die eine einheitliche Evaluation erschweren.

Die Frage nach der Wirksamkeit psychomotorischer Interventionen zur Finanzierung der Fördermaßnahmen, aber auch zur Anerkennung in wissenschaftlichen Fachkreisen hat 2003 zur Gründung eine Arbeitsgruppe von Experten aus Wissenschaft und Praxis geführt, die ein Dokumentations- und Qualitätsanalyseverfahren für den Bereich psychomotorischer Interventionen entwickelten. Das System psychomotorischer Effektesicherung (SPES) stellt erstmals ein Verfahren dar, das es Praktikerinnen in unterschiedlichen Handlungsfeldern ermöglicht, „ihre Arbeit systematisch zu dokumentieren, sie wissenschaftlich fundiert zu evaluieren und die Qualität ihrer Angebote kontinuierlich weiterzuentwickeln" (Klein et al. 2006, 170). Zur Datenerhebung stehen den Psychomotorikerinnen sechs Fragebögen zur Verfügung, mit denen personenbezogene Daten und institutionelle Rahmenbedingungen (Psychomotorikerin Bogen), Ausgangsanalysen der Kinder (Aufnahmebogen), Förderverläufe (Verlaufsbogen), der Grad der Zielerreichung (Abschlussbogen) sowie Einschätzungen der Eltern (Elternbogen) und der Kinder (Kindbogen) bezüglich des Fördereffekte erfasst werden.

Im Zeitraum von 2004 bis 2012 wurden von privaten Psychomotorikpraxen, Fördervereinen, Kinder- und Jugendhilfeeinrichtungen sowie klinisch-therapeutischen Institutionen über 2000 psychomotorische Interventionen mit SPES dokumentiert und wirkungsorientiert evaluiert. Der bislang bundesweit größte psychomotorische Datensatz belegt eine sehr hohe Effektivität psychomotorischer Interventionen bei Kindern und Jugendlichen. Als zwei zentrale Wirkmechanismen psychomotorischer Förderung konnten der Aufbau individueller Ressourcen und Schutzfaktoren als auch der Abbau vorliegender Defizite bzw. Problemlagen nachgewiesen werden (siehe Abb. 2).

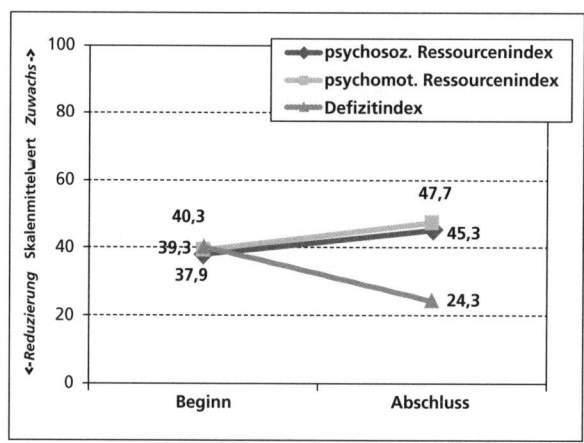

Abb. 2: Entwicklung von Defizitindex, psychosozialem und psychomotorischem Ressourcenindex (Quelle: Klein et al. 2012, 177)

Darüber hinaus bedient sich das Handlungsfeld Einzelfallanalysen als auch klassisch empirischer Erhebungen. Dadurch liegen mittlerweile eine Vielzahl von Einzelbefunden vor, die verschiedene Aspekte psychomotorischer Arbeit und Wirkungsweisen erfassen. Exemplarisch werden zwei Befunde zu Teilaspekten psychomotorischer Interventionen vorgestellt.

Die Überblicksarbeit von Seya (2013) gibt für den deutschsprachigen Raum sechs Untersuchungen an, die positive Effekte psychomotorischer Förderung auf das Selbstkonzept erkennen lassen. Der größte Teil davon liegt bereits über 20

Jahre zurück. Aktuellere Forschungsergebnisse konnte Zimmer (2012) vorlegen, die im Rahmen einer Forschungsgruppe am Niedersächsischen Institut für Bewegung (nifbe) 136 Kinder an zwei Messpunkten mit Hilfe eines motorischen Verfahrens (MOT 4–6) und einer selbstentwickelten Einschätzskala des Selbstkonzeptes (SKE) untersuchte. Die Ergebnisse weisen auf signifikante positive Veränderungen sowohl im motorischen Leistungsverhalten wie im Bereich des Selbstkonzeptes hin. Allerdings verweist Seyda auf die Problematik, dass aufgrund der globalen Messinstrumente eine eindeutige Zuordnung der erhobenen Befunde zur psychomotorischen Intervention fraglich sei. Eine aktuelle Studie der Forschungsgruppe hat sich dieser Kritik gestellt und in den Jahren 2010–2012 umfassende Studien mit veränderten Instrumenten durchgeführt. Die Ergebnisse verifizieren den bislang angenommenen Effekt der Förderung auf das Selbstkonzept (vgl. Ruploh et al. 2013). Ergänzend konnte Krus (2004) anhand von Einzelfallstudien zur Wirkung psychomotorisch-therapeutischer Interventionen auf die generalisierte Erwartungshaltung selbstwertförderliche Effekte bei Kindern im Vorschulalter aufzeigen.

Für das gesamte Vorschulalter konnten positive Einflüsse psychomotorischer Förderung auf die motorische Entwicklung nachgewiesen werden (Beudels 1996, Rethorst 2004, Krombholz 2005). Positive Wirkungen auf die (motorische) Entwicklung waren nachweisbar, wenn gezielte psychomotorische Förderprogramme oder Bewegungskonzepte (Bewegungskindergarten) in der Kindertagesstätte angeboten wurden. Die alleinige Teilnahme an der regulären Bewegungsstunde in der Kita brachte hingegen keine Effekte. Allerdings schränkte Jasmund (2009) auch den Effekt der Bewegungskindergärten ein, da sie keine Steigerung der motorischen Leistungsfähigkeit nachweisen konnte. Die sich zum Teil wiedersprechenden Befunde scheinen ein Hinweis darauf zu geben, dass nicht allein die Kriterien, die einen anerkannten Bewegungskindergarten auszeichnen, Wirkungen erzielen, sondern die räumlichen, materiellen und vor allem personellen Bedingungen und eine professionelle, psychomotorische Haltung entscheidend sind.

Gut zu wissen – gut zu merken

Das Konzept der psychomotorischen Übungsbehandlung hat sich aus den professionellen Handlungserfahrungen des Sportlehrers Ernst Jonny Kiphard entwickelt und ist als Meisterlehre von seiner bewegungsbiografisch beeinflussten Haltung geprägt.

Die Etablierung und Verwissenschaftlichung der Psychomotorik/Motologie hat unter dem Einfluss unterschiedlichster Bezugstheorien eine Ausdifferenzierung erfahren, deren gemeinsames Fundament die Orientierung an Bewegung und Körperlichkeit bildet.

Derzeit gibt es eine Vielzahl an psychomotorischen Konzepten, die sich vier übergeordneten Perspektiven zuordnen lassen. Sie unterscheiden sich hinsichtlich der theoretischen Fundierung, des Bewegungsverständnisses und des methodischen Vorgehens.

📖 Literatur

Ayres, J (1984): Bausteine der kindlichen Entwicklung. Berlin: Springer Verlag.
Balgo, R. (1998): Bewegung und Wahrnehmung als System: Systemisch-konstruktivistische Positionen in der Psychomotorik. Schorndorf: Hofmann.
Beudels, W. (1996): Evaluation psychomotorischer Fördermaßnahmen bei von der Schule zurückgestellten Kindern. *Motorik*, 1, 26–36.
Diem, L. (1967): Juchhei – die Kleinsten turnen. Frankfurt: Limpert.
Eisenburger, M. (2005): „Zuerst muss die Seele bewegt werden…". Psychomotorik im Pflegeheim. Ein theoriegeleitetes Praxisbuch. Dortmund: Verlag modernes lernen.
Europäisches Forum für Psychomotorik (EFP): Psychomotricity in Europe. www.psychomot.org. [20.11.13]
Fischer, K. (1996): Entwicklungstheoretische Perspektiven der Motologie des Kindesalters. Schorndorf: Hofmann.
Fischer, K. (2008): Bewegung als Erkundungsaktivität. *Motorik*, 4, 174–179.
Fischer, K. (2009): Einführung in die Psychomotorik. München: Ernst Reinhardt Verlag.
Göllnitz, G. (1954): Die Bedeutung der frühkindlichen Hirnschädigung für die Kinderpsychiatrie. Leipzig: Thieme Verlag.
Greve, W. (Hrsg.) (2000): Psychologie des Selbst. Weinheim: Beltz.
Haas, R. (1999): Entwicklung und Bewegung. Der Entwurf einer angewandten Motologie des Erwachsenenalters. Schorndorf: Hofmann.
Höhne, M./Jessel, H. (Hrsg.) (2011): Wie Wegbegleiter Jonny Kiphard erlebt haben. Schwerpunktheft Ernst Jonny Kiphard. *Motorik*, 2, 69 ff.
Hünnekens, H./Kiphard, E.J. (1971): Bewegung heilt. Psychomotorische Übungsbehandlung bei entwicklungsrückständigen Kindern. (4. neu bearb. Aufl.). Gütersloh: Verlag Ludwig Flöttmann.
Jasmund, C. (2009): Evaluation bewegungspädagogischer Arbeit. Zum Einfluss motorischer Förderung in Kindertagesstätten auf die ganzheitliche Persönlichkeitsentwicklung von Kindern. Berlin: RabenStück.
Karch, D./Groß-Selbeck, G./Pietz,J./Schlack, H.G. (2002): Sensorische Integrationstherapie nach Jean Ayres. Stellungnahme der Gesellschaft für Neuropädiatrie e.V. In: Aksu, F. (Hrsg.): Neuropädiatrie 2001. Nürnberg: Novartis Pharma Verlag, 742–760.
Kesper, G./Hottinger, C. (2007): Motherapie bei Sensorischen Integrationsstörungen. (7. Aufl.). München: Ernst Reinhardt Verlag.
Kiphard, E.J. (1979): Motopädagogik. Dortmund: Verlag modernes lernen.
Kiphard, E.J. (1983): Motherapie. Dortmund: Verlag modernes lernen.
Kiphard, E.J. (2001): Die Anfänge. In: Irmischer, T./Hammer, R. (Hrsg.): Psychomotorik in Geschichten. Lemgo: akl Verlag, 9–12.
Kiphard, E.J. (2004): Entstehung der Psychomotorik in Deutschland. In: Köckenberger, H./Hammer, R. (Hrsg.): Psychomotorik – Ansätze und Arbeitsfelder. Dortmund: Verlag modernes lernen, 27–42.
Klein, J./Knab, E./Fischer, K. (2006): Evaluation und Qualitätsentwicklung im Bereich psychomotorischer Förderung und Therapie. SPES – das System Psychomotorischer Effekte-Sicherung. *Motorik*, 4, 168–178
Köckenberger, H./Hammer, R. (2004): Psychomotorik – Ansätze und Arbeitsfelder. Dortmund: Verlag modernes lernen.
Krombholz, H. (2005): Bewegungsförderung im Kindergarten. Ein Modellversuch. Schorndorf: Hofmann.
Krus, A. (2004): Mut zur Entwicklung. Das Konzept der psychomotorischen Entwicklungstherapie. Schorndorf: Hofmann.
Leontjew, A.N. (1973): Probleme der Entwicklung des Psychischen. Frankfurt: Fischer Athenäum.

Maturana, H.R./Varela, F.J. (1990): Der Baum der Erkenntnis. Wie wir die Welt durch unsere Wahrnehmung erschaffen – die biologischen Wurzeln des menschlichen Erkennens. Frankfurt: Scherz Verlag.
Merlau-Ponty, M. (1966): Phänomenologie der Wahrnehmung. Berlin: de Gruyter.
Montessori, M. (1952): Kinder sind anders. Stuttgart: Klett Verlag.
Pfeffer, C. (1958): Bewegung aller Erziehung Anfang. Zürich: Sämann Verlag.
Piaget, J. (1975): Das Erwachen der Intelligenz beim Kind. Bd. I. Stuttgart: Klett.
Plätzer, O. (1954): Das Biodrama, eine Form der Spieltheorie. *Zeitschrift für Psychotherapie und medizinische Psychologie*, 6
Reichenbach, C. (2011): Psychomotorik. Stuttgart: UTB.
Rethorst (2004): „Kinder in Bewegung". Welche Chancen bieten bewegungsfreundliche Kindergärten für die motorische Entwicklung im Kindesalter? *Sportunterricht*, 3, 72–78.
Ruploh, B./Martzy, F./Bischoff, A./Matschulat, N./Zimmer, R. (2013): Veränderungen im Selbstkonzept nach psychomotorischer Förderung. Eine Studie im Mixed-Method-Design. *Motorik*, 4, 180–189.
Schäfer, I. (1998): Von der psychomotorischen Idee zu den Gründungsjahren des Aktionskreises Psychomotorik. *Motorik*, 3, 82–86.
Schäfer, I. (2011): Von den Wurzeln zur Entwicklung, Weiterentwicklung und zu aktuellen Perspektiven der Psychomotorik – Kiphard und sein Werk. *Motorik*, 2, 58–68.
Schilling, F. (1986): Ansätze zu einer Konzeption der Motherapie. *Motorik*, 2, 59–67.
Seewald, J. (1991): Von der Psychomotorik zur Motologie. Über den Prozess der Verwissenschaftlichung einer Meisterlehre. *Motorik*, 1, 13–16.
Seewald, J. (1998): Bewegungsmodelle und ihre Menschenbilder in verschiedenen Ansätzen der Psychomotorik. *Motorik*, 4, 151–158.
Seewald, J. (2007): Der verstehende Ansatz in Psychomotorik und Motologie. München: Ernst Reinhardt Verlag.
Seewald, J. (2009): Wann ist ein Ansatz ein Ansatz? Über Kriterien für psychomotorische Ansätze. *Praxis der Psychomotorik*, 1, 31–34.
Seyda, M. (2013): Ziele einer Selbstkonzeptförderung von Kindern durch Bewegung. *Motorik*, 3, 132–137.
Shavelson, R.J./Hubner, J./Stanton, G. (1976): Self-concept. *Review of Educational Research*, 3, 407–441.
von Weizäcker, V. (1950): Der Gestaltkreis. Theorie der Einheit von Wahrnehmen und Bewegen. Stuttgart: Thieme.
Zimmer, R. (2004): Kindzentrierte psychomotorische Entwicklungsförderung. In: Köckenberger, H./Hammer, R. (Hrsg.): Psychomotorik – Ansätze und Arbeitsfelder. Dortmund: Verlag modernes lernen, 55–67.
Zimmer, R. (2012). Handbuch Psychomotorik. Theorie und Praxis der psychomotorischen Förderung. Freiburg: Herder

2 PSYCHOMOTORIK – GEGENSTANDSBESTIMMUNG

Astrid Krus

Was Sie in diesem Kapitel lernen können

In diesem Kapitel erhalten Sie einen Überblick über die Verwendung des Terminus Psychomotorik im Kontext verschiedener Fachdisziplinen und als pädagogisch-therapeutisches Konzept. Die Schlüsselbegriffe Wahrnehmung, Bewegung und Körper/Leib werden als das Fundament der Psychomotorik theoretisch fundiert und in ihrer Bedeutung für die Persönlichkeitsentwicklung beschrieben. Sie lernen zentrale methodisch-didaktische Prinzipien für die praktische psychomotorische Arbeit kennen und erfahren, welche Nachweise der Wirksamkeit psychomotorischer Interventionen bereits vorliegen.

2.1 Bedeutungsdimensionen des Begriffs Psychomotorik

Der Begriff Psychomotorik ist in den Disziplinen der Medizin, Psychologie, Erziehungswissenschaft und Sportwissenschaft verortet und wird innerhalb des jeweiligen Fachdiskurses theoriebezogen unterschiedlich genutzt. Als Kerngedanken bezeichnet Psychomotorik eine wechselseitige Abhängigkeit von psychischen und motorischen Vorgängen.

Der Ausdruck Psychomotorik entstand Anfang des vergangenen Jahrhunderts im Rahmen neurologischer Forschung und bezeichnete willkürliche Bewegungen, deren wichtigstes Merkmal „... die Verzahnung mit Wahrnehmung und kognitiven Prozessen (ist)" (Dorsch 1996, 617). Sie wurde verstanden als die Gesamtheit des durch psychische Vorgänge beeinflussten körperlich-seelischen Ausdrucksverhaltens.

Im Rahmen der (Sport-)Motorikforschung fokussiert Psychomotorik auf die Bedeutung höherer psychischer Vorgänge bei der Koordination von Bewegungen und beschreibt eine „über eine biomechanische und physiologische Sichtweise hinausgehende Interpretation der menschlichen Leiblichkeit und Bewegung, bei der die Wechselwirkung von physischen, psychischen und sozialen Faktoren besonders bedeutsam ist" (Hölter 1990, 94).

Kiphard beschreibt unter einer Entwicklungsperspektive mit Psychomotorik eine Phase innerhalb der motorischen Entwicklung, die von der Neuromotorik über die Sensomotorik und Psychomotorik zur Soziomotorik reicht. In der Weiterentwicklung der Sensomotorik steht hier die enge Wechselbeziehung zwischen psychischen und motorischen Prozessen im Vordergrund, welche die „Gefühlsbefindlichkeit während des Bewegungserlebnisses" (Kiphard 1979, 19) betonen, zugleich aber auch kognitive Anteile enthalten.

In Abgrenzung dazu steht die Psychomotorik als ein pädagogisches und therapeutisches Konzept, das im praxeologischen Sinn als psychomotorische Entwicklungsförderung, Motopädagogik oder Mototherapie und in ihrer wissenschaftlichen Orientierung als Motologie bezeichnet wird.

Den Ursprung der psychomotorischen Konzepte bildet die von Kiphard in den 1960er Jahren entwickelte psychomotorische Übungsbehandlung in der Westfälischen Kinder- und Jugendpsychiatrie in Gütersloh (vgl. Kapitel I.1). Ausgehend von seinen Beobachtungen der positiven Veränderungen verhaltensauffälliger Kinder durch eine bewegungsorientierte Maßnahme wuchs das Bedürfnis und die Notwendigkeit, das geschaffene praktische Übungsgut theoretisch zu begründen, um es lehrbar und zugleich transparenter und effizienter zu gestalten. Der Weg von der praktischen Handlungsebene zu einer theoretischen Fundierung, die letztendlich in eine „Verwissenschaftlichung" der Psychomotorik mündete, ist in den Anfangsjahren unmittelbar mit dem Aktionskreis Psychomotorik (AKP) verbunden.

Der Aktionskreis Psychomotorik gründete sich 1976 als eine Interessenvertretung interdisziplinär verorteter Fachleute mit dem Ziel, „die Inhalte der psychomotorischen Praxis zu systematisieren und fachspezifisch zu formulieren, um sie dann einem breiteren Fachpublikum zugänglich zu machen" (Krus 2013, 34). Eine Grundlagenkommission und eine Kommission Fortbildung und Curriculum, denen u. a. Kiphard angehörte, wurden 1977 mit diesen Aufgaben betraut. Die Basis bildete ein Verständnis von Motorik als das „bewusste und unbewusste Haltungs- und Bewegungsgesamt des Menschen in der Funktionseinheit von Wahrnehmen, Erleben und Handeln" (Schäfer 1998, 84).

Die Grundlagenkommission des AKP differenzierte die Inhaltsbereiche der angewandten Psychomotorik in:

- Grundlagen der motorischen Entwicklung und deren Störungen
- Methoden zur quantitativen und qualitativen Erfassung menschlicher Motorik
- Konzept der Persönlichkeitsbildung und Entwicklungsförderung über motorische Prozesse
- Anleitung zur Praxis

Diese Inhaltsbereiche wurden unter anderem mit den Theorieansätzen von Piaget (1974), Leontjew (1973), von Weizäcker (1968) und Scherler (1975) gesichert und zudem in Theorie- und Praxisfächer gegliedert, welche die curriculare Basis für die ersten Fortbildungslehrgänge „Zusatzqualifikation Motopädagogik" im AKP, die einjährige Fachschulausbildung Motopädie sowie für den zweijährigen Aufbau-/Masterstudiengang Motologie bildeten. Einhergehend mit der theoretischen Fundierung der psychomotorischen Praxis als Wissenschaftsgebiet Motologie etablierte sich die folgende Systematik und Terminologie.

Das neu etablierte Fachgebiet der Motologie beschäftigt sich mit der „Lehre von der Motorik als Grundlage der Handlungs- und Kommunikationsfähigkeit des Menschen, ihrer Entwicklung, ihrer Störungen und deren Behandlung" (Schilling 1981, 187). Die Grundlagen der motorischen Entwicklung (Motogenese) beschreiben den Aufbau, die Differenzierung und Strukturierung von Wahrnehmungsmustern als Grundlage von Verhaltensstrategien. Motorische

Auffälligkeiten und Störungen sowie deren Entstehung sind Bestandteil der Motopathologie. Zur Erfassung menschlicher Motorik werden quantitative und qualitative Methoden entwickelt (Motodiagnostik). Die praktische Umsetzung der psychomotorischen Praxis untergliedert sich in die Motopädagogik als ein Konzept der Entwicklungsförderung und die Mototherapie als die „Behandlung von Auffälligkeiten, Retardierungen und Störungen im psychomotorischen Leistungs- und Verhaltensbereich" (Schilling 1986, 728). Diese Systematik bildete gleichermaßen den Fächerkanon des damaligen Diplom-Aufbaustudiengangs Motologie ab. Konzeptuelle Weiterentwicklungen und neue fachtheoretische Ausrichtungen haben diese ursprüngliche Systematik aufgebrochen und eine aktuelle Konzept- und Begriffsvielfalt hervorgebracht, die sich in den Bezeichnungen *psychomotorische Übungsbehandlung, Mototherapie, kindzentrierte psychomotorische Therapie, psychomotorische Entwicklungsförderung* usw. niederschlägt. Die zum Teil parallel laufende Entwicklung des Fachgebietes Psychomotorik in anderen europäischen Ländern und die europaweite Vernetzung führte letztendlich dazu, dass sich der im europäischen Raum etablierte Begriff Psychomotorik gegenüber den deutschen Bezeichnungen Motopädagogik und Mototherapie durchsetzte.

Zurzeit finden in den fachwissenschaftlichen wie fachpraktischen Diskursen die folgenden Termini Anwendung:

Psychomotorik: das bewegungsorientierte Konzept der Persönlichkeits- und Entwicklungsförderung; dies findet Anwendung in den Angebotsspektren von Vereinen, freien Praxen, Kliniken und in den pädagogischen Konzepten von Kindertagesstätten und Schulen.

Psychomotorikerin: nicht geschützte Bezeichnung für Menschen, die mit psychomotorischen Inhalten arbeiten. Die Bezeichnung ist nicht an eine bestimmte Qualifizierung gekoppelt. Etablierte Fortbildungsanbieter, wie die Deutsche Akademie für Psychomotorik (dakp), die Rheinische Akademie Bonn oder das Institut für Bewegungsbildung und Psychomotorik (I'B'P), verleihen nach Abschluss ihrer Qualifikationen geschützte, institutsbezogene Titel, die eine fundierte und umfassende Qualifikation garantieren.

Motopädagogik: wird für ein präventiv eingesetztes Konzept der Erziehung durch Bewegung verwendet. Es bezeichnet eine spielerische Bewegungserziehung, die das Ziel verfolgt, die Freude an der Bewegung zu vermitteln und Fehlentwicklungen motorischer und sozial-emotionaler Art entgegenzuwirken. Motopädagogik (motopädagogische Förderung) wird von Vereinen, aber auch Kindertagesstätten und Schulen angeboten.

Motopädagogin: nicht geschützte Bezeichnung für Menschen, die mit motopädagogischen Inhalten arbeiten. Die Bezeichnung ist nicht an eine bestimmte Qualifizierung gekoppelt.

Mototherapie: bezeichnet die Behandlung (psycho)motorischer Auffälligkeiten und Störungen. Mototherapie wird bei klarer Indikationsstellung in Kliniken, freien Praxen oder Bewegungsambulatorien angeboten.

Mototherapeutin: Bezeichnung für einen im Bereich der Mototherapie Arbeitenden sowie für Absolventinnen des Schulzentrums für Psychomotorik in Neustadt, das von 1976 bis 1979 Mototherapeutinnen ausbildete.

Motopädie: wird in doppeltem Sinn verwendet: in seiner ursprünglichen Bedeutung bezeichnet es die Erziehung (pädie) durch Bewegung und zugleich das Fachgebiet, das im Rahmen einer einjährigen Vollzeitausbildung an einer Fachschule für Motopädie erfolgt.

Motopädin: Absolventin der einjährigen Vollzeit- oder zweijährigen Teilzeitausbildung an einer Fachschule für Motopädie.

Motologie: wissenschaftliche Bezeichnung für das Fachgebiet der Lehre von der Motorik und für den Masterstudiengang an der Philipps-Universität Marburg.

Motologin: Absolventin des aktuellen Masterstudiengangs bzw. des vorherigen Diplom Aufbaustudiengangs.

In diesem Lehrbuch wird, sofern nicht eine spezifische Berufsgruppe gemeint ist, durchgängig die Bezeichnung Psychomotorik und Psychomotorikerin verwendet, da die Inhalte in der Tradition der psychomotorischen Übungsbehandlung nach Kiphard gesehen werden und sich der Terminus im internationalen Fachdiskurs (psychomotricity, psychomotricité) durchgesetzt hat.

2.2 Schlüsselbegriffe der Psychomotorik

Das Konzept der Psychomotorik intendiert seit den Anfängen Kiphards eine Persönlichkeitsbildung/-therapie und Entwicklungsförderung durch das Medium der Bewegung. Die Kernannahme der Psychomotorik ist die Einheit von Wahrnehmen, Bewegen und Erleben.

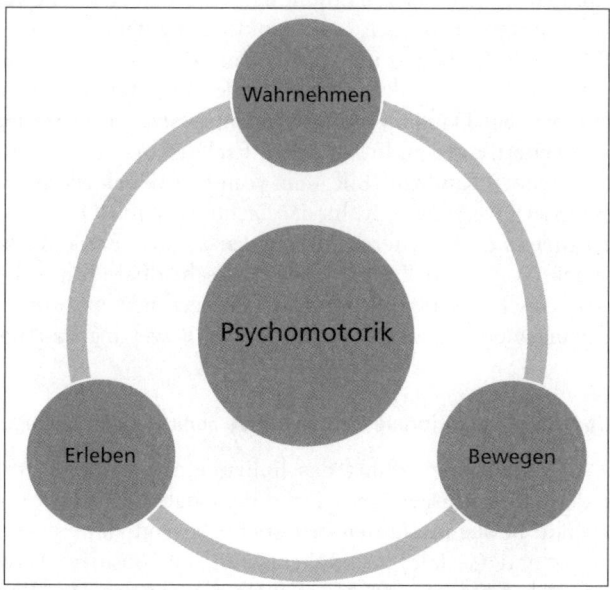

Abb. 1: Einheit von Wahrnehmen, Bewegen und Erleben

Diese Einheit basiert auf einer ganzheitlichen Sichtweise des Menschen, die kognitive, emotional-affektive und körperlich-motorische Elemente im menschlichen Sein als untrennbar miteinander vernetzt ansieht. Zum vertiefenden Verständnis werden die Teilbereiche im Folgenden voneinander getrennt betrachtet und ihre inneren Vernetzungsstrukturen aufgezeigt.

2.2.1 Bewegung/Motorik

Der Gegenstandsbereich der Motorik betrifft die Außen- und Innensicht von Bewegungen in den verschiedenen Kontexten (Sport, Alltag, Beruf). Die Außensicht umfasst die beobachtbaren Produkte, während die Innensicht die zugrundeliegenden körperinternen Prozesse wie die sensorische Handlungsregulation oder die kognitive Planung der Bewegungen bezeichnet (Willimczek/Singer 2009, 17). Bewegung definiert unter einer physikalisch-mechanistischen Perspektive eine Ortsveränderung des menschlichen Körpers oder Teilen davon und unter einer phänomenologisch-geisteswissenschaftlichen Perspektive die an Handlung gebundene, sinngeleitete Interaktion des Menschen in und mit seiner Umwelt. Letztere Sichtweise betont die Erlebnisdimension der Bewegung, die im psychomotorischen Diskurs Anwendung findet.

Bewegung wird damit als anthropologische Grundkategorie verstanden, die es dem Individuum ermöglicht, sich handelnd seine materiale und soziale Umwelt zu erschließen, sie wahrzunehmen, zu interagieren und auf sie einzuwirken. Die Bewegung und der Körper ermöglichen den Zugang zur Welt, sie werden Medium der Aneignung und Erkenntnisgewinnung. In Abhängigkeit von der jeweiligen Intention des Handelnden und dem Handlungskontext werden der Bewegung unterschiedliche Bedeutungsdimensionen bzw. Funktionen zuteil.

Grupe (1976) weist der Bewegung vier zentrale Dimensionen zu, die er als instrumentelle, explorative, soziale und personale Bedeutungen klassifiziert und welche von Zimmer (2001) um die expressive, impressive, komparative und adaptive Funktion erweitert wurden. Im aktuellen Fachdiskurs der Forschungsgruppe Bewegung in der frühen Kindheit (BiK – ein vom BMBF gefördertes Verbundforschungsprojekt der Universität zu Köln, der Fachhochschule Dortmund sowie der Hochschulen Koblenz und Niederrhein) wurden auf der Basis der vorliegenden Einteilungen nach Grupe und Zimmer fünf unterscheidbare Kategorien ausdifferenziert, die synoptisch die inhaltlichen Darstellungen neu zusammenführen und als Differenzierungsmerkmal die Ausrichtung der Bewegungshandlung betrachten.

Die personale/psychisch-emotionale und kognitive Funktion von Bewegung

In und durch die Bewegung erfährt das Individuum vielfältige Informationen, die vorrangig der Erkenntnisgewinnung und personalen Selbstgestaltung dienen. Über grundlegende Bewegungsaktivitäten erlebt das Individuum seine individuellen Handlungs- und Gestaltungsmöglichkeiten, die positive Wirksamkeitserfahrungen wie auch Grenzen und Misserfolge der eigenen Handlungsfähigkeit gleichermaßen umfassen. Die Planung von Handlungen, der Abruf von Bewegungsmustern, die Erfahrungen körperlicher Fähigkeiten und Fertigkeiten wie die emotional-affektive Bewertung derselben unterstützen den Aufbau eines differenzierten Selbstkonzeptes im Rahmen der Persönlichkeitsentwicklung. Dabei fördern eine erfolgreiche Erfahrung und Bewertung von Bewegungsaktivitäten den Aufbau eines positiven Selbstkonzeptes ebenso wie wiederholte Misserfolge sich negativ auswirken können.

Die sozial-kommunikative Funktion von Bewegung

Bewegungshandlungen – ob im kindlichen Spiel oder im sportlichen Alltag – bieten ein breites Spektrum an sozialen Interaktions- und Kommunikationserfahrungen. Bewegungssituationen innerhalb einer Gruppe erfordern die Berücksichtigung und das Aushandeln der im jeweiligen sozialen und kulturellen Kontext geltenden Regeln. In ihnen spiegeln sich soziale und kulturelle Normen und Werte wider, mit denen sich das Individuum auseinandersetzen und innerhalb dessen es sich verorten muss. Dies umfasst eine Einschätzung und Bewertung der eigenen Möglichkeiten und Grenzen wie auch des Abgleiches mit den erforderlichen Kompetenzen bzw. dem Leistungsspektrum der übrigen Mitglieder. Die Mitgestaltung im sozialen Aushandlungsprozess eröffnet eigene Handlungsoptionen, die vom persönlichen Einsatz bis hin zur unterstützenden Hilfestellung reichen, aber auch die Akzeptanz von Nachgeben und Rücksichtnahme umfassen. Gemeinsame Bewegungsaktivitäten fördern verbale und nonverbale kommunikative Fähigkeiten und die Gestaltung sozialer Beziehungen.

Die instrumentelle oder produktive Funktion

In verschiedenen Handlungskontexten wie bei sportlichen Aktivitäten, bei der Arbeit oder im Alltag wird die Bewegung zum Instrument, um Ziele erreichen, etwas herstellen oder Anforderungen bewältigen zu können. Greifen und Werfen beim Handballspielen, das Führen von Maschinen oder Kartoffelschälen erfordern gut funktionierende Bewegungshandlungen, die nach Ausmaß, Komplexität und Schwierigkeitsgrad sehr stark variieren können. Demzufolge sind sie Bestandteil unseres alltäglichen, zur Verfügung stehenden Handlungsrepertoires oder bedürfen aufgrund ihrer Spezifik, Varianz und Komplexität vertiefender Instruktions- und Übungsprozesse. Bei Einschränkungen infolge von Unfällen (z. B. Brüche) oder Erkrankungen (z. B. Parkinson) wird die instrumentelle Bedeutung der Bewegung für die alltägliche Lebensbewältigung eindrücklich deutlich und rehabilitative Maßnahmen erforderlich.

Die explorative Funktion

Die an Bewegung gebundene Auseinandersetzung mit der materialen Umwelt definiert im Kindesalter den unmittelbaren Zugang zur Lebenswelt, ermöglicht die Erkundung von Objekten bzw. Geräten und deren Eigenschaften. Das Kind konstruiert über die aktive Handlung ein Bild der Welt, kann diese begrifflich fassen und auf sie Einfluss nehmen und verändern. Auch im Erwachsenenalter bleibt die erkundende, erforschende Auseinandersetzung in komplexen oder neuartigen Situationen erhalten. Das Ausprobieren und Variieren von Aktivitäten erfordert kognitive Kompetenzen der Handlungsplanung und birgt zugleich das Spannungsmoment der neuen Erfahrung und Erkenntnis in sich. Das Aufgehen und Vertiefen in diese Bewegungsaktivitäten sind zentrale Elemente der explorativen Funktion.

Die expressive/impressive Funktion

Die „Becker Faust" (der Tennisspieler Boris Becker verwendete diese Bewegung als Zeichen des persönlichen Erfolges nach einem Punkt- oder Satzgewinn) oder die hängenden Schultern sind Beispiele für körperliche Aktivitäten, die Gefühlen Raum geben und persönliche Themen des Handelnden ausdrücken. Zugleich vermitteln Bewegungsaktivitäten dem Individuum über vielfältige körpernahe Sinneskanäle Erfahrungen, die emotional gefärbt sind. Die expressive Bedeutung bewegt sich in einem Spannungsfeld zwischen bewusst gewählter Darstellungsform und unbewusstem Ausdruck emotionaler Zustände. So kann in der unmittelbaren Begegnung durch Schwellen der Brust z. B. Macht/Kraft signalisiert werden oder künstlerische Darbietungen der Bewegung in Form des Tanzes oder des pantomimischen Schauspiels transportieren Inhalte und machen diese erlebbar. Auf der anderen Seite sind die Körperhaltung und der Tonus ein Spiegelbild innerpsychischer Befindlichkeit, die nur in einem begrenzten Umfang der Kontrolle und damit der bewussten Steuerung unterliegen. Sie spielen innerhalb dialogischer Prozesse eine zentrale Rolle, die bereits in der frühen Mutter-Kind-Interaktion zum Tragen kommen. Auch innerhalb des Fördersettings haben beide Facetten dieser Bedeutungsdimension eine zentrale Bedeutung (psychomotorischer Dialog).

2.2.2 Wahrnehmung

Wahrnehmung bezeichnet den Prozess des Informationsgewinns aus Umwelt- und Körperreizen, einschließlich der damit verbundenen emotionalen Prozesse und der durch Erfahrung und Denken erfolgenden Veränderungen. Die Fokussierung auf die subjektive Verarbeitung der eingehenden Informationen ist ein Verdienst von von Weizäcker (1950), der mit seinem Gestaltkreis die Einheit von Wahrnehmen und Bewegung betont und zugleich die subjektiven Komponenten im Wahrnehmungsprozess hervorhebt. Von Weizäcker sieht in der Bewegung das Lebendige „(...) es bewegt sich, also lebt es" (von Weizäcker 1950, 1), das in der handelnden Auseinandersetzung des Individuum mit seiner umgebenden Lebenswelt stattfindet. Durch die eigene Bewegung – zum Beispiel beim Radfahren – wird auch die Umwelt als sich bewegend wahrgenommen: „Die Bäume fliegen an mir vorbei." Diese an die eigene Bewegung gebundene Wahrnehmung, bei der das Individuum auch Täuschungen unterliegt, ist für von Weizäcker ein Hinweis auf die subjektiven Verarbeitungs- und Bewertungsprozesse innerhalb der aktiven Wahrnehmungsleistung. Damit formuliert er die für die Psychomotorik zentrale Annahme der unmittelbaren Verbindung von Bewegung und Wahrnehmung einschließlich der subjektiven Zuschreibungen. „Die Wahrnehmung muss (...) als eine Tätigkeit im Werden aufgefaßt (sic!) werden, und (...) sie ist nicht subjektives Endprodukt sondern geschehende Begegnung von Ich und Umwelt" (von Weizäcker 1950, 101). Obgleich diese Verbindung zwischen Bewegung und Wahrnehmung als ein zentrales Postulat der Psychomotorik angesehen werden kann, weist der Wahrnehmungsbegriff und die damit verbundene praxeologische Anwendung in Abhängigkeit von der jeweiligen fachtheoretischen Fundierung verschiedene Bedeutungsfacetten auf (vgl. Martzy 2007).

Die eher funktional orientierten Ansätze innerhalb der Psychomotorik sehen diesen Zusammenhang zwischen Wahrnehmungsleistung und beobachtbarem Verhalten auf einem naturwissenschaftlich-medizinischen Verständnis beruhend als vorrangig physiologische Vorgänge. Die Differenzierung unterschiedlicher Sinnessysteme und die Betonung der körpernahen Sinne (taktil, taktil-kinästhetisch, vestibulär, propriozeptiv) für die Bewegungs- und Verhaltenssteuerung münden in eine gezielte Förderung dieser Sinnesbereiche. Wahrnehmungsübungen sollen die einzelnen Sinneskanäle schulen und die Entstehung eines exakten Bildes der Umwelt unterstützen, so dass angemessene Verhaltensreaktionen folgen können (vgl. Kesper/Hottinger 2007, 41).

Die erkenntnisstrukturierende, selbstkonzeptorientierte Perspektive gründet auf der ökologischen Wahrnehmungstheorie von Gibson, deren Verständnis über die internen Organisationsweisen hinausgeht und die Wahrnehmungsaktivitäten immer im unmittelbaren Zusammenhang mit der Umwelt betrachtet (Gibson 2000). Wahrnehmung beschreibt eine Tätigkeit, bei der das Individuum Wissen darüber erwirbt, welche Handlungsoptionen die wahrgenommene Umwelt zur eigenaktiven Nutzung bietet (vgl. Krist 2006). Wahrnehmung wird damit zur Erkundungstätigkeit, da das Individuum von sich aus aktiv nach Angeboten (affordances) sucht, um seine Handlungsintention zu realisieren (vgl. Fischer 2008). Für die psychomotorische Praxis resultiert daraus eine untrennbare Förderung von Wahrnehmung und Bewegung, deren vorrangigstes Ziel es ist, interessante Handlungsspielräume zu schaffen, die der „Differenzierung von Wahrnehmungsmustern" (Martzy 2007, 228) dienen und zu Bewegungshandlungen anregen.

Der verstehende Ansatz sieht sich in der leibphänomenologischen Tradition Merlau-Pontys, der zufolge die Wahrnehmung sich im Leibbegriff wiederfindet. Der Mensch ist nach Merlau-Ponty auf der Suche nach dem Sinn, den er durch die Bewegung als zentrale Form der Zuwendung zur Welt erfährt. Indem wir uns in der Welt bewegen, werden in unserem Wahrnehmungs- und Bewegungsgedächtnis Empfindungen gespeichert, die sowohl die eigene Identität wie auch die umgebende Welt herausbilden. In unseren Bewegungshandlungen können wir leibliche Regungen spüren, die unsere Haltung (leibliche Stellungnahmen nach Seewald 2007, 30) zur umgebenden Welt zeigen. Wahrnehmung ist damit kein rein physiologischer Prozess, sondern steht in direktem Zusammenhang mit dem leiblichen Erleben, bei dem die wahrgenommene Umwelt durch subjektive Bedeutungs- und Sinndimensionen erfahren wird.

Der systemisch-ökologischen Perspektive liegt das Verständnis zugrunde, dass Wahrnehmung eine auf den individuellen Erfahrungen und Hintergründen basierende Wirklichkeit konstruiert, die kein reales Abbild der außerhalb der Person liegenden Umwelt darstellt. Demzufolge gibt so viele Wirklichkeiten, wie es Wahrnehmende gibt. Dadurch, dass in unsere eigenen Konstruktionen auch die Konstruktionen der anderen Wahrnehmenden einfließen, überarbeiten wir unsere Wahrnehmung kontinuierlich, die somit auch zum „sozialen Produkt" (Balgo/Höhne 1997, 135) aller anderen wird. Für die psychomotorische Arbeitsweise impliziert dieses Verständnis, dass es – entgegen den Annahmen in den funktional orientierten Ansätzen – keine im Individuum verortete Wahrnehmungsstörung gibt, die durch eine Fördermaßnahme behoben werden kann.

2.2.3 Körper und Leib

Die Ausdifferenzierung psychomotorischer Konzepte und die damit verbundene zum Teil divergierende Theoriefundierung hat eine Diskussion aufgegriffen, die bereits in der Philosophie eine lange Tradition hat: die Differenzierung von Körper und Leib.

Ausgangspunkt des Diskurses zwischen Körper und Leib ist der von Descartes formulierte Substanzdualismus, der den physischen Körper (res extensa) als eine vom mentalen Geist (res cognitans) getrennte Einheit betrachtet. In dieser Differenzierung unterscheidet er zwischen dem „denkenden Etwas, das als reiner Geist weder Ausdehnung, noch Gestalt oder irgendetwas Körperliches an sich hat", und dem „ausgedehnten Etwas, das als geistloser Körper alle sinnlichen und raumzeitlichen Erscheinungen, so auch die Bewegung, umfasst" (Prohl 2010, 222). Descartes Intention war es herauszukristallisieren, wie es dem Menschen gelingen kann, eindeutige Erkenntnisse über die Welt zu erlangen, die nicht durch Sinnestäuschungen verfälscht sind. Die Anerkennung seiner Annahmen finden sich auch heute noch ansatzweise in der Medizin wieder, welche die mechanische Funktionalität des Körpers in den Vordergrund stellt und Krankheiten als Funktionsstörungen betrachtet, die psychische Komponenten als Verursachung weitestgehend unberücksichtigt lassen. Auf der anderen Seite haben sich die Kognitionswissenschaften auf rein geistige und seelische Prozesse fokussiert, die vergleichbar der Wirkungsweise eines Computers ablaufen und dem Einfluss des Körper/Leibes nachrangige Bedeutung zuschreiben.

Eine Wende im Konzeptdualismus wurde von Merlau-Ponty (1966) eingeleitet, der mit seiner Dissertation „*Die Phänomenologie der Wahrnehmung*" die Bedeutung der Sinne hervorhob und zugleich die Trennung zwischen sinnentleerter Ausdehnung (Körper) und rein kognitivem Denken ablehnte. Stattdessen formulierte er die Existenz eines objektiven und eines beseelten Leibes, der als Mittler zwischen dem Subjekt und der Welt fungiert. In Anlehnung an Husserl werden für diese beiden Perspektiven im deutschsprachigen Raum die Termini *Körper* für den anatomisch und physikalisch beschreibbaren Gegenstand und *Leib* für den lebendigen, beseelten Eigenleib verwendet – eine sprachliche Trennung, die in der französischen Sprache nicht existent ist. Daher wird in Abgrenzung zum Körper (*corps objectif*) der Leib als *corps vivant*, *corps fonctionnel* oder *corps propre* bezeichnet. Der Körper steht mir als Mensch zur Verfügung, ich kann ihn objektiv beobachten und in seiner Außendarstellung gestalten. Demgegenüber ist der Leib lebendiger Vermittler zwischen dem Individuum und seiner Umwelt, durch den das Subjekt seine Welt wahrnimmt. Ohne den Leib gibt es weder ein „Ich" noch eine „Welt". Entwicklung vollzieht sich durch die leibliche Auseinandersetzung mit der materialen und sozialen Umwelt, in der ich mir die Umwelt in ihrer subjektiven Bedeutung erschließe und zugleich im leibhaftigen Erfahren meine eigene Identität herausbilde. „Die Entwicklung und Aufrechterhaltung einer Identität im Wechselspiel von (leiblicher) Erfahrung und (kognitiver) Reflexion" (Jessel 2010a, 131) bezeichnet man als reflexive Leiblichkeit.

Im Bewegungshandeln vollzieht sich diese Einverleibung der Umwelt, in der sich dem Individuum die umgebende Welt sinngebend erschließt, sich Handlungsmöglichkeiten eröffnen und diese zugleich unmittelbar auf das Individuum zurückwirken und seine Identität prägen.

Die Unterscheidung zwischen dem Körper als Gegenstand und als Mittler zur Welt und die damit verbundene begriffliche Zuordnung von Körper und Leib hat sich in weiten Teilen der (psycho)motorischen Fachliteratur durchgesetzt. Parallel finden aber auch die Termini Körper (Gegenstand) und beseelter, lebendiger Körper (Leib) Anwendung, um die mit dem Leibbegriff belastete theologisch-philosophische Diskussion des Leib-Seele-Phänomens zu umgehen. Im Rückgriff auf die aktuelle Konzeptdiskussion um die Bedeutung des Körpers/Leibes für die Kognitionswissenschaften findet der Terminus *Embodiment* (Körperlichkeit) Anwendung, den Fischer (2013b) als für die entwicklungsorientierte, ganzheitliche Sichtweise der Psychomotorik angemessen empfindet (mehr dazu Gallagher 2012).

2.3 Die Bedeutung der Bewegung für Bildungs- und Erziehungsprozesse

Die fundamentale Bedeutung von Bewegung für die Interaktion des Menschen mit seiner materialen und personalen Umwelt und die damit einhergehende Persönlichkeitsentwicklung spiegelt sich in den Bedeutungsdimensionen wider, die der Bewegung aus Sicht unterschiedlicher Fachdisziplinen zukommt und die sich in den vielfältigen Anwendungsfeldern bewegungsorientierter (psychomotorischer) Arbeit niederschlägt (siehe Teil II). Die Forschungsgruppe BiK hat eine neue Systematik zu den Zielen, dem Sinn und der Bedeutung von Bewegung entwickelt, die sich primär auf Bildungs- und Erziehungsprozesse in der Kindheit bezieht, mit unterschiedlicher Gewichtung aber für die gesamte Lebensspanne Gültigkeit hat und sich in den einzelnen sozialpädagogischen Handlungsfeldern abbildet. Die Analyse erfolgte auf der Basis ausgewiesener Monografien und Sammelwerke der letzten 10 Jahrgänge von 76 internationalen Fachzeitschriften aus den Disziplinen Sportwissenschaften, Erziehungswissenschaften, Medizin, Neurowissenschaften und Psychologie (vgl. Bahr et al. 2012).

Auf einer ersten Ebene lassen sich die zwei Dimensionen *Bewegung als Lerngegenstand* und *Bewegung als Medium* herausarbeiten. Während die erste Dimension verschiedene Facetten umfasst, die inhaltlich aber auf derselben Theorieebene angesiedelt sind, umfasst die zweite Dimension drei Unterkategorien, die an unterschiedlichen Lebensbereichen ansetzen und verschiedene Theoriebezüge aufweisen (vgl. Bahr et al. 2012, 99ff., Krus et al. 2013, 71ff.).

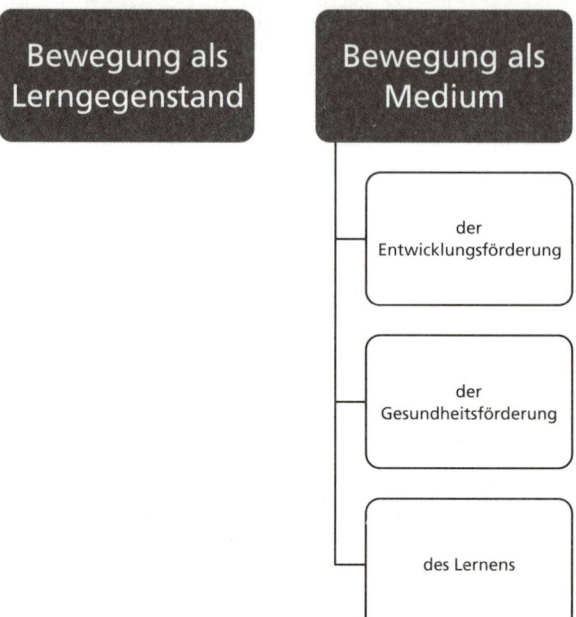

Abb. 2: Bedeutungsdimensionen von Bewegung

2.3.1 Bewegung als Lerngegenstand

Diese Kategorie fokussiert auf die Erziehung zur Bewegung, d.h. auf die Ausbildung motorischer Fähigkeiten und Fertigkeiten, die eine lebenslange Teilhabe am kulturellen System Bewegung, Spiel und Sport ermöglichen. Grundvoraussetzung für eine aktive Partizipation ist das Vorhandensein motorischer Grundfertigkeiten wie konditionelle (z.B. Ausdauer, Kraft, Schnelligkeit, Beweglichkeit) und koordinative Fähigkeiten (z.B. Gleichgewichts-, Umstellungs-, Differenzierungs-, Reaktions-, Orientierungs- und Rhythmisierungsfähigkeit). Ergänzend bietet bzw. fordert das aktive Sporttreiben in Gemeinschaften eine Mitgestaltungskompetenz des Individuums, die sich durch Planungs- (z.B. Spieltaktik) und Teamfähigkeit auszeichnet. Eigene Interessen formulieren und durchsetzen können, aber auch die Berücksichtigung der Bedürfnisse und Kompetenzen anderer zugunsten der eigenen Handlungsoptionen, sind dafür ausschlaggebend. Während im Kindesalter die Grundlagen dafür angelegt werden, bleibt die Relevanz auch im Erwachsenenalter z.B. beim Erlernen neuer Sportarten erhalten. Nicht im Sinne des kontinuierlichen Aufbaus, sondern der Reduktion des Abbaus bzw. der Kompensation gewinnt Bewegung als Lerngegenstand im Alter wieder vermehrt an Bedeutsamkeit. Veränderungen des Körpergewichts, der Muskelmasse oder die veränderte Funktionsfähigkeit der Sinnesorgane führen zu Sturzgefährdung im Alter und Einschränkungen in der Beweglichkeit und den Handlungsmöglichkeiten, die mit Hilfe einer gezielten Schulung der motorischen Grundfertigkeiten deutlich minimiert werden können.

2.3.2 Bewegung als Medium der Entwicklungsförderung

Der Bewegung kommt über die gesamte Lebensspanne hinweg eine fundamentale und verbindende Bedeutung für alle Entwicklungsbereiche zu. Im Kindesalter steht die enge Wechselwirkung von Bewegung, Kognition und sozialemotionalen Kompetenzen als Basis der kindlichen Bildungs- und Entwicklungsförderung im Vordergrund.

Die aktive, handelnde Auseinandersetzung des Kindes in seinem Entwicklungskontext (Familie, Krippe, Kita) ermöglicht die Konstruktion von Weltbildern und die Erfassung von Zusammenhängen. Den Aufbau kognitiver Schemata (Piaget 1975), der im Kindesalter unmittelbar an die Bewegungsaktivitäten gebunden ist, hat Piaget mit den Konzepten der Assimilation und Akkommodation nachdrücklich verdeutlicht. So erweitert beispielsweise das kindliche Explorieren mit einem Korb voller unterschiedlicher Bürsten das kognitive Schema „Bürste" um vielfältige Varianten (mit Stil, aus Rosshaar, aus Kunststoff), unterstützt die Begriffsbildung von Substantiven wie Adjektiven (weich, hart), die unmittelbar an die Wahrnehmung gebunden ist, und erweitert das handmotorische Handlungsschema. Einflussfaktoren von Bewegung auf die kognitive Entwicklung zeigen sich insbesondere in Bezug auf die Handlungs- und Planungsfähigkeit, die Wahrnehmungsentwicklung sowie die Körper-/Raumrepräsentation (vgl. Bahr et al. 2012, 105).

Mit dem Konzept des Embodiment (Körperlichkeit) findet sich die Integrationskraft der Bewegung/Körperlichkeit auch im weiteren Lebenslauf wieder. „Embodiment is the most central of these basic concepts, because embodiment is a concept of synthesis that bridges and integrates biological, sociocultural, and person-centered approaches to psychological inquiry" (Overton 2006, 47f.). Kognition findet in ständiger Wechselwirkung mit Körperzuständen und Gefühlen statt, die ebenso wie die umgebende Umwelt als Kontrollparameter auf die Kognition einwirken und so die Bildung kognitiver Muster prägen (vgl. Tschacher 2010, 31). Der Ansatz der Embodied Cognition (EC) (verkörperte Kognition) verweist damit auf die zirkulären Zusammenhänge von Gehirn, Körper und Umwelt bei kognitiven Prozessen. Gallagher (2012) hebt jedoch hervor, dass dem Konzept des Embodiment eine Vielzahl von Ansätzen zugeordnet werden können, die sich hinsichtlich ihrer Bezugstheorien und der Gewichtung der Verkörperung stark voneinander unterscheiden. Eine Annäherung an die psychomotorische Konzeptbildung findet sich vorrangig in den Ansätzen der handlungsorientierten Kognition (mehr dazu Gallagher 2012, 329ff.).

Bewegungshandlungen unterstützen die soziale Entwicklung durch den Aufbau eines kommunikativen Dialogs mit anderen Sozialpartnern, der neben dem Aushandeln einer gemeinsamen Interaktion die Wahrnehmung und den Ausdruck der persönlichen Befindlichkeit mittels Mimik und Gestik umfasst. Eine zentrale Bedeutung kommt der Bewegung in Bezug auf die Selbstkonzeptentwicklung zu, denn die eigenaktive Bewegungshandlung ist stets ein Spiegelbild der subjektiven Handlungsmöglichkeiten. Im Kontext seiner personellen und materiellen Bezüge erfährt das Kind eigene Wirksamkeiten in der sozialen Interaktion sowie in der Bewältigung von Herausforderungen, die letztendlich zum Aufbau eines differenzierten Selbstkonzeptes beitragen. Das Individuum erlebt sich als Verursacher von Handlungseffekten, die als Wirksamkeitserfahrungen den Aufbau generalisierter Erwartungshaltungen (Kontrollüberzeugungen) in Bezug auf die Bewältigung unterschiedlichster (Entwicklungs-)Aufgaben unterstützen (Krus 2004).

Im mittleren Erwachsenenalter (ca. 35–60 Jahre) prägen die „Erfahrung der Veränderung der Funktionsfähigkeit, Bilanzierungs- und Neuorientierungsfragen und deutlich wahrgenommene Alterungsprozesse" (Haas 2012, 28) das individuelle Entwicklungsgeschehen. Berufliche Ausrichtungen und Festlegungen, familiäre Umbrüche, körperliche Veränderungen sowie die Aktivierung neuer Interessen und Hobbies kennzeichnen diese Lebensphase, die damit sowohl von Gewinn wie auch von Verlust gekennzeichnet ist. Die Bewegung als entwicklungsmoderierende Variable kann die Beibehaltung körperlicher und geistiger Beweglichkeit unterstützen oder gesundheitliche Einschränkungen reduzieren. Zugleich bietet sie Potentiale, neue Herausforderungen zu wählen und selbstwertstützende Erfahrungen zu erlangen (Marathonläufe, Sportabzeichen) wie auch soziale Bezüge außerhalb des beruflichen und familiären Settings auf- und auszubauen.

Die Phase des hohen Lebensalters zieht in Abhängigkeit vom kognitiven und physischen Status des Individuums sehr unterschiedliche Lebensformen und Aktivitäten nach sich. Den rüstigen, vitalen und mobilen Älteren stehen neue Handlungsfelder und Aktivitäten innerhalb und außerhalb der Familie zur Verfügung, in denen sie sich weiterhin als wirksam erleben können. Eine andere Schwerpunktsetzung ergibt sich für die älteren Menschen, die aufgrund körperlicher, geistiger oder psychischer Einschränkungen nicht mehr in der Lage sind, sich selbstständig zu versorgen und bei denen eine Unterbringung in Alten- und Pflegeheimen notwendig wird. Diese Menschen erleben durch die Institutionalisierung eine deutliche Einschränkung ihres Aktivitätsspektrums und werden in verstärktem Maß mit der Verarbeitung und Akzeptanz der eigenen Schwächen, der Auseinandersetzung mit Krankheit und Tod, dem Abschiednehmen konfrontiert. (Psychomotorische) Bewegungsaktivitäten können hier der Schlüssel zu einer ganzheitlichen, persönlichkeitsorientierten Entwicklungsförderung sein. Die Aktivierung älterer Menschen mit Hilfe individuumszentrierter Bewegungsangebote eröffnet Potentiale, die zentralen Aspekte der Identitätsbildung Autonomie, Selbstwirksamkeit und Kontrolle in einem vertrauten und dennoch neu zu strukturierenden Erfahrungsfeld über körperliche/leibliche Erfahrungen anzuregen (siehe hierzu auch Eisenburger Kapitel 9).

2.3.3 Bewegung als Medium der Gesundheitsförderung

Gesundheit beschreibt nach der Definition der WHO (1948, 2) „einen Zustand des völligen körperlichen, seelischen und sozialen Wohlbefindens und nicht nur das Freisein von Krankheit und Gebrechen". Eine Erweiterung dieses eher statischen WHO-Gesundheitsbegriffs nimmt Hurrelmann vor, der Gesundheit als „ein Stadium des Gleichgewichts von Risiko- und Schutzfaktoren" (Hurrelmann 2005, 2) bezeichnet, das dann eintritt, wenn einem Menschen eine Bewältigung sowohl der inneren (körperlichen und psychischen) als auch äußeren (sozialen und materiellen) Anforderungen gelingt. Über die Lebensspanne hinweg umfassen physische Gesundheitsressourcen u. a. Aspekte von Kraft und Ausdauer, Koordination und Haltungsschulung sowie allgemeine Fitness. Bewegungsaktivitäten im Kindesalter fördern nicht nur die Leistungsfähigkeit des Herz-Kreislauf- und Immunsystems, sondern insbesondere die Kräftigung der Muskulatur und Körperhaltung zur Vorbeugung gegen Haltungsschwächen und -störungen. Bewegungsmangel und ungünstiges Ernährungsverhalten führen dagegen zur Entstehung von Übergewicht und Adipositas und damit einhergehenden Komorbiditäten, (z. B. Diabetes mellitus Typ 2, orthopädische Störungen). Untersuchungen (Krell/Bös 2012) belegen, dass die gesundheitlichen Langzeitfolgen von Inaktivität und Fitnessmangel im Kindesalter bis ins Erwachsenenalter hinreichen. Aus übergewichtigen Kindern werden häufig übergewichtige Erwachsene mit einem deutlich erhöhten Risiko für Krankheiten und einer verminderten Lebensqualität, die sich über die gesamte Lebenspanne als recht stabil erweisen.

Das Erwachsenenalter stellt in Bezug auf die Gesundheitsförderung eine Bilanzierungs- und Umorientierungsphase dar. Einhergehend mit den zusätzlichen, altersbedingten gesundheitlichen Einschränkungen verdeutlicht diese Phase die Konsequenzen der vorangegangenen Lebensführung. Zugleich bietet sie ein gehöriges Potential der Neuausrichtung, der Aktivierung vorhandener Ressourcen und der (Wieder-)Aufnahme von Bewegungsaktivitäten, die an unterschiedlichen individuellen Zielen ausgerichtet sind (vgl. Haas 2012, 26 ff.). Im Alter liegt der Fokus der bewegungsorientierten Gesundheitsförderung in der Verhütung von Krankheiten und der Prävention sich abzeichnender Verluste körperlicher und geistiger Kompetenzen. Bewegungsaktivitäten im Alter reduzieren die Gefahr von Depression (Gogulla et al. 2012) und scheinen positiven Einfluss auf das Fortschreiten von Demenzerkrankungen zu haben.

Auch die Sicherheitserziehung spielt unter diesem physischen Aspekt der Gesundheitsförderung eine wichtige Rolle. Wahrnehmungs- und Bewegungsangebote führen nicht nur zu einer verbesserten Körperkontrolle, sondern schulen gleichermaßen die Konzentration, die differenzierte Wahrnehmung und die realistische Einschätzung von Situationen. Hierdurch können Gefahren früher erkannt, bessere Reaktionen abgerufen und damit das Unfallrisiko gesenkt werden. Pädagogisch bedeutsam sind dabei im Kindesalter die Entwicklung einer Risikokompetenz, die Minimierung der Verletzungsgefahr und das Eingehen von Risikowagnis. Kinder müssen z. B. lernen zu fallen, mit Höhen und Tiefen sowie Gefahren umzugehen (Lensing-Conrady 2005, Vetter 2004). Im Alter fokussiert die Selbstsicherungsfähigkeit primär auf die Prävention von Sturzunfällen bzw. die Reduktion von Sturzangst. Bei Frauen im Alter ab 70 Jahren machen Stürze über 60% der Unfälle in dieser Altersgruppe aus (bei Männer knapp über 50%) (Robert-Koch-Institut 2013). Die Unfälle ziehen nicht nur physische Folgen wie bleibende funktionale Einschränkungen, erhöhte Mortalität und schwere Verletzungen nach sich, sondern lösen in gleichem Maße psychosoziale Effekte wie Sturzangst aus, die sich nachhaltig auf die weitere Lebensplanung auswirken. Sturzangst führt dazu, dass die Menschen sich weniger in Bewegungsaktivitäten begeben, damit ihre körperlichen Kompetenzen, aber auch ihre sozialen Kontakte vermindern. Gogulla et al. (2012) skizzieren in diesem Zusammenhang einen Teufelskreis, der über eingeschränkte Mobilität, schlechtere Lebensqualität, verringerte motorische Kompetenz bis hin zum Verlust des Selbstvertrauens und der Selbständigkeit führen kann.

Die Fokussierung der Wahrnehmung und die Konzentration auf den eigenen Körper sind darüber hinaus zentrale Elemente der Entspannung. Entspannung und Wellness beinhalten die Erfahrung des Wechsels von Anspannung (aktive Phasen) und Entspannung (ruhige Phasen) und die daraus resultierenden positiven Wirkungen von situativem Wohlbefinden, Stressabbau und Auseinandersetzung mit Körperreaktionen. Diese bilden eine Grundvoraussetzung für die Bewältigung der sich aus Zeit- und Leistungsdruck ergebenden psychischen Belastungen und fördern den Aufbau eines positiven Selbstkonzeptes (vgl. Quante 2000).

Eine weitere Perspektive der mehrdimensionalen Betrachtung von Bewegung im Kontext der Gesundheitsförderung fokussiert auf die Betrachtung unter den Konzepten der Salutogenese und Resilienz. Beide Ansätze thematisieren physische wie psychische Gesundheit unter dem Aspekt eines dynamischen Modells der Bewältigung von Anforderungen, die in einer Balance zwischen Risiko- und Schutzfaktoren angesiedelt sind. Der amerikanische Medizinsoziologe Antonovsky (1997) entwickelte in den 1970er Jahren das salutogenetische Modell, welches die Gesunderhaltung des Menschen in den Mittelpunkt rückt. Ausschlaggebend für die Gesunderhaltung des Menschen ist das so genannte Kohärenzgefühl (sense of coherence), das „eine globale Orientierung ausdrückt, in welchem Ausmaß man ein durchdringendes, andauerndes und dennoch dynamisches Gefühl des Vertrauens hat, dass die Stimuli, die sich im Verlauf des Lebens aus der inneren und äußeren Umgebung ergeben, strukturiert, vorhersehbar und erklärbar sind und einem die Ressourcen zur Verfügung stehen, um den Anforderungen, die diese Stimuli stellen, zu begegnen und zugleich diese Anforderungen Herausforderungen sind, die Anstrengungen und Engagement lohnen" (Antonovsky 1997, 36).

Diese Überzeugungen der Sinnhaftigkeit im eigenen Leben und Tun für eine positive Persönlichkeitsentwicklung wird auch durch Ergebnisse der Resilienzforschung aus psychologischer Sicht untermauert, die den Fokus auf die protektiven Faktoren (Stärken und Ressourcen) der Individuen oder ihrer Umwelt richtet, „welche die Wirkung von Risikofaktoren moderieren und so die Wahrscheinlichkeit für die Herausbildung von Störungen senken können" (Opp/Fingerle 2007, 14). Personale Ressourcen wie z. B. kognitive, soziale und emotionale Kompetenzen, Temperamentsmerkmale sowie körperliche Ressourcen als auch soziale Ressourcen (z. B. Beziehungen, Erziehungs- und Familienklima, soziale Unterstützung) stehen in Wechselwirkung mit Risikofaktoren, zu denen u. a. Übergewicht/Adipositas, Bewegungsmangel, veränderte Lebensumwelten, fehlende familiäre oder soziale Unterstützung, Migration, Arbeitslosigkeit, Armut oder Einflüsse neuer Medien zählen (vgl. Opp/Fingerle 2007).

Der Stellenwert von Bewegung rückt in den Mittelpunkt der salutogenetischen Gesundheitsförderung und der Stärkung der Resilienz (vgl. Krus 2006, Zimmer 2006, Haas 2012). Durch Bewegung können die Ressourcen und Kompetenzen entwickelt und erweitert werden, die notwendig sind, um erfolgreich mit belastenden Lebensereignissen umzugehen. Individuen können Ressourcen nutzen, um selbsttätig und eigenverantwortlich ihre Belange zu vertreten und sind damit zu Gesundheit bzw. präventivem Gesundheitsverhalten fähig. Es werden Bewältigungsstrategien entwickelt, die zu einem späteren Zeitpunkt wieder aufgenommen werden können und damit den Aufbau generalisierter Kontrollüberzeugungen und eines positiven Selbstkonzeptes unterstützen.

2.3.4 Bewegung als Medium des Lernens

Die Dimension Bewegung als Medium des Lernens ist insbesondere im Kindes- und Jugendalter von hoher Relevanz. Lernen als eine dauerhafte Veränderung von Verhalten, Einstellungen, Fertigkeiten und Wissen basiert auf Erfahrungen innerhalb situativer Kontexte. Diese Erfahrungen, die zum Aufbau von Verhaltens- und kognitiven Schemata führen, basieren im Kindesalter auf der unmittelbar an Bewegung und Körperlichkeit gebundenen Auseinandersetzung des Kindes mit seiner Umwelt. In der handelnden Beschäftigung differenziert das Kind sein Bild von der Welt aus, in dem es mit und in ihr agiert und auf sie einwirkt. In der Handlung modifiziert das Kind über die unmittelbaren Sinnes- und Bewegungserfahrungen zugleich seine Wahrnehmungs- und Bewegungsmuster, welche die Repräsentanz des eigenen Ich unterstützen. Bewegung definiert sich damit als die „vorrangige, ja einzige Art des Menschen, auf die Welt einzuwirken und sich rückwirkend in und durch sie zu erfahren" (Seewald 2000, 94).

Die enge Vernetzung zwischen kindlichen Bewegungsaktivitäten und sensorischem Erfahrungslernen blickt im erziehungswissenschaftlichen Fachdiskurs auf eine lange Tradition zurück. Locke (1632–1704) unterstreicht mit seinem „Nihil est in intellectu quod non (prius) fuerit in sensibus (Nichts ist im Verstand, was nicht vorher in den Sinnen gewesen wäre) die Bedeutung sensomotorischer Erfahrungen gegenüber einer Existenz eingeborener Ideen. Die Philanthropen Basedow (1724–1790), Vieth (1763–1836) und Salzmann (1744–1811) betonen die Bedeutung der Sinne und des Leibes innerhalb der kindlichen Erkenntnisprozesse. Pestalozzis (1746–1827) Forderung nach Lernen mit Kopf, Herz und Hand ist in der heutigen Bildungsdebatte weiterhin (oder wieder) von hoher Relevanz und untermauert die kindlichen Selbstbildungspotentiale. Bewegung steht damit synonym für die spielerische, experimentierende, explorierende Handlung des Kindes in der Auseinandersetzung mit und Erschließung der dinglichen und personalen Umwelt. In all diesen Lernprozessen sind Empfinden, Wahrnehmen, Denken und Handeln immer beteiligt. Im Entwicklungsverlauf gewinnen neben der konkreten Erfahrung zunehmend symbolische Repräsentationen an Bedeutung. Sensomotorische Erfahrungen und Lernen stehen damit in einem unmittelbaren Zusammenhang, der zwar über die Lebensspanne an Bedeutung verliert, dessen Basisstrukturen jedoch lebenslang als Ankerfunktion erhalten bleiben (Seewald 2003).

Unter einer funktionalen Perspektive ist der Zusammenhang zwischen Bewegung und dem Erlernen der Kulturtechnik des Schreibens offensichtlich. Eine umfassende Bewegungskoordination ist eine unabdingbare Voraussetzung für den Erwerb der Schriftsprache und kann bei Problematiken in diesem Bereich zu umfassenden schulischen Problemen führen, die neben der motorischen Komponente auch die Arbeitsorganisation (Dauer der Bearbeitung von Aufgaben, sauberes Führen von Heften) betreffen.

Eine weitere Perspektive des Zusammenhangs von Bewegung und Lernen fokussiert auf die vielfältigen lernunterstützenden Wirkfaktoren körperlicher Aktivität, die insbesondere in schulischen Lernsettings zum Tragen kommen. Als zentrale Aspekte, die mittlerweile auch empirisch gut belegt sind, gelten dabei die Teilkomponenten der exekutiven Funktionen Ausdauer und Konzentrationsfähigkeit, das Selbstwertgefühl und Selbstkonzept sowie die soziale Akzeptanz bzw. der Peerstatus.

Das Konstrukt der exekutiven Funktionen umfasst all die metakognitiven, bereichsspezifischen wie -übergreifenden Prozesse, die für die Aufmerksamkeitssteuerung, eine flexible Anpassung an unterschiedlichste Aufgabenstellungen, die gezielte Handlungsausführung und damit für die erfolgreiche Umsetzung einer Aufgabe verantwortlich sind (vgl. Röthlisberger et al. 2010). Im Erwachsenenalter werden drei voneinander unterscheidbare, aber dennoch überlappende Faktoren exekutiver Funktionen benannt: den Aufgaben-, Aufmerksamkeits- und Strategiewechsel (shifting/switching), d. h. die Möglichkeit, seine Aufmerksamkeit auf die geforderte Aufgabe zu fokussieren und sich flexibel auf unterschiedliche Anforderungen einzulassen. Das Anpassen und Überwachen von Arbeitsgedächtnisrepräsentationen und -prozessen (updating) unterstützen die vorübergehende Speicherung und den Abruf von Informationen, die beispielsweise bei der Bearbeitung von Rechenaufgaben wichtig sind. Darüber hinaus können einzelne Zwischenschritte komplexer Handlungsabläufe und Hilfestellungen oder Instruktionen anderer Personen für die Durchführung erinnert werden. Der dritte Faktor beschreibt die Impulskontrolle, das Unterdrücken von vorschnellen, dominanten und/oder automatisierten Antworten (inhibition) sowie das Ignorieren auftretender Ablenkungsreize bei der Aufgabenbewältigung. Für das Kindesalter (Vorschul-/Schulalter) wird ein eher zweifaktorielles Modell angenommen, bei dem die kognitive Flexibilität (shifting) und die Steuerung des Arbeitsgedächtnisses (updating) von zentraler Bedeutung sind (vgl. Röthlisberger et al. 2010, 100). Dabei zeigt sich ein wechselseitiger Zusammenhang zwischen Bewegung bzw. motorischen Kompetenzen und den exekutiven Funktionen. So nehmen die exekutiven Funktionen Einfluss auf die Steuerung von motorischen Aktivitäten, d. h. die Qualität der Bewegungsausführung ist unmittelbar an die Regulationsmechanismen gebunden. Gelingt die Aufmerksamkeitsfokussierung, die Unterdrückung impulsiver Handlungen und der Abruf handlungsrelevanter motorischer Muster nicht, leidet die Qualität der Bewegungsausführung und damit die erfolgreiche Bewältigung einer intendierten Aufgabe. Kinder mit Problemen in den exekutiven Funktionen weisen überzufällig oft motorische Koordinationsdefizite bis hin zu voll ausgeprägten motorischen Entwicklungsstörungen auf (vgl. Kauer/Roebers 2012). Diese wiederum scheinen in einem unmittelbaren Zusammenhang mit der sozialen Akzeptanz innerhalb der Peergroup zu stehen. Der größte Teil der Kinder, die keine motorischen Schwierigkeiten haben, gelten als beliebte Kinder, während die meisten Kinder mit motorischen Schwierigkeiten innerhalb der Peergroup abgelehnt werden. Aktuelle Untersuchungen belegen diese Erkenntnisse und verdeutlichen, dass sich graduelle Abstufungen innerhalb der motorischen Leistungsunterschiede in gleicher Varianz auch in der soziometrischen Beliebtheit und auch in den kognitiven Leistungen widerspiegeln (vgl. Kauer/Roebers 2012). Kastner/Petermann (2010) konstatieren ebenfalls einen engen Zusammenhang zwischen entwicklungsbedingten Koordinationsstörungen und der Ausbildung eines für die schulische Laufbahn wesentlichen, angemessenen Sozial- und Lernverhaltens. Auf der anderen Seite konnte ein positiver Einfluss von körperlichen Aktivitäten auf die Leistung der exekutiven Funktionen nachgewiesen werden (Kubesch/ Walk 2009), welche die wechselseitigen Bezüge zwischen Bewegung, exekutiven Funktionen, Kognition und Sozialverhalten aufzeigen, ohne dass die Richtung der kausalen Wirkung bislang eindeutig festzulegen ist.

Eine weitere, für das Lernen wichtige affektiv-motivationale Bedeutung wird dem Konstrukt des Selbstkonzeptes zugeschrieben, das als die kognitive Komponente der Selbstbeschreibung eigener Fähigkeiten und Merkmale bezeichnet wird und sich anhand der individuellen Erfahrungen des Individuums in und mit seiner Umwelt herausbildet. Ein theoretischer Begründungszusammenhang basiert auf der Selbstkonzepttheorie nach Shavelson et al. (1976), die eine hierarchische Ausdifferenzierung des Selbstkonzeptes vorlegen. Die oberste Ebene bildet ein globales Selbstkonzept, das seine Informationen aus Teilkonzepten innerhalb unterschiedlichster situativer Kontexte generiert. Auf einer zweiten Ebene unterscheiden die Autoren zwischen einem akademischen und einem nicht-akademischen Selbstkonzept, bei dem letzteres weiter in ein soziales, ein emotionales und ein physisches Selbstkonzept differenziert wird. Das physische Selbstkonzept basiert auf persönlichen Erfahrungen in Bezug auf die eigenen Handlungs-/Bewegungsfähigkeiten und die eigene wahrgenommene Attraktivität. Aus entwicklungspsychologischer Perspektive bildet die bewegungsgebundene Auseinandersetzung des Kindes mit seiner materialen und personalen Umwelt die Basis aller Wirksamkeitserfahrungen und des Körperselbstkonzeptes und wird damit zu einem Grundstein der Entwicklung eines positiven Selbstkonzeptes. Aktuelle Forschungsergebnisse (Ruploh et al. 2013) bestätigen die Bedeutsamkeit von Bewegung für den Aufbau des Selbstkonzeptes, das in seiner motivationalen Wirkung auf das Lernverhalten bereits in die Grundschulcurricula Eingang gefunden hat.

Der Bewegung kommt als Lerngegenstand wie als Medium innerhalb der lebenslangen Entwicklungsperspektive eine zentrale Bedeutung zu. Während dies im Kindesalter im Fachdiskurs breite Anerkennung gefunden hat, bedarf es für die Zielgruppe der Erwachsenen und älteren Menschen noch einer verstärkten Berücksichtigung.

📖 Gut zu wissen – gut zu merken

- Das Konzept der Psychomotorik bezeichnet eine ganzheitliche, humanistische, pädagogische oder therapeutische Methode der Entwicklungsförderung über die Lebensspanne durch Bewegung/Körperlichkeit.
- Die Einheit von Bewegen, Wahrnehmen und Erleben beschreibt das Grundkonzept der Psychomotorik.
- Entwicklung, verstanden als die handelnde Auseinandersetzung des Menschen mit seiner Umwelt, ist unmittelbar an Wahrnehmung und Bewegung gebunden. Die Erfassung der umgebenden Welt, der Aufbau kognitiver Strukturen wie die Entwicklung der eigenen Persönlichkeit basieren auf vielfältigen Bewegungs- und Wahrnehmungserfahrungen.

- Der Bewegung kommen über die Lebensspanne hinweg verschiedene Bedeutungsdimensionen zu, die ihre Relevanz für die lebenslange Persönlichkeitsentwicklung verdeutlichen.

📖 *Literatur*

Antonovsky, A. (1997): Salutogenese. Zur Entmystifizierung der Gesundheit. Tübingen: dgvt.
Bahr, S./Beudels, W./Fischer, K./Hölter, G./Jasmund, C./Kallinich, K./Krus, A./ Kuhlenkamp, S. (2012): Bedeutungsfelder der Bewegung für Bildungs- und Entwicklungsprozesse im Kindesalter. *Motorik*, 3, 98–109.
Balgo, R./Höhne, M. (1997): Die Konstruktion von Wirklichkeiten durch die Einheit von Wahrnehmung und Bewegung. In: Landesinstitut für Schule und Weiterbildung (Hrsg.): Schule anders wahrnehmen – Schule anders bewegen. Bönen: Druck Verlag Kettler, 131–154.
Dorsch, F./Häcker, H./ Stapf, K. (1996): Psychologisches Wörterbuch. Bern: Verlag Hans Huber.
Fischer, K. (2008): Bewegung als Erkundungsaktivität. *Motorik*, 4, 174–179.
Fischer, K. (2013b): Bewegung als anthropologische Kategorie. Unveröffentl. Arbeitspapier.
Gallagher, S. (2012): Kognitionswissenschaften – Leiblichkeit und Embodiment. In: Alloa, E./ Bedorf, T./Grüny, G./Klass, T.N. (Hrsg.): Leiblichkeit. Tübingen: Mohr Siebeck, 320–333.
Gibson, E. J. (2000): Perceptual learning in development: some basic concepts. *Ecological Psychology*, 4, 295–302.
Gogulla, S./Lemke, N./Hauer, K. (2012): Effekte körperlicher Aktivität und körperlichen Trainings auf den psychischen Status bei älteren Menschen mit und ohne kognitive Schädigung. *Zeitschrift für Gerontologie und Geriatrie*, 4, 279–289.
Grupe, O. (1976): Was ist und was bedeutet Bewegung? In: Hahn, E./Preising, W. (Red.): Die menschliche Bewegung. Schorndorf: Hofmann, 3–19.
Haas, R. (2012): Mitten im Leben, weder jung noch alt – Mittleres Erwachsenenalter eine vernachlässigte Schlüsselphase im Lebenslauf. In: Krus, A. (Hrsg.): Ein bewegtes Leben. Psychomotorisches Arbeiten mit älteren Menschen und Menschen mit Demenz. Lemgo: Verlag Aktionskreis Psychomotorik, Band 11, 26–35
Hölter, G. (1990): Psychomotorik aus psychotherapeutischer Sicht. In: Huber, G./Rieder, H./ Neuhäuser, G. (Hrsg.): Psychomotorik in Therapie und Pädagogik. Dortmund: Verlag modernes lernen, 93–120.
Hurrelmann, K. (2005): Gesundheitssituation von Kindern und Jugendlichen. ajs Informationen I, Gesund aufwachsen. Aktion Jugendschutz – Landesarbeitsstelle Baden-Württemberg. http://www.ajs-bw.de/media/files/ajs-info/ausgaben_altbis05/Artikel_Hurrelmann.¬pdf [20.07.13].
Jessel, H. (2010): Leiblichkeit – Identität – Gewalt: Der mehrperspektivische Ansatz der psychomotorischen Gewaltprävention. Wiesbaden: VS Verlag.
Kauer, M./Roebers, C. M. (2012): Kognitive Basisfunktionen und motorisch-koordinative Kompetenzen in Abhängigkeit des Peerstatus bei Kindern zu Beginn der Schulzeit. *Zeitschrift für Entwicklungspsychologie und Pädagogische Psychologie*, 3, 139–152.
Kesper, G./Hottinger, C. (2007): Mototherapie bei Sensorischen Integrationsstörungen. (7. Aufl.). München: Ernst Reinhardt Verlag.
Kiphard , E.J. (1979): Motopädagogik. Dortmund: Verlag modernes lernen.
Krell, J./Bös, K. (2012): Inaktivität und Fitnessmangel im Kindesalter – Ursachen und Wirkungen. *Kinderärztliche Praxis*, 4, 207–210.
Krist, H. (2006): Psychomotorische Entwicklung. In: Schneider, W. (Hrsg.): Kognitive Entwicklung. Göttingen: Hogrefe, 151–238.
Krus, A. (2004): Mut zur Entwicklung. Das Konzept der psychomotorischen Entwicklungstherapie. Schorndorf: Hofmann.

Krus, A (2006): Psychomotorische Entwicklungsförderung zur Stärkung der kindlichen Resilienz. In: Fischer, K./Knab, E./Behrens, M. (Hrsg.): Bewegung in Bildung und Gesundheit. Lemgo: Verlag Aktionskreis Psychomotorik, 355–361.

Krus, A. (2013): Psychomotorische Fortbildungen im Spiegel fachlicher Diskurse und gesellschaftlicher Entwicklungen – 35 Jahre Fortbildung im Aktionskreis Psychomotorik. In: Krus, A./Jessel, H. (Hrsg.): Psychomotorik im Bildungskontext. Lemgo: Verlag Aktionskreis Psychomotorik, 33–48.

Krus, A./Jasmund, C./Bahr, S./Kopic, A./Siems, S. (Hrsg.) (2013): Bewegung in der frühen Kindheit. BMBF Forschungsprojekt. Expertentagung. Schriften des Fachbereichs Sozialwesen an der Hochschule Niederrhein, Bd. 57, Mönchengladbach.

Kubesch, S./Walk, L. (2009): Körperliches und kognitives Training exekutiver Funktionen in Kindergarten und Schule. *Sportwissenschaft*, 4, 309–317.

Lensing-Conrady, R. (2005): Erwerb von Risikokompetenz durch Risikobeteiligung. *Haltung und Bewegung*, 2, 23–30.

Leontjew, A.N. (1973): Probleme der Entwicklung des Psychischen. Frankfurt: Fischer Athenäum.

Martzy, F. (2007): Sehe ich was, was Du nicht siehst? Wahrnehmung im Fokus motologischer Ansätze. *Motorik*, 4, 227–230.

Merlau-Ponty, M. (1966): Phänomenologie der Wahrnehmung. Berlin: de Gruyter.

Opp, G./Fingerle, M. (2007): Erziehung zwischen Risiko und Protektion. In: Opp, G./Fingerle, M. (Hrsg.): Was Kinder stärkt. Erziehung zwischen Risiko und Resilienz. (2. Aufl.). München: Ernst Reinhardt Verlag, 7–18.

Overton, W.F. (2006): Developmental psychology: Philosophy, concepts, methodology. In: Damon, W./Lerner, R.M. (Hrsg.): Handbook of child psychology. Hoboken: Wiley, 18–80.

Piaget, J. (1975): Das Erwachen der Intelligenz beim Kind. Bd. I. Stuttgart: Klett.

Prohl, R. (2010): Grundriss der Sportpädagogik. Wiebelsheim: Limpert.

Quante, S. (2000): Entspannung mit Kindern. *Praxis der Psychomotorik*, 3, 152–158.

Robert Koch Institut (Hrsg.) (2013): Das Unfallgeschehen bei Erwachsenen in Deutschland. Berlin: Oberdruck AG.

Röthlisberger, M./Neuenschwander, R./Michel, E./Roebers, C.M. (2010): Exekutive Funktionen: zugrundeliegende kognitive Prozesse und deren Korrelate bei Kindern im späten Vorschulalter. *Kindheit und Entwicklung*, 2, 99–110.

Ruploh, B./Martzy, F./Bischoff, A./Matschulat, N./Zimmer, R. (2013): Veränderungen im Selbstkonzept nach psychomotorischer Förderung. *Motorik*, 4, 180–189.

Schäfer, I. (1998): Von der psychomotorischen Idee zu den Gründungsjahren des Aktionskreises Psychomotorik. *Motorik*, 3, 82–86.

Scherler, K. (1975): Bewegung und Erfahrung. In: Hahn, E. (Hrsg.): Die menschliche Bewegung. Schorndorf: Hofmann, 93–104.

Schilling, F. (1981): Grundlagen der Motopädagogik. In: Clauss, A. (Hrsg.): Förderung entwicklungsgefährdeter und behinderter Heranwachsender. Erlangen: Perimed, 184–194.

Schilling, F. (1986): Ansätze zu einer Konzeption der Motherapie. *Motorik*, 2, 59–67.

Seewald, J. (2000): Leib und Symbol. Ein sinnverstehender Zugang zur kindlichen Entwicklung. (2. Aufl.). München: Fink.

Seewald, J. (2003): Grundannahmen und Erfahrungswerte der Psychomotorik zu Lernen und Bewegung. Vortrag für das Symposium „Lernen und Bewegung" des Landesinstituts für Schule, Soest am 18.11.2003.

Seewald, J. (2007): Der verstehende Ansatz in Psychomotorik und Motologie. München: Ernst Reinhardt Verlag.

Shavelson, R.J./Hubner, J./Stanton, G. (1976): Self-concept. In: *Review of Educational Research*, 3, 407–441.

Tschacher, W. (2010): Wie Embodiment zum Thema wurde. In: Storch, M./Cantieni, B./Hüther, G./Tschacher, W. (Hrsg.): Embodiment. Die Wechselwirkung von Körper und Psyche verstehen und nutzen. Bern: Verlag Hans Huber, 11–34.

Vetter, M. (2004): Wer wagt, gewinnt, oder: Hilft Risikokompetenz Unfälle zu vermeiden? In: Zimmer, R./Hunger, I. (Hrsg.): Wahrnehmen, Bewegen, Lernen – Kindheit in Bewegung. Schorndorf: Hofmann, 162–167.

von Weizäcker, V. (1950): Der Gestaltkreis. Theorie der Einheit von Wahrnehmen und Bewegen. Stuttgart: Thieme.

World Health Organization WHO (1948): Constitution of the World Health Organization.

Willimczek, K./Singer, R. (2009): Motorische Entwicklung. Gegenstandsbereich. In: Baur, J./Bös, K./Conzelmann, A./Singer, R. (Hrsg.): Handbuch motorische Entwicklung. Schorndorf: Hofmann, 15–24.

Zimmer, R. (2001): Handbuch der Bewegungserziehung. Freiburg: Herder.

Zimmer, R. (2006): Bedeutung der Bewegung für Salutogenese und Resilienz. In: Fischer, K./Knab, E./Behrens, M. (Hrsg.): Bewegung in Bildung und Gesundheit. Lemgo: Aktionskreis Psychomotorik Selbstverlag, 306–313.

3 METHODISCH-DIDAKTISCHE PRINZIPIEN PROFESSIONELLEN PSYCHOMOTORISCHEN HANDELNS

Astrid Krus

Was Sie in diesem Kapitel lernen können

Die Psychomotorik als pädagogisch-therapeutisches Konzept bedient sich der Bewegung/Körperlichkeit als das zentrale Medium der Intervention. Sie lernen das Spezifische dieser Fördermethode kennen und welche konkreten Strukturierungsformen und Prinzipien das professionelle psychomotorische Handeln prägen.

„Mich fasziniert die Idee und die praktische Lösung der Aufgabe, wie man ungeschickten, entmutigten und sozial isolierten Kindern über kleine und kleinste Erfolge im Bewegungsbereich allmählich wieder zu Selbstvertrauen und zu selbstbestimmtem Handeln innerhalb der Gruppengemeinschaft verhelfen kann" (Hünnekens/Kiphard 1990, 28).

Kiphard verdeutlicht mit diesem Zitat die zentrale Intention der Psychomotorik, Individuen dahingehend zu unterstützen und zu begleiten, dass sie über eine stabile Persönlichkeit verfügen, sich selbst wertschätzen und innerhalb ihrer sozialen Gemeinschaft ein selbstbestimmtes Leben führen können. Die Selbstbestimmung beinhaltet, dass Menschen sich in ihrem So-Sein wohlfühlen, eigene Handlungsinteressen verwirklichen und im sozialen Kontext wertschätzende Anerkennung und Akzeptanz finden. Bewegung(-shandeln) bietet sich als das geeignete Medium an, da „…durch Übungen im leiblichen Bereich ein besonders guter und kindgemäßer Zugang zum Psychischen gelingt" (Hecker 1971, 4). Die psychomotorische Arbeit ermöglicht es uns, einen (verstehenden) Zugang zur Befindlichkeit und den Bedürfnissen der Klienten zu erhalten, da „… das individuelle Bewegungsverhalten, wie es in der motorischen Persönlichkeit zum Ausdruck kommt, bestimmt [wird] durch die Wesensart und das Selbstbild eines Menschen, durch sein psychisches Befinden, seine Einstellungen und seine Art zu denken und zu fühlen" (Hünnekens/Kiphard 1990, 174). Zugleich begründet die wechselseitige Beziehung zwischen Bewegung und Psyche das methodische Vorgehen, da „… die Art und Weise, wie sich ein Mensch hält und bewegt, Einfluss auf seine Psyche [nimmt] – etwas das wir pädagogisch und therapeutisch bewußt (sic!) oder unbewußt (sic!) zu nutzen versuchen" (ebd., 174).

Die Konzeptvielfalt innerhalb der Psychomotorik mit ihren unterschiedlichen Bezugstheorien, Menschenbildern und Bewegungsmodellen impliziert bereits, dass es eine für alle Konzepte gleichermaßen geltende methodisch-didaktische

Herangehensweise nicht geben kann. Vielmehr beeinflussen die jeweilige Intention des psychomotorischen Angebotes, die theoretische Fundierung sowie die zugrundeliegende Vorstellung von den Entwicklungs- und Handlungsprozessen des Individuums die spezifische Herangehensweise. Die Ausdifferenzierung für die jeweiligen Ansätze findet sich exemplarisch in den Darstellungen der psychomotorischen Praxis (siehe Teil II dieses Buches).

Konzeptübergreifend können jedoch allgemeine Strukturierungsformen (vgl. Seewald 2007) und Prinzipien des psychomotorischen Arbeitens benannt werden, die in der Vorbereitung Berücksichtigung finden bzw. das professionelle Handeln leiten. Sie sind als Leitlinien zu verstehen, die ein notwendiges Maß an Orientierung geben, um der Zielgruppe psychomotorischer Förderung einen eigenständigen, kreativen Interaktionsprozess mit der materialen und sozialen Umwelt zu ermöglichen. Die Betrachtung der Strukturierungsformen umfasst

- die Auswahl und Gestaltung des Settings
- die Auswahl des Materials
- die Sozialformen sowie
- den Stundenaufbau.

Die Prinzipien des psychomotorischen Vorgehens beziehen sich vorrangig auf die Gestaltung des Beziehungsraumes, in dem die Förderung stattfindet und die sowohl allgemeine Merkmale wie auch die professionelle Haltung der Psychomotorikerin umfassen.

3.1 Auswahl und Gestaltung des Settings

Eine auf die professionell fundierte Arbeitsweise bezogene Auswahl und Gestaltung des Settings ist leider nicht jeder Psychomotorikerin in jedem institutionellen Kontext möglich. Allerdings sollten die Wirkung und der Aufforderungsgehalt der Umgebungsbedingungen unabhängig davon, ob es sich um einen (Bewegungs-)Raum, die Natur, ein Außengelände oder ein Schwimmbad handelt, Eingang finden in die Stundenvorbereitungen. Vorrangig wird der Appellcharakter, den das Setting für das jeweilige Individuum hat, berücksichtigt, da die Raumwahrnehmung durch unsere Vorerfahrungen geprägt ist und jeder Mensch Räume auf seine ihm eigene Art und Weise wahrnimmt. So können große Räume dem einen Freiraum und Handlungsspielraum vermitteln, während der andere sich darin verloren und unsicher fühlt. Die Alltagspraxis erfordert demzufolge eine kritische Betrachtung vorhandener Bedingungen und individueller Bedürfnisse. Veränderungen können durch Farben von Wänden, Gardinen und Bodenbelägen sowie variable Beleuchtung erzielt werden. Der Schall bzw. die Geräusche innerhalb eines Raumes wirken sich gleichfalls auf die subjektive Befindlichkeit aus, die sich ebenso wie die Anzahl und die Anordnung des Materials an den Bedürfnissen und Themen der Klientel orientieren sollte. Eine besondere Perspektive innerhalb der Nutzung von Settings nimmt das psychomotorische Arbeiten in der Natur ein, das als eine eigenständige Form der Psychomotorik angesehen werden kann und die Spezifik des Lebensraumes Natur für Entwicklungsprozesse nutzt (vgl. Späker 2009, 2010a, b).

3.2 Auswahl des Materials

Seit den Anfängen der psychomotorischen Praxis ist dem (Spiel-)Material eine große Bedeutung beigemessen worden, obgleich Kiphard in seinen Anfängen auf einfachste Alltagsgegenstände (Tische, Stühle, Leitern, Bälle, Kisten, u. v. a. m.) zurückgreifen musste. In Folge entwickelte sich eine Phase der Konstruktion spezifischer psychomotorischer Materialien, wie beispielsweise das Pedalo, das Rollbrett oder das Schwungtuch, die bis heute in der psychomotorischen Praxis zu finden sind. Zeitweise bestand jedoch auch die Gefahr, psychomotorisches Arbeiten auf den Einsatz dieser Materialien zu reduzieren und die dem Konzept zugrundeliegenden zentralen Prinzipien des Beziehungsaufbaus, der Interaktion sowie der kreativen Gestaltungsmomente des Individuums zu vernachlässigen. Eine Wiederbelebung und Fokussierung psychomotorischer Arbeit auf den individuellen Appellcharakter von Material sowie dessen Verwendungsmöglichkeiten wurde durch den verstärkten Einsatz von Alltagsmaterialien initiiert. Gerade die Offenheit der Gestaltungsmöglichkeiten sowie die Zweckentfremdung eröffnen kreative Handlungs-„Spielräume" und Dialoge zwischen Material und Individuum. Scherler (1975) misst der materialen Erfahrung, die sich im konkreten sensomotorischen Handeln vollzieht, einen wesentlichen Einfluss auf die kognitive Entwicklung bei, da über die Handhabung des Materials wichtige Informationen über die gesetzmäßige Abhängigkeit bestimmter Variablen sowie über die unter ihnen wirksamen Naturgesetze vermittelt werden. Unabdingbare Voraussetzung für einen derartigen Erfahrungsgewinn stellt die Auswahl an Spiel- und Bewegungsmaterialien dar, die transportabel und variabel einsetzbar sind. Seewald (2007, 101f.) fokussiert bei der Materialauswahl zudem auf die Symbolisierungsmöglichkeiten innerer Zustände durch die Gestaltung mit verschiedenen Materialien.

Die Auswahl und Zusammenstellung des Spielmaterials wird durch dessen innere und äußere Struktur mitbestimmt. Die äußere Struktur beschreibt die Gesetzmäßigkeiten der physikalischen Welt (Oberfläche, Gewicht, Größe, Form, ...), die in der Regel von allen Menschen identisch wahrgenommen werden. Gegenstände besitzen aber auch eine innere Struktur, die von Mensch zu Mensch variiert und den individuellen Umgang mit dem Medium verdeutlicht (vgl. Eisenburger 2012). So sind Gegenstände für einen Zweck bestimmt (Bürsten zum Kämmen), können aber auch zweckentfremdet eingesetzt werden (zum Reinigen, zum Massieren) und lösen Assoziationen und Emotionen aus (Zwicken in den Haaren, angenehme Streicheleinheiten). Die innere Struktur kann je nach Bedürfnislage und Vorerfahrung des Individuums unterschiedlich sein und kann nur in der konkreten Situation erschlossen werden. Darüber hinaus haben Materialien einen Appellcharakter, der mitbestimmt, wie wir ihn handhaben (Ball: rollen, werfen; Kiste: befüllen, schieben, klettern). Gibson hat in ihrer Wahrnehmungstheorie bereits auf den Appellcharakter der materialen Umwelt verwiesen, indem sie betont, dass jedes Material, jeder Gegenstand Aufforderungen sendet, wie mit ihm umzugehen ist. Die individuell sinngebende Nutzung von Spielmaterialien setzt allerdings voraus, dass Offenheit, freie Verfügbarkeit und selbstbestimmte, kreative Nutzung entsprechend der eigenen Bedürfnisse innerhalb des psychomotorischen Settings möglich ist. Dadurch eröffnen sich Handlungsspielräume, wird die Umwelt als veränderbar erfahren und die eigene Wirksamkeit als Schritt in die selbsttätige und selbstwertfördernde Entwicklung erlebt.

3.3 Sozialform

Die Fördergruppe bildet seit Kiphard ein Wesensmerkmal der Psychomotorik, die aufgrund der „sozialen Wechselwirkung" (Hünnekens/Kiphard 1971, 14) maßgeblich zum Erfolg der Intervention beiträgt. Er verwies bereits auf die Bedeutung der Bewegungsfertigkeiten für den Status des Individuums innerhalb der Peergroup: „Gerade im Kindesalter wird die durch Spiel und Sport erreichte Bewegungsfertigkeit zu einem Gradmesser der von anderen entgegengebrachten Achtung und Anerkennung und auf der anderen Seite der Zurücksetzung, Herabsetzung und Entwürdigung, der Verachtung und Verhöhnung, der Ausschließung und Aussonderung aus der Gemeinschaft" (ebd., 15). Diese Einschätzung bestätigen aktuelle Untersuchungen zum Zusammenhang von kognitiven und motorischen Kompetenzen mit soziometrischen Indikatoren (Kauer/Roebers 2012). Zurückweisung als Folge schlechter motorischer Leistungen beeinflusst die sozial-emotionale Entwicklung nachhaltig, da positive Peerbeziehungen und soziale Akzeptanz als zentrale Indikatoren einer gesunden Entwicklung gelten. Psychomotorische Förderung innerhalb von Gruppenstrukturen ermöglicht neue, positive Erfahrungen der sozialen Interaktion, positive Selbstkonzeptzuschreibungen durch andere und eine Erweiterung des sozialen Handlungsrepertoires. Die gemeinsamen spielerischen Aktionen sowie der Austausch über das individuelle Erleben in den Bewegungssituationen ermöglichen eine Auseinandersetzung mit eigenen Beziehungsstrukturen und die Wahrnehmung eigener Aktivitäten und Reaktionen im Bewegungshandeln.

3.4 Stundenaufbau

Eine bedürfnis- und prozessorientierte Vorgehensweise bedarf einer gewissen Flexibilität der Stundengestaltung, die allerdings nicht der Beliebigkeit unterliegt, sondern Strukturen aufweist, die Transparenz, Analysierbarkeit und Reflexion des Handelns ermöglichen. In Anlehnung an den (sport-)pädagogischen Bereich wird vielfach eine Einteilung in Phasen vorgenommen (Köckenberger 2008, Passolt/Pinter-Theiss 2003), die hinsichtlich der Dauer, der Intensität, der Zielsetzung und des Themas stark variieren können. Die Phasen implizieren keine in sich festgelegte und abgeschlossene Struktur, sondern werden von einer „inneren und äußeren Dynamik" (Passolt/Pinter-Theiss 2003, 77) beeinflusst und dienen lediglich als Orientierung. Köckenberger (2008, 31ff.) differenziert zwischen drei übergeordneten Einteilungen von Stundenformen, dem phasengebundenen, dem phasenvariablen und dem phasenfreien Aufbau.

Der phasengebundene Aufbau ist durch einen sich wiederholenden, im Vorhinein festgelegten Ablauf der Stunde gekennzeichnet. In der Fachliteratur liegen verschiedene Phasenmodelle vor, die von einer einfachen Dreigliedrigkeit Aufwärmphase, Hauptphase und Abschluss bis hin zu fünfstufigen Modellen in Eingangsphase, Phase des extensiven Spiels, Intensivphase, Entspannungs- und Reflexionsphase (vgl. Passolt/Pinter-Theiss 2003) reichen. Die Auswahl, Bezeichnung und Gestaltung der Phasen obliegt dem Fachverständnis der Psychomotorikerin. Der Vorteil eines gebundenen Ablaufs ist die Sicherheit, die sich durch die ritualisierte Vorgehensweise sowohl für die Teilnehmerinnen wie für die Psychomotorikerinnen ergibt. Eine größere Flexibilität bietet ein phasenvariabler Aufbau, der zwar die Phasen als solche beibehält, sie aber in ihrer Dauer und Reihenfolge den Bedürfnissen und Themen der Zielgruppe anpasst. Dieser Aufbau bietet einen Orientierungsrahmen, ermöglicht aber zugleich eine hohe Individuumszentrierung. Eine vollständige Ausrichtung auf die Interessen und Bedürfnisse der Teilnehmenden, die eine hohe Flexibilität und Fachkenntnis der Psychomotorikerin voraussetzt, stellt der phasenfreie Ablauf dar. Freie Spielgestaltung, Kreativität und das Eingehen auf die Signale des Gegenübers kennzeichnen diese Vorgehensweise, bei gleichzeitiger Gefahr eines fehlenden Haltes, da Orientierungspunkte nur begrenzt gegeben sind.

Eine besondere Bedeutung kommt der Eingangs- und der Abschlussphase zu, da sie die beteiligten Individuen und ihr leibliches Erleben in den Vordergrund rücken. Sich auf die neue Situation einlassen können, bedeutet, Vorangegangenes Revue passieren zu lassen und sich im Hier und Jetzt zu verorten. In gleichem Maße beinhaltet die Abschlussphase eine Reflexion des Erlebten und die Neuausrichtung auf die Lebenswelt außerhalb der Fördergruppe.

3.5 Prinzipien psychomotorischen Handelns

Die Strukturierungsformen bilden den Rahmen, innerhalb dessen die psychomotorische Interaktion zwischen Psychomotorikerin und Teilnehmerinnen stattfindet und der von allen Beteiligten individuell gefüllt wird. Die Gestaltung des jeweiligen Beziehungs- und Spielraumes wird von spezifischen Prinzipien geleitet, die als konstituierend für psychomotorische Angebote angesehen werden (vgl. Kiphard 1996).

- Individuumszentrierung
  Die Angebote orientieren sich am Entwicklungsstand, den Bedürfnissen und Interessen der Klientel. Die Teilnehmenden erfahren Entlastung und Freude statt vorgegebener Anforderungen und Leistungen. Sie erleben einen „Spielraum", den sie selber füllen und in dem sie sich und ihre Umwelt erfahren.
- Offene Handlungssituationen
  Die Angebotsstruktur bietet variable Bewegungssituationen mit Möglichkeiten zur individuellen Veränderung. Sie enthalten Gelegenheiten zum freien Experimentieren, Ausprobieren und Realisieren eigener Ideen.
- Freiwilligkeit
  Den Teilnehmenden obliegt die Entscheidung, ob und in welcher Form und Intensität sie die Angebote nutzen möchten.

- Phantasie und Kreativität
  Die Bewegungsangebote sind lebensnah und abenteuerlich, d. h. sie bieten Herausforderungen der Bewältigung und ein Aufgehen und Vertiefen in der Handlung (Erlebnisorientierung).
- Selbsttätigkeit
  Die Angebotsstruktur ermöglicht, eigeninitiativ zu handeln und zunehmend mehr Verantwortung für das eigenes Tun zu übernehmen. Selbststeuerung und Selbstbeherrschung sind zentrale Aspekte.
- Selbstwerterhöhung
  Die Bewegungssituationen eröffnen positive emotionale Erfahrungen und Erfolgserlebnisse (Wirksamkeitserfahrungen), die sich in einem wachsenden Vertrauen in die eigenen Fähigkeiten niederschlagen.
- Kognitive und affektive Reflexion
  Sprachliche Reflexionseinheiten dienen einerseits der Spiegelung wahrgenommener Bedeutungsdimensionen, die das Individuum unterstützen soll, sich selbst zu erfahren und neue Erlebnisse in die bisherigen Erfahrungen zu integrieren. Darüber hinaus haben reflektierende Fragen die Funktion, die Wahrnehmungs- und Bewertungsmechanismen des Individuums auf die Bewusstseinsebene zu heben, um in Kombination mit erlebtem Erfolg selbstwertstützende Kognitionen und Emotionen aufzubauen.

Um diese Prinzipien in der psychomotorischen Arbeit umsetzen zu können, „bedarf es einer bestimmten professionellen Rolle des Psychomotorikers, die sich nicht selten über die Formulierung einer Haltung ausdrückt" (Schache/Künne 2012, 87).

3.6 Professionelle Haltung

Kiphard hat durch seine (bewegungs)biografisch geprägte *Meisterlehre* in besonderem Maße die Bedeutung der Persönlichkeit der Psychomotorikerin als eine Moderatorvariable erfolgreicher psychomotorischer Intervention verdeutlicht. Kiphard verwendet in diesem Zusammenhang den Begriff „persönliche Attribute" (Kiphard 2004, 31), welche die Gestaltung der Praxis und Beziehung zur Klientel positiv beeinflussen. Als besonders förderlich stellt er:

- die Achtung vor dem Kind, Geduld, Verständnis und Herzenswärme,
- Ausstrahlung von Vertrauen, Ermutigung und Bestärkung,
- sympathisierende Anteilnahme, Begeisterungsfähigkeit,
- Flexibilität, Eingehen auf die Ideen der Kinder,
- Kontaktfähigkeit, Echtheit, Ehrlichkeit,
- Kreativität und Humor (ebd., 31f.)

heraus.

Schäfer (2011) erweitert diese Perspektive um die Bedeutung der eigenen Bewegungsbiografie und wählt statt des Terminus ‚Attribute' ‚individuelle Einstellungen', die auch als Haltung verstanden werden können.

„Erst der Zugang zu und die Auseinandersetzung mit uns selbst sowie mit unserer Biografie eröffnen uns den Weg, Kinder bedingungslos anzunehmen und in ihrer Entwicklung zu begleiten. Die Wahl verschiedener psychomotorischer Methoden, Vorgehensweisen und Ansätze in der psychomotorischen Pädagogik bzw. Therapie hängt stets von unserer individuellen Einstellung ab und diese beeinflusst den Dialog mit unseren Klienten auf maßgebliche Art und Weise. Das Pädagogen-/Therapeutenverhalten ist damit ein zentraler Bestandteil in der psychomotorischen Arbeit" (ebd., 67)

Der Haltungsbegriff umfasst im Kontext beruflicher Identität zwei Aspekte: die persönliche Haltung und die professionelle Haltung, die als zentrales Moment pädagogischer und therapeutischer Arbeit angesehen wird. Haltung beschreibt Einstellungen und Gesinnungen, die auf biografischen Erfahrungen und implizitem Wissen beruhen. Professionelle Haltung stellt eine inhaltliche Weiterung dar, die neben dem eigenen Erfahrungswissen das erlernte Fachwissen in Form von Theoriekenntnissen, Methodenwissen sowie persönlichen Kompetenzen umfasst. Wie bereits von Schäfer angesprochen, ist die selbstreflexive Auseinandersetzung mit der eigenen Bewegungsbiografie eine unabdingbare Voraussetzung professionellen, psychomotorischen Handelns, da die persönlichen Erfahrungen und Einstellungen handlungsleitend wirksam werden. In Bezug auf die Aus- und Weiterbildung psychomotorischer Fachkräfte impliziert dies „ein hohes Maß an Eigenerfahrung sowie die Bereitschaft zur permanenten Selbstreflexion der Professionellen" (Jessel 2010, 26).

Die professionelle Haltung dient dazu, Zuwendung, Zuversicht, Vertrauen in die Fähigkeiten, Ressourcen, Stärken und Kompetenzen der Klientel anzubahnen, Dialog- und Spielräume zur Erfahrung/Erkenntnis zu schaffen (vgl. Schache/Künne 2012, 87).

Zusammenfassend bleibt festzustellen, dass die Reflexion der eigenen theorie- und erfahrungsbasierten Haltung und die Einstimmung auf das Gegenüber zentrale Voraussetzungen für das professionelle Handeln sind. Seewald spricht in diesem Zusammenhang auch von der erforderlichen Passung: *„was für diesen Moment, diese Gruppe, diesen Klienten passt"* (Seewald 2007, 112).

Gut zu wissen – gut zu merken

- Psychomotorische Förderung orientiert sich an den Bedürfnissen und Themen der jeweiligen Zielgruppe.
- In die Gestaltung des Fördersettings fließen grundsätzliche Überlegungen zu den räumlichen, materiellen und personellen Rahmenbedingungen und ihrer Wirkungsweise auf das Individuum ein.
- Das eigene Bewegungserleben sowie die reflexive Auseinandersetzung der Psychomotorikerin mit ihrer Bewegungsbiografie sind Voraussetzung für kompetentes, professionelles Handeln.

Literatur

Eisenburger, M. (2012): Aktivieren und Bewegen von älteren Menschen. Aachen: Meyer & Meyer Verlag.

Hecker, E. (1971): Vorwort. In: Hünnekens, H./Kiphard, E.J.: Bewegung heilt. (4., neu überarb. Auflage). Gütersloh: Flöttmann Verlag.

Hünnekens, H./Kiphard, E.J. (1971): Bewegung heilt. Psychomotorische Übungsbehandlung bei entwicklungsrückständigen Kindern. (4. neu bearb. Aufl.). Gütersloh: Verlag Ludwig Flöttmann.

Hünnekens, H./Kiphard. E.J. (1990): Zum Beginn psychomotorischer Fragen, diagnostischer Maßnahmen und therapeutischer Versuche. In: Huber, G./Rieder, H./Neuhäuser, G. (Hrsg.): Psychomotorik in Therapie und Pädagogik. Dortmund: Verlag modernes lernen, 27–37.

Jessel, H. (2010): Im Sinne des Menschen – Ressourcenorientierung in der psychomotorischen Diagnostik. *Motorik*, 1, 26–31.

Kauer, M./Roebers, C. M. (2012): Kognitive Basisfunktionen und motorisch-koordinative Kompetenzen in Abhängigkeit des Peerstatus bei Kindern zu Beginn der Schulzeit. *Zeitschrift für Entwicklungspsychologie und Pädagogische Psychologie*, 3, 139–152.

Kiphard, E.J. (1996): Methodische Leitlinien. In: Rohde-Köttelwesch, E.: Sehen – Spüren – Hören. Dortmund: Verlag modernes lernen, 57ff.

Kiphard, E.J. (2004): Entstehung der Psychomotorik in Deutschland. In: Köckenberger, H./Hammer, R. (Hrsg.): Psychomotorik – Ansätze und Arbeitsfelder. Dortmund: Verlag modernes lernen, 27–42.

Köckenberger, H. (2008): Vielfalt als Methode. Dortmund: Verlag modernes lernen.

Passolt, M./Pinter-Theiss, V. (2003): Ich hab eine Idee...: Psychomotorische Praxis planen, gestalten, reflektieren. Dortmund: Verlag modernes lernen.

Schache, S./Künne, T. (2012): Auf der Suche nach einer Haltung... – Persönlichkeitstheorie und Psychomotorik. *Motorik*, 2, 86–92

Schäfer, I. (2011): Von den Wurzeln zur Entwicklung, Weiterentwicklung und zu aktuellen Perspektiven der Psychomotorik – Kiphard und sein Werk. *Motorik*, 2, 58–68.

Scherler, K. (1975): Bewegung und Erfahrung. In: Hahn, E. (Hrsg.): Die menschliche Bewegung. Schorndorf: Hofmann, 93–104.

Seewald, J. (2007): Der verstehende Ansatz in Psychomotorik und Motologie. München: Ernst Reinhardt Verlag.

Späker, T. (2009): Psychomotorik in der Natur. Eine Abgrenzung und Einordnung. *Praxis der Psychomotorik*, 3, 112–118.

4 DAS KONZEPT DER PSYCHOMOTORIK IN DER SOZIALEN ARBEIT

Christina Jasmund

Was Sie in diesem Kapitel lernen können

Zu Beginn werden didaktisch-methodische Grundlagen sozialpädagogischen Handelns vorgestellt. Anhand der dort aufgestellten Kriterien wird die Psychomotorik als Interventionskonzept und Methode der Sozialen Arbeit hinterfragt und Einsatzmöglichkeiten aufgezeigt.

4.1 Professionelles Handeln in der Sozialen Arbeit

Professionelles Handeln in der Sozialen Arbeit beschreibt zielgerichtete theoriebasierte Interventionen. Um diese Ziele zu erreichen, sollen neue Handlungsweisen als Träger verinnerlichter Werte und Normen in gesteuerten (Selbst-)Bildungsprozessen vermittelt, erlernt, adaptiert und stabilisiert werden, um dauerhafte Verhaltensänderungen hervorzurufen (vgl. Schilling 1995; Kreft/Müller 2010). Die planvolle Gestaltung von Bildungsprozessen in den Lebens- und Sozialisationsbereichen (Settings) von Menschen ist der (Forschungs-)Gegenstand der *Didaktik/Methodik der Sozialen Arbeit,* die sich in der aktuellen Wissenschaftsprofilierung von der Kindheitspädagogik über die Freizeit- und Berufsfeldorientierung bis zur Gero-Pädagogik tendenziell weiter ausdifferenziert und von den jeweiligen relevanten Bezugswissenschaften (z.B. Erziehungswissenschaft, Entwicklungs- und Neuropsychologie, Gerontologie etc.) beeinflusst wird.

Zur Strukturierung dieser Interventionen orientiert sich Schilling am anthropologischen (griech. menschlichen) Handlungskreismodell. „Es sind vier anthropologisch begründete Handlungsschritte. Jeder Mensch verhält sich so, er kann gar nicht anders: Zuerst benötigt er Informationen, diese muss er ordnen, für sich ein Konzept erstellen, erst danach kann er handeln. Nach seiner Handlung wird er ein bestimmtes Gefühl haben, das sein Handeln bewertet. Diese Auswertung ist für ihn wiederum eine wichtige Information, wie er sich in einer ähnlichen Situation verhalten soll" (Schilling 2008, 220).

Übertragen auf sozialpädagogische Interventionssituationen bedeutet dies: Zur Vorbereitung jeder sozialpädagogischen Intervention sind im Rahmen der Informationsbeschaffung die personalen und strukturellen Ressourcen und Voraussetzungen der Interventionssituation zu klären. Diese Informationsbeschaffung ist mehrperspektivisch anzulegen:

- rechtliche, strukturelle, zeitliche und materielle Rahmenbedingungen des Handlungssettings (z. B. rechtlicher Handlungsauftrag, Zeitraum der Maßnahme, finanzieller Rahmen, personelle Ressourcen)
- personale und soziale Ausgangssituation der Klientin (z. B. Mündigkeit und damit Entscheidungsberechtigung, ggf. Einfluss der Eltern, kognitives und sprachliches Verständnis, körperliche Leistungsfähigkeit etc.)
- personale und soziale Ausgangssituation der Sozialarbeiterin (z. B. persönliche Kompetenzen und Erfahrungen, körperliche, geistige und emotionale Grenzen, zeitliche Ressourcen etc.)
- externe Einflussfaktoren (z. B. aktuelle gesamtgesellschaftliche Entwicklungen, Situation im sozialen Nahraum etc.).

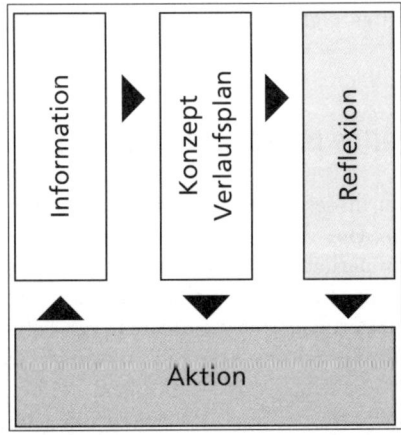

Abb. 1: „Lern-Spiral-Modell" angelehnt an Schilling (2008, 221)

Diese Informationen werden als sozialpädagogische Diagnose zusammengeführt. Anschließend erfolgt die Planung von Bildungsprozessen, deren Basis die *inhaltlichen Vorüberlegungen* darstellen, die sich in folgender TRIAS zusammenfassen lassen.

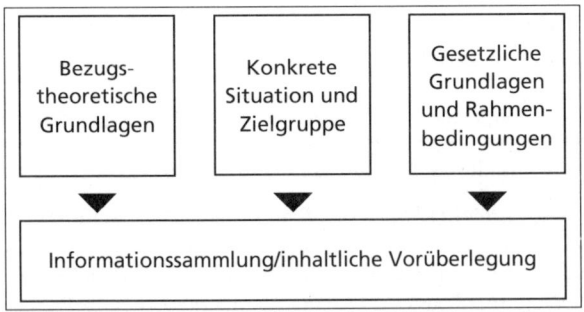

Abb. 2: Erste Konzeptebene: vorbereitende Informationsbeschaffung

Auf dieser Grundlage wird das *professionelle Interventionskonzept* erarbeitet „Ein sozialpädagogisches Konzept ist ein Handlungsmodell des Pädagogen, in dem Ziele, Inhalte und Methoden in einem sinnhaften Zusammenhang stehen. [...] Ein Konzept ist die theoretisch begründete Anleitung zur sinnvollen Abfolge von Handlungen, deren Erläuterung und Reflexion" (Geißler/Hege 1995, 23, Schilling 2008, 218). Ein Interventionskonzept der Sozialen Arbeit entspricht dabei nicht der einseitigen kausalen Ursache-Wirkungs-Kette (Wahl/Bulling 1991), sondern wird als offenes Verfahren mit Handlungsmöglichkeiten im Dialog mit dem Lernenden zum Austausch über die jeweiligen Ziele und daraus resultierenden Handlungen verstanden. „Fachkräfte der Sozialen Arbeit können ihre Angebote nicht vorproduzieren, sondern sie erbringen ihre Arbeit in Koproduktion mit ihren Adressatinnen. Sie dürfen ihre Interventionen nicht einseitig planen und umsetzen, sondern müssen sich in einen dialogischen Verständigungsprozess mit ihren Adressatinnen einlassen" (Spiegel 2008, 47). Am Beginn der Planung steht die Frage: Was will ich erreichen? Die Frage wird als *Zielformulierung* beantwortet. Die Zielformulierungen folgen der hierarchischen Ordnung:

- vom abstrakten Richtziel (z. B. Erweiterung der Selbstständigkeit)
- über das Grobziel, welches der Ebene des gemeinsam ausgehandelten Lernziels zwischen Sozialarbeiterin und Klientin entspricht (z. B. sich selbständig an- und ausziehen lernen)
- danach folgen die Feinziele (z. B. Schleife binden lernen). Feinziele müssen operationalisierbar, d. h. deren Erfüllung muss überprüfbar sein. Ein Grobziel enthält immer mehrere Feinziele.

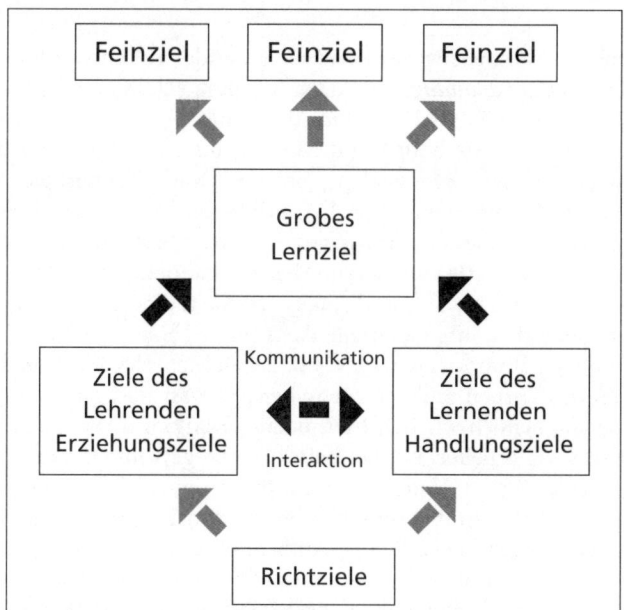

Abb. 3: Zweite Konzeptebene: Zielhierarchisierung mit „didaktischem Dreieck" (vgl. Schilling 2008)

68 Allgemeine Grundlagen

Zu unterscheiden sind die Lehr- oder Erziehungsziele der Sozialarbeiterin/-pädagogin von den Zielen des Lernenden, die seine jeweils individuellen Handlungsziele darstellen. Erstere müssen sich aufgrund ihres rechtlich verankerten Auftrags an den kulturellen Werten und Normen der Gesellschaft orientieren und überprüfen lassen. Sie sind der erwünschte Soll-Zustand. Zur „Klärung eines Arbeitsbündnisses mit dem Klienten" (Maykus 2010, 30) werden dessen individuelle Handlungsziele mit den öffentlich definierten (Verhaltens-)Zielen abgestimmt. Auf dieser Basis kann das Lernziel formuliert werden, Schilling spricht hier vom „didaktischen Dreieck" (Schilling 2008, 66).

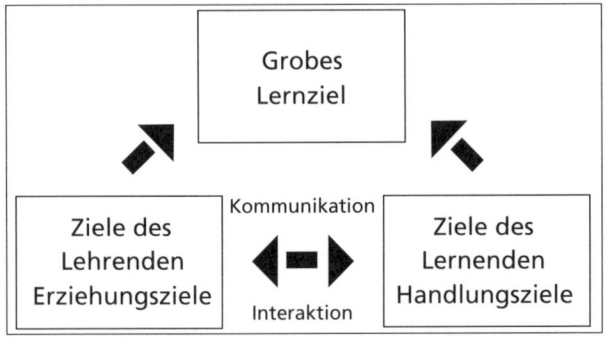

Abb. 4: Didaktisches Dreieck

Nach gemeinsamer Festlegung der Lernziele kann der zukünftige Prozess geplant werden. Diese *Verlaufsplanung* wird nach Schilling (2008, 115, 130 Bezug nehmend auf Heinemann 1962, 421) wie in Abbildung 5 gekennzeichnet und enthält die Kategorien Inhalte, Methoden und Medien, die sich gegenseitig beeinflussen und nicht losgelöst voneinander geplant, umgesetzt und reflektiert werden können.

Lernen und die Unterstützung von Lernprozessen kann nicht ohne Methoden und Medien erfolgen, die als (bewusst) gewählte, übertragbare „Vermittlungsträger" (Schilling 2008, 104) fungieren. *Medien* sind dem methodischen Handeln vorgegeben, werden ausgewählt und eingesetzt. Sie repräsentieren eher die objektive Seite der Methoden, ihre materielle Basis (vgl. Schulze 1978).

„Formen und Verfahrensweisen aber, mit denen Menschen unter pädagogischen Zielstellungen das Lernen anderer Menschen bewusst und planmäßig zu beeinflussen versuchen, nennen wir [...] Methoden" (Klafki u.a. 1970, 129). „*Methoden* sollen der Sozialarbeiterin dabei helfen, einen geplanten, nachvollziehbaren und damit überprüfbaren Unterstützungsprozess einzuleiten" (Ehrhardt 2010, 10). Methoden unterliegen theoretischen Begründungszusammenhängen über die Entwicklung von Menschen z.B. der Anthropologie, Entwicklungspsychologie, Sozialpsychologie, Lerntheorien, Erkenntnistheorien u.a. „Methoden sind erprobte, überlegte und übertragbare Vorgehensweisen zur Erledigung bestimmter Aufgaben und Zielvorgaben" (Schilling 2008, 105). Methoden zielen auf eine kontrollierbare Gestaltung von Interventionen ab, die zu reflektieren und zu über-

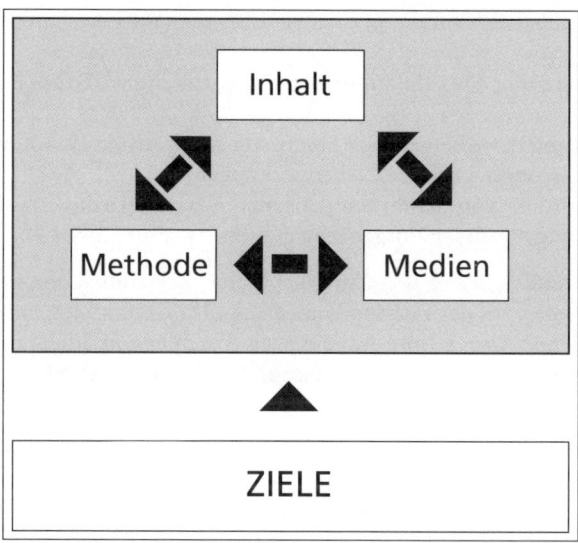

Abb. 5: Dritte Konzeptebene: Verlaufsplanung

prüfen sind, „inwieweit sie dem Gegenstand, den gesellschaftlichen Rahmenbedingungen, den Interventionszielen, den Erfordernissen des Handlungsfeldes, der Institutionen, der Situation sowie den beteiligten Personen gerecht werden" (Galuske 2011, 33).

Für die erfolgversprechende professionelle Auswahl von Methoden ist es sinnvoll, die individuellen biografischen Erfahrungen sowie den aktuellen Lebenskontext der Klienten/Zielgruppe zu berücksichtigen und bei den Interventionen sowohl die kognitive, die affektiv-emotionale als auch die psycho-motorische Persönlichkeitsdimension eines Menschen als denkendes, fühlendes und handelndes Wesen anzusprechen. Es gibt nicht die „Super-Methode" (Galuske 2011, 55), sondern die Auswahl der angemessenen aus einem Pool unterschiedlichster Methoden, die nur im Einzelfall auf Basis einer detaillierten Ausgangsanalyse getroffen werden kann. *Verfahren und Techniken* sind Teilaspekte von Methoden, die bestenfalls über ein ganzes Set an Techniken/Verfahren verfügen sollten. „Allein die Tatsache, dass Ziel und Weg in der Sozialen Arbeit Aushandlungsprozesse sind, verhindert die Standardisierung von Methoden und Verfahren, da die ‚Behandlung' nie ausschließlich Sache des ‚kompetenten Fachmanns' ist (ebd., 61). Methoden unterstützen „…darin, in Situationen der Ungewissheit handlungsfähig zu bleiben" (Dewe u. a. 1993, 17). Laut Bartmann sind empirische Methoden das „Aushängeschild" (2007) der Sozialen Arbeit und müssen folgende Kriterien erfüllen:

- Einen oder mehrere definierte, zu lösende Problembereiche.
- Ein präzises Vorgehen bei der Problemlösung.
- Empirische Belege für die Wirksamkeit der Vorgehensweise, sei es allein oder in Kombination mit anderen Maßnahmen.

Allgemeine Grundlagen

- Eine wissenschaftlich fundierte Theorie über den Wirkmechanismus der Intervention.
- Die Festlegung der Qualifikation derjenigen, die diese Methode ausüben wollen.
- Die Befähigung der Klienten sich langfristig selbst helfen zu können.
- Die Kontrolle unerwünschter Nebenwirkungen.
- Die Präzisierung von Kontraindikationen (dt. unerwünschte Gegeneffekte/Nebenwirkungen) dieser Vorgehensweise (Bartmann 2007, 14).

Die darauffolgende *Aktion* ist nicht eigentlicher Bestandteil eines sozialpädagogischen Konzeptes, sondern dessen Umsetzung. Im Unterschied dazu gehören die prozessbegleitende *Auswertung* und die nach Abschluss der Intervention erfolgende *Gesamtreflexion* schon zur Vorbereitung künftiger Konzepte.

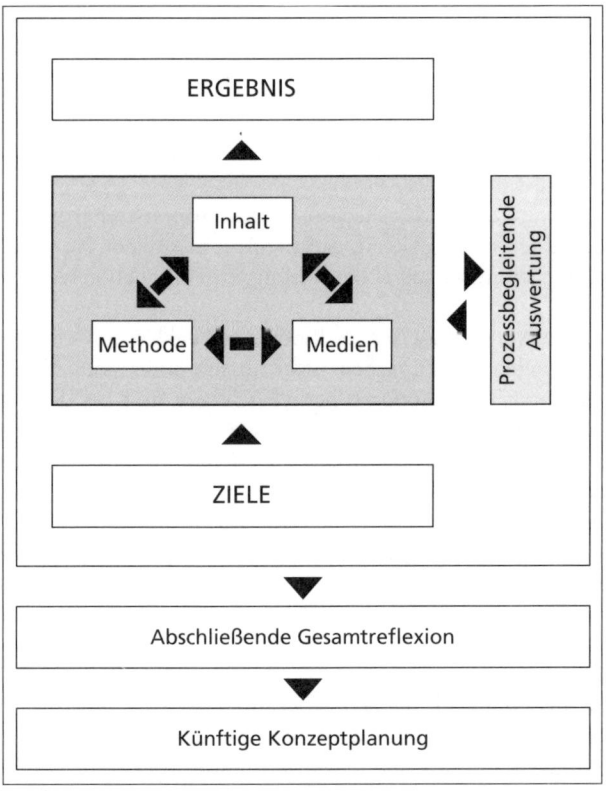

Abb. 6: Vierte Konzeptebene: Reflexionsebenen

Die Reflexionen als das „Nachdenken über sein Verhalten, es auswerten und daraus Schlussfolgerungen ziehen" (Schilling 2008, 225) setzen an unterschiedlichen Ebenen an. So wird mit der prozessbegleitenden Auswertung, die über Beobachtung oder Feedback erfolgen kann, die Erreichung der Feinziele überprüft. Erst auf dieser Grundlage kann in der Rückschau die Formulierung der Gesamtreflexion auf der Grobzielebene erfolgen. Diese fließt in die Vorüberlegungen künftiger Handlungskonzepte mit ein.

4.2 Auswahl und Begründung der eingesetzten Methoden

„Wenn man als einziges Instrument einen Hammer hat, sehen alle Probleme aus wie Nägel" (Watzlawik).

Die Methodenauswahl ist für das zielgerichtete Handeln eine Schlüsselsituation. Es gibt ein vielfältiges Spektrum an Methoden, Verfahren und Techniken, die in der Sozialen Arbeit zum Einsatz kommen können. Die Auswahl wird nach äußerer Analyse und koproduktiver Abstimmung mit dem/der Klientin als gleichberechtigter Person in einer symmetrischen „kooperativen Arbeits-Allianz" (Herriger 2006, 223 Bezug nehmend auf Simon 1994, 8) im Prozess der Konzeptplanung entschieden, wobei diese Auswahl in der prozessbegleitenden Auswertung infrage gestellt und ggf. geändert werden kann. Bei der Methodenauswahl sind folgende Perspektiven zu berücksichtigen:

- Sachorientierung (Wird die Methode den Problemen gerecht?)
- Zielorientierung (Lassen sich die Ziele mittels der Methode erreichen?)
- Personenorientierung (Wird die Methode den Betroffenen gerecht?)
- Arbeitsfeld- und Institutionenorientierung (Ist die Methode sinnvoll einsetzbar?)
- Planungsorientierung (Erlaubt die Methode eine gezielte Planbarkeit?)
- Überprüfbarkeit (Lassen sich Wirkungen überprüfen?) (vgl. Galuske 2011, 33).

Im Theoriediskurs zum Thema Konzept/Methode der Sozialen Arbeit gibt es bis heute keine durchgehende Einigung über diese Begriffe und deren trennscharfer Verwendung. Festzumachen ist dies an der diversen Einordnung von Einzelfallhilfe/Gruppenarbeit/Gemeinwesenarbeit, die als „methodisches Dreigestirn" (Galuske 2011, 75) sowohl als klassische Methoden (Kreft/Müller 2010), als Arbeitsform (Schilling 2008), aber auch als Konzepte (Ehrhardt 2010) definiert werden. „Der Unterschied liegt in der Akzentsetzung: Während auf der Konzeptebene die analytisch-reflexive Verknüpfung von Gegenstandsanalyse, Zielbeschreibung und Vorgehensweise auf dem Prüfstand steht, verlagert sich der Schwerpunkt der Betrachtung im Umfeld der Methodenfrage tendenziell auf den Aspekt der Vorgehensweise, ohne allerdings die anderen Faktoren aus dem Blick zu verlieren" (Galuske 2011, 33). Die Soziale Arbeit verfügt über ein breites Spektrum an Methoden wie z.B. Klientenzentrierte Gesprächsführung, Themenzentrierte Interaktion, Mediation, Supervision, Erlebnispädagogik, etc. und an Konzepten für die Arbeit mit Einzelnen, mit Paaren, mit Familien, mit Gruppen, in Sozialräumen und auf Straßen, über differenzierte Beratungs- und Managementansätze, über Konzepte zur Weiterentwicklung sozialwirtschaftlicher Organisationen etc. Diese Vielfalt wird sowohl durch die wissenschaftliche Evaluierung praktischer Handlungsmodelle als auch durch theoretische Arbeiten stetig weiter entwickelt.

Ein markantes Beispiel dafür ist das Video-Home-Training, welches sich so als Methode der Sozialen Arbeit etabliert hat (weiter zu lesen Kreuzer/Räder 1999).

4.3 Psychomotorik als „neue Intervention" in der Sozialen Arbeit

Handlungs- und erlebnisorientierte Interventionsansätze sind in der Sozialen Arbeit fest verankert. Oft werden sie als Verfahren (z.B. New Games) oder als Methoden (z.B. Kampf- und Reaktionsspielfolgen) in Interventionskonzepten (z.B. Anti-Aggressions-Training) eingegliedert. Mit der Etablierung der Erlebnispädagogik als Handlungskonzept der Sozialen Arbeit hat diese Fokussierung insbesondere in der Kinder- und Jugendarbeit eine neue Gewichtung erhalten. Die Erlebnispädagogik hat nach Heckmaier (2008) einen wesentlichen Beitrag zur Wiederentdeckung der Prinzipien des handlungsorientierten Lernens durch Problemlösungsaufgaben geleistet. Handlungs- und erlebnisorientierte Interventionsansätze basieren auf einem Menschenbild, welches auf den Standpunkten der pädagogischen Anthropologie von einer psychosomatischen Ganzheit des Menschen ausgeht (weiterlesen bei Nohl 1938, Bollnow 1966, Hamann 1982, Meinberg 1988). „Der Mensch muss handeln, er muss sich ausdrücken. Das, was er empfindet und denkt, was in seinem Inneren vorgeht, muss er ‚entäußern', durch Handlung nach außen bringen" (Schilling 1995, 198).

Psychomotorik ermöglicht das „Lernen mit allen Sinnen, durch Anschaulichkeit, mit und über den Körper durch Reflexion und Transfer" (Michl 2010, 115) und unterstützt damit das menschliche Handlungskreismodell (s.o.). Wenn Psychomotorik als sozialpädagogische Intervention eingesetzt wird, erfolgt dies mit Fokussierung auf die genannten Ziele und kann aufgrund der Übereinstimmung mit der Definition für ein sozialpädagogisches Konzept und den von Bartmann aufgestellten Kriterien für Methoden (s.o.) somit:

- als Konzept einer Institution (z.B. Psychomotorische Tageseinrichtung für Kinder)
- als Konzept einer Intervention (z.B. psychomotorische Gruppenarbeit)
- als Methode im Rahmen von Konzepten (z.B. Wortschatzerweiterung basierend auf sensomotorischen Erfahrungen im Konzept ganzheitlicher Sprachförderung von Kindern) und
- als Verfahren (z.B. Kennenlernspiele im Rahmen gruppendynamischer Prozesse) eingesetzt werden.

Gut zu merken – Gut zu wissen

- Das Ziel Sozialer Arbeit ist die Befähigung von Menschen zu wachsender Selbstbestimmung und Mitgestaltungsbefähigung in allen Lebensbereichen über die gesamte Lebensspanne.
- Soziale Arbeit orientiert sich dabei an den Stärken (Ressourcenblick) der Person.

- Durch professionelles Handeln in der Sozialen Arbeit werden Bildungsprozesse begründet gestaltet. Dadurch werden sie nachvollziehbar und überprüfbar. „Handeln nach den Regeln der Kunst."
- Die Theorie der Planung von Lehr-Lernsituationen ist die Didaktik/Methodik.
- Sie orientiert sich am menschlichen Handlungskreislauf: Information – Planung – Handlung – Reflexion.
- Soziale Arbeit verfügt über Handlungs- und erlebnisorientierte Interventionsansätze und Methoden, die sich an der ganzheitlichen Bildungs- und Entwicklungsförderung auf Basis der anthropologischen Pädagogik orientieren.
- Psychomotorik entspricht diesen Kriterien und kann als Konzept, Methode und Verfahren in der Sozialen Arbeit eingesetzt werden.

Literatur

Bartmann, U. (2007): Verhaltensmodifikation als Methode. Ein Leitfaden. (2. Aufl.). Tübingen: dgvt-Verlag.

Dewe, B. u. a. (1993): Professionelles soziales Handeln. Soziale Arbeit im Spannungsfeld zwischen Theorie und Praxis. Weinheim: Juventa.

Ehrhardt, A. (2010): Methoden der Sozialen Arbeit. Wochenschau Studium: Schwalbach.

Galuske, M. (2011): Methoden der Sozialen Arbeit. Eine Einführung. (9. Aufl.) Weinheim: Juventa.

Geißler, K. A./Hege, M. (1995): Konzepte sozialpädagogischen Handelns. Ein Leitfaden für soziale Berufe. Weinheim: Juventa.

Heckmaier, B. (2008): 20 erlebnisorientierte Lernprojekte. Szenarien für Trainings, Seminare und Workshops. Weinheim: Beltz.

Herriger, N. (2006): Empowerment in der Sozialen Arbeit. (3. Aufl.). Kohlhammer: Stuttgart.

Klafki, W. u. a. (1970): Funk-Kolleg. Erziehungswissenschaft. Eine Einführung Bd. 2. Frankfurt a. M.: Fischer.

Kreft, D./Müller, C.W. (Hrsg.) (2010): Methodenlehre in der Sozialen Arbeit. München: Ernst Reinhardt Verlag.

Kreuzer, M./Räder, H. (1999): Video-Home-Training. Mönchengladbach: HS Niederrhein, Schriftenreihe des Fachbereichs Sozialwesen, Bd. 17 (2. Aufl.).

Maykus, S. (2010): Beobachten, Beurteilen, Handeln: Handlungsbezogene Reflexion und Wissensanwendung als Merkmale professioneller Sozialer Arbeit. In: Kreft, D./Müller, C.W. (Hrsg.): Methodenlehre in der Sozialen Arbeit. München: Ernst Reinhardt Verlag, 26-48.

Michl, W. (2010): Erlebnispädagogik – Mode, Verfahren oder mehr? In: Kreft, D./Müller, C.W. (Hrsg.): Methodenlehre in der Sozialen Arbeit. München: Ernst Rheinhardt Verlag, 112–116.

Schilling, J. (1995): Didaktik/Methodik der Sozialpädagogik. (2. Aufl.). Neuwied: Luchterhand.

Schilling; J. (2008): Didaktik/Methodik Sozialer Arbeit. (5. Aufl.). München: Ernst Reinhardt Verlag.

Schulze, T. (1978): Methoden und Medien der Erziehung. Weinheim: Juventa.

Spiegel, H. v. (2008): Methodisches Handeln in der Sozialen Arbeit. München.

Wahl, D./Bulling, G. (1991): Erwachsenenbildung konkret. Weinheim: Dt. Studienverlag.

5 PSYCHOMOTORIK IN DER SOZIALEN ARBEIT – DAS DARMSTÄDTER MODELL

Amara R. Eckert, Frank U. Nickel

Was Sie in diesem Kapitel lernen

Dieser Beitrag informiert über Anfänge und Entwicklungen der Psychomotorik in der Sozialen Arbeit am Fachbereich Gesellschaftswissenschaften und Soziale Arbeit an der Hochschule Darmstadt. Seit Mitte der 1980er Jahre ist die psychomotorische Zusatzqualifikation dort integrierter Bestandteil des Studiums für angehende Sozialpädagoginnen und Sozialarbeiterinnen. Es wird über neuere Entwicklungen sowie über aktuelle Forschungen berichtet. Darüber hinaus werden drei Praxisprojekte skizziert.

5.1 Schulsonderturnen in der Sozialen Arbeit (1976–1985)

Der erste Aktenvermerk am Fachbereich Gesellschaftswissenschaften und Soziale Arbeit der Hochschule Darmstadt zu einer Zusatzqualifikation „Schulsonderturnen" reicht ins Jahr 1976 zurück. Das hessische Ministerium des Inneren und Sport unterstützte zu dieser Zeit den Erwerb der Lehrbefähigung im Schulsonderturnen an hessischen Fachhochschulen. Absolventinnen der Sozialpädagogik (Dipl.-Soz. Päd.) sollten mit dieser Lehrbefähigung an hessischen Schulen eingesetzt werden, um den Mangel an Lehrkräften im Bereich des Schulsonderturnens auszugleichen. Die damalige Fachhochschule Darmstadt bot die Lehrbefähigung Schulsonderturnen als Zusatzqualifikation mit teilweise studienintegrierten Inhalten an. Das Abschlusszertifikat wurde vom Ministerium ausgestellt und besaß seine Gültigkeit mit dem abgeschlossenen Studium, dem Diplom in Sozialpädagogik. Die vermittelten Inhalte waren an den damaligen Konzepten des Schulsonderturnens (vgl. Diem/Scholzmethner 1979) orientiert. Absolventinnen aus dieser Zeit berichten von guten Erfahrungen mit praxistauglichen sportlichen und erlebnisorientierten Inhalten.

5.2 Sportförderunterricht und Psychomotorik (1985–1997)

Die Nachfolgerin der damaligen Lehrenden, Frau Baier, wurde Mitte der 1980er Jahre Prof. Dr. Krista Mertens. Durch gesellschaftliche Veränderungen und die damit einhergehende Veränderung der Bewertung sportlicher Leistungen an Schulen wandelten sich die Konzepte des Schulsonderturnens. Die Buchveröffentlichung von Cicurs und Zimmer im Jahre 1993 verweist auf eine psychomotorische Konzeption in Sportförderunterricht und Schulsonderturnen und setzte damals Maßstäbe für die weitere Entwicklung in diesem Bereich. Die von Krista Mertens neu konzipierte Zusatzqualifikation „Sportförderunterricht und Psychomotorik" wurde weiterhin vom hessischen Ministerium des Inneren und Sport als Lehrbefähigung für hessische Schulen zertifiziert. Die neue Zertifizierung enthielt zwei Ausbildungsbereiche: Kinder und Randgruppen/Senioren. Es konnten sowohl der Ausbildungsbereich Kinder als auch beide Ausbildungsbereiche studiert und zertifiziert werden. Die Inhalte der neuen Zusatzqualifikation wurden nun überwiegend in den Stundenplan der geltenden Studien- und Prüfungsordnung der Sozialpädagogik integriert, so dass die zusätzlich zu erbringenden Leistungen sich deutlich reduzierten. Damit wurde die Möglichkeit, die Zusatzqualifikation zu erwerben, niederschwelliger und von Studierenden häufiger in Anspruch genommen. Sportförderunterricht, Psychomotorik und Sozialpädagogik wurden auf diese Weise zunehmend miteinander verzahnt. Die Einschränkung des Zertifikats auf den Bereich der hessischen Schulen wurde überwunden, indem der Fachbereich ein zusätzliches Zertifikat erteilte, um den Einsatz der zusätzlichen fachlichen Qualifikationen der diplomierten Sozialpädagoginnen in anderen sozialpädagogischen Arbeitsfeldern länderübergreifend zu ermöglichen.

Die Inhalte dieser neuen Einsatzbereiche, wie z.B. der Bereich der sozialen Arbeit mit Senioren oder mit Menschen mit Behinderungen oder psychischen Erkrankungen, wurden von Krista Mertens gestaltet und die dazugehörige Praxis supervidiert. Mertens (1997) war neben Eisenburger (1998) Vorreiterin im Bereich der Arbeit mit Senioren. Die Psychomotorik der 1980er Jahre war von Seiten der Anleitenden noch weitgehend durch eine funktionale Haltung, verbunden mit motivationsträchtigen Angeboten, bestimmt. Die Dominanz der Sekundärstörungshypothese (vgl. Fischer 2009, Mattner 2004) bewirkte eine Fokussierung auf die Förderung der Motorik, von der man sich versprach, Störungen im Verhalten und in den unterschiedlichen Lernbereichen positiv beeinflussen zu können. Eine konsequent ressourcenorientierte Sicht auf den Menschen wurde, auch im Zuge der Popularität systemischer Ansätze, erst Ende der 1980er Jahre diskutiert. Die verstehende Perspektive in der Psychomotorik (vgl. Mattner 1987, Seewald 2004) wurde Anfang der 1990er Jahre bekannt. Es sollte lange dauern, bis sie in der motologischen und psychomotorischen Fachdiskussion Fuß fassen konnte und überhaupt verstanden wurde.

Ab 1990 wurde die Psychomotorik in Darmstadt sowohl durch Dieter Mattner als auch durch Krista Mertens vertreten. Die um diese Zeit beginnende Ansatzvielfalt, ausgelöst durch die Ganzheitsdebatte (vgl. Mattner 1985) auf der Grundlage der Phänomenologie Merleau-Pontys (1966), hatte auch in Darmstadt kontroverse Debatten zur Folge. Mitte der 1990er Jahre, nach dem Wechsel von Krista Mertens an die Humboldt-Universität Berlin, wurde die Zusatzqualifikation Sportförderunterricht und Psychomotorik hinsichtlich ihrer Bedeutung für die Sozialpädagogik zunächst kritisch hinterfragt. Aufgrund ihrer großen Beliebtheit bei den Studierenden und den verbesserten Einstellungschancen in sozialpädagogischen Arbeitsfeldern entschied sich der Fachbereich für eine Weiterführung des Angebots.

5.3 Psychomotorik und Sport in sozialpädagogischen Arbeitsfeldern (seit 1997)

Nach der Berufung von Amara R. Eckert wurde die Zusatzqualifikation mit dem neuen Titel „Psychomotorik und Sport in sozialpädagogischen Arbeitsfeldern" auf psychomotorischer Grundlage gelehrt. Sie wurde curricular neu angepasst und weiterhin von Ministerium und Hochschule zertifiziert. Weitere curriculare Anpassungen erfolgten mit der neuen Diplom-Studienordnung im Jahre 2000 sowie der Akkreditierung des Bachelorstudiengangs Soziale Arbeit 2004. Die Inhalte der Zusatzqualifikation im Umfang von 35 Semesterwochenstunden (SWS) werden als Wahlmodul angeboten und überwiegend studienintegriert studiert. Die Zusatzleistungen umfassten 6 SWS sowie drei zusätzliche Prüfungen. Dazu gehören:

- „die themen- und prozessorientierte Körpererfahrung sowie der kreative Umgang mit unterschiedlichen Materialien, (Sport-)Geräten, Bewegungs- und Gestaltungsräumen;
- die Auseinandersetzung mit der Bedeutung unterschiedlicher psychomotorischer Konzepte für die Soziale Arbeit, den neuropsychologischen Grundlagen und der Bedeutung psychomotorischer Entwicklungsdiagnostik und Evaluation;
- die Praxis mit ausgewählten Bezugsgruppen im Rahmen unterschiedlicher Projekte. Dazu gehört die Arbeit im ambulanten und institutionellen Kontext mit behinderten und alten Menschen, Erwachsenen, Kindern und Jugendlichen sowie die Elternarbeit;
- eine methodische Ausrichtung, die zwischen Bewegungspädagogik, Entwicklungsbegleitung und Therapie angesiedelt ist und von freizeitpädagogischen Intentionen, über Prävention im Gesundheits- und Erziehungsbereich bis hin zu körper- und entwicklungstherapeutischen Zielsetzungen reicht" (http://so¬zarb.h-da.de/studium/psychomotorik/).
- Abschlussprüfung: Fördergutachten und Kolloquium

Mit der Berufung von Frank U. Nickel wurde die Psychomotorik an der Hochschule Darmstadt darüber hinaus durch Praxisangebote aus Pantomime, Theater und Rollenspiel bereichert. Die Arbeit mit Senioren wurde wieder neu belebt und schwerpunktmäßig im Projektstudium gelehrt. Mit Hilfe von vielen Lehrbeauftragten war das Gesamtkonzept umsetzbar. Seit 2012 erbringt eine projektorientierte Zusammenarbeit mit dem Hochschulsport der Hochschule Darmstadt eine deutlichere Positionierung der Psychomotorik an der Hochschule und am Studienbereich Soziale Arbeit, u. a. durch die Anschaffung von zwei Groß-Trampolinen und zwölf Rollstühlen sowie die Ausgestaltung eines Bewegungsraumes für die Psychomotorik-Ausbildung auf dem Campus. Im Kontext der Angebote zur „Familienfreundlichen Hochschule" werden Erlebnis- und Sportferienbetreuungen für Kinder von Studierenden durchgeführt. Im Jahr 2014 sind psychomotorische Bewegungs- und Entspannungsangebote für Mitarbeiterinnen der Hochschule geplant.

5.4 Von der kompetenzorientierten Psychomotorik zur reflexiven Leiblichkeit in der Sozialen Arbeit – Inhaltliche Entwicklung der Psychomotorik an der Hochschule Darmstadt

Die Zusatzqualifikation Psychomotorik fand in Darmstadt ein äußerst inspirierendes fachwissenschaftliches Umfeld. Sie musste sich sowohl mit der psychoanalytischen Pädagogik, der Leibphänomenologie, der bildenden Kunst, der Musiktherapie, der Medienpädagogik, der Systemischen Therapie sowie mit den Theorien und Methoden der Sozialen Arbeit auseinandersetzen. Es entwickelte sich ein Konzept, das den Studierenden Fähigkeiten in psychomotorischer Bewegungspädagogik, Entwicklungsbegleitung und Therapie vermittelt. Dazu gehört neben genannten Grundqualifikationen auch die Auseinandersetzung mit Übertragungs- und Gegenübertragungsprozessen sowie die Fähigkeit, mit unterschiedlicher Klientel in verschiedenen sozialpädagogischen Arbeitsfeldern mit den Methoden der Verstehenden Psychomotorik (vgl. Seewald 2007) zu arbeiten. Diese Fähigkeiten werden nach dem 2. Studienjahr in Theorie (Modulprüfung) und Praxis (Lehrprobe) überprüft. Die Lehrproben finden in Praxisfeldern der Schulsozialarbeit, der Seniorenbetreuung, der Kindertagesstätten und Familienzentren, der Psychiatrie, des Vereinssports und der Behindertenpädagogik statt. Inhaltlich prägen genderspezifische, traumapädagogische und salutogenetische Aspekte in den meisten Fällen die psychomotorische Beziehungsarbeit. Die Arbeit mit Senioren entwickelt sich im Projekt häufig von kompetenzorientierten Bewegungsangeboten hin zur psychomotorischen Biografiearbeit. Die Reflexionen werden im Sinne der reflexiven Leiblichkeit (vgl. Seewald 2007) durchgeführt. Soziale Arbeit stellt sich für die Studierenden zunehmend als leibliches Geschehen dar und prägt die weitere berufliche Sozialisation grundlegend.

Für die Weiterentwicklung der Zusatzqualifikation waren die Organisation und Durchführung folgender Veranstaltungen besonders inspirierend:

- Europäischer Studentenkongress Psychomotorik im Frühjahr 2007 im Studienbereich Soziale Arbeit, mit 140 Teilnehmenden aus 12 Ländern
- Fachbereichstag mit dem Schwerpunkt: Sinnverstehende Psychomotorik in der Sozialen Arbeit, mit 180 Teilnehmenden aus der Region Rhein-Main sowie aus dem gesamten Bundesgebiet im Herbst 2009.

Weitere Tagungen zur Psychomotorik mit Senioren sowie zum Thema „Familie und Organisationen in der Psychomotorik" folgten. Heute ist die Zusatzqualifikation Psychomotorik der Hochschule Darmstadt in der Region und darüber hinaus bekannt für innovative Arbeit, Qualität und Engagement aller Beteiligten. Psychomotorik ist als Haltung und Methode sowohl im Studium als auch in vielen Praxisfeldern der Region gut verankert.

5.5 Psychomotorische Forschung

In den vergangenen 18 Jahren wurde im Rahmen der Sozialen Arbeit in Darmstadt zu folgenden psychomotorischen Fragestellungen geforscht:

- Der psychomotorische Dialog im Kontext des verstehenden Ansatzes (vgl. Eckert/Hammer 2004)
- Körperpsychotherapie und Psychomotorik (vgl. Eckert 2006, 2010)
- Bewegungsparcours mit Senioren (vgl. Niederer u. a. 2012)
- Psychomotorik mit Menschen mit Demenz (vgl. Nickel in Vorbereitung)
- Psychomotorik mit Menschen mit Depressionen (vgl. Nickel 2012a u. 2012b)
- Zum Ausdruck prä- und perinataler Erfahrungen in Spiel und Bewegung (vgl. Eckert, in Vorbereitung).

Die verwendeten Forschungsmethoden waren sowohl quantitativ als auch qualitativ orientiert. Insbesondere kamen hermeneutische und phänomenologisch-hermeneutische Verfahren zum Einsatz. Eine Spezialisierung erfolgt derzeit in letzterem Bereich, da unser Forschungsinteresse besonders im Bereich der Erforschung des impliziten Körperwissens und des Leibgedächtnisses liegt.

5.6 Die Projekt-Praxis im Studium der Sozialen Arbeit

Im zweiten Studienjahr (drittes Semester) müssen die Studierenden des B. A. Soziale Arbeit an der Hochschule Darmstadt eine einjährige Projektphase absolvieren. Sie sind dabei in einer Sozialen Einrichtung praktisch tätig und werden an der Hochschule reflektierend und supervidierend begleitet. Dabei kommt es zu einer intensiven Verknüpfung von Theorie, Praxis und Reflexion. Diese Verzahnung stellt sich am besten her, wenn die praktischen Erfahrungen kontinuierlich erfolgen und in der Hochschule ausgiebig reflektiert werden. Die Studierenden bringen ihre Aktivitäten, Motivationen und Anregungen in die jeweilige Praxis ein und können für die Einrichtungen zu einem erheblichen Gewinn werden. So gilt für das Projekt ein praxisbezogenes Lehrangebot, das in der Summe 210 Praxisstunden und pro Semester zwei handlungsfeldbezogene Theorieveranstaltungen sowie eine Reflexionsveranstaltung umfasst. Ein Projekt wird üblicherweise von den verantwortlichen Dozentinnen und Dozenten in enger Abstimmung mit einem oder mehreren Praxisträgern bzw. -vertreterinnen geplant und durchgeführt. Projekte umfassen somit eine wöchentliche Praxis von 6 Schul- oder 4,5 Zeitstunden.

Das Projekt Psychomotorik wird in der Regel von ca. 45 Studierenden gewählt. Diese verorten sich während dieser Zeit zumeist in Zweier- oder Dreiergruppen in der Elementarpädagogik, der Schulsozialarbeit, der Arbeit mit Menschen mit Behinderung, der Arbeit mit Erwachsenen und der Arbeit mit Senioren. Über die einjährige Projektzeit wird schließlich ein Projektbericht geschrieben, der als Voraussetzung für die mündliche Prüfung in Form eines Fachgespräches gilt. Die Projektberichte beinhalten: Kontakt und Beschreibung der Praxisstelle, Beschreibung der Gruppe, Reflexion der ersten Planungen, Ideen und Befürchtungen bis hin zum letzten offiziellen Psychomotorik-Angebot in der Einrichtung. Konflikte, Lösungsversuche, Erfolge und Einschätzungen werden ebenso beschrieben wie die Beziehungsentwicklung mit den Klienten. Einschätzungen über Wirkungen der Psychomotorik sowie die eigene Entwicklung bilden den Abschluss des Berichts. Die Auswahl der Praxisstellen erfolgt in der Regel über folgende Wege:

- Die Praxisbereiche werden vorgestellt und die betreuenden Dozenten vermitteln die Kontakte,
- die Studierenden bringen ihre eigenen Kontakte zur Praxis ein,
- die Studierenden aus dem Vorjahr stellen ihre Projektstellen vor und vermitteln bzw. übergeben ihre Projektstellen.

Den Schilderungen der Studierenden ist immer wieder zu entnehmen, dass bereits die Suche nach einem unbeschwerten Einblick in Berufsfelder als Teil des Prozesses einer reflektierten Auseinandersetzung zu betrachten ist.

Mit drei ausführlicheren Beispielen aus Projektberichten soll abschließend verdeutlicht werden, welch unterschiedliche Herausforderungen auf die Studierenden im Rahmen dieses Projektstudiums zukommen können und wie sich Handlungskompetenzen in einer direkten Begegnung mit den Lebensthemen der Beteiligten entfalten können. Die Unterlagen wurden uns freundlicherweise von Studierenden der Projektgruppe zur Verfügung gestellt; die Namen der Kinder wurden anonymisiert.

5.6.1 Beschreibung einer Projektarbeit an der Georg-Büchner-Schule in Dreieich-Sprendlingen

Die Georg-Büchner-Schule (GBS) in Dreieich-Sprendlingen ist ein Beratungs- und Förderzentrum mit dem Förderschwerpunkt „Lernen". Zurzeit beherbergt die Schule 164 Schülerinnen, die sich auf drei Stufen verteilen: Grundstufe, Mittelstufe und die Hauptstufe. Innerhalb dieser Stufen gibt es die Klassen 1 bis 9 sowie eine zusätzliche Vorklasse und Praxisklasse (10. Klasse). Die Schule arbeitet nicht lernzielgleich mit den Regelschulen. Die Förderung erfolgt individuell, so dass jedes Kind dort abgeholt werden kann, wo es steht. Dies beinhaltet, dass die Schülerinnen auch dieselben Inhalte der Regelschulen lernen können, nur zu einem ihrer Entwicklung angemessenen Zeitpunkt. Ziel der Schule ist es, die Lust am Lernen und das Selbstvertrauen der Schülerinnen zu steigern. Sie sollen auch befähigt werden, sich selbst und ihr Leben organisieren zu können, Probleme und Konflikte besser zu lösen und Regeln einhalten zu können. Dazu arbeitet die Schule mit einem Förderplan, der verschiedene Aspekte wie Entwicklungsstand, Motorik, Wahrnehmung und kognitive Fähigkeiten berücksichtigt. Der Bereich Motorik gilt als ein sehr wichtiger Bereich an der Schule, was auch im Bildungsplan für den Bereich Entwicklungsstand deutlich wird (vgl. http://www.schulserver.hessen.de/dreieich/georgbuechner/navigation.htm)

An der GBS wird das gute, vertrauensvolle Miteinander zwischen Schülerinnen und Lehrerinnen groß geschrieben. Dies wird vor allem deutlich, wenn man sich die Projekte anschaut, welche die Schule für die Schülerinnen anbietet: Reitprojekte, Theaterprojekte, Schülerzeitung, Gesundheitsförderung in der Schule, Schulregeln, Neugestaltung des Pausenhofs u. a. m. Ein großes Projekt an der Schule ist das Buddy-Projekt. Buddys sind Pausenhelfer und Streitschlichter. Es sind Schülerinnen, die ihren Mitschülern in Konfliktsituationen helfen.

Die Besonderheit der Schülerinnen und Beispiele

Die Schülerinnen verfügen über ganz unterschiedliche Lernvoraussetzungen. Viele haben das Vertrauen in sich selbst und ihre Fähigkeiten verloren. Dies spiegelt sich massiv in ihrer Unlust gegenüber schulischem Lernen wider. Die Biografie der Kinder und Jugendlichen ist meist brüchig. Oftmals stehen vielfältige Traumatisierungen im Zusammenhang mit „auffälligem" und „herausforderndem" Verhalten, was ihnen einen Schulalltag in einer Regelschule nicht erlaubt. Die oftmals große Armut der Familien führt dazu, dass die Eltern ihren Kindern keine oder eine nur sehr eingeschränkte Förderung bieten können.

Folgende Beschreibung kann als beispielhaft für die ersten Eindrücke von Studierenden gelten. Aki (10 Jahre), Chris (9 Jahre), Dennis (9 Jahre) und Hasan (9 Jahre): die vier Jungen besuchen die gleiche Klasse, daher kannten sie sich bereits. Trotzdem dauerte es eine Weile, bis sich in der Kleingruppe eine angenehme Gruppendynamik entwickelte. Gerade am Anfang haben die Kinder uns sehr ausgetestet und sind aus allen Regeln ausgebrochen. Innerhalb der Gruppe beziehen sich die Kinder aufeinander. Hier gibt es keine Ausgrenzung, was Spannungen untereinander nicht ausschließt.

Die Planungen der ersten Stunden und die Umsetzung in die Praxis

Das psychomotorische Angebot erfolgte nach den Prinzipien der Entwicklungsbegleitung für kleine Gruppen. Darüber hinaus ließen sich die Studierenden von grundlegenden Haltungen wie Akzeptanz, Ressourcenorientierung und Wertschätzung leiten.

Zentraler methodischer Ausgangspunkt der Überlegungen wurde dann die Schaffung eines „Lagerplatzes": zum einen sollte dieser „Lagerplatz" (Safe Place) in der Halle so eingerichtet werden, dass man sich vor Stundenbeginn und nach der Stunde treffen konnte, um sich mit den Kindern auszutauschen, des Weiteren sollte das Lager ein Platz sein, an dem die Kinder sich ausruhen und zurückziehen können.

Die ersten Stundenentwürfe hatten folgenden Aufbau: Regeln für die Halle und die Nutzung der Geräte besprechen, „Kennenlernspiele" spielen, ausführliche Vorstellungsrunde (von sich erzählen und Fragen beantworten) und Wünsche für die kommende Psychomotorikstunde.

Konflikte und Lösungsversuche

In den die Praxis begleitenden Reflexionsstunden wurden Konflikte besprochen, sei es bei den Kindern den Studierenden gegenüber oder bei den Kindern untereinander. Folgende Schritte haben sich bewährt: die Kinder versuchen ihren Konflikt selbst zu klären. Der sichere Rahmen und der sichere Halt wurden durch die Studierenden gestellt. d. h. die Kinder wissen, dass sie auf die Studierenden zugehen können, wenn eine Konfliktlösung nicht klappt.

In Konfliktsituationen gegenüber den Studierenden, wie z. B. bei subjektiv erlebten Ungerechtigkeiten, wurden Aussprachen initiiert und die eigenen Absichten von beiden Seiten erläutert. Wichtig war hier die gegenseitige Wertschätzung und das Erlauben eines angemessenen Zeitraumes, damit die Kinder in Ruhe ihre persönlichen Sichtweisen erklären konnten.

Erfolge, Einschätzungen und Entwicklungen der Kinder in der Psychomotorik – Beispiel

Es gab viele Erfolge, sei es in der Gruppenentwicklung oder in den individuellen Entwicklungen der Kinder. Die Gruppe konnte trotz der sehr heterogenen Voraussetzungen, Fähigkeiten, Bedürfnisse und Andersartigkeiten zusammenwachsen.

Ein kleines Beispiel kann dies verdeutlichen:

> „In den Psychomotorik-Stunden geschehen immer wieder kleine Erfolge und Wunder. Zum Beispiel hatte ich zu Anfang des Projekts nicht daran geglaubt, wie ruhig und angenehm jetzt der Anfangskreis vonstatten geht. Das beinhaltet auch, dass es die Kinder jetzt besser schaffen, sich gegenseitig aussprechen zu lassen und nicht ständig störende Kommentare abzugeben. Ein Erfolg war für mich auch, als einer der Jungs sich etwas offener uns gegenüber gab und auch mit einer offener Sitzhaltung im Kreis saß, was für uns alle viel angenehmer anzusehen war. Für den Jungen selbst war es, glaube ich, auch ein Erfolg, da wir ihn alle herzlich empfangen haben in seinen Erzählungen und er auf keinen Widerstand oder Kritik gestoßen ist".

Die Beziehung zu den Kindern

Immer wieder verblüfft stellten die Studierenden fest, dass die Kinder in den gemeinsamen Stunden schnell Vertrauen zu ihnen aufbauen konnten. Die Klasse war durch die Schwangerschaft der Klassenlehrerin in einer Umbruchsituation und mit einem ständigen Lehrerwechsel konfrontiert. Im Verlauf des Schuljahres waren die Studierenden oft die einzigen konstanten Bezugspersonen im schulischen Alltag der Kinder. Gerade in Konfliktsituationen mit anderen Kindern war deshalb oft ihre Hilfe gefragt und es war eindrücklich zu sehen, wie die Kinder dies einforderten.

Wie haben sich die Studierenden verändert?

In den Reflexionsstunden zu Ende des Projektes nach fast 10 Monaten wurde meist auf die Fragen „Wie gestaltet ihr Eure letzte Psychomotorik-Stunde? Habt ihr Euch darüber schon Gedanken gemacht?" mit Schilderungen sehr persönlicher Einsichten geantwortet. Der Blick für das Detail, der Blick auf das Besondere, der Blick auf die Kleinigkeit wurde geschärft, besonders dann, wenn sich die Studierenden darüber selbst im Klaren waren, was in welchem Kontext als Besonderheit oder als Kleinigkeit anzusehen ist. Aber auch der Blick weg von den Psychomotorik-Stunden hin zum Privaten, zu festgefahrenen Strukturen im Alltag geriet in das Blickfeld der Selbstreflexion. Einige persönliche Aussagen können dies verdeutlichen:

„Das Kind in mir ist wieder ausgebrochen und ich habe gelernt, mich für Kleinigkeiten zu interessieren, genauer hinzusehen und mich neugierig und offen an bestimmte Situationen heranzutasten. Des Weiteren ist mir aufgefallen, dass ich ausgeglichener geworden bin und es gar nicht mehr schlimm ist, wenn nicht alles so verläuft, wie ich es geplant habe" (Dakas 2009).

„Es ist gar nicht so schlimm, wenn auch mal nichts passiert" (Dakas 2009).

„Anfangs hatte ich das Problem, dass ich aus dem Konzept gekommen bin, wenn sich eine Stunde anders entwickelt hat, wie ich es mir vorgestellt habe, aber nach und nach fand ich das nicht mehr verwirrend und ich habe gelernt, mich auf die neue Situation einzulassen" (Quataleb 2013).

„Ich habe gelernt, mich gelassener auf neue Situationen einzulassen und nicht nur nach Plan zu handeln. Das heißt auch, sich einfach vom Spiel der Kinder mitreißen zu lassen und den Gedanken des reinen Förderns eher in den Hintergrund zu setzen. Des Weiteren habe ich gelernt, dass es nicht funktioniert, wenn man die Stunden nach einem genauen Schema ablaufen lassen will. Ich muss mich jede Stunde neu auf die Kinder einstellen und ihren Bedürfnissen gerecht werden, das bedeutet auch, dass die Bedürfnisse jede Stunde dieselben oder eben komplett verschieden sein können" (Quataleb 2013).

Die Wirkung der Psychomotorik? Was ist sie für mich?

Wenn es um die Beschreibung von Wirkungen der Psychomotorik geht, lassen sich aus den Schilderungen der Studierenden die engen Verzahnungen von Eigenerfahrungen durch Psychomotorik und Reflexion mit den Kindern deutlich erkennen. Im Spiel Welterfahrungen zu machen, authentisch sein zu dürfen, Gefühle zeigen dürfen, sich ausdrücken können, spielen und reden – das und sehr wahrscheinlich noch vieles mehr zeichnen die Wirkungen der Psychomotorik aus: ein Bildungsprozess durch und mit Bewegung.

„Genau so geht es auch den Kindern in der Psychomotorik. Sie können ihre Gefühle ausleben, sei es in einem Rollenspiel, in dem sie bestimmte prägende Situationen ihres Lebens verarbeiten, wie beispielsweise Beerdigungen oder Trennungen als auch das Toben, das in dem Fall nicht als störend empfunden wird. Ich habe immer wieder den Eindruck, dass man in der Psychomotorik sein wahres Ich zeigt und seinen Gefühlszustand, den man in diesem Moment hat. Ist man authentisch in seiner Arbeit, kann die Psychomotorik den Kindern sehr viel vermitteln" (Dakas 2009).

„Das Kind drückt sich durch die Psychomotorik aus, demnach kann man die Psychomotorik als einen der ehrlichsten Dialoge mit dem Kind sehen. Das Kind drückt sich durch Spielen aus und beschreibt in seinem Spiel seinen inneren Zustand. Demnach ist der Erwachsene nur noch darauf angewiesen, sich in das Kind hinein zu fühlen und den Istzustand des Kindes zu erschließen. Für mich persönlich bedeutet Psychomotorik das Ausbrechen aus den Normen, die uns von der Gesellschaft vorgeschrieben werden. Man kann so sein, wie man will und das ausleben, was man möchte, ohne sich Gedanken machen zu müssen, was weiter passiert" (Dakas 2009).

Nach den Beschreibungen der Studierenden hatte das Psychomotorik-Praxisprojekt einen wesentlichen Einfluss auf die persönlichen Einstellungen und Entwicklungen der Studierenden. Entwicklung wird hier im Sinne eines Entwicklungsprozesses aller Beteiligten verstanden, mit dem man sich selbst und anderen mehrere Perspektiven der Betrachtung, jenseits der Alltagserfahrungen nehmen und geben kann: Perspektiven auf die kindliche Entfaltung, auf die kindlichen Wünsche und Ressourcen, auf die gegenseitige Achtung, auf Respekt und Wertschätzung.

5.6.2 Projekt: Psychomotorische Gewaltprävention im Rahmen der Schulsozialarbeit

Vor etwa 12 Jahren begann A. Eckert mit einer Kollegin aus der Schulsozialarbeit im Fachbereich Gesellschaftswissenschaften und Soziale Arbeit mit dem Kooperations-Projekt „Psychomotorik in der Gewaltprävention". Ausgangspunkt gemeinsamer Überlegungen mit weiteren Vertretern der Schulsozialarbeit, der Stadt Darmstadt sowie ausgewählter Schulen war die zu beobachtende zunehmende Gewaltbereitschaft an Darmstädter Grundschulen, insbesondere in Gebieten, die als soziale Brennpunkte bezeichnet wurden. Ein Blick auf die Zusammensetzung dieser Kinder in den ersten vier Grundschuljahren zeigte einen Migrantenanteil von 50% bis 90% pro Klasse. Davon kamen die meisten Kinder aus Krisen- und Kriegsgebieten und lebten seit ein bis fünf Jahren in Deutschland. Sie hatten zum großen Teil Mühe, sich der Struktur des schulischen Alltags anzupassen, den Unterrichtsinhalten zu folgen sowie die deutsche Sprache zu verstehen und zu sprechen. Von Seiten der Lehrerinnen wurde besonders über Hyperaktivität, Konzentrationsschwäche, körperliche Gewaltbereitschaft sowie regressives Verhalten der Kinder geklagt. Der inhaltliche Aufbau des Projekts orientierte sich auch am Ausbildungsstand und -plan der Studierenden: In der ersten Phase (8–10 Wochen) waren ressourcenstärkende Stunden für die Kinder vorgesehen. Ziel war der Aufbau von Selbstwertgefühl durch die körperliche Erfahrung von Selbstwirksamkeit. In der 2. Phase sollte die Verarbeitung von traumatischen Erfahrungen im Symbol- und Rollenspiel angeboten werden.

Im Wintersemester 2003 startete das Projekt Gewaltprävention an einer sogenannten Brennpunktschule. Aus den Klassen der Grundschule wurden die Kinder mit den entsprechenden familiären und kulturellen Hintergründen und „Verhaltensauffälligkeiten" von den Lehrenden ausgesucht und einmal wöchentlich zur Bewegungsinsel in die Turnhalle geschickt. Die Bewegungsinsel war als offenes psychomotorisches Bewegungsangebot am Schulvormittag konzipiert. In der Turnhalle wurden unterschiedliche Bewegungslandschaften von den Studierenden aufgebaut. In diesem „Safe Place"-Konzept wurde je nach Gruppe kompetenzorientiert und sinnverstehend mit Ausdrucksbedürfnissen und Lebensthemen gearbeitet. Dies führte bei den Kindern zu mehr Lebendigkeit und Selbstbewusstsein, kollidierte aber mit einem äußerst restriktiven Schulkonzept.

Der zurückbleibende Teil der Klasse erhielt in der Zeit Förder- oder Kunstunterricht. Nachdem deutlich wurde, was die Kinder auf der Bewegungsinsel erlebten, wollten ihre zurückbleibenden Klassenkameraden auch in den Genuss der Psychomotorik kommen. Dies war aber leider organisatorisch nicht zu bewältigen.

Die Gruppenstärke lag bei 6–8 Kindern. Jede Gruppe wurde von einem Team, bestehend aus 2–4 Studierenden, begleitet. Die Studierenden befanden sich im 4. Semester des Studiums der Sozialen Arbeit und hatten zum Zeitpunkt des Projektbeginns bereits 8 Semesterwochenstunden Psychomotorik studiert. Sie wurden während des zunächst auf ein Jahr begrenzten Projekts wöchentlich durch eine zweistündige Praxissupervision mit Videoanalyse, eine Theorie-Lehrveranstaltung sowie durch Einzelgespräche und Intervisionen begleitet. Das Lehrerinnenkollegium nahm nach gemeinsamer Absprache die Möglichkeiten wahr, an zwei psychomotorischen Fortbildungsnachmittagen und mehreren Terminen zum Erfahrungs- und Informationsaustausch teilzunehmen.

Obwohl das Kollegium das Konzept der Bewegungsinsel unterstützte, war es für die Mehrheit der begleitenden Lehrerinnen langfristig schwer aushaltbar, den Schülerinnen den Schonraum der Bewegungsinsel zu gewähren. Hier prallten die Schulkonzepte und die Konzepte der Schulsozialarbeit aufeinander. Es war auch nicht möglich, an der Schule professionelle Hilfe in Form von gemeinsamer Supervision zu etablieren. Dies wurde von einigen Lehrerinnen als Entwertung der eigenen Person und Professionalität interpretiert. Da der Konflikt nicht lösbar war, wurde die Bewegungsinsel in der Folge zunehmend vom Kollegium boykottiert. Gewaltpräventive Arbeit war unter Bedingungen struktureller Gewalt somit nicht mehr möglich. Nach drei Jahren erfolgreicher psychomotorischer Arbeit wurde das Projekt nun an anderen Schulen weitergeführt.

Der wichtigste Lerneffekt bestand für uns darin zu erkennen, dass Gewaltprävention nur wirksam sein kann, wenn alle beteiligten Systeme selbst Teil dieser Maßnahmen sind. Da die allgemeine Gewalttätigkeit in unserer Zeit nach Gruen (2001, 203) „ganz eng mit der Verneinung des Schmerzes verknüpft" ist, gehört die Konfrontation mit selbst erlebtem eigenen Schmerz im Rahmen von Supervision in bestimmten Arbeitsfeldern der Sozialen Arbeit zur Professionalisierung unabdingbar dazu.

Pädagogische Hilfen zur Verarbeitung von Traumata, um die zu erwartende Weitergabe von erlebter Gewalt abzufedern oder zu verhindern, sollten Wege finden, die verloren gegangene Autonomie von traumatisierten Kindern wieder zu stärken. Autonomie ist nach Gruen (1986; 2001) die Fähigkeit, die eigenen authentischen Gefühle zu spüren und zu leben. Kindliche Handlungen, die aus dieser Fähigkeit erwachsen, sind von Selbstachtung getragen. Sie sind initiativ, selbstregulativ und kohärent.

Psychomotorische Trauma-Arbeit mit Kindern sollte demzufolge Beziehungs-, Bewegungs- und Körperarbeit, Spiel und Kreativität im intermediären Raum beinhalten. Menschliches Handeln hat seinen individuell begründeten Sinn in seiner Lebensgeschichte und ist dessen Ausdruck. Der Mensch drückt sich also immer leiblich, vielfältig, kreativ und mit allen ihm zu Verfügung stehenden Mitteln auf seiner jeweiligen Entwicklungsstufe aus (vgl. Eckert 2004). Begleitende Erwachsene stellen sich haltend (holding), aufnehmend (containing) und spiegelnd im kindlichen Spiel zur Verfügung, spielen *für* das Kind, indem sie sich auf seine Lebensthemen einlassen. Für das soziale Umfeld der Kinder sollten ressourcenstärkende Hilfen eruiert und angeboten werden.

Es kann zusammengefasst werden, dass im Darmstädter Projekt „Psychomotorik in der Gewaltprävention" nach der kompetenzorientierten und sinnverstehenden Psychomotorik mit gewaltpräventiver Zielsetzung gearbeitet wurde. Während Autonomie und Selbstwertgefühl aufgebaut und traumatisierende Erfahrungen verarbeitet wurden, zeigte sich, dass die gewaltpräventiven Angebote wirksam waren (Evaluation nach SPES, http://www.ikj-online.de). Bei strukturellen und personalen Formen von Gewalt müssen im systemischen Sinne alle Beteiligten in die präventiven Maßnahmen mit einbezogen werden.

5.6.3 Projekt: Psychomotorische Arbeit mit Senioren

Die psychomotorischen Projekt-Stunden in Altenheimen fanden einmal, in manchen Gruppen zweimal wöchentlich, geleitet durch ein Team von 3–4 Studierenden statt. Die Gruppengröße richtete sich nach den Fähigkeiten der alten Menschen und lag zwischen 5 und 12 Teilnehmerinnen. Die Teilnahme erfolgte zu jeder Zeit auf freiwilliger Basis. Da das Pflegepersonal zeitlich nicht in der Lage war, die Seniorinnen zur Psychomotorik zu begleiten, gehörte das Abholen von gehbehinderten oder rollstuhlfahrenden Teilnehmerinnen zur psychomotorischen Begegnung. Was anfangs reine Hilfeleistung war, gestaltete sich später vielfach als spielerischer Bewegungsdialog, empathische leibliche Erfahrung oder auch als konfliktreiches Übertragungsgeschehen.

War die Gruppe vollzählig, wurden alle mit ihrem Namen begrüßt. Die Grundform bildete in der Regel der Sitzkreis. Begrüßungsspiele mit dem Ball dienten dem Lernen der Namen, was regelmäßig als Gedächtnistraining wiederholt wurde. Obwohl die Bewohnerinnen des Heims sich untereinander kannten und zum Teil zu zweit im gleichen Zimmer lebten, kannten oder erinnerten sie die Namen ihrer anderen Mitbewohnerinnen oft nicht. Musikalische Anteile in den Stunden wurden häufig mit Bewegungstraining zum Erhalt der Alltagsfunktionen verbunden. Schwungtuchspiele, Ballspiele und verschiedene Spielformen mit Alltagsmaterial wurden zunächst vorgegeben und später von den Teilnehmerinnen kreativ variiert. Massagen, Entspannung, freie Bewegung nach Musik, Bastel- und Alltagsarbeiten sowie Sinneserfahrungen im Raum und in der Natur waren ebenfalls Bestandteile der Stunden. Die Zielsetzungen und Spielideen wurden auf der Grundlage der Literatur von Eisenburger (2012) gruppenspezifisch diskutiert und umgesetzt.

In Demenz-Gruppen wurde sowohl nach psychomotorischen als auch nach Prinzipien der rezeptiven Musiktherapie (vgl. Leidecker 2004) gearbeitet. Besonders die Wirksamkeit der Kombination beider Verfahren beeindruckte sowohl die Studierenden als auch die Mitarbeiterinnen der Einrichtungen. In diesem Arbeitskontext ist noch viel Forschungs- und Entwicklungsarbeit notwendig (vgl. Eckert 2012).

5.7 Die verstehende Grundhaltung in einer psychomotorischen/verkörperten Sozialen Arbeit

Intuition und leibliche Resonanz in sich selbst wieder zu entdecken, war ein Teilziel im Projekt und gehört seit vielen Jahren zu den Grundlagen der Ausbildung in Sozialer Arbeit im Rahmen der Zusatzqualifikation Psychomotorik. Präsenz, Wertschätzung und Respekt für sich selbst und andere, Humor und Freude an der Arbeit gehören ebenso dazu wie das Nicht-Verstehen, das als Teil einer sinnverstehenden Arbeitsweise immer wieder neu akzeptiert werden muss. Nicht-Verstehen als Teil einer phänomenologisch-hermeneutischen Praxisforschung ermöglicht die Offenheit für leibphänomenologische Erkundungen. Diese sind unabdingbar in einem Forschungs- und Praxisfeld der Sprachlosigkeit und des Präreflexiven.

Durch die Entwicklung einer entspannten Haltung gegenüber den eigenen „Fehlern" und dem Sinn des wöchentlichen „Unsinns" in der Praxis entstand langsam eine liebevolle Haltung gegenüber der Klientel, den Senioren und den Kindern. Die psychomotorischen Stunden im Altenheim wurden zum liebevollen Miteinander-Sein und damit zu einem Geschenk für alle Beteiligten. Dies wurde durch folgende Aussagen einer Seniorin verdeutlicht: „Sie haben uns so viel geschenkt. Ich durfte Kind sein, was im Krieg für mich nicht möglich war" – und an die Studierenden adressiert: „Kinder, ihr seid mein Sonnenschein!".

Letztlich ist es die leibphänomenologisch orientierte verstehende Haltung, die unabhängig vom gewählten Stundentyp (kompetenzorientiert, funktional oder an Lebensthemen orientiert) Wohlbefinden, Lebensfreude und -qualität aller Beteiligten auch über die psychomotorischen Stunden hinaus verbessert. Somit ist sinnverstehende Psychomotorik weit mehr als eine Methode oder ein Medium in der Sozialen Arbeit.

Gut zu wissen – gut zu merken:

- Im Rahmen des Studiums der Sozialen Arbeit bietet die Zusatzqualifikation Psychomotorik an der Hochschule Darmstadt Studierenden die Möglichkeit, Einblick in verschiedene Berufsfelder zu erhalten.
- Die Wiederentdeckung von Intuition und leiblicher Resonanz sind Grundlage der Ausbildung in Sozialer Arbeit und in der Zusatzqualifikation Psychomotorik.
- Präsenz, Wertschätzung und Respekt für sich selbst und andere gehören ebenso dazu wie das Nicht-Verstehen, das als Teil einer sinnverstehenden Arbeitsweise immer wieder neu akzeptiert werden muss.
- Die Psychomotorik wird zur Haltung in einer verkörperten Sozialen Arbeit, die sich im Dialog mit anderen Wissenschaftsdisziplinen weiterentwickeln kann.

Literatur

Cicurs, H./Zimmer, R. (1993): Psychomotorik: Neue Ansätze in Sportförderunterricht und Schulsonderturnen. Freiburg: Herder Verlag.
Dakas, F. (2009): Praxisbericht: Projekt Psychomotorik. FBGS.
Diem, L./Scholtmethner, R. (1979): Schulsonderturnen. Bad Homburg: Limpert Verlag.

Eckert, A.R./Hammer, R. (Hrsg.)(2004): Der Mensch im Zentrum. Beiträge zu einer sinnverstehenden Psychomotorik und Motologie. Lemgo: Verlag Aktionskreis Literatur und Medien.
Eckert, A.R. (2004): Menschen psychomotorisch verstehen und begleiten. In: Eckert, A.R./Hammer, R. (Hrsg.): Der Mensch im Zentrum. Beiträge zu einer sinnverstehenden Psychomotorik und Motologie. Lemgo: Verlag Aktionskreis Literatur und Medien, 59–73.
Eckert, A.R. (2006): Körperpsychotherapie und Psychomotorik. In: Fischer, K./Knab, E./Behrens, M. (Hrsg.): Bewegung in Bildung und Gesundheit. Lemgo: Verlag Aktionskreis Literatur und Medien.
Eckert, A.R. (2008): Trauma – Gewalt – Autonomie. *Motorik* 1, 18–24.
Eckert, A.R. (2010): Psychomotorik und Körperpsychotherapie – Annäherungen, Verbindungen, eigene und getrennte Wege. *Motorik* 2, 65–70.
Eckert, A.R. (2012): „Kinder, ihr seid mein Sonnenschein". Alte Menschen psychomotorische verstehen. In: Krus, A. (Hrsg.): Ein bewegtes Leben. Psychomotorisches Arbeiten mit älteren Menschen und Menschen mit Demenz. Lemgo: Verlag Aktionskreis Psychomotorik.
Eckert, A. R. (in Vorbereitung): Der Ausdruck prä- und perinataler Erfahrungen in Spiel und Bewegung.
Eisenburger, M. (1998): Bewegungsarbeit mit älteren Menschen. Theorie und Praxis der Motogeragogik. Schorndorf: Hofmann Verlag.
Eisenburger, M. (2012): Zuerst muss die Seele bewegt werden. (2. Auflage). Dortmund: Verlag modernes lernen.
Fischer, K. (2009): Einführung in die Psychomotorik. (3. Auflage). Stuttgart: UTB Verlag.
Gruen, A. (1896): Der Verrat am Selbst. München: dtv.
Gruen, A. (2001): Der Verlust des Mitgefühls. Über die Politik der Gleichgültigkeit. München: dtv.
Leidecker, K. (2004): Das Leben klingen lassen. Essen: Blaue Eule Verlag.
Mattner, D. (1985): Angewandte Motologie als ganzheitliche Therapie. *Motorik* 2 , 67–72
Mattner, D. (1987): Zur Dialektik des gelebten Leibes. Eine ganzheitliche Analyse des menschlichen Körpers. Dortmund: Verlag modernes lernen.
Mattner, D. (2004): Psychomotorik aus anthropologischer Perspektive. In: Eckert, A.R./Hammer, R. (Hrsg.): Der Mensch im Zentrum. Lemgo: Verlag Aktionskreis Literatur und Medien, 17–26.
Merleau-Ponty, M. (1966): Phänomenologie der Wahrnehmung. Berlin: de Gruyter Verlag.
Mertens, K. (1997): Aktivierungsprogramme für Senioren. Dortmund: Verlag modernes lernen.
Nickel, F. (2012a): Depression und Alter: Kritik, Forschung und Ansatzpunkte der Psychomotorik. In: Krus, A. (Hrsg.): Ein bewegtes Leben. Psychomotorische Arbeit mit älteren Menschen und Menschen mit Demenz. Lemgo: Verlag Aktionskreis Psychomotorik.
Nickel, Frank U. (2012b): Familie, Konflikt, Spiel. Ansätze für die Psychomotorik. In: Richter-Mackenstein, J./Eckert, A. (Hrsg.): Familie und Organisation in Psychomotorik und Motologie. Marburg: Verlag der WVPM Marburg.
Nickel, Frank U. (in Vorbereitung): Psychomotorik mit dementiell erkrankten Menschen.
Niederer D./Beck V./Vogt, L./Thiel, C./Maulbecker-Armstrong, C./Banzer, W. (2012): Bewegungsparcours, Sturzrisiko und gesundheitsbezogene Lebensqualität – Effekte einer 3-monatigen Bewegungsintervention. *Zeitschrift für Gerontologie und Geriatrie*. DOI: 10.1007/s00391-012.
Quataleb, F. (2013): Praxisbericht: Projekt Psychomotorik. FBGS.
Seewald, J. (2004): Über die Genese des „verstehenden Ansatzes" in der Motologie. In: Eckert, A.R./Hammer, R. (Hrsg.): Der Mensch im Zentrum. Lemgo. Verlag Aktionskreis Literatur und Medien, 27–58.
Seewald, J. (2007): Der Verstehende Ansatz in Psychomotorik und Motologie. München: Ernst Reinhardt Verlag.

TEIL II PSYCHOMOTORISCHE ARBEIT IN HANDLUNGSFELDERN DER SOZIALEN ARBEIT

1 PSYCHOMOTORIK IN TAGESEINRICHTUNGEN FÜR KINDER (0-6 JAHRE)

Christina Jasmund

Was Sie in diesem Kapitel lernen können

Beginnend mit einem kurzen historischen Überblick über die Entstehung der Kinderbetreuung in Deutschland und einer rechtlichen Einordnung in das System der Kinder- und Jugendhilfe wird der gesetzliche Auftrag der Kindertagesbetreuung in der Bundesrepublik auf Basis seiner bildungspolitischen Ziele dargestellt. Danach werden die derzeitigen Strukturen erläutert. Aktuelle Entwicklungen wie der PISA-Schock und der U3-Ausbau werden aufgezeigt. Anschließend werden eigenaktive kindliche Lernprozesse in ihren Lebenswelten Familie, sozialer Nahraum und in Tageseinrichtungen erörtert und die Psychomotorik als Methode ganzheitlicher bewegungsorientierter Entwicklungsbegleitung und Bildungsförderung von Kindern vorgestellt.

1.1 Die Betreuung von Kindern in Tageseinrichtungen in Deutschland – eine historische Einordnung

Kindertagesbetreuung hat in Deutschland eine lange Tradition. Friedrich Wilhelm August Fröbel gründete 1840 in Blankenburg den ersten Kindergarten in Deutschland. Die Ziele von Kindertagesbetreuung sahen im ausgehenden 19. und beginnenden 20. Jahrhundert vorrangig eine Kinderbewahrung zur Unterstützung für berufstätige Mütter vor. Beeinflusst von den Arbeiten der Reformpädagogen Fröbel, Pestalozzi, Key, Montessori u.a. entwickelte sich allmählich ein Verständnis für die Bedeutung einer Förderung von Kindern in der frühen Kindheit. Damit stieg der Anspruch an die Betreuung der Kinder und orientierte sich von ihrer Bewahrung hin zu einer Erziehung im Sinne der jeweiligen vorgegebenen Ziele. Damit verbunden stieg auch der Anspruch an die Qualität der Betreuung durch dafür ausgebildete Personen. Mit Gründung der ersten Ausbildungsschule für Kinderpflegerinnen durch Fröbel entstanden gleichzeitig eine neue Berufsgruppe und die erste Berufsausbildungseinrichtung für Frauen 1850 in Deutschland. Die Ausbildung der Erzieherinnen in Kindertageseinrichtungen unterlag von Beginn an als bildungspolitische Einflussgröße den jeweiligen rechtlichen Vorgaben und wurde insbesondere im 20. Jahrhundert in Deutschland von beiden Diktaturen für ihre machtpolitischen Ziele instrumentalisiert. Erst mit Angleichung der Kinder- und Jugendhilfestrukturen in den neuen Bundesländern nach der Wende und einer damit verbundenen Neuausrichtung der Erzieherinnenausbildung, mit Verabschiedung des Kinder- und Jugendhilfegesetzes (KJHG) 1990, der Umsetzung des Rechtsanspruchs auf Betreuung und Förderung der Entwicklung für Kinder ab 3 Jahren seit 1996 und dessen Erweiterung für ein- und zweijährige Kinder ab August 2013 kann von einer Angleichung der Strukturen in der Bundesrepublik ausgegangen werden (vgl. § 24 KJHG).

1.2 Rechtliche Einordnung des Handlungsfeldes

Laut Statistischem Bundesamt wurden 2012 bundesweit insgesamt ca. 2,5 Millionen Kinder unter 6 Jahren in einer Kindertageseinrichtung (85%) oder in Kindertagespflege betreut. Davon waren rund 558.200 Kinder unter 3 Jahre alt (vgl. Statistisches Bundesamt 2012).

Die Betreuung von Kindern in Tageseinrichtungen ist in Deutschland im Sozialgesetzbuch Kinder- und Jugendhilfegesetz (SGB VIII) rechtlich verankert. Dort sind die Aktivitäten von Bund, Ländern und Kommunen/Kreisen für die Kindertagesbetreuung festgelegt. Der Dritte Abschnitt Kapitel Zwei KJHG regelt in den Paragraphen 22–26 die Förderung von Kindern in Tageseinrichtungen und in der Kindertagespflege. Dort wird neben der Formulierung der allgemeinen Bildungs-, Betreuungs- und Erziehungsziele auf die länderspezifischen Ausführungsgesetze verwiesen. In der föderalen Bundesrepublik Deutschland gibt es 16 landesrechtliche Regelungen zur Kindertagesbetreuung. Fast alle Bundesländer delegieren ihre landesrechtlichen Aufgaben an Landesjugendämter als überörtliche rechtliche Träger, die auch oft landeseigene Einrichtungen der Kinder- und Jugendhilfe betreiben. Die Landesjugendämter fördern und unterstützen die Tätigkeiten der Träger von Einrichtungen in beratender, koordinierender, planerischer und fortbildender Form. Sie unterstützen die Länder bei ihrem planmäßigen Ausbau von Einrichtungen und nehmen damit eine wichtige Schnittstellenfunktion zur Landespolitik ein (vgl. Sechstes Kapitel KJHG).

Laut KJHG trägt das jeweilige örtliche Jugendamt die Gesamtverantwortung für die kommunale Kinder- und Jugendhilfe einschließlich der Kindertagesbetreuung (vgl. Fünftes Kapitel KJHG). Die Ausstattung mit ausreichenden Kindertageseinrichtungen liegt damit im Verantwortungsbereich jeder Kommune oder jedes Kreises. Dazu gehören je nach Bundesland Kindertagestätten, Kindergärten, Kinderläden, Tagespflegestellen oder -gruppen, Krippen, aber auch Spielstuben und Krabbelgruppen sowie Horte und (Offene) Ganztagsangebote für Grundschulkinder. Das festgelegte Ausstattungsziel ist das Vorhalten eines bedarfsgerechten Angebotes für die Eltern zur Unterstützung einer besseren Vereinbarkeit von Familie und Berufstätigkeit als familienergänzende Leistung.

Seit dem 01. August 2013 haben Kinder ein Recht auf eine Betreuung und auf Förderung ihrer Entwicklung in Tageseinrichtungen und in Kindertagespflege, welches als bedarfsunabhängiges Infrastrukturangebot allen Kindern zusteht. Der Umfang des Rechtsanspruchs richtet sich aber nach dem individuellen Bedarf und stellt sich in jeder Kommune/jedem Kreis sehr unterschiedlich dar. Die Bedarfsermittlung erfolgt durch die örtliche Jugendhilfeplanung (vgl. Neuntes Kapitel KJHG).

Die Leistungen der Kinder- und Jugendhilfe einschließlich der Tagesbetreuung für Kinder sollen in Deutschland grundsätzlich von öffentlichen und nach § 75 KJHG anerkannten, freien Trägern der Jugendhilfe erbracht werden und ein vielfältiges Angebot bereithalten. Die Anerkennung des freien Trägers durch den Jugendhilfeausschuss nach § 75 KJHG ist Voraussetzung für die Zuwendungsfinanzierung zum Betrieb der Einrichtung. Stellt ein anerkannter freier Träger ein Angebot der Kinder- und Jugendhilfe bereit, so hat laut Subsidiaritätsprinzip der öffentliche Träger (Land/Kommune/Kreise) zurückzutreten und dieses Angebot zu fördern. „Soweit geeignete Einrichtungen, Dienste und Veranstaltungen von anerkannten Trägern der freien Jugendhilfe betrieben werden oder rechtzeitig geschaffen werden können, soll die öffentliche Jugendhilfe von eigenen Maßnahmen absehen" (§ 4 Abs. 2 KJHG).

1.3 Gesetzlicher Förderauftrag von Kindern in Tageseinrichtungen

„Jeder junge Mensch hat ein Recht auf Förderung seiner Entwicklung und auf Erziehung zu einer eigenverantwortlichen und gemeinschaftsfähigen Persönlichkeit" (§ 1 Abs 1 KJHG). Der Förderungsauftrag in Kindertageseinrichtungen bezieht sich auf die Betreuung, Erziehung und ganzheitliche Bildung von Kindern unter Berücksichtigung ihrer sprachlichen und sonstigen Fähigkeiten, der Lebenssituation sowie den Interessen und Bedürfnissen des einzelnen Kindes und seiner ethnischen Herkunft. Darin eingeschlossen sind die sozial-emotionale, körperliche und geistige Bildungsförderung sowie die Vermittlung von Werten, kulturellen Regeln und Formen der Mitgestaltung unseres Zusammenlebens (vgl. § 22 KJHG).

Die Bundesländer haben zu ihrem Förderauftrag in der Kindertagesbetreuung spezifische Bildungspläne, Bildungsprogramme oder Orientierungspläne verabschiedet, die als rechtlich verbindliche Pläne oder als empfehlende fachliche Orientierungshilfen sehr unterschiedlich gesetzlich eingebunden sind (vgl. DJI Zahlenspiegel 2005). Die Bildungs- und Orientierungspläne werden regelmäßig überarbeitet und bilden je nach Autorengruppe unterschiedliche Bildungsparadigmen (Verständnis von Bildung) ab, die die Gestaltung der pädagogischen Arbeit in den Einrichtungen beeinflussen. Alle Bildungs- und Orientierungspläne sind online auf den Seiten der jeweiligen Familienministerien oder auf dem Deutschen Bildungsserver zu finden (vgl. http://www.bildungsserver.de/Bildungsplaene-der-Bundeslaender-fuer-die-fruehe-Bildung-in-Kindertageseinrichtungen-2027.html). In grundlegenden Aussagen herrscht bundesweit Übereinstimmung.

Konsens in den Bildungs- und Orientierungsplänen:

- Bildung beginnt mit der Geburt.
- Bildung ist ein lebenslanger eigenaktiver Prozess.
- Bildung unterliegt inneren und äußeren Einflüssen.
- Frühkindliche Bildungsprozesse sind individuell, ganzheitlich und komplex.
- Bildung soll sich in einer Erziehungspartnerschaft mit Eltern und Familien der Kinder vollziehen.

- Der natürliche und soziale Nahraum der Einrichtung ist als Bildungsort zu verstehen, der wertvolle Lernerfahrungen für die Kinder bietet.

Große Bedeutung für eine institutionsübergreifende Bildungsförderung haben Kooperationen mit Einrichtungen des Gemeinwesens, mit Bildungseinrichtungen insbesondere mit den aufnehmenden Grundschulen, aber auch mit Förder-, Kultur-, Religions-, Sport- und Freizeiteinrichtungen (vgl. Diskowski 2005).

Die Träger der Kindertageseinrichtungen erarbeiten auf Basis des jeweiligen Landesgesetzes und des Bildungsplans des Landes ein Trägerrahmenkonzept für die Bildung, Erziehung und Betreuung der Kinder in ihren Einrichtungen. Diese unterscheiden sich je nach ihrem pädagogischen Verständnis, ihrer Konfession und ihren Angeboten für Kinder und ihre Familien. Auf Grundlage dieses Trägerkonzeptes soll in jeder Kindertageseinrichtung durch Team, Leitung und Elternrat eine Konzeption die Prinzipien der pädagogischen Arbeit in dieser Einrichtung definieren. Die Vielfalt der Angebote mit unterschiedlichen Wertvorstellungen, Inhalten, Methoden und Arbeitsformen soll helfen, ein breit gefächertes Spektrum zur Verfügung zu haben, das den Wünschen und Lebenslagen von Eltern und Kindern entspricht (vgl. KJHG §§ 3, 4 und 5). Für die pädagogische Arbeit in Kindertageseinrichtungen werden in Deutschland unterschiedliche pädagogische Ansätze favorisiert, z. B. Situationsansatz, situationsorientierter Ansatz, offenes Konzept, Fröbel, Waldorf-Pädagogik, Montessori, Reggio Emilia, Kneipp, Freinet, Pikler u. a. Diese Ansätze haben unterschiedliche kulturelle Wurzeln und sind in ihren jeweiligen historischen Bezügen ausgehend von der Reformpädagogik bis zum Ende des letzten Jahrhunderts erarbeitet worden. Sie unterscheiden sich in ihrem jeweiligen Bild vom Kind und damit ihrem Verständnis über die Rolle der pädagogischen Fachkräfte. Sie leiten daraus differenzierte Vorstellungen von Bildungsförderung und somit der pädagogischen Interaktion, für die Raum- und Tagesgestaltung, aber auch für die Gestaltung spezialisierter Angebote und der Beziehung zu den Eltern im Setting der Tageseinrichtung ab.

1.4 Kindertageseinrichtungen als Bildungsinstitutionen

Zu Beginn des 21. Jahrhunderts ist die Qualität der Bildungsförderung von Kindern ausgelöst durch Befunde der empirischen Bildungsforschungin den Fokus gesellschaftlicher und bildungspolitischer Diskussionen gerückt (PISA-Studien beginnend 2000, OECD-Studien Starting Strong 2001 und 2004, IGLU-Studien beginnend 2001, Nationale Bildungsberichte beginnend ab 2006, Nubbek-Studie 2012).

Die vorher wenig beachteten frühen Jahre im Leben eines Menschen wurden verstärkt durch Forschungsergebnisse der Kognitions- und Neurowissenschaften als wertvolle Bildungszeit wahrgenommen und damit gerieten auch die Kindertageseinrichtungen in den Fokus der Aufmerksamkeit. Die Qualität der Erziehung, Betreuung und Bildungsförderung von Kindern in den ersten Lebensjahren wurde hinterfragt, durch Qualitätsinstrumente evaluiert und in mehreren repräsentativen Untersuchungen in Deutschland für eher schlecht und mittelmäßig befunden (ebd.). Daraus wurden u.a. Rückschlüsse auf die Qualität der Ausbildung der pädagogischen Fachkräfte gezogen. Die in den PISA-Studien sehr gut bis gut abschneidenden Länder haben die Ausbildung ihrer pädagogischen Fachkräfte auf Hochschul- bzw. Universitätsniveau verortet. Dies trifft bis auf Tschechien und Österreich auch auf alle europäischen Länder zu. Mit dem Wintersemester 2002 wurden auf eine Initiative der Robert-Bosch-Stiftung „PIK- Profis in Kitas" an fünf Universitäten bzw. Hochschulen die ersten Bachelorstudiengänge für Bildung und Erziehung in der frühen Kindheit eingerichtet (www.bosch-stiftung.de). Zum Wintersemester 2013 wurden bundesweit über 80 Bachelor- und ca. 10 konsekutive Masterstudiengänge mit dem Schwerpunkt Kindheitspädagogik angeboten. Außerdem wurden als Konsequenzen für das Handlungsfeld

- eine vom Bund geförderte Weiterbildungsinitiative (WIFF) für die Fachkräfte in den Tageseinrichtungen und Tagespflegepersonen gestartet
- ebenfalls vom Bund finanzierte Forschungsprogramme zur empirischen Erfassung des Handlungsfeldes aufgelegt (A-WiFF u.a.)
- in allen Bundesländern die Bildungs- und Orientierungspläne er- bzw. überarbeitet und verabschiedet
- von Trägern Qualitätsoffensiven angefahren, die z.T. durch den Aufbau von Qualitätsmanagementstrukturen, durch externe Evaluation, fachliche Beratung und Zertifizierungen sowie über Personalentwicklungskonzepte umgesetzt wurden.

Es gibt derzeit eine Vielzahl von Qualitätsgütesiegeln für Kindertageseinrichtungen, u.a.: KES-R und KRIPS-R, DIN ES ISO 9000:2000, Kronberger Kreis, IQUE und QBE, K.I.E.L. u.a. Große Trägerverbände haben z.T. eigene Instrumente entwickelt und diese über Weiterbildungsmaßnahmen in ihren Einrichtungen implementiert. Neben diesen Instrumentarien besitzen zahlreiche Tageseinrichtungen aber auch themenspezifische Gütesiegel und Zertifikate, die von unterschiedlichen Institutionen verliehen werden und nur z.T. geschützte Titel darstellen. Dazu gehören u.a.: Anerkannter Bewegungskindergarten des Deutschen Olympischen Sportbundes, Kita mit BISS, Musikkindergarten, Forscherkids, Lesekindergarten etc. Diese Zertifikate werden häufig nach erfolgten Fortbildungen des Teams und einer Kontrolle der Umsetzung der favorisierten pädagogischen Angebote befristet verliehen und sind ggf. durch Fortbildungsauffrischung verlängerbar.

Obwohl in Deutschland die Priorität der Verantwortung für die Kindererziehung eindeutig bei den Eltern liegt, stellen die Kindertageseinrichtungen eine wichtige Komponente zur gesellschaftlich erwünschten Einflussnahme auf Entwicklungsverläufe und Bildungschancen von Kindern dar. Mit einer Betreuungsquote von über 90% aller Kinder zwischen 3 und 6 Jahren können in Kindertageseinrichtungen diese Kohorten nahezu vollständig erreicht werden. Hierdurch ergibt sich eine große Chance für eine frühe individuelle Betrachtung und Förderung von Kindern und einen spezifischen Ausgleich von Benachteiligungen zur Sicherung vergleichbarer Bildungschancen (vgl. Bildungsgrundsätze NRW 2011), deren Erfolg jedoch unmittelbar von der Qualität der pädagogischen Arbeit der Fachkräfte in den Einrichtungen beeinflusst wird.

1.5 Ganzheitliche individuelle Bildungs- und Entwicklungsförderung

Die Heterogenität heutiger Familienstrukturen, sozio-ökonomischer Lebensverhältnisse und kultureller Einflussfaktoren bildet sich in den Kindertageseinrichtungen durch eine hohe Diversität individueller Bedürfnissituationen und Entwicklungsverläufe von Kindern ab. Dies findet seinen Niederschlag im gesundheitlichen Zustand der Kinder, ihrer sensomotorischen Entwicklung, den kognitiven und sprachlichen Fähigkeiten und Fertigkeiten und in ihrem sozial- emotionalen Verhalten. Der Förderauftrag in der Kindertagesbetreuung definiert eindeutig den individuellen Ansatz im (Gruppen-)Setting einer Institution.

Basierend auf dem aktuellen Stand der Erziehungswissenschaften, der Kognitionsforschung und Erkenntnissen der Neurowissenschaften gibt es einen Konsens über Lernen und Entwicklung in der frühen Kindheit als eigenaktive ganzheitliche Prozesse. Dem entspricht die flächendeckend in den Bildungs- und Orientierungsplänen genannte Forderung nach ganzheitlicher Bildungs- und Entwicklungsförderung. Ausgehend von den gesellschaftlichen Leitzielen ist damit ein umfassender Kompetenzerwerb zur Entwicklung von eigenständiger Handlungskompetenz gemeint, der die Kompetenzbereiche Selbstkompetenz, Sozialkompetenz sowie Sach- und Methodenkompetenz als mögliche Bildungsdimensionen umfasst.

- „Selbstkompetenz ist die Fähigkeit, die eigene Identität zu entwickeln, zu erproben und zu bewahren sowie eigene Fähigkeiten und Stärken zu kennen und damit verantwortlich und situationsgerecht umzugehen" (Bildungsgrundsätze NRW 2011, 26).
- „Sozialkompetenz ist die Fähigkeit, Bedürfnisse, Wünsche, Interessen und Erwartungen anderer zu erkennen und im eigenen Verhalten angemessen zu berücksichtigen" (Bildungsgrundsätze NRW 2011, 27).
- „Sachkompetenz ist die Fähigkeit, sachbezogen zu urteilen, entsprechend zu handeln und Wissen auf unterschiedliche Situationen zu übertragen" (MfKJKS/ MWS 2011, 28).

Dabei sind diese Bildungsziele als Herausforderung für kindliche Potentiale zu sehen, denen sich das Kind eigenaktiv stellt und damit selbst gezielt für seine Entwicklung sorgt (vgl. Strätz 2011, 49).

1.6 Ganzheitliches Lernen in der Kindheit durch Bewegung und Spiel

In der Entwicklungspsychologie herrscht ein Konsens über die Bedeutung von Lernen durch Bewegung in der frühen Kindheit, die als hauptsächlicher Motor der kognitiven Entwicklung angesehen werden kann (vgl. Eggert/Lütje-Klose 1994). Der Erziehungswissenschaftler Schäfer bezeichnet Bewegung als „elementare Form des Denkens" (Schäfer 2003, 220). „In den ersten Jahren erschließen sich die Kinder ihre Welt weniger über Denken, sondern vor allem über Bewegung" (Bildungsgrundsätze NRW 2011, 35).

Alle (Um-)Welterfahrungen gewinnt das Kind durch Eigenaktivität, indem es Dinge anschaut, erlauscht, ertastet, sich auf sie zu bewegt und mit ihnen hantiert. Dabei macht das Kind vielfältige Erfahrungen, die es oft wiederholt und auf die es in seinem Umgang mit diesen Dingen zurückgreifen kann. Die kindliche Neugier motiviert das Kind zu diesem Explorationsverhalten, gefiltert wird es dabei durch seine Lust- und Unlusterfahrungen. Positive Erfahrungen werden wiederholt, negative werden vermieden. „Das Kind lernt im Laufe seiner Bewegungsentwicklung [...] auch das Lernen" (Pikler 1988, 14). *Das Kind macht Handlungs-, Material- und (Um-)Welterfahrungen.*

Während des sich permanent wiederholenden Kontaktes in Pflege- und Fütterungssituationen lernt das Kind auch seine Bezugspersonen kennen. Es beobachtet intensiv deren Verhalten und ist aufgrund seiner angeborenen Fähigkeiten zu Imitationsverhalten in der Lage, ihr Verhalten nachzuahmen. Dabei ist es aktiv bestrebt, den als positiv erlebten Kontakt aufrecht zu erhalten. Durch die Rückmeldungen erhält das Kind Deutungen und Wertungen über sein Tun und seine Erfahrungen. Darum brauchen Kinder andere Kinder und Erwachsene, die sie in ihren Prozessen begleiten, herausfordern, Erfahrungen erweitern, Fragen stellen, Vorschläge machen und ihnen Rückmeldungen geben (vgl. Zimmer 2007). „Bewegung und körperlicher Ausdruck sind das erste und wichtigste Kommunikationsmittel, das einem Kind bereits im vorsprachlichen Alter zur Verfügung steht, um sein Bedürfnis nach Interaktion und Kommunikation mit anderen Menschen zu befriedigen" (Herm 2007, 16). Das Kind macht dabei vielfältige Erfahrungen über das Verhalten und den Umgang mit anderen Menschen in diversen Situationen. *Das Kind macht Sozialerfahrungen.*

„Durch Bewegungshandlungen lernen die Kinder [auch] sich selbst kennen. Sie erhalten Rückmeldungen über das, was sie können. Sie erfahren Erfolg und Misserfolg und erkennen, dass sie selbst etwas bewirkt haben. Sie erleben aber auch, was andere ihnen zutrauen, wie sie von ihrer Umwelt gesehen werden. Diese Erfahrungen, Kenntnisse und Informationen münden ein in Einstellungen und Überzeugungen zur eigenen Person, die sich unter dem Begriff ‚Selbstkonzept' fassen lassen" (Zimmer 2006, 63). Vergangene Selbstwirksamkeitserfahrungen beeinflussen die zukünftige Handlungsmotivation. „Die positiven und negativen Erfahrungen, die ein Kind bezüglich der Erreichung oder Verfehlung von Handlungszielen hat, haben Auswirkungen auf sein Selbstwertgefühl sowie auf seine Leistungsmotivation. Als zukünftige (Miss-)Erfolgserlebnisse sind sie auf zukünftige Ereignisse gerichtet und modifizieren das Verhalten" (Bahr et al. 2012, 106). *Das Kind macht Selbsterfahrungen.*

„Das Spiel stellt dabei die ideale Möglichkeit dar, die motivierende und an sich anregende Situation der Bewegung in eine entwicklungsfördernde Struktur umzuformen" (Eggert/Lütje-Klose 1994, 32). Spiel gilt als unersetzlicher Teil kindlicher Entwicklung. Dieses Paradigma gilt, ausgehend von Diskussionen in der Antike, seit der Reformpädagogik und wurde von Piaget manifestiert, der Spiel als notwendig für Kinder beschrieb, weil „das Kind gezwungen ist, sich ständig an eine Gesellschaft von Älteren anzupassen, deren Regeln und Interessen ihm fremd bleiben, ebenso an eine physische Welt, die es noch kaum versteht [...]. Für sein affektives und intellektuelles Gleichgewicht ist es deshalb notwendig, dass es über einen Tätigkeitsbereich verfügen kann, dessen Motivation nicht die Anpassung an das Wirkliche, sondern im Gegenteil die Anpassung des Wirklichen an das Ich ist, ohne Zwang und Sanktionen: das ist Spiel" (Piaget/Inhelder 1983, 49). Das Kind verarbeitet, adaptiert und erweitert im Spiel seine individuellen Erfahrungen. Durch den Körpereinsatz im Spiel werden die eigenen Bewegungshandlungen in einen (u. U. nur) für das Kind sinnhaften Zusammenhang gestellt. Kindliches Spiel ist damit „im Kern ein Medium der kreativen Entfaltung kindlicher Entwicklung und der Ausdrucksmöglichkeiten, die dem Kind zur Verfügung stehen" (Hammer 2004, 7). Diese liegen in den ersten Jahren hauptsächlich im körperlichen, vorsprachlichen Bereich.

Im konstruktivistischen Bildungsverständnis entwickelt das Kind auf Basis seiner individuellen Erfahrungen seine Vorstellungen, seine inneren Bilder von sich und der Welt. Diese Bilder beeinflussen das Kind in seinem künftigen Umgang, es lernt mit sich, mit der Welt und anderen Menschen zu agieren und wird lebenslang seine inneren Bilder an gemachte Erfahrungen anpassen, sein Verhalten modifizieren und damit handlungskompetenter werden. Bewegung und Spiel werden dabei zu Medien, mit denen das Kind eigenaktiv seine Entwicklung organisiert. „Kinder braucht man [dabei] nicht zu belehren. Was sie von uns erwarten sind einerseits Herausforderungen und Anregungen, andererseits Freiräume und die Fähigkeit, uns herauszuhalten. Wenn wir die Balance halten und ihre Potenziale sehen und wertschätzen, haben wir gute Chancen, das Wichtige richtig zu tun" (Strätz 2011, 55).

Die Bedeutung von Bewegung für die frühkindliche Entwicklung findet in den Bildungs- und Orientierungsplänen der Länder ihren Niederschlag. In allen 16 Bildungsplänen ist der Bildungsbereich Bewegung explizit ausgewiesen. Jedoch wird er hinsichtlich seiner Bedeutungsdimensionen sehr unterschiedlich ausgestaltet. Im Rahmen des BiK-Forschungsprojekts wurden alle Bildungs- und Orientierungspläne, 70 Modulpläne frühpädagogischer Studiengänge und 50 Rahmenlehrpläne im Fachschulbereich der Erzieherinnenausbildung untersucht. Das Analyseergebnis der Bedeutungsdimensionen in den Bildungsplänen ergibt eine Rangfolge. Vorherrschend ist ein entwicklungsorientiertes Bewegungsverständnis (Medium der Entwicklungsförderung), gefolgt von einem gesundheitsorientierten (Medium zur Gesundheitserziehung) und dann von einem „klassischen" (Bewegung als Lerngegenstand) Verständnis. Ein Verständnis von Bewegung als Medium des Lernens hat dagegen noch relativ wenig Eingang in die Bildungspläne gefunden (vgl. Bahr et al. 2013).

1.7 Förderung von Kindern in Tageseinrichtungen durch Psychomotorik

Kinder gestalten ihr eigenaktives Lernen an jedem ihrer Lebensorte. Der familiale und soziale Nahraum werden dadurch zu ihren ersten (Selbst-)Bildungsorten. Mit der Aufnahme eines Kindes in eine Tageseinrichtung wird die Kindertagesstätte ein weiterer Lernort und mit der professionellen Arbeit der pädagogischen Fachkräfte zu einem öffentlichen, dem ersten institutionellen Bildungsort für Kinder. Basierend auf entwicklungspsychologischem und pädagogischem Fachwissen erhalten die Kinder hier individuelle Entwicklungsbegleitung und Bildungsförderung.

Eine Methode der ganzheitlichen Entwicklungsförderung von Kindern, die ihrem bewegungsorientierten eigenaktiven Weltzugang entspricht, ist die Psychomotorik. „Ziel psychomotorischer Förderung ist es, die Eigentätigkeit des Kindes zu fördern, es zum Handeln anzuregen, durch Erfahrungen in der Gruppe zu einer Erweiterung seiner Handlungskompetenz und Kommunikationsfähigkeit beizutragen" (Zimmer 2006, 62). Kindliches eigenaktives Handeln im Spiel und in Bewegung gehört zum Alltag in Kindertageseinrichtungen. „Bewegung wird [damit] zum Mittler von Entwicklungsprozessen und die Art des Gestaltungsprozesses zu einer bedeutsamen didaktischen Kategorie" (Bahr et al. 2012, 104). Diese Bedeutungszuschreibung deckt sich insbesondere mit den Bedeutungsdimensionen von Bewegung als Medium der Entwicklungs- und Gesundheitsförderung und des Lernens. Die gesetzlich definierten Bildungsziele der Kompetenzentwicklung von Kindern nach Förderung ihrer Autonomie und gesellschaftlichen Teilhabe decken sich mit den Zielen der Psychomotorik.

1.8 Psychomotorik in Tageseinrichtungen für Kinder

In der pädagogischen Arbeit in Kindertageseinrichtungen ist psychomotorische Förderung nicht als Therapie, sondern als didaktische Gruppenintervention zu verstehen, die über gezielte Angebote hinaus im pädagogischen Alltagshandeln eingebettet ist, ebenso wie die Projektarbeit und das kindliche (Frei-)Spiel vielfältige Aspekte ganzheitlicher Bildungsförderung integriert. Laut Herm gibt es schon lange Psychomotorik in Kindertagestätten, weil viele bekannte Bewegungs- und Fingerspiele psychomotorischen Kriterien entsprechen und Kinder durch unterschiedliche Bewegungsaktivitäten und Wahrnehmungen aktiv ihre Fähigkeiten entfalten, sich mit Spielpartnern auseinandersetzen und sich ihre Umwelt eigenaktiv aneignen können. Diese „psychomotorischen Spiele entsprechen den Bedürfnissen der Kinder, weil sie aktiv und mit allen Sinnen Bewegungs- und Körpererfahrungen sammeln und somit die motorische, emotionale, kognitive, sprachliche und soziale Entwicklung entscheidend beeinflussen" (Herm 2007, 9). Analog zu partizipierender Projektarbeit können Kinder in psychomotorischen „Spiel- und Bewegungsanlässe[n ...] selbständig entscheiden, selbsttätig Handlungsalternativen entwickeln, ausprobieren und variieren [..., dies birgt] immense Entwicklungspotentiale in Bezug auf die Erweiterung der kindlichen Planungs- und Handlungskompetenz, die Erfahrung eigener Wirksamkeit sowie die Entwicklung positiver Erwartungshaltungen" (Krus 2013, 7).

Psychomotorik in Tageseinrichtungen ist nicht die durchstrukturierte wöchentliche Bewegungsstunde, in der unter Anleitung motorische Fertigkeiten erlernt und geübt werden, sondern ist eher im eigenaktiven gemeinsamen (Aus-)Handeln der Kinder auf einer Bewegungsbaustelle, im freien Spiel im Außenbereich der Einrichtung, aber auch im gemeinsamen Rollen- und Konstruktionsspiel zu finden. Um hierbei aber von einer psychomotorischen Qualität mit entwicklungsförderlichem Anspruch sprechen zu können, ist das Verhalten der pädagogischen Fachkraft entscheidend. Es geht nicht nur um das zur Verfügungstellen von Raum, Material und Zeit. „Spiel- und Bewegungsräume schaffen bedeutet nicht nur Platz zu haben und anregungsreiches Material zur Verfügung zu stellen, sondern emotionale Spielräume schaffen, in denen die Kinder sich ausprobieren, mit Risiken spielen und sich selbst als handlungskompetent erleben" (Krus 2013, 9). Dazu muss die pädagogische Fachkraft präsent sein, das Handeln der Kinder beobachten, ihre Erfahrungen begleiten, moderieren und durch ihr Mitspielen verständnisvoll die Verarbeitung von Problemen unterstützen und „Bezüge zum realitätsbezogenen Handeln her[...]stellen" (Krus 2004, 22). Laut Kiphard wird „zu einem echten Erfahrungsbesitz nur das, was [das Kind] selbst reflektierend, vorausplanend und praktizierend hervorgebracht hat" (Kiphard 1990, 167). Da psychomotorische Förderung auf die individuelle Entwicklungsförderung von Kindern orientiert ist und „es bei diesem methodischen (induktiven) Vorgehen keine Misserfolge, sondern nur ein individuelles Erfolgreichsein gibt" (ebd.), ist sie problemlos in pädagogische Konzepte für Kinder in der Tagesbetreuung integrierbar. Entwicklungsdifferenzierung findet über die Spiel- und Materialauswahl, die Gruppengröße, die Methodik der Interaktion und Kommunikation statt. Es gibt eine nahezu unendliche Palette von Spiel- und Handlungsoptionen, die psychomotorisch umgesetzt werden können und hier nur andeutungsweise aufgelistet werden:

- sensomotorische Spiele zur Unterstützung von Bewegungs- und Wahrnehmungserfahrungen
- Kampf-, Erlebnis-, Abenteuer- und Tobespiele
- Finger-, Sing-, Tanz-, Darstellende und Rhythmikspiele
- Rollen-, Konstruktions- und Regelspiele
- Akrobatik, Jonglage
- Spiele in Medien wie Wasser, Sand, Schaum, Creme etc.
- New Games.

Ebenso groß ist die Palette von psychomotorischem Material, welches gut in Tageseinrichtungen für Kinder einsetzbar ist: Schwungtuch, Rollbretter, Pedalos, Hängematten, Matten unterschiedlicher Stärke und Größe, Styroporkissen, Würfel und Quader, Reifen, Wackelbretter, Bällebad, Trampolin, Kugelbahn etc. Ergänzt werden diese mit Alltagsmaterialien wie: Kartons, Papprollen, Decken, Seile, Zeitungen, Steine, Kastanien, Watte, Luftballons u.v.m.

Immer wenn Kinder in psychomotorischen Spielen freiwillig, lustbetont und eigenaktiv neue sensomotorische und soziale Erfahrungen machen und diese Erlebnisse mit anderen teilen können, dann lernen sie sich (*Selbsterfahrung*), ihre (Um-)Welt (*Materialerfahrung*) und das Verhalten anderer (*Sozialerfahrung*) ein Stück mehr kennen und sie ordnen mithilfe der (non-)verbalen Rückmeldungen der anderen Kinder und pädagogischen Fachkräfte ihr eigenes Handeln und Erleben ein und erweitern dadurch ihre künftigen Handlungskompetenzen.

1.9 Psychomotorik im systemischen Ansatz der Familienbildung in Familienzentren

Um bei zunehmender Heterogenität der Lebensbedingungen von Familien die Chancengleichheit von Kindern zu garantieren, werden Kindertageseinrichtungen neben der Tagesbetreuung von Kindern zunehmend für Unterstützungsleistungen von Familien genutzt. Basierend auf Initiativen der Länder, z.B. in NRW 2006, werden Kindertageseinrichtungen aufgerufen, sich zu Familienzentren zu entwickeln. Sie sollen als Knotenpunkte in einem Netzwerk dienen, das Familien umfassend berät und unterstützt. Dabei soll jedes Familienzentrum die (Unterstützungs-)Bedarfe der Familien im Stadtteil/der Gemeinde erkennen und darauf flexibel reagieren, damit den unterschiedlichen sozialräumlichen Gegebenheiten Rechnung getragen werden kann (vgl. Handreichung des MGFFI 2008). Familienzentren können durch ihren systemischen Ansatz Institutionen des Sozialraums vernetzen und so vielfältige Unterstützungsstrukturen schaffen. Differenzierte wohnortnahe Leistungen für Familien „aus einer Hand" (Heuchel et al. 2009, 15) können hier aufgrund des bestehenden Vertrauensverhältnisses durch den regelmäßigen Kontakt und ohne der Gefahr einer Stigmatisierung ausgesetzt zu sein, eher in Anspruch genommen werden. Ziel ist eine nachhaltig verbesserte Frühprävention und die Steigerung von Familienfreundlichkeit im Sozialraum. Angebote von Familienzentren reichen von allgemeiner Information über Alltagshilfen, Familienbildung, Krisenintervention bis zur Vermittlung von Unterstützungsleistungen wie z.B. Babysittern, therapeutischen Angeboten, Selbsthilfegruppen oder persönlichen Beratungen. Aber auch gesundheits- und entwicklungsfördernde Angebote für werdende und/oder junge Familien und Eltern-Kind-Aktivitäten sind im Spektrum der Angebotspaletten zu finden.

Psychomotorische Gruppenangebote für Eltern und Kinder unterstützen durch positive gemeinsame Erlebnisse die Familienbindungen, geben Impulse für kindgerechte Förderung und Ansprache, für gemeinsame aktive Freizeitgestaltungen in der Familie. Psychomotorik berücksichtigt die familiären und sozialräumlichen Bedingungen und fokussiert auf die Beziehungsgestaltung.

„Eine psychomotorische Förderung [...versucht...], dem Individuum in seiner spezifischen Situation (Umfeld) bessere Möglichkeiten an die Hand zu geben, den Anforderungen komplexer Situationen erfolgreich entsprechen zu können. Dadurch kann dann das Muster der Beziehung zu den bedeutsamen Personen seiner Umwelt miteinander besser gestaltet werden, um so effektiver Lernen und Handeln zu können" (Eggert/Reichenbach 2004, 104).

Dies erfordert eine entsprechende Qualifizierung der Fachkräfte. In der Ausbildung zur Erzieherin an Fachschulen/Berufskollegs sollen Kompetenzen erworben werden, um „individuelle und gruppenbezogene Impulse für Bildungs- und Entwicklungsprozesse zu gestalten und dabei Ausdrucksweisen und Selbstbildungsprozesse von Kindern, Jugendlichen und jungen Erwachsenen ressourcenorientiert zu berücksichtigen" (Qualifikationsprofil 2011, 18). Ob dafür die Methode der Psychomotorik in der Ausbildung gelehrt wird, hängt vom Konzept und den personellen Ressourcen der jeweiligen Fachschule ab.

Es gibt bundesweit zahlreiche Anbieter, die Psychomotorik als Fort- und Weiterbildung in ihrem Portfolio ausweisen. Deren Qualifikation und angestrebter Kompetenzerwerb ist aufgrund der großen Diversität im Fort- und Weiterbildungsbereich nicht verifizierbar und sollte vorab im Einzelfall geprüft werden.

🔍 Gut zu wissen – Gut zu merken

- Kindertageseinrichtungen sind familienergänzende Institutionen der öffentlich geförderten Kinder- und Jugendhilfe nach KJHG mit einem Bildungs-, Erziehungs- und Betreuungsauftrag, der die Förderung junger Menschen zu eigenverantwortlichen und gemeinschaftsfähigen Persönlichkeiten umfasst.
- Entwicklung und Lernen sind eigenaktive ganzheitliche Prozesse, die sich in der frühen Kindheit vor allem über Bewegung und im Spiel vollziehen.
- Psychomotorik wird in Tageseinrichtungen nicht als Therapie, sondern als eine pädagogische Methode ganzheitlicher bewegungsorientierter Förderung für Kinder und Eltern eingesetzt.
- Sie unterstützt das gemeinsame erlebnisorientierte eigenaktive Erfahrungslernen durch die pädagogisch begleitete selbstbestimmte Auseinandersetzung mit individuellen Herausforderungen.

📖 Literatur

Bahr, S. (2013): Analyse der Bildungs-/Orientierungspläne sowie Fachschul- und Hochschulcurricula. Dokumentation im Rahmen des Projektes „Bildung in der Kindheit" an der Hochschule Niederrhein.

Bien, W./Rauschenbach, T./Riedel, B. (Hrsg.) (2007): Wer betreut Deutschlands Kinder? DJI-Betreuungsstudie. Berlin: Cornelsen.

Diskowski, D. (2005): Synopse zu den Bildungsplänen der Länder. http://www.brandenburg.¬de/sixcms/media.php/4113/Synopse_Bildungsplaene.pdf [16.07.2013].

DJI (Hrsg.) (2005): zahlenspiegel. http://www.bmfsfj.de/doku/Publikationen/zahlenspiegel¬2005/01-Redaktion/PDF-Anlagen/02-rechtsgrundlagen,property=pdf,bereich=zahlensp¬iegel2005,sprache=de,rwb=true.pdf [16.07.2013]

Eggert, D./Lütje-Klose, B. (1994): Theorie und Praxis psychomotorischer Förderung. Dortmund: Verlag modernes lernen.

Eggert, D./Reichenbach, C. (2004): Was kann Psychomotorik heute leisten? – Eine öko-systemische Sicht auf Theorie und Praxis. *Praxis der Psychomotorik*, 2, 99–108.

Herm, S. (2007): Psychomotorische Spiele für Kinder in Krippen und Kindergärten. Berlin: Cornelsen.

Heuchel, I./Lindner, E./Sprenger, K. (Hrsg.) (2009): Familienzentren in Nordrhein-Westfalen. Münster: Waxmann.

Irmischer, T./Hammer, R./Wendler, M./Wessel, S. (2004): Spielen in der Psychomotorik. Lemgo: Verlag akp Bd. 4.

Kreckel, R. (2001): Soziale Ungleichheit. In: Otto, H.-U./Thiersch, H. (Hrsg): Handbuch der Sozialpädagogik/Sozialarbeit. Neuwied: Luchterhand, 1729–1735.

Krus, A. (2004): Mut zur Entwicklung. Das Konzept der psychomotorischen Entwicklungstherapie. Schorndorf: Hofmann.

Krus, A. (2013): Alltagsintegrierte Bewegungs- und Entwicklungsförderung. In: Kercher, A./Höhn, K. (Hrsg.): Zweijährige im Kindergarten. Kronach: Carl Link Verlag.

MGFFI (2008): Wege zum Familienzentrum Nordrhein-Westfalen. Eine Handreichung. http://¬www.familienzentrum.nrw.de/fileadmin/documents/pdf/handreichung.pdf [11.07.2013].

MfKJKS/MWS (2011): Mehr Chancen durch Bildung von Anfang an. Entwurf – Grundsätze zur Bildungsförderung für Kinder von 0 bis 10 Jahren in Kindertageseinrichtungen und Schulen im Primarbereich in Nordrhein-Westfalen. http://www.bildungsgrundsaetze.nrw.¬ de/fileadmin/dateien/PDF/Mehr_Chancen_durch_Bildung.pdf [16.07.2013].

Piaget, J./Inhelder, B. (1983): Die Psychologie des Kindes. Frankfurt a. M.: Fischer.

Pikler, E. (1988): Laßt mir Zeit. München: Pflaume.

Schäfer, G.E. (2003): Bildung beginnt im Säuglingsalter. Freiburg: Herder.

Sekretariat der ständigen Konferenz der Kultusminister der Länder in der Bundesrepublik Deutschland (2011): Kompetenzorientiertes Qualifikationsprofil für die Ausbildung von Erzieherinnen und Erziehern an Fachschulen/Fachakademien. http://www.kmk.org/file¬ admin/veroeffentlichungen_beschluesse/2011/2011_12_01-ErzieherInnen-QualiProfil.pdf [22.07.2013].

Statistisches Bundesamt (2012): Kindertagesbetreuung regional 2012. Wiesbaden http://¬ www.statistikportal.de/Statistik-Portal/kita_regional.pdf [09.07.2013].

Strätz, R. (2011): Frühkindliche Bildung: Das Wichtige richtig tun. In: Hunger, I./Zimmer, R. (Hrsg.): Frühe Kindheit in Bewegung. Entwicklungspotenziale nutzen. Schorndorf: Hofmann, 42–55.

Volkamer, N./Zimmer, R. (1986): Kindzentrierte Mototherapie. *Motorik*, 2, 49–58.

Zimmer, R. (1999): Handbuch der Psychomotorik. Freiburg: Herder.

Zimmer; R. (2006): Handbuch der Bewegungserziehung. Grundlagen für die Ausbildung und pädagogische Praxis. Freiburg: Herder.

Zimmer, R. (2007): Bildung durch Bewegung – Bewegung in der Bildung. *Motorik*, 1, 3–11.

2 PSYCHOMOTORISCHES HANDELN IN SOZIALPÄDAGOGISCHEN ARBEITSFELDERN DES LERN- UND BILDUNGSSYSTEMS SCHULE

Jan Schulz

Was Sie in diesem Kapitel lernen können

In diesem Kapitel lernen Sie psychomotorische Handlungsmöglichkeiten in den sozialpädagogischen Arbeitsfeldern des Lern- und Bildungssystems Schule kennen. Diese Arbeitsfelder umfassen – als direkt an das Schulamt angebundene Arbeitsbereiche – die Tätigkeiten als Schulsozialarbeiter und als sozialpädagogische Fachkraft in der Schuleingangsphase. Zu Beginn dieses Beitrags werden die Aufgabenbereiche von Schulsozialarbeiterinnen und sozialpädagogischen Fachkräften in der Schuleingangsphase skizziert und deren Handlungsziele charakterisiert. Auf der Grundlage didaktisch-methodischer Elemente der Psychomotorik werden zwei Angebote psychomotorischen Handels in sozialpädagogischen Aufgabenfeldern von Schule aufgezeigt. Die Beispiele beziehen sich auf die Arbeit mit Kindern in der Altersspanne von sechs bis zwölf Jahren, also auf das Grundschulalter und die Eingangsstufe der weiterführenden Schulen (fünftes und sechstes Schuljahr).

2.1 Sozialpädagogische Arbeitsfelder in der Schule: Schulsozialarbeit und Tätigkeit als sozialpädagogische Fachkraft in der Schuleingangsphase

Schulsozialarbeit ergänzt als pädagogische Handlungsform der Kinder- und Jugendhilfe das klassische Verständnis von Schule sowie Schulleben und trägt zu deren Weiterentwicklung bei, indem Aktivitäten, Methoden und Zielsetzungen aus sozialpädagogischer Sicht im System Schule Umsetzung finden. Die Schulsozialarbeit leitet ihren Auftrag aus der Kinder- und Jugendhilfe ab und sieht die pädagogischen Zielsetzungen in der Förderung der schulischen, personalen, sozialen und beruflichen Entwicklung und Lebensbewältigung der Schülerinnen und Schüler.

Die konkreten Tätigkeiten liegen in den Handlungsbereichen von Beratung, Hilfestellungen bei Transitionen (Übergänge in andere Schulformen, in Ausbildung und Beruf), Krisenintervention im schulischen Alltag, Angeboten zur Gewalt- und Suchtprävention, Deeskalationstrainings sowie genderbezogenen Projekten. Die Arbeitsformen umfassen Klassenangebote, Kleingruppenförderungen und Einzelfallarbeit. Die Interventionen dienen neben vorbeugenden Aspekten der Verringerung von Problemlagen, Belastungen sowie Benachteiligungen und sind auf alle

Kinder und Jugendliche der jeweiligen Schule, im Besonderen aber auf Bildungsbenachteiligte gerichtet. Einen besonderen Stellenwert hat auch die Zusammenarbeit mit sowie die Beratung von Erziehungsberechtigten und Lehrkräften und die Teilhabe an stadtteilorientierten Gremien (*Vertiefung*: Schulsozialarbeit.net).

Sozialpädagogische Fachkräfte in der Schuleingangsphase arbeiten in der Grundschule. Sie bringen ihre sozialpädagogische Kompetenz in die Schuleingangsphase und in den Schulentwicklungsprozess ein. Dabei haben sie folgende Tätigkeitsschwerpunkte (vgl. Verband Bildung und Erziehung 2009):

- die Ermittlung von Lernausgangslagen durch professionelle Beobachtung der Schülerinnen und Schülern (SuS) im Unterricht in den grundlegenden Entwicklungsbereichen sowie in den Lernbereichen und Fächern
- die Mitwirkung bei der Durchführung von Förderdiagnostik und der Erstellung entsprechender Förderpläne
- die Planung und Durchführung gezielter Fördermaßnahmen in innerer und äußerer Differenzierung bei Kindern, deren Fähigkeiten, Fertigkeiten oder Verhaltensweisen Entwicklungsrückstände aufweisen
- die Förderung u. a. in den Bereichen Wahrnehmung, Motorik, Sprache, Mengenerfassung und soziale Kompetenz von Schülerinnen und Schülern
- die Unterrichtsbegleitung mit dem Ziel der Unterstützung und Stabilisierung der Kinder im Unterricht
- die Schaffung und Förderung von Organisationsstrukturen, die für schulisches Lernen und für eine erfolgreiche Beteiligung am Unterricht Voraussetzung sind
- die Zusammenarbeit mit den Lehrkräften bei der Elterninformation und Elternberatung
- die Kooperation mit außerschulischen Institutionen, Kindertageseinrichtungen und professionellen Beratern.

2.2 Anthropologische Orientierung in der Sozialpädagogik und Psychomotorik

Grundlage für alle Formen pädagogischer Handlungen ist das Menschenbild, von dem ausgegangen wird. Aus Sicht der pädagogischen Anthropologie ergeben sich mit Schilling (2004) sechs Dimensionen, welche die Ganzheit menschlichen Seins im Sinne eines Menschenbilds veranschaulichen.

Die Grundstruktur von Menschen gestaltet sich in dem gegenseitig bedingenden Wechselbezug von *Körper/Leiblichkeit – Gefühl – Denken – Handlung – Interaktion – Ethik (Kultur)*.

Etwas differenzierter betrachtet gestaltet sich dieser wechselseitige Bezug wie folgt: Menschen haben einen Körper und erleben ihren Leib, diese Dimension wird als sensu-motorische Dimension bezeichnet. Menschen haben Gefühl (emotional-affektive Dimension), Menschen sind fähig zu denken (Verstand und Vernunft werden als kognitiv-rationale Dimension bezeichnet), Menschen sind handelnde Wesen (psycho-aktionale Dimension), sie leben in Gemeinschaft und befinden sich daher stets in Interaktion und Kommunikation (sozial-kommunikative Dimension) und Menschen schaffen und leben in einer Kultur, in welcher sie Regeln und Normen für ethisch-moralische Handlungsmaßstäbe entwickeln (kulturell-ethische Dimension) (*Vertiefung*: Schilling 2004, 175 f.).

Ein Mensch wird durch diese Dimensionen definiert, die er *ist*. Die Dimensionen treten in unserem Dasein immer zugleich und in engster Verknüpfung auf und werden daher als Ganzheit verstanden, die nur analytisch zu trennen sind (vgl. Schilling 1993, 183).

Die Psychomotorik teilt diese anthropologische Sichtweise auf die Menschen mit der Sozialpädagogik, aus der sich allgemeine pädagogische Zielvorstellungen für die sozialpädagogische und die psychomotorische Arbeit ergeben. Diese liegen in der Erhaltung, der Erfüllung, der Erhellung, der Bewältigung, der Verantwortung und der Bestimmung des Daseins. Diese Zielvorstellungen stehen in einem direkten Bezug zu den anthropologischen Dimensionen und können diesen wie folgt zugeordnet werden:

Tab. 1: Anthropologische Dimensionen und Richtziele sozialpädagogischen und psychomotorischen Handelns (vgl. Schilling 2004, 195).

Anthropologische Dimensionen	Sozialpädagogische und psychomotorische Richtziele
sensu-motorische Dimension – *Körper/Leib*	Daseins-Erhaltung
emotional-affektive Dimension – *Gefühl*	Daseins-Erfüllung
kognitiv-rationale Dimension – *Denken*	Daseins-Erhellung
psycho-aktionale Dimension – *Handeln*	Daseins-Bewältigung
sozial-kommunikative Dimension – *Gemeinschaft*	Daseins-Verantwortung
kulturell-ethische Dimension – *Kultur*	Daseins-Bestimmung

2.3 Didaktisch-methodische Grundlagen der Psychomotorik in den sozialpädagogischen Handlungsfeldern von Schule

Die Psychomotorik als pädagogisch-therapeutisches Konzept ist ein besonders hilfreiches und angemessenes Medium für die sozialpädagogischen Handlungsfelder im System Schule. Sie ergänzt die primär kognitiv-rationalen Beanspruchungen des Verstandes und der Vernunft der Kinder während des schulischen Alltags. Die Ergänzung liegt in der Aktivierung und Erweiterung von Ressourcen für das alltägliche Handeln, da psychomotorische Angebote handlungsorientiert ausgerichtet sind. Psychomotorische Angebote helfen dabei, die emotionalen und mentalen Befindlichkeiten von Kindern in einer ausgewogenen Balance zu den Anforderungen des schulischen Lebens zu halten und unterstützen durch die Möglichkeiten der handelnden Auseinandersetzung mit sich, mit den Anderen und/oder mit den Dingen der Umwelt die Aktivierung und Erweiterung von Ressourcen der Schulkinder.

Das Erleben positiver Gefühle ist auf der Grundlage handlungsorientierter Angebote umsetzbar, jedoch didaktisch-methodisch schwierig zu planen, woraus sich für die Stundenstruktur psychomotorischer Angebote ergibt, dass sie prozessorientiert konzipiert sein müssen. Das Arbeiten mit Gefühlen vollzieht sich im psychomotorischen Dialog zwischen den Schülerinnen/Schülern und der Psychomotorikerin, also in einer besonderen Qualität der – im weitesten Sinne didaktischen – Beziehung. In jedem pädagogischen Setting besteht immer eine Art der Beziehung zwischen Pädagoginnen und Zielgruppe, doch wird in der Psychomotorik ein möglichst gleichberechtigtes Miteinander hinsichtlich der Inhalte und der Themen der Stunde zwischen Leitungsperson und Teilnehmenden angestrebt. Denn der psychomotorische Dialog versteht sich als ‚im gegenseitigen Einvernehmen im Hinblick auf das Gute'.

Ein grundlegender Anspruch in der Gestaltung psychomotorischer Angebote liegt darin, mit den Teilnehmenden einen Erfahrungszeitraum zu gestalten, in dem sie sich aktiv daran beteiligen, Situationen gemeinsam mit anderen zu verwirklichen und sich in ihrem jeweiligen und im gemeinschaftlichen Erleben dabei gut zu fühlen. Sich gut zu fühlen bedeutet im engeren Sinne, dass sich die Schülerinnen und Schüler in ihrem Tätig-sein als wirksam erfahren, sich als wesentlichen Bestandteil der Gruppe wahrnehmen und sich zu einem großen Teil ihren Bedürfnissen entsprechend verhalten können.

Dabei soll nicht der Eindruck entstehen, in der Psychomotorik ginge es immer nur darum, Situationen hervorzurufen, in denen ausschließlich das physische und psychische Wohlbefinden der Schulkinder im Vordergrund stehe, in denen alles Geschehen nur friedvoll und sozial-harmonisch daherkommt. Psychomotorikerinnen wissen aber, welchen immensen Wert gerade entspannende und ruhestiftende Situationen für die Persönlichkeitsentwicklung von Menschen haben, und dass gerade Schulkinder diese wohltuenden Situationen im Sinne eines Ausgleichs zu den vielen Beanspruchungen im schulischen Alltag brauchen.

Je nach Zielgruppe und Auftrag ergeben sich auch Stundenverläufe, in denen sich gewalttätiges und aggressives Verhalten in den Kontext mischt. Besonders in diesen Situationen ist von den Psychomotorikerinnen die professionelle Haltung zu bewahren, die sich in der Achtung der Würde des einzelnen Menschen spiegelt – auch wenn er oder sie sich nicht so verhält, wie es – zum Beispiel im System Schule – gerne gesehen würde und als sozial angemessen gilt.

Als handlungsleitendes Motiv der Psychomotorikerinnen gilt grundsätzlich die bedürfnisorientierte Anregung der Schülerinnen und Schüler zu Anforderung (*sich bewegen, handeln, tätig werden – tätig sein*) und in der Anregung zu selbstbestimmten Handeln (*Förderung des Selbstbewusstseins, Erweiterung des Selbstkonzepts*).

2.4 Ziele und strukturelle Elemente psychomotorischer Angebote

Psychomotorische Angebote sind eine wirksame Hilfestellung zur Persönlichkeitsentwicklung von Kindern, im Besonderen für Kinder mit kognitiven oder motorischen Entwicklungsverzögerungen und emotional-sozialen Verhaltensauffälligkeiten. Hierzu zählen unter anderem Lese-/Rechtschreibschwächen, fein- und grobmotorische Schwierigkeiten der Handlungskoordination und die verschiedenen Formen von Hyperaktivität, Konzentrations- und Aufmerksamkeitsschwierigkeiten, Auffälligkeiten im Sozialverhalten (ausgeprägte Schüchternheit, fehlende Kontaktinitiative, Tendenzen sozialen Rückzugs) und (Auto-) Aggression. Psychomotorische Angebote sind entsprechend im Zusammenhang von Sucht- und Gewaltverhalten präventiv (vorbeugend) und rehabilitativ (wiederherstellend) wirksam.

Ebenso stellen psychomotorische Angebote für die Übergangsbewältigung der Lebensschritte vom Kindergarten in die Grundschule und von der Grundschule in die weiterführende Schule (Transitionen) eine wirksame Hilfestellung für Kinder dar.

Die Ziele psychomotorischer Angebote liegen in der Stärkung des Selbstwertgefühls und in der Erweiterung des Selbstkonzepts durch den Erwerb von Handlungskompetenzen (in den Bereichen von Ich-, Sozial- und Fach/Sachkompetenz) auf der Grundlage vielseitiger Bewegungs- und Interaktionserfahrungen. Das Spiel als Erfahrungsraum im Sinne des Probehandelns ist hier besonders bedeutsam. *Bewegung – Spiel – Beziehung* sind dabei die wesentlichen *Strukturelemente* psychomotorischer Arbeit. Das Element der Bewegung symbolisiert den Aspekt von Aktivität, das Element Spiel symbolisiert auch einen Aspekt von Wohlbefinden und das Element Beziehung beinhaltet für Psychomotorikerinnen den Aspekt eines Dialogs.

2.5 Medien und Methoden psychomotorischer Angebote – oder: Handeln, Fühlen, Interagieren – das psychomotorische Verständnis von Bewegung und Wahrnehmung

Der Begriff *Bewegung* ist vielschichtig und wird in der Psychomotorik in einem engen Zusammenhang der Wechselbezüge des Sich–Bewegens/Sich–und–andere(s)–dabei–Wahrnehmens/in–diesem–Prozess–handelnd–Tätigseins verstanden. Die Verknüpfungen von *Bewegung – Wahrnehmung – Erleben – Handeln* der eigenen Person mit sich, mit den Dingen und mit den anderen Menschen sind die grundlegenden Blickwinkel psychomotorischen Handelns.

Bewegung wird zum einen als *Organ zur Erfahrung der Welt* verstanden, durch die wir sie erleben und erkennen. Die Handlung des Greifens bedeutet somit sinnbildlich auch immer ein Begreifen, die des Tastens beinhaltet auch immer ein Betasten, das Fassen ein Erfassen. Bewegung ist auf der anderen Seite jedoch auch immer das *Instrument zur Gestaltung der Welt* – über sie können wir uns ausdrücken und mitteilen, etwas darstellen, etwas erschaffen und verändern (vgl. Grupe 1982, 72).

Bewegung ist als elementarer Bestandteil unserer Lebenswirklichkeit zu verstehen, mit der wir und durch die wir begreifend und Einfluss nehmend tätig sind. „Auf der Basis von Körpererfahrungen entwickeln sich Vorstellungen vom eigenen Körper (Körperkonzept) und von der eigenen Person (Selbstkonzept). Identität wird dabei über konkrete Handlungen (Bewegungen) und deren implizierte soziokulturelle Bewertung erfahren" (Haas 1999, 42). Durch die handelnde Auseinandersetzung mit der Welt entwickelt sich die menschliche Persönlichkeit.

Die Medien und Methoden psychomotorischer Arbeit liegen in den Bereichen der Förderung des Körper- und Bewegungskonzepts und der Förderung des Selbstkonzepts. Dabei ist eine Trennung der beiden Förderbereiche von Körper/Leib und Handlung/Selbst auf der Grundlage des anthropologisch ausgerichteten Menschenbildes nur aus Gründen einer didaktischen Analyse durchführbar.

Bewegungsförderung mit dem didaktischen Schwerpunkt Körperkonzept

Bei den von Schulkindern oder Psychomotorikerin gewählten Bewegungsangeboten (z. B. Trampolin, Klettern – an der Wand, auf einem Baum, in einer Bewegungslandschaft –, Rollbrettfahren und auch bei sportbezogenen Bewegungsmedien wie dem Mountainbike und Inlineskater fahren oder dem Ballsport und den Rückschlagspielen) stehen nicht die jeweiligen Bewegungstechniken im Vordergrund, sondern die Entwicklung eines vielschichtigen Bewegungsgefühls, das im Sinne des Erwerbs einer Handlungskompetenz zu verstehen ist. Sportartspezifische Medien dienen in der Psychomotorik neben der Förderung des Bewegungs- und Körperkonzepts ebenfalls der Förderung der Sozialkompetenz, wobei der psychomotorische Blick auf das „Wie" des gemeinschaftlichen Tuns, also die Art des Dialogs gerichtet ist. Dadurch unterscheidet sich die psychomotorische Sichtweise von den sportpädagogischen Aspekten sozialer Kompetenzentwicklung. An dieser Stelle dieses Beitrags liegt der Fokus der Beschreibung jedoch auf dem Körperkonzept, so dass auf die sozialen Komponenten in der Förderung des Selbstkonzepts zum Beispiel durch sportartspezifische Medien hier nur hingewiesen wird.

Der Begriff Bewegungsgefühl kennzeichnet das Potential, über eine bewusste und unbewusste Steuerung eine gute Bewegungskoordination zu erreichen, um sich auf eine Bewegungsaufgabe einstellen zu können (Hirtz u. a. 2002, 21). Bewegungsgefühl wird als „eine eigene Erfahrungs- und Vollzugsart von Bewegung, als gefühlvolles Umgehen mit Bewegungen und Gegenständen, als einen komplexen Prozess des einfühlsamen Aufnehmens, einschmiegsamen Eingehens und gefühlvollen Umgehens im Sinne einer zeitparallelen Verzahnung von Wahrnehmung und Bewegung" (ebd., 19) verstanden. Die Handlungskompetenz Bewegungsgefühl stellt aus psychomotorischer Sicht eine Ressource dar, auf die Schülerinnen/Schüler in ihrer weiteren Entwicklung zurückgreifen können, um (auch) auf dieser Grundlage ihre Persönlichkeit umfassend entwickeln zu können.

Ihre Wirksamkeit zeigt diese Ressource ebenfalls für die eigene Mitgestaltung des schulischen Alltags. Ein ausgereiftes Bewegungsgefühl vermag auch eine Steigerung der Achtsamkeit auf die eigenen, aktuellen und konkreten leiblichen Bedürfnisse im Hinblick auf Körperhaltung, regelmäßige und angemessene Flüssigkeits- und Nahrungsaufnahme und aktive Pausen herzustellen. Darüber hinaus vermag ein ausgeprägtes Bewegungsgefühl den Schülerinnen und Schülern hilfreiche Impulse für die Gestaltung einer ausgewogenen Tagesstruktur auch in den Freizeitbereich hinein zu geben, indem sie sich Möglichkeiten eines aktiven Ausgleichs suchen, sei es im Spielen oder in einem Sportverein oder aber auch in Form eines Mittagsschlafs.

Die Ressource Bewegungsgefühl unterstützt die Möglichkeiten, den sich bewegenden Körper/Leib differenzierter fühlen, bewusster und gezielter wahrnehmen und Bewegungshandlungen situationsangepasst umsetzen zu können, und setzt sich aus sensorischen, kognitiven und motorischen Anteilen zusammen.

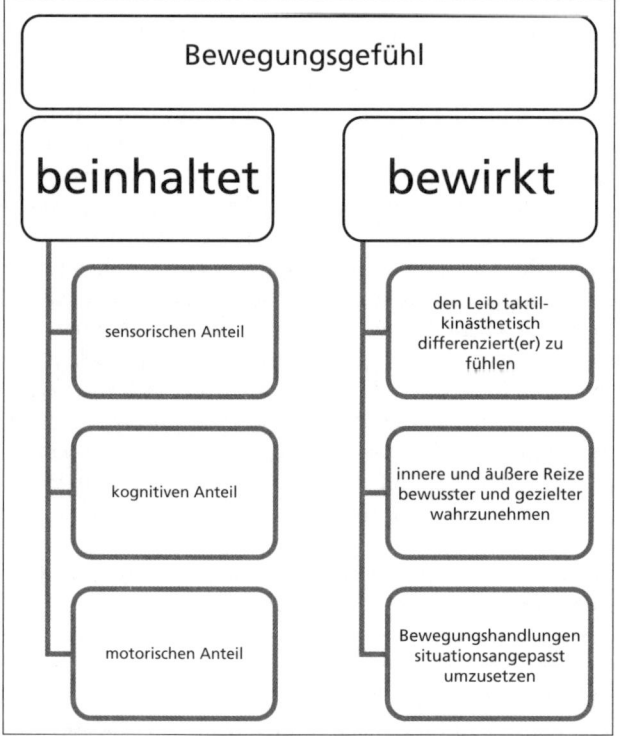

Abb. 1: Wirkungsbereiche Bewegungsgefühl (in Anlehnung an Hirtz 2002, 12)

Die Ressource Bewegungsgefühl beinhaltet nicht nur funktionale Aspekte der Regulierung von Sinnesempfindungen (*sensations*) und Handlungssteuerung, sondern steht in einem engen Zusammenhang mit den verschiedenen Ebenen von Gefühlen, welche die Aspekte ‚die Bewegung fühlen' (Orientierung und Erkenntnis) ‚das Gefühl der Bewegung' (Koordination und Kondition) sowie ‚die Gefühle beim Bewegen' (Antrieb und Motivation) umfassen (vgl. ebd. 9 ff.).

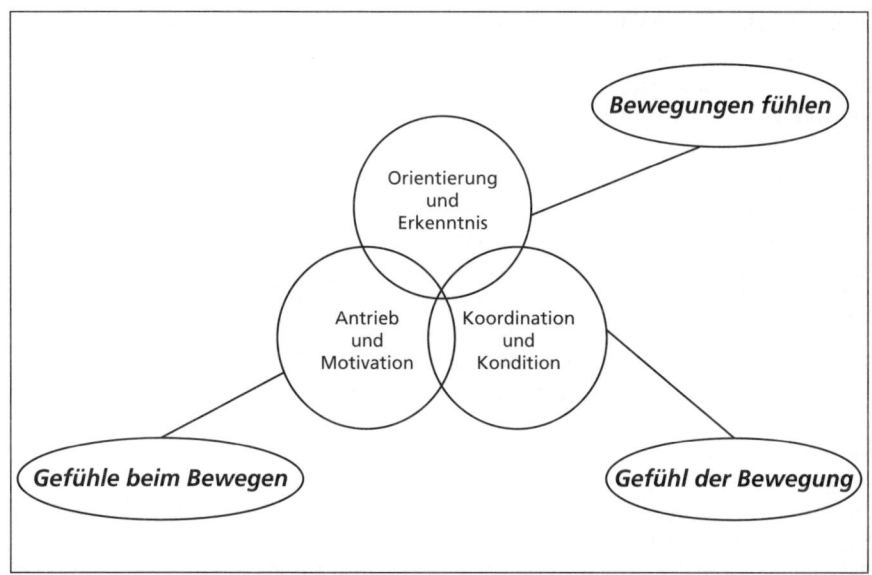

Abb. 2: Teilsysteme des Bewegungsgefühls (in Anlehnung an Hirtz 2002, 29)

Um ein umfangreiches Bewegungsgefühl entwickeln zu können, sind vielfältige Körper- und Bewegungserfahrungen zum Fühlen des Muskeltonus (isometrische = statisch kräftigende, dehnende, isokinetische = dynamische kräftigende Aspekte) und des taktil-kinästhetischen Empfindungsbereichs sowie des Körperschemas sinnvoll.

Bewegungsangebote aus den Bereichen Tanz, Musik und Zirkus bieten vielseitige Gelegenheiten für die Entwicklung eines umfassenden Bewegungsgefühls. In diesen Erlebnis- und Ausdrucksformen werden besonders die polaren Bewegungskennzeichen der Geschicklichkeit (machen, gestalten, verändern) und der Gewandtheit (lassen, dulden, bewahren) wechselseitig gespürt und vollzogen. Zum Beispiel beim gemeinsamen Tanzen, wenn sich Führung (Geschicklichkeit) und Folgen (Gewandtheit) gegenseitig ergänzen.

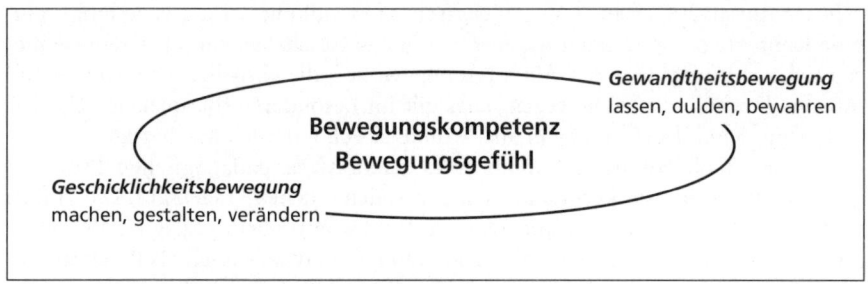

Abb. 3: Bewegungskennzeichen der Ganzkörperbewegung

Künstlerisch-musische Bewegungshandlungen, wie zum Beispiel gemeinsames Trommeln oder eine musikbezogene Tanzaufführung (Stomp, Breakdance), erfordern und fördern Kompetenzen der Rhythmisierung von Bewegungshandlungen (Umgang mit Zeiteinheiten: Start, Stopp, Pause, Geschwindigkeit, Gleichmäßigkeit und Dynamik) und damit die Auseinandersetzung mit der Qualität des eigenen Bewegungsausdrucks. Nachahmung (Imitation) und Veränderung (Variation) der ursprünglichen Bewegungen kennzeichnen das Bewegungshandeln in den anfänglichen Übungen der jeweiligen Kunstform. Interpretationen der vorgegebenen Bewegungsmuster oder eigene Kompositionen fördern und erfordern dann einen fortgeschrittenen, mitunter sehr hohen Grad an kreativen und konzentrativen Ressourcen.

In den künstlerisch-musischen Bewegungsweisen wie Tanzen, Akrobatik, die gemeinsam durchgeführt werden (Musizieren, Tanzen, Akrobatik), findet ein besonderes Zusammenwirken körperlich-leiblicher und sozialer Aspekte statt. Auf der einen Seite liegt ein Fokus auf der Konzentration auf die eigene Bewegung, auf der anderen Seite wird die gemeinsame, aufeinander abgestimmte Bewegungsausführung mit anderen bedeutsam. Diese Medien veranschaulichen und eröffnen Psychomotorikerinnen ebenfalls den Blick auf die basalen menschlichen Interaktions- bzw. Handlungsthemen im Zusammenhang von Selbstbestimmung und Anpassung. Wenn wir zum Beispiel gemeinsam Trommeln, sind wir die Akteure unserer Handlung, das heißt, wir selber gestalten die Bewegungshandlung und bestimmen den Zeitpunkt, an welchem wir mit dem Stock auf der Trommel ankommen, um einen Laut hervorzubringen (Selbstbestimmung). Gleichzeitig sind wir darauf angewiesen, uns an die gemeinsame Geschwindigkeit zu halten und die vereinbarte Akzentuierung (rhythmische Betonung) hervorzubringen (Anpassung), damit das gemeinsame Spiel erfolgreich wird. Mit dieser Beschreibung soll an dieser Stelle noch einmal verdeutlicht werden, dass die psychomotorische Arbeit nicht einseitig auf die funktionalen Aspekte von Bewegung bezogen ist, sondern dass es immer darum geht, den Doppelaspekt menschlichen Lebens im Wesen des Leib sein und Körper haben zu betrachten und die Förderangebote in diesem Kontext zu verwirklichen.

Bewegungs- und Interaktionsförderung mit dem didaktischen Schwerpunkt Selbstkonzept

Die Symbolik in der Bewegung (Handlungscharakter, Körpersprache, Gestik) ist ein grundlegendes Merkmal für die psychomotorische Arbeit (*Vertiefung*: Lapierre/Aucouturier 2002). In jeder (spielerischen) Handlung wirken viele biographische Kontexte der jeweiligen Akteure mit in das Geschehen ein. Hier repräsentieren sich – mitunter von den Akteuren ungewollt – die aktuellen Bedürfnisse und inneren Themen, die sie bewegen. Dies gilt im Besonderen für spielende Kinder, denn jedes Kind drückt im Spiel aus, womit es sich innerlich beschäftigt.

Aus der Beobachtung innerhalb eines interaktiven pädagogischen Prozesses zwischen Psychomotorikerin und Teilnehmenden tauchen Fragen auf. Die Fragen beziehen sich zum einen darauf, was die Kinder mit einem gezeigten Verhalten ausdrücken oder ausdrücken wollen, zum anderen inwieweit ich als Psychomotorikerin auf die Symbolik der gezeigten Handlung eingehe oder eben nicht eingehe und sie dadurch dennoch beantworte.

Wenn ein Kind zum Beispiel innerhalb einer Spiel- und Bewegungsstunde das Federballspiel wählt, weil es dieses gut beherrscht und es ihm darum zu gehen scheint zu gewinnen, so lässt sich aus psychomotorischer Sicht die Hypothese aufstellen, dass es sich Situationen sucht, in denen es sich in seiner Wirksamkeit als die Situation kontrollierend erleben kann (das zu Grunde liegende Thema des Kindes ist dann – hypothetisch – Kontrolle – Kontrollverlust). Wenn ein Kind in einer Psychomotorikstunde immer wieder Rollenspiele aufsucht, in welchen es eine besonders machtvolle Rolle einnimmt (zum Beispiel die große Bärin oder der machtvolle Zauberer), so lässt sich aus psychomotorischer Sicht die Hypothese aufstellen, ein aktuelles inneres Thema des Kindes liegt in der Polarität von Macht und Ohnmacht. Für die psychomotorische Arbeit liegt die Fragestellung für Psychomotorikerinnen dann darin, dem Kind zum einen die Möglichkeit zu geben, seine inneren Themen im Sinne reinigender Erfahrungen spielerisch ausleben zu können und auf der anderen Seite ein Sich-dessen bewusst-Werden beim Kind – reflexiv oder manchmal auch direktiv – zu bewirken, um einen Impuls zur Veränderung und einen Anstoß zur Entwicklung umzusetzen.

Das Kernthema psychomotorischer Arbeit liegt also darin begründet, dass physiologische (Bewegungs- bzw. Körperkonzept) und psychologische Aspekte (Selbstkonzept) menschlichen Seins gleichgewichtet für die Persönlichkeitsentwicklung angesehen und in gemeinsamer Handlung umgesetzt werden. Dieses Zusammenspiel ist gemeint, wenn in der Psychomotorik davon gesprochen wird, dass auf leiblicher Grundlage gearbeitet wird.

Fachspezifische psychomotorische Kompetenzen in dieser Hinsicht benötigen Psychomotorikerinnen im Kontext Schule im Besonderen, wenn es in den Angebotsstunden um die Förderung von Kindern mit Verhaltensauffälligkeiten (aggressivem, hyperaktivem oder zurückhaltendem, zurückgezogenem, unsicherem Verhalten) geht. In diesen Fällen von rehabilitativ bzw. therapeutisch ausgelegten Angebotsstrukturen sind freie Spiel- und Bewegungsangebote eine methodisch sinnvolle Wahl. Sie lassen die Entwicklung des Stundenverlaufs und damit die Möglichkeit, die aktuellen Entwicklungsthemen der Schülerinnen und Schüler sichtbar werden zu lassen, offen (*Prozess- und Bedürfnisorientierung*).

Solche Spielangebote sind keine Zeiträume der Beliebigkeit, sondern Handlungs- und Interaktions-Zeit-Räume, die primär bedürfnisorientierte Handlungsthemen beinhalten, die zur Entwicklung der Persönlichkeit von Kindern beitragen. In der folgenden Tabelle sind zentrale Handlungsthemen psychomotorischer Spiel- und Bewegungsangebote exemplarisch dargestellt:

Tab. 2: Handlungsthemen freier Spiel- und Bewegungsangebote (in Anlehnung an Haas 1999, 91f.)

Wirkungen wahrnehmen und sich selbst zuschreiben	Freude an elementaren Ursachenerfahrungen erleben	aktiv und initiativ sein
sich Ziele setzen	sich Wege zur Zielerreichung suchen	Die Aufgabenschwierigkeit und die Aufgabenauswahl den eigenen Fähigkeiten anpassen

Tab. 2: Handlungsthemen freier Spiel- und Bewegungsangebote (in Anlehnung an Haas 1999, 91f.) – Fortsetzung

Leibliche und motorische Handlungsmöglichkeiten ausprobieren	Grenzen der eigenen Möglichkeit erfahren und akzeptieren	Bewegungsmöglichkeiten spüren, die trotz vorhandener Störungen oder Einschränkungen möglich sind
Bewegungstechniken erlernen	die eigene Kreativität in der Bewegung entdecken	etwas leisten und Leistungen steigern
die materiale Welt handhaben	mit Materialien gestalten, kombinieren, verändern, planen	sich Bewegungssituationen aufbauen und abbauen
Material sachgerecht behandeln	mit der veränderten materialen Welt umgehen	(Sport)Techniken selbstbestimmt erlernen

In psychomotorischen Spiel- und Bewegungsangeboten liegt ein didaktisch/methodischer Fokus darin, dass sich Schülerinnen und Schüler in ihren Handlungen als selbstwirksam erfahren können. Die *Erfahrbarkeit des Wirksam-Seins* ist ein zentrales psychomotorisches Entwicklungsthema, denn etwas bewirken zu können ist ein elementares Bedürfnis des Menschen, dessen Ursprünge bereits in der frühen Kindheit liegen. Sich selbst als wirksam zu erleben führt zu Freude. Stabile und wiederholte Kausalattribution (Zuschreibungen) dieser Effekte auf die eigene Person werden zu einem Teil des Selbstkonzepts, dem Selbstkonzept eigener Fähigkeiten (vgl. Haas 1999, 90). Wiederholungen der Selbstwirksamkeitserfahrungen tragen zu einer erweiterten Ressourcenbildung im Selbstkonzept und einem – in dem Zusammenhang der Selbstwirksamkeitserfahrung – gesteigerten Selbstwert bei.

Die psychomotorischen Strukturelemente Bewegung – Spiel – Beziehung greifen ineinander. In den Spiel- und Bewegungsgruppen geschieht die Förderung der Persönlichkeitsentwicklung (Selbstkonzept) des Einzelnen im prozessualen Geschehen zwischen Ich und Wir, Person und Gruppe.

2.6 Psychomotorische Angebote in den sozialpädagogischen Handlungsfeldern von Schule

Die Einsatzbereiche der Psychomotorik in den sozialpädagogischen Handlungsfeldern von Schule umfassen eine große Spannbreite. Die konkreten psychomotorischen Angebote variieren je nach Schulform und je nach Schule. Psychomotorische Angebote bieten eine sinnvolle Möglichkeit, zur Weiterentwicklung von Schule beizutragen. Hierbei geht es einerseits um eine Erweiterung des pädagogischen Angebotsspektrums, andererseits um die Präsentation von Rollen bzw. das Rollenverhalten von Psychomotorikerinnen, welches durch die andere Art, mit Schülerinnen und Schülern pädagogisch arbeiten zu können, gekennzeichnet ist.

Schulsozialpädagoginnen haben einen weitaus größeren Gestaltungsraum in der Art und Weise der Interaktion mit den Kindern, als es Lehrerinnen haben. Andere berufliche Aufträge ermöglichen auch ein anderes berufliches Handeln.

Ein zusätzlicher psychomotorischer Blick seitens der Schulsozialpädagoginnen und Schulsozialarbeiterinnen auf die Kinder ergänzt die pädagogische Kultur und trägt auch damit zur Entwicklung von Schule bei. Neben der Aufgabe der Inklusion steigen die Bedarfe bei Kindern und Jugendlichen für psychomotorische Förderung stetig! Die Fallzahlen von Entwicklungsverzögerungen in motorischen und sozial-emotionalen Bereichen und verschiedenen Verhaltensauffälligkeiten nehmen kontinuierlich zu.

Die persönlichen und fachlichen Ansprüche an Psychomotorikerinnen sind damit auch im lebensweltlichen System Schule hoch. Neben einem umfangreichen sozial-, heil- und motopädagogischen, soziologischen, psychologischen, spieltherapeutischen und sozialmedizinischen Grundwissen müssen Psychomotorikerinnen über didaktisch/methodische Kompetenzen im Zusammenhang mit Bewegung, Spiel und Sport, im günstigsten Fall auch mit Theater und Musik und darüber hinaus ebenfalls über eigene bewegungsbezogene Fertigkeiten verfügen, um psychomotorische Bewegungs- und/oder Interaktionsangebote sinnvoll umsetzen zu können.

Im Folgenden stelle ich ein psychomotorisches Angebot vor, dessen Einsatz sich in der Schule als sinnvoll und wirksam erwiesen hat. Als Handlungsort ist hierbei jeweils die Sporthalle der Schule gewählt.

Bewegungslandschaft: Wir bauen eine Stadt im Meer

Zielgruppe: Klassengemeinschaft ab 4. Schuljahr bis 7. Schuljahr.
Inhalt und Methodik des Angebots:
Die Klassengemeinschaft trifft sich in der Turnhalle. Es ist ein Zeitfenster von 3 bis 5 Unterrichtsstunden vorgesehen (je nach Jahrgangsstufe). Seitens der Psychomotorikerin sind sechs vorbereitete Plakate an einer Wand angebracht. Auf diesen Plakaten stehen die jeweils aufeinander bezogenen Sätze:
Wir bauen eine Stadt im Meer – Informiert werden – Eine Stadt im Meer planen – Baumaterial erwerben und bauen – Die Stadt erkunden und bewohnen – Vom Leben in der Stadt berichten.
Die Psychomotorikerin erklärt anhand der Reihenfolge der Plakate, was in den kommenden Stunden Thema ist: *Wir bauen eine Stadt im Meer.* Sie zeigt auf das erste Plakat und dann auf das zweite Plakat:
„Wir befinden uns gerade hier: *Informiert werden.*"
„Eure Aufgabe besteht darin, eine Stadt im Meer zu planen, aufzubauen, zu beleben und am Schluss von dem Leben in eurer Stadt zu berichten – und selbstverständlich wird die Stadt im Meer zum Projektschluss wieder abgebaut. Ich werde mich, nachdem ich euch über den Ablauf informiert und das Wichtigste erklärt habe, aus dem Spielgeschehen weitestgehend zurückziehen. Ich bin auch euer einziger Ansprechpartner am heutigen Tage für Planungs- und Ablauffragen. Die Kolleginnen (die mit anwesenden Lehrerinnen und/oder Pädagoginnen) und ich sind später Besucher eurer Stadt. Die Aufgabe an euch besteht heute darin, dass ihr den

Auftrag gemeinschaftlich löst. Ich werde nur dann eingreifen, wenn ich feststelle, dass ihr etwas Gefährliches aufbaut oder es Streit gibt. Ansonsten seid ihr für den weiteren Spielverlauf auf euch alleine gestellt. Für die Planung der Stadt bekommt ihr hier Bögen von Flipchartpapier (*einer ist vorbereitet und zeigt die Umrisse der Halle sowie die Orte, wo sich die festinstallierten Sportgeräte, Türen, Kabinen, Materialräume, ... befinden*) und Stifte. Ihr könnt auf einem Blatt einzeichnen, welcher Teil der Stadt wo aufgebaut werden soll. Vorher macht es Sinn, wenn ihr euch überlegt, was in eurer Stadt vorhanden sein soll: Vielleicht ein Spielplatz, ein Hotel, eine Feuerwehr, ein Busunternehmen, ein Freizeitpark, ein Marktplatz oder ein U-Boot-Hafen? Und dass ihr euch darüber einig werdet, wer was mit wem zusammen aufbaut. Bestimmt jetzt einen Moderator oder eine Moderatorin und fangt dann an. Das Baumaterial (*alle Gegenstände der Halle sowie ggf. zusätzlich mitgebrachte Materialien wie Schwungtücher oder Seile, oder Decken, oder anderes*) findet ihr in den Geräteräumen oder ich gebe es euch nach der Planungsphase aus den Materialräumen. Für das Planen setzen wir 35 Minuten und für den Aufbau erstmal 60 Minuten an. Ich frage euch dann, ob ihr soweit seid. Falls nicht, verlängern wir die Aufbauzeit noch ein wenig. Und dann geht es los!"

Wenn die Schülerinnen und Schüler die Halle gut kennen, dann kann die Planung direkt beginnen. Für manche Klassen ist eine vorher angefertigte Liste der größeren Bauteile (Weichbodenmatten, Kästen, Barren, etc.) als Aushang oder eine Ortsbesichtigung der Materialräume hilfreich. Als Initiierung für den Planungsteil dient die Fragestellung der Psychomotorikerin: „Was bedeutet eigentlich Stadt *im* Meer? Ist die Stadt auf einer Art Insel im Meer oder ist sie unter Wasser im Meer? Wie soll eure Stadt sein? Oder ist sie zum Teil oberhalb des Wassers auf einer Insel und der andere Teil ist davor unter Wasser?"

Wenn die Stadt weitestgehend aufgebaut ist, beginnt das Bewohnen der Stadt durch die Schulkinder meistens von selbst. Es bietet sich für die Psychomotorikerin und die Lehrkräfte an, mit in das Spielgeschehen einzusteigen. Die Kinder sind entweder hoch erfreut und/oder äußerst irritiert, wenn die erwachsene Lehrperson freudestrahlend fragt: „Kann ich hier ein Eis kaufen?" Eine solche aktive Teilnahme vermag auch manchmal den Spielfluss in Gang zu bringen. Im Besonderen, wenn sich aus diesem Dialog die Frage danach ergibt, womit in dieser Stadt eigentlich bezahlt wird, und wie man als Fremder an Geld kommt, und ob es eine Polizei gibt, die einen einsperren würde, sollte man Geld klauen in dieser Stadt.... „Wie heißt die Stadt eigentlich" (falls es im Planungsprozess untergegangen sein sollte, der Stadt einen Namen zu geben, was durchaus vorkommt).

Wenn das Leben in der Stadt ins Stocken gerät, dann ist es an Zeit, die Abschlussphase einzuläuten. Alle treffen sich dort, wo die Tagesinstruktionen stattfinden.

Beim Abschnitt *Vom Leben in der Stadt berichten* kann die Psychomotorikerin nach den persönlichen Erzählungen der Kinder folgende pädagogisch interessante Fragen unmittelbar und/oder durch Austeilen von Auswertungsbögen stellen. Die Kinder bekommen einen Zeitrahmen, diese Fragen schriftlich zu beantworten, um die pädagogische Auswertung dann im Anschluss an die vorhergegangene persönliche Auswertung im Plenum vorzunehmen:

Fragestellungen zur Auswertung der Einheit „Wir bauen eine Stadt im Meer"

Fokus Selbstwahrnehmung: Wie ging es mir in der Gruppe? Wie konnte ich meine Ideen einbringen? Wie wurden meine Ideen, Vorschläge realisiert? Welche Strategien habe ich eingesetzt? Welche Fragen stelle ich mir selbst?

Fokus Fremdwahrnehmung: Wer hat mir Beachtung geschenkt? Wer hat mich unterstützt? Wer hat mich nicht wahrgenommen/mich behindert? Welche Strategien zur Veränderung kenne ich?

Anmerkungen zur Durchführung

Je nach Klasse und Schulform ist eine Unterstützung bei der Moderation der Planung der Materialverteilung und der -ausgabe sinnvoll. Dennoch soll die Klassengemeinschaft weitestgehend eigenständig an diese Aufgabe herangehen.

Es ist aus psychomotorischer Sicht lohnenswert, die Dinge – soweit es geht – laufen zu lassen. Manchmal klären sich auch schulische Situationen der Schülerinnen und Schüler sehr gut, wenn wir als Erwachsene nicht eingreifen. Wenn die Kinder doch etwas anderes bauen wollen als geplant, dann werden sie sich ggf. an die Psychomotorikerin wenden. Hier bietet es sich an, den Ball zurückzuspielen und darauf zu verweisen, dass solche Planänderungen von allen gemeinsam geklärt werden müssen. Das waren die gesetzten Regeln zum Beginn des Projekts. Die Psychomotorikerin zieht sich nach der Erklärung des Ablaufs weitestgehend aus dem Geschehen zurück.

Es handelt sich um ein Projektangebot für die Klasse. Es ist sinnvoll, die Pausenzeiten prozessorientiert einzulegen, diese jedoch außerhalb der regulären schulischen Pausenzeiten anzusetzen, damit die Gruppenmitglieder unter sich bleiben und damit gemeinsam im Spiel bleiben können.

Je nach Klassenkonstellation und Schulform ist eine höhere Zahl an pädagogischem Betreuungspersonal hilfreich.

Je nach Klassenkonstellation kann es ebenfalls hilfreich sein, einen allgemeingültigen Verhaltenskodex festzulegen. Hierfür bieten sich die Regeln der New Games an (vier Plakate mit den Aufschriften): Spiele fair! Spiele intensiv! Tue niemandem weh! Grenze niemanden aus! Mit diesen Einstellungen lassen sich zudem (fast) alle Konflikte, die ggf. auftauchen, klären.

Didaktischer Kommentar:

Die Schülerinnen und Schüler sollen auf personaler und sozialer Ebene problemlösende Bewältigungsstrategien entwickeln.

Begründung: Das Stundenbild „Wir bauen eine Stadt im Meer" ist eine Mischung aus Plan-, Konstruktions-, Regel- und Rollenspiel. Die Schülerinnen und Schüler einer Klasse sollen Zeit und Raum nach einer thematischen Vorgabe selbständig gestalten. Vordergründig geht es um die Initiierung von Teambildungsprozessen. In der Grundschule kann dieses Angebot auch unter dem Aspekt der Sprachentwicklungsförderung durchgeführt werden, da die Kinder auf gegenseitige Verständigung angewiesen sind. Grundsätzlich liegen die Zielebenen im Bereich der Sozialkompetenz und des Selbstkonzepts durch die Förderung der Selbst- und Fremdwahrnehmung, pädagogischer Interaktionsrahmen der Stadt im Meer ist das Handlungsthema Selbstbestimmung versus Anpassung.

Das Projekt entspricht der didaktisch/methodischen Struktur psychomotorischer Förderung im Verlaufsschema von körperlicher Aktivität, Rollenspiel, kognitiver Verarbeitung/Integration (Aufbau der Stadt, Beleben der Stadt, vom Leben in der Stadt berichten/Reflexion). Das Rollenspielszenario öffnet vielschichtige

Ansatzpunkte für Psychomotorikerinnen in einen psychomotorischen Dialog mit einzelnen oder Kleingruppen zu treten, in welchem die dialogischen Momente einer konfrontativen Kontaktaufnahme in Klarheit oder paradoxer Intervention, des Spiegelns von Körperhaltungen und Bewegungen, des Vollzugs eines Parallelspiels und die Möglichkeiten des Führens und Folgens im Wechsel vielfach initiiert und genutzt werden können.

Da dieses Angebot weitestgehend artfremd für didaktisch/methodische Prozesse im System Schule ist, ist der die Klassengemeinschaft fördernde Aspekt ein Synergieeffekt. Die Schülerinnen und Schüler können während der Unterrichtszeit beinahe uneingeschränkt planen und gestalten, Räume (Turnhalle) und Materialien (Sportgeräte) nutzen, die einen hohen Aufforderungscharakter haben, hier aber durchaus alternativ genutzt werden; all dies setzt ungeheure kreative Energien frei. Einen Schultag lang zusammen gespielt zu haben (wenngleich sich oft Kleingruppen bilden), setzt in der Gruppe der Schülerinnen und Schüler ähnliche Dynamiken frei wie ein gelungener Schulausflug.

Dieses Stundenbild stammt aus der integrierten Bewegungs- und Sprachtherapie nach Ingrid Olbrich und kann daher ebenfalls mit einer Kleingruppe in anderen Räumlichkeiten als einer Turnhalle und in einem kürzeren Zeitrahmen umgesetzt werden, zum Beispiel in einer psychomotorischen Spiel- und Bewegungsstunde. Es hat sich jedoch in meinen beruflichen Tätigkeiten mehrfach gezeigt, dass dieses Stundenbild als Tagesprojekt sowohl für die personale Entwicklung der einzelnen Kinder unterstützend und damit im Besonderen für die Entwicklung einer Klassengemeinschaft äußerst wirksam ist. Es ermöglicht den Kindern ebenfalls eine stärkere Identifikation mit dem für sie lebensweltlich wichtigen System Schule. Es vermittelt ihnen, dass Schule auch anders – direkt auf ihr Erleben und Handeln ausgerichtet – sein kann.

Gut zu wissen – Gut zu merken

- Psychomotorik und Sozialpädagogik in der Schule beziehen sich in ihrer jeweiligen didaktisch/methodischen Ausrichtung auf die Grundlage eines anthropologisch ausgerichteten Menschenbilds.
- Psychomotorische Angebote ergänzen das Schulleben und tragen durch handlungsorientierte Angebote und die psychomotorische Art der pädagogischen Arbeit zur Weiterentwicklung von Schule bei.
- In der Bewegungsförderung der Psychomotorik geht es um die Entwicklung eines umfassenden Bewegungsgefühls im Sinne einer Handlungskompetenz (Körperkonzept), nicht um die Entwicklung einer speziellen Bewegungstechnik.
- Die Förderung des Selbstkonzepts steht in engem Zusammenhang mit der Förderung des Körperkonzepts.
- Handlungsorientierung, Prozessorientierung und Bedürfnisorientierung kennzeichnen die psychomotorische Arbeit.
- Bewegung-Spiel-Beziehung sind die strukturellen Elemente psychomotorischer Angebote.
- Psychomotorisches Arbeiten stellt persönlich und fachlich hohe Anforderungen an die Durchführenden und erfordert eine solide Ausbildung in Psychomotorik.

Literatur

Grupe, O. (1982): Bewegung, Leistung und Spiel im Sport. Grundthemen der Sportanthropologie. Schorndorf: Hofmann.

Hirtz, P. u.a. (2002): Bewegungskompetenz Bewegungsgefühl. Praxisideen 12. Schriftreihe für Bewegung, Spiel und Sport. Schorndorf: Hofmann.

Haas, R. (1999): Entwicklung und Bewegung. Der Entwurf einer angewandten Motologie des Erwachsenenalters. Reihe Motorik Band 22. Schorndorf: Hofmann.

Haas, R. (2000): Wirksam sein. In: Wendler, M./Irmscher, T./Hammer, R. (Hrsg.): Psychomotorik im Wandel. Lemgo: akl Verlag.

Krus, A. (2010): Der Ernst des Lebens – Einschulung als Entwicklungsaufgabe für die ganze Familie. In: Hunger, I./Zimmer, R. (Hrsg.): Kongressband: Bildungschancen durch Bewegung. Schorndorf: Hofmann, 176–181.

Lapierre, A./Aucouturier, B. (2002): Die Symbolik der Bewegung. Psychomotorik und kindliche Entwicklung. Aus dem Französischen von Marion Esser. (2. Aufl.). München: Ernst Reinhardt Verlag.

Olbrich, I. (1988): Die integrative Sprach- und Bewegungsförderung – ein Förderkonzept in Theorie und Praxis. In: Irmischer, T./Irmischer, E. (Hrsg.): Bewegung und Sprache, Schorndorf: Hofmann, 127–143.

Schilling, J. (1993): Didaktik/Methodik der Sozialpädagogik. Grundlagen und Konzepte. Neuwied: Luchterhand.

Schilling, J. (2004): Didaktik/Methodik Sozialer Arbeit. Grundlagen und Konzepte. (3. überarb. Aufl.). Neuwied: Luchterhand.

Verband Bildung und Erziehung Landesverband NRW (2009): Sozialpädagogische Fachkräfte in der Schuleingangsphase. http://vbe-nrw.de/content_id/2661.html?session=¬35b16c80057ca6f9a537d62a337f5797,%20siehe%20auch:%20schulministerium.nrw.¬de/BP/Schulsystem/Schulformen/Grundschule/index.html

3 PSYCHOMOTORISCHES ARBEITEN IM SETTING EINES SOZIALPÄDIATRISCHEN ZENTRUMS

Astrid Krus

Was Sie in diesem Kapitel lernen können

In diesem Kapitel erhalten Sie einen Einblick in das psychomotorische Arbeiten mit Kindern im klinisch-therapeutischen Kontext. Dies umfasst eine kurze Darstellung des Aufgabengebietes sozialpädiatrischer Zentren und den Stellenwert der Psychomotorik innerhalb der Angebotsstruktur. Die Vorstellung der psychomotorischen Entwicklungstherapie orientiert sich an den Leitlinien zur fachlichen Begründung therapeutischer Konzepte und beinhaltet die zugrundeliegende Theoriebasierung, die konzeptinhärente Diagnostik sowie die Indikationsstellung. In Bezug auf die psychomotorische Praxis werden die zentralen Interventionstheorien anhand der therapiespezifischen Beziehungs- und Methodenregeln dargestellt, die beispielhaft die konkrete Arbeitsweise abbilden und die erforderlichen Kompetenzen der Psychomotoriker veranschaulichen.

3.1 Arbeitsfeld Sozialpädiatrisches Zentrum

Ein Sozialpädiatrisches Zentrum (SPZ) ist „nach §119 SGB V eine institutionelle Sonderform der interdisziplinären, ambulanten Krankheitsbehandlung" (Hollmann/Kretschmar/Schmid 2009, 13) und ist den höheren Versorgungsstufen im Gesundheitssystem zuzuordnen. Die Kernaufgaben dieser Einrichtungen sind die Untersuchung und Behandlung von Kindern und Jugendlichen im Alter von null bis achtzehn Jahren mit Krankheiten, die Entwicklungsstörungen, seelische Störungen, drohende oder manifeste Behinderungen und Verhaltensauffälligkeiten hervorrufen. Die diagnostische Erfassung des Störungsbildes wie die sich anschließende Behandlung beziehen das soziale Umfeld und das familiäre Setting der Kinder/Jugendlichen in den Prozess mit ein. Das interdisziplinäre, sozialpädiatrische Team setzt sich aus Fachärzten der Kinder- und Jugendmedizin und Psychologen mit speziellen Qualifikationen zusammen sowie aus mindestens zwei der nachfolgenden Therapeutengruppen: Physiotherapeutinnen, Ergotherapeutinnen, Logopädinnen, Heilpädagoginnen, Motologinnen/Motopädinnen und Sozialpädagoginnen. Die fachlichen Qualifikationen und erforderlichen Kompetenzen der Mitarbeiter werden im Rahmen des Altöttinger Papiers, einem Positionspapier der Sozialpädiatrischen Zentren, differenziert aufgeführt (vgl. Hollmann et al. 2009). Das Aufgabenspektrum der SPZ-Arbeit umfasst die multimodale Diagnostik unter besonderer Berücksichtigung des Entwicklungsstandes des Kindes/

Jugendlichen, eines körperlich-neurologischen und psychologischen Befundes, des psychosozialen Hintergrundes sowie der Ursachenklärung. Je nach Fragestellung und Krankheitsbild werden die relevanten Berufsgruppen in den diagnostischen Prozess miteinbezogen. Der interdisziplinäre Austausch sowie die Zusammenführung der Untersuchungsergebnisse münden in die Diagnosestellung, die sich an der ICD 10 bzw. dem DSM orientiert, sowie – in Abhängigkeit von der Diagnose – in die Behandlungsplanung und Therapie des Kindes/Jugendlichen. Die Interventionsziele fokussieren dabei nicht allein auf die Linderung der krankheitsbedingten Folgen für das Kind, sondern berücksichtigen in gleichem Maße:

- die Förderung der Persönlichkeitsentwicklung und Selbstständigkeit der Kinder
- die Stärkung familiärer Ressourcen
- die Sicherung und Optimierung der sozialen Integration in Familie und Umfeld
- die vernetzende Zusammenarbeit mit Bildungseinrichtungen und/oder anderen Behandlern (vgl. Hollmann et al. 2009, 16).

Die psychomotorische Entwicklungstherapie bildet *einen* Baustein im diagnostischen und therapeutischen Procedere sozialpädiatrischer Arbeit. Die Relevanz psychomotorischer Arbeit im multiprofessionellen Handlungsansatz ergibt sich einerseits aus der Bedeutung des Mediums Bewegung als Basis von Entwicklungsprozessen und Persönlichkeitsbildung im Kindes- und Jugendalter sowie aus der systemischen Arbeitsweise der Psychomotorikerin, die den familiären und außerfamiliären Kontext als entwicklungsrelevante Variablen mit einbezieht.

Die übergeordnete Intention sozialpädiatrischer Intervention ist es, die krankheitsbedingten Folgen zu minimieren und den Kindern eine gesunde Entwicklung zu ermöglichen. Auf das jeweilige Krankheitsbild bezogen bedeutet dies, im Rahmen eines allgemeingültigen Störungskonzeptes Entstehungsbedingungen einer vorliegenden Symptomatik zu erfassen und daraus die Arbeitshypothesen für das therapeutische Handeln abzuleiten. In der noch recht jungen Wissenschaftsdisziplin der Motologie (siehe Kapitel I.2) liegen bislang nur wenige Störungskonzepte vor, die meisten beziehen sich dabei auf einzelne Teilaspekte, wie z. B. Motorik oder Wahrnehmung. Die nachfolgend beschriebene Konzeption ist hingegen multimodal ausgerichtet und betrachtet das Individuum in seinem Entwicklungsprozess, der in das soziale Umfeld eingebunden ist.

3.2 Das Entwicklungs- und Störungskonzept der psychomotorischen Entwicklungstherapie

Wenn wir von Entwicklung sprechen, so meinen wir damit einen lebenslangen Prozess, der durch die Interaktion des *aktiv handelnden Individuums* mit seiner Umwelt in verschiedenen ökologischen Kontexten gekennzeichnet ist. Lerner (1982) akzentuierte die Bedeutung der Handlung in diesem wechselseitigen Austausch noch, indem er das Individuum aufgrund seiner Handlungen als *Produzent* seiner eigenen Entwicklung betrachtet. Handlungen sind gleichbedeutend mit Bewegungshandlungen, die insbesondere in der Kindheit den Zugang zur

Erschließung der Umwelt und zum Aufbau kognitiver Strukturen (Piaget) darstellen. Über die Erfassung der dinglichen Umwelt hinausgehend ist die wahrgenommene Erfahrung einer ursächlichen Verbindung zwischen dem eigenen Handeln und der Wirkung in der Umwelt, die sich auf die Veränderung materialer Eigenschaften (z. B. Ortsveränderungen, etwas in Schwingungen bringen) ebenso beziehen kann wie auf Rückmeldungen aus sozialen Kontakten (Lächeln der Mutter, Nachahmung der Lall-Laute) ein zentrales Moment. Das Kind erfährt in der eigenen Aktivität die individuellen Möglichkeiten, die Umwelt zu beherrschen und gezielt Einfluss zu nehmen. „Bewegung steht damit an der Wiege der Kompetenzentwicklung und der Kontrollüberzeugung, nämlich dem Gefühl, etwas bewirken zu können und der Welt nicht hilflos ausgeliefert zu sein" (Seewald 2000, 95).

Gleichwohl unterliegt die Entscheidung, handelnd tätig zu werden und sich aktiv mit der Umwelt auseinanderzusetzen, kognitiven und psychisch-emotionalen Regulationsprozessen, die ebenso durch personimmanente Faktoren wie Umgebungsbedingungen beeinflusst werden und die Basis jeder (Bewegungs-) Handlung bilden. Die Komplexität dieser Steuerungsprozesse im Rahmen der Handlungsmotivation und -organisation kann an dieser Stelle nicht differenzierter dargestellt werden. Vielmehr werden einige zentrale Aspekte der personimmenenten, und Umgebungsbedingungen beschrieben, die erklären, warum die handelnde Auseinandersetzung mit der Umwelt und damit Entwicklungsprozesse gestört sind, und aus denen sich die therapeutischen Handlungsschritte ableiten lassen (ausführlicher siehe Krus 2004).

Die Entscheidung, handelnd tätig zu werden, basiert auf der Ebene der personimmanenten Faktoren auf:

- der Erfahrung bereits erfolgreich bewältigter Lebenssituationen:
  Hat das Kind in der Vergangenheit bereits andere Aufgaben erfolgreich bewältigen können, wird es überzeugt sein, auch die neue Anforderung zu schaffen, sofern es die vorausgegangenen Erfolge ursächlich in seinen Handlungsmöglichkeiten begründet sieht.
- dem Zugriff auf vorhandene Kompetenzen:
  Das Kind muss über entsprechende Kompetenzen verfügen und in der Anforderungssituation in der Lage sein, auf diese Basis zurückgreifen zu können.
- der Aktivierung von Ressourcen:
  In unbekannten Anforderungssituationen muss das Kind über diverse Strategien der Ressourcenaktivierung verfügen. Diese reichen von der selbsttätigen Modifikation der bestehenden Handlungsmuster bis hin zur Einbeziehung anderer Stützsysteme (Eltern, Freunde).

Auf der Seite der *Umgebungsbedingungen* wird eine Handlungsaktivität durch eine adäquate Unterstützung der sozialen Umwelt gewährleistet mittels:

- einer angemessenen Gestaltung von Situations- und Umweltvariablen, die es dem Kind ermöglicht, Anforderungssituationen als vertraut und bewältigbar wahrzunehmen, sowie
- der Vorbereitung auf entsprechende Ereignisse.

Insbesondere sogenannte normative Lebensereignisse wie der Eintritt in den Kindergarten/die Schule stellen vorhersehbare Veränderungen und Herausforderungen dar, auf die das Kind in angemessener Weise vorbereitet werden kann.

Kann das Kind auf positive Erfahrungen zurückgreifen und sieht es realistische Möglichkeiten, mit Hilfe seiner eigenen Kompetenzen erfolgreich zu sein, wird es den Mut aufbringen, handelnd tätig zu werden. Im Idealfall wird der Mut damit belohnt, dass neue Kompetenzen erworben werden, die eigene Wirksamkeit erfahren wird und somit das eigene Selbstwertgefühl steigt und das erweiterte Handlungs- und Erfahrungsrepertoire zugleich die Ausgangsbasis wird, um weitere, entwicklungsfördernde Aufgaben zu bewältigen.

Verfügt das Individuum aber nicht über entsprechende Kompetenzen und Bewältigungsstrategien, ist das psychische Gleichgewicht im Sinne von Wohlbefinden und Selbstakzeptanz gestört und Stress, psychopathologisches Verhalten sowie Fehlentwicklungen sind die möglichen Folgen. Die berechtigte oder auch unberechtigte Befürchtung des Kindes, neue Aufgaben nicht bewältigen zu können, sowie die fehlenden Kontrollüberzeugungen lösen einen Teufelskreis an Reaktionen aus, die letztendlich zu Beeinträchtigungen und Störungen im Entwicklungsverlauf führen können.

Die fehlende Überzeugung, neue Aufgaben erfolgreich bewältigen zu können, führt in der Regel dazu, dass die Kinder unbekannte Situationen meiden und in vertrauten Spiel- und Handlungsstrukturen verharren. Die Persistenz (das Verharren) in altgewohnten Strukturen verhindert eine Erweiterung notwendiger Kompetenzen, so dass im Erleben des Kindes – auch im Vergleich mit den Peers – die eigenen Handlungsmöglichkeiten als geringfügiger eingeschätzt und erlebt werden. Dieses Selbsterleben und die Bewertung als inkompetentes Selbst haben wiederum mangelnde Kontrollüberzeugungen zur Folge. Die Kinder befinden sich damit in einem Teufelskreis aus nicht wahrgenommenen Handlungsaktivitäten, negativen und die eigene Wahrnehmung bestätigenden Zuschreibungen und daraus resultierendem Rückzug (siehe Abb. 1)

Die Ursachen, warum Kinder Handlungsangebote nicht als Herausforderung erleben, sind vielschichtig und bedürfen demzufolge einer umfassenden Abklärung in der Diagnostikphase. In Bezug auf die personbezogenen Faktoren können folgende Ursachen denkbar sein:

- Verzerrungen in der Wahrnehmung der Anforderungssituation aufgrund gestörter neuropsychologischer Verarbeitungsprozesse der Aufnahme, Analyse, des Vergleichs sowie der Speicherung von Reizen, d. h. das Kind kann die aktuelle Situation nicht mit bereits erlebten Situationen in Verbindung bringen, es entdeckt keine Ähnlichkeiten, die einen Abruf vorhandener Muster ermöglichen,
- das Kind verfügt nicht über entsprechende Handlungsmuster aufgrund mangelnder Erfahrungen, körperlicher Behinderungen oder Funktionsbeeinträchtigungen,
- das Kind ist trotz vorhandener Kompetenzen überzeugt, nicht über entsprechende Kompetenzen zu verfügen und somit die Aufgabe nicht lösen zu können,
- das Kind befürchtet negative Konsequenzen des Versagens und der Blamage.

Auch nach erfolgreicher Aufgabenbewältigung wertet das Kind das Ergebnis nicht als Resultat seiner eigenen Handlungsmöglichkeiten, so dass keine positiven Kontrollüberzeugungen aufgebaut werden können.

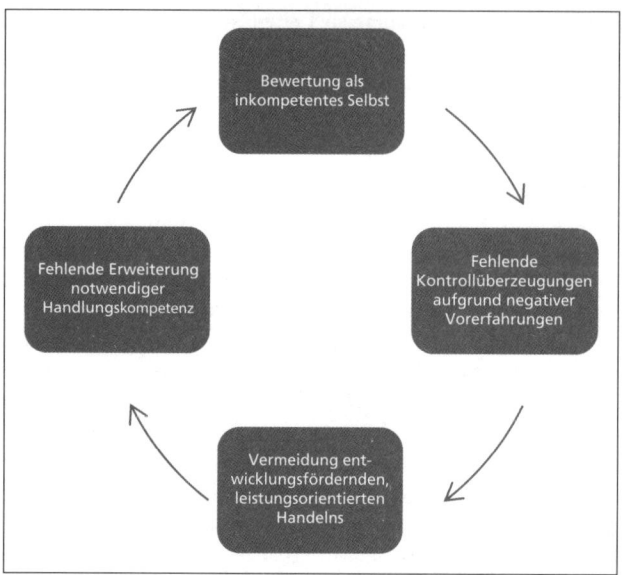

Abb. 1: Teufelskreis

Ein zentrales Anliegen des therapeutischen Vorgehens ist es demzufolge, den Teufelskreis zu durchbrechen, so dass die Kinder von sich aus wieder den Mut finden, sich handelnd mit ihrer Umwelt auseinanderzusetzen, ihre Kompetenzen zu erweitern und zugleich die selbstwertbezogenen Attributionen (Zuschreibungen) auf die eigene Wirksamkeit hin auszurichten.

> Fallbeispiel: Der 5 Jahre und sechs Monate alte Stefan wurde auf Anraten der pädagogischen Fachkräfte des Kindergartens im SPZ vorgestellt. Sie beobachteten eine zunehmende Rückzugs- und Verweigerungstendenz bei gezielten Angeboten. Stefan beschäftigte sich ausdauernd bei Bauaktivitäten und motorischen Aktivitäten im Außengelände. Er spielte jedoch meist alleine und zog sich bei angeleiteten Angeboten zurück. Insbesondere die Aufgaben für die Vorschulkinder verweigerte er.

3.3 Diagnostik in der psychomotorischen Entwicklungstherapie

Neben den in der Regel vorliegenden Daten aus der neurologisch-motoskopischen und der psychologischen Untersuchung erweitert die Motodiagnostik das Datenspektrum um zugrundeliegende Attributionsstile sowie vorhandene Kompetenzen und Ressourcen. Die Datenerhebung erfolgt dabei in der Interaktion mit dem

Kind, der Interaktion mit den Eltern sowie der Interaktion mit beteiligten Institutionen. In der Interaktion mit dem Kind steht die quantitative und qualitative Erfassung der Handlungsmöglichkeiten des Kindes im Vordergrund, seiner attributions- und selbstwertbezogenen Modelle ebenso wie auch der Fähigkeiten, Stärken und Interessen als Ansatzpunkt der therapeutischen Intervention. Die Interaktion mit den Eltern erfasst Daten aus dem Elterngespräch, das ein komplexes Bild des kindlichen Entwicklungsverlaufes und der Stellung des Kindes innerhalb der Familie aufzeigt als auch die Beobachtung der Eltern-Kind Interaktion, um einen Einblick in die systemische Konstellation zu erhalten.

Die Interaktion mit beteiligten Institutionen besteht aus der schriftlichen oder mündlichen Befragung der pädagogischen oder therapeutischen Fachkräfte, die das Verhalten und die Entwicklung des Kindes in anderen Wachstumsfeldern beschreiben und/oder der Hospitation in der jeweiligen Einrichtung, um das Kind vor Ort und die Umgebungsbedingungen beobachten zu können. Die Hospitation bietet die Möglichkeit, die eigenen Arbeitshypothesen zu überprüfen und zugleich Ansatzpunkte für eine umfassende Beratung.

Auf der Grundlage der erhobenen Daten erfolgt abschließend die interdisziplinäre Auswertung, Diagnose und Entscheidung für eine therapeutische Intervention. Eine eindeutige Indikationsstellung ergibt sich, wenn die Kinder in ihren Handlungsmöglichkeiten eingeschränkt sind bzw. die vorhandenen Möglichkeiten nicht zur aktiven Auseinandersetzung mit der dinglichen und personalen Umwelt eingesetzt werden. Begleitend sind negative Selbstwerteinschätzungen oder unrealistische Einschätzungen des eigenen Leistungsverhaltens Indikatoren einer psychomotorischen Therapie.

> In der neurologisch-motoskopischen Untersuchung war Stefan dem Untersucher gegenüber freundlich zugewandt. Er erzählte angeregt über seinen Kindergarten und die dort vorhandenen Möglichkeiten. Die Angebote für die Vorschulkinder beschrieb er als langweilig und uninteressant. Weitere motoskopische Untersuchungen waren nur bedingt möglich, da Stefan die Aufgaben entweder nur teilweise ausführte oder die Mitarbeit verweigerte.

3.4 Ziele der psychomotorischen Entwicklungstherapie

Eine zentrale Intention der psychomotorischen Entwicklungstherapie ist die Gestaltung von Angeboten und Erfahrungsgelegenheiten, die selbsttätiges, motiviertes Bewegungshandeln in einem stressfreien Setting ermöglichen, so dass Lernprozesse langfristig zu einer Erweiterung eigener Handlungsmöglichkeiten und deren Bewertung zu einer Differenzierung des eigenen Selbstkonzeptes führen, in denen das Kind sich als kompetente, liebenswerte und sozial integrierte Persönlichkeit erlebt. Dabei gilt es, die dem Entwicklungsalter entsprechenden emotionalen, kognitiven, instrumentellen und sozialen Handlungsfertigkeiten des Kindes durch gezielte Spiel- und Bewegungsangebote anzuregen und an Hand zu bewältigender, neuer Herausforderungen weiterzuentwickeln. Entwicklungsintervention intendiert, das Individuum zu planvollem Handeln in der Auseinandersetzung mit Herausforderungen zu befähigen. Das bedeutet, dass ein Schwerpunkt der Intervention auf die *Erweiterung und Bewusstmachung der Kompetenzen* des Einzelnen gerichtet ist, die ihn befähigen, mit Anforderungen konstruktiv umzugehen. Ein weiterer Schwerpunkt fokussiert auf die reflexive Wahrnehmung und Zuschreibung eigener Wirksamkeit, die den Aufbau der Kontrollüberzeugungen (das Kompetenzbewusstsein) als das zentrale Steuerungselement von Entwicklungshandlungen und zum Aufbau eines positiven Selbstkonzeptes gelten. Die in der aktiven Auseinandersetzung mit dem Spiel- und Bewegungsangebot erlebten Möglichkeiten des eigenen Handelns bilden die Basis, auf der das Kind sich durch gezielte Rückmeldungen der Therapeutin als Verursacher erfolgreich bewältigter Aufgaben erlebt und wahrnimmt.

Über die direkte Arbeit mit dem Kind hinausgehend umfasst die psychomotorische Entwicklungstherapie den Aufbau *sozialer Stützsysteme*. Denn neben den individuellen Bewältigungsstrategien werden die Effekte von anstehenden Entwicklungsaufgaben auch durch die Qualität sozialer Stützsysteme, über die ein Individuum verfügt, moderiert.

Im Kindesalter sind soziale Stützsysteme relevant, die vom Kind selber nur bedingt gebildet werden können, vielmehr kommt den Bezugspersonen des Kindes die Aufgabe zu, Situations- und Umweltvariablen derart zu gestalten, dass eine Lösung des Problems realisierbar wird. Eine wesentliche Komponente ist die *Unterstützung der Eltern* in Form konkreter Hilfestellung *durch die entsprechende Vorbereitung* auf anstehende Ereignisse. Negative Bindungserfahrungen (Brisch 2013), inkonsistent erlebte unmittelbare Reaktionen der Eltern auf Signale des Kindes (Kontingenzen) sowie wenig responsives Verhalten der Eltern stellen dagegen eher schlechte interpersonelle Ressourcen dar.

Andererseits muss differenziert werden, inwieweit das Problem vom Individuum überhaupt gelöst werden kann oder ob *institutionelle Faktoren* z. B. innerhalb der Kita/der Schule an der Entstehung potentiell beteiligt sind. Dies können im konkreten Fall strukturelle Bedingungen sein wie die Gruppengröße, Personalmangel, das pädagogische Konzept oder die Kompetenz des pädagogischen Fachpersonals, so dass es nicht mehr unmittelbar das Problem eines einzelnen Kindes ist, sondern möglicherweise einer Gruppe von Kindern. Bewältigungsstrategien hängen dann von der Einsicht und dem Engagement der Eltern und des Fachpersonals ab, veränderte Arbeits- und Lebensbedingungen zu schaffen. Zudem kann eine *ungenügende Passung* von individuellen Kompetenzen mit der bestehenden Anforderungsstruktur der jeweiligen Einrichtung (Kindergarten, Schule) vorliegen, die auf eine dem Entwicklungsstand des Kindes nicht angemessene Versorgung zurückzuführen ist.

In diesem Fall ist es Aufgabe der Eltern und der pädagogischen Fachkräfte nach Lösungswegen zu suchen, was wiederum auf Seiten der Eltern zu einer kritischen Lebenssituation führen kann, da sie mit einschneidenden Urteilen über ihr Kind und Konsequenzen für den weiteren Lebensweg konfrontiert werden. Eine erfolgreiche Bewältigung bei Eltern und Kind wird dann wiederum durch das „Auffangnetz" im Verwandten- und Freundeskreis sowie durch die Qualität fachkompetenter Diagnostik, Beratung und Förderung beteiligter Institutionen moderiert. Nicht die Hilfestellung bei der Lösung einzelner Aufgaben steht im Vordergrund, sondern die Vermittlung von Fähigkeiten und der Aufbau neuer Ressourcen zur Lebensbewältigung. Die Umsetzung der angestrebten Ziele in die konkrete praktische therapeutische Arbeit verdeutlichen die Beziehungs- und Methodenregeln der psychomotorischen Entwicklungstherapie.

3.5 Die psychomotorische Entwicklungstherapie

Ausgangspunkt jeglicher Intervention ist die individuelle Situation jedes einzelnen Kindes, die eine Neukonstruktion des therapeutischen Vorgehens in jedem Einzelfall erforderlich macht. Zugleich ist die Interaktion zwischen Kind und Therapeutin durch spezifische therapeutische Regeln (Beziehungsregeln) und Rahmenbedingungen reguliert, die ein entwicklungsförderndes, interaktives Handeln erlauben. In der Interaktion zwischen Kind und Therapeutin entsteht ein Beziehungsraum, in welchem das Kind das Eigene seiner Person zur Entfaltung bringen kann, gefördert durch das mit Intuition und Fachwissen verbundene Interesse der therapeutischen Fachkraft an diesem Entfaltungsprozess. Kiphard formulierte dies sehr treffend damit, dass er seine Aufgabe darin sieht, die Kinder beim Schritt auf die erste Sprosse der Leiter zu unterstützen. Die Psychomotorikerin schafft die Möglichkeit zur freien Exploration in einem geschützten, selbstwertstützenden Rahmen und veranlasst das Kind zu selbstgeleiteter Reflexion und selbstbestimmtem Handeln, um so die Selbstheilungskräfte des Kindes durch Spieltätigkeiten zu mobilisieren. Die Psychomotorikerin wird damit zu einer antwortgebenden (respondenten) Bindungsperson, die ein aktiver Interaktionspartner ist und sich als Person mit ihren eigenen Gefühlen, Gedanken und Wertvorstellungen einbringt und in ihrer professionellen Haltung Wertschätzung, Echtheit und Kongruenz widerspiegelt.

Anhand der *Methodenregeln* (Schulte 1998), die beschreiben, *was* der Therapeut bei Vorliegen eines Problems tun soll, um einen Veränderungsprozess einzuleiten, wird das psychomotorisch therapeutische Vorgehen differenziert dargestellt. Die Methodenregeln beschreiben die fünf *Phasen* des Therapieprozesses, die in ihrem Ablauf festgelegt, aber oftmals ineinandergreifen und durch spezifische inhaltliche Schwerpunkte und methodische Schritte gekennzeichnet sind.

3.5.1 Orientierungsphase

Die Orientierungsphase dient dem Beziehungsaufbau und der psychisch-emotionalen Stabilisierung des Kindes. Die Spiel- und Bewegungsanlässe richten sich nach den Stärken und Interessen des Kindes, so dass das Kind durch eigenes Erleben und Rückmeldung durch die Therapeutin seine persönlichen Kompetenzen wahrnimmt und Vertrauen in die eigenen Fähigkeiten aufbaut.

> Stefan blieb zu Beginn der Stunde zunächst auf einer Bank sitzen und betrachtete von dort aus das Angebot. Er stellte verbal Kontakt zur Therapeutin her und kommentierte das Spiel- und Bewegungsangebot, ohne selber aktiv zu werden. Schließlich ging er zögerlich auf ein Kegelspiel zu, bei dem er mit einem Gymnastikball die Kunststoffkegel umschießen konnte. Er ordnete die Kegel immer so an, dass sie nah beieinanderstanden und alle zusammen umfielen. Dieses wiederholte er immer wieder und freute sich über seine Erfolge.

Die Aufgabe der Therapeutin besteht darin, auf die Angebote des Kindes einzugehen und, um einer Stagnation, einem Verhaften in festen Abläufen vorzubeugen, Angebote z. B. durch anderes Material einzubringen, die Entscheidung über die Annahme liegt jedoch beim Kind.

> Stefan ließ sich im weiteren Stundenverlauf auf ein Kegelspiel ein, bei dem sowohl die Therapeutin wie auch er kegeln durften. Die Therapeutin bot Stefan einen größeren Medizinball an, der die Treffsicherheit erhöhte, zugleich aber auch schwerer zu handhaben war. War die Therapeutin an der Reihe, variierte sie ihre Abläufe, in dem sie z. B. die Rutschbahn zur Hilfe nahm und den Ball dadurch mit Schwung runterrollen und die Kegel umfallen ließ. Stefan schaute jeweils interessiert zu und griff nach mehrmaliger Beobachtung einzelne, neue Anregungen auf. Die Variante der Therapeutin, selber hoch auf die Rutsche zu klettern, den Ball zu rollen und dann selber zu rutschen, kommentierte Stefan mit: „Das ist doch albern." In der folgenden Stunde griff er diese Variante jedoch von sich aus auf und veränderte die Spielidee schrittweise dahingehend, dass er selber schnell rutschen musste, um eine Mauer aus Schaumstoffsteinen „umzuwerfen".

Diese Phase ist oftmals langwierig und verlangt kleine Schritte, in denen immer wieder ähnliche, vertraute Situationen und Materialien geschaffen werden. Das Erleben eigener Kompetenzen und das wachsende Vertrauen führen aber zu einer intensiven handelnden Auseinandersetzung und durchbrechen schließlich den negativen Kreislauf.

Das Ende dieser Phase deutet sich dadurch an, dass die Kinder sich im therapeutischen Setting gut orientieren können, die geltenden Regeln akzeptieren und der Therapeutin die Bereitschaft signalisieren, sie als Wegbegleiterin für die weitere Arbeitsphase zu akzeptieren und für neue Erfahrungen offen zu sein.

3.5.2 Auseinandersetzungsphase

Die Auseinandersetzungsphase ist dadurch gekennzeichnet, dass die Kinder von sich aus eine größere Explorationsfreude und Variationsbreite im Handeln und Erleben zeigen und sich mit bis dato kritischen Situationen zaghaft auseinandersetzen.

> Nach einer ca. sechsmonatigen Therapiephase veränderte sich die Interaktion dahingehend, dass die Therapeutin von Beginn der Stunde an neue Materialien und Spielideen einbringen und zu Aktivitäten „auffordern" konnte, ohne diese zuvor modellhaft durchgeführt zu haben. Stefan agierte von sich aus selbständiger und konnte auch nicht erfolgreich umgesetzte Ideen akzeptieren. Ein aufgrund baulicher Maßnahmen erforderlicher Raumwechsel verdeutlichte allerdings die Instabilität der Veränderung, da Stefan im neuen Bewegungsraum sich zunächst wieder auf vertraute Muster zurückzog und eine freie Exploration ablehnte.

Die Änderung bestehender Konzepte und das Aufbrechen vertrauter Strukturen ist mit Angst und Unsicherheit verbunden, wie stabil die neu erworbenen Kompetenzen vorhanden und abrufbar sind, wie sich das eigene negative Selbstbild mit der Wahrnehmung von Erfolg und Handlungskontrolle verträgt oder wie die Umwelt mit dem veränderten Verhalten umgeht. Obgleich in dieser Phase gravierende Veränderungen im Verhaltensmuster der Kinder zu beobachten sind, kann sie durchaus auch von starken Schwankungen oder Rückschritten geprägt sein, die sich aus der Unsicherheit und Inkongruenz des Selbstbildes ergeben. An die Therapeutin stellt diese Phase hohe Anforderungen, da sie mit Aufmerksamkeit, Akzeptanz und Einfühlungsvermögen auf die Veränderungen reagieren muss. Ihre Aufgabe ist es, die diskrepanten Erfahrungen behutsam rückzumelden und zu beschreiben, die Ängste ernst zu nehmen und zugleich durch Bekräftigung und Verstärkung der neuen Problemlösestrategien das Vertrauen in die eigenen Fähigkeiten des Kindes zu stabilisieren.

3.5.3 Erweiterungsphase

Eine Erweiterung der in der therapeutischen Situation erworbenen Kompetenzen von Handlungskontrolle und Selbstvertrauen stellt die Auseinandersetzung mit einem anderen Kind dar, das nicht therapeutisch, sondern spontan und mit seinen eigenen Lebenserfahrungen auf den Spielpartner reagiert. Die therapeutische Kleingruppe bietet die Möglichkeit, in einem geschützten und behüteten Rahmen das veränderte Explorationsverhalten in einer Vergleichssituation zu behaupten, neue Verhaltensweisen auszuprobieren und Konsequenzen adäquat aufzuarbeiten.

> Nach ca. einem Dreivierteljahr Einzelförderung bot die Therapeutin die Möglichkeit für eine gemeinsame Stunde mit einem anderen Jungen. Die Auswahl der Kinder orientierte sich daran, dass die Kinder gemeinsame Interessen haben, jeder über Kompetenzen verfügt, die er in gemeinsamen Aktivitäten einbringen kann und Lernpotentiale für beide bestehen. Der Einstieg erfolgte zunächst über verschiedene Ballspielarrangements, die den Jungen vertraut waren, die Sicherheit gaben und in denen sie auf ihre Kompetenzen bauen konnten.

Die Schwerpunkte dieser Phase sind die Stabilisierung der Handlungskontrollmöglichkeiten unter veränderten Umgebungsbedingungen und der Erwerb sozialer Erfahrungen wie Aushandeln von gemeinsamen Spielstrukturen und -regeln, Berücksichtigung der Belange der Spielpartner, Formulierung und Durchsetzen eigener Bedürfnisse und Vorstellungen.

3.5.4 Übertragungsphase

Die Übertragungsphase leitet sozusagen die Ablösung ein, in der die Entwicklung und Stabilisierung des Kindes neue Handlungsfelder eröffnet, die vom Kind wahrgenommen werden sollen. Diese Phase zielt darauf ab, die gewonnenen größeren Verhaltens- und Handlungskompetenzen des Kindes zu festigen und auf andere Wachstumsfelder zu übertragen.

> Stefan entwickelte zunehmend mehr Interesse an gemeinsamen Ballspielen und in Absprache mit den Eltern wurde ein Sportverein gesucht, der nicht leistungsorientiert sportartspezifische Leistungen fördert, sondern im psychomotorischen Sinn Bewegungsaktivitäten ermöglicht. Er fand schnell Gefallen an den vielfältigen Aktivitäten mit anderen Kindern und konnte sich gut einbringen. Langfristig entwickelte er starkes Interesse am Handballspiel und wechselte zwei Jahre später in einen Handballverein.

Die parallel dazu laufende therapeutische Einheit stellt noch einen Rückzugs- und Schutzraum dar, um neue oder frustrierende Erfahrungen in einem vertrauten und sicheren Rahmen mit fachlicher Unterstützung aufarbeiten zu können. D. h. die Therapeutin wird zunehmend zur Supervisorin des Kindes in dessen Bemühungen, die anstehenden Entwicklungsaufgaben selbständig zu lösen. Die Kinder sollen die Stunden dazu nutzen, für sie wichtige, zurückliegende Ereignisse anzusprechen, um Anerkennung für die erfolgreiche Bewältigung zu bekommen, aber auch um Ursachen für schwierigere Verläufe aufzuspüren und alternative Lösungswege zu erarbeiten.

Global formuliert sind die Kinder nunmehr in unterschiedlichen Lebensbereichen in der Lage, sich eigene Entwicklungsanreize zu setzen und diese mit Unterstützung ihres sozialen Umfeldes, der Eltern, Geschwister und Freunde konstruktiv zu nutzen.

> Stefan wechselte nach einem halben Jahr Therapie vom Kindergarten in die Grundschule. Auch wenn der Übergang mit Rückschritten im therapeutischen Setting verbunden war, konnte er die neu gewonnene Selbsttätigkeit und das Vertrauen in seine Fähigkeiten für die Anpassung im schulischen Kontext nutzen. In enger Abstimmung mit der Klassenlehrerin wurden kritische Phasen therapeutisch aufgearbeitet.

3.5.5 Abschlussphase

In dieser Phase sucht die Therapeutin das Gespräch mit dem Kind, um dessen Vorstellungen und Wünsche bezüglich der Fortführung der Therapie zu klären. Haben die Kinder in anderen Lebensbereichen neue Kontakte und Betätigungsfelder (Sportvereine, Pfadfinder, kirchliche Gruppen) aufgebaut, äußern sie mitunter von sich aus den Wunsch, mehr Zeit für ihre Interessen zu haben und die therapeutische Gruppe nicht länger zu benötigen. Andererseits möchten einige Kinder diesen Schutzraum nicht verlassen, in dem sie sich sicher und geborgen fühlen und mit Spaß und Freude vielfältigste Aktivitäten erleben und erfahren können. In gemeinsamen Gesprächen kann man den Kindern ihren eigenen Entwicklungsverlauf aufzeigen und ihnen verdeutlichen, dass sie zum jetzigen Zeitpunkt die Unterstützung der Therapeutin und der Gruppe nicht länger benötigen. Zugleich sollte man mit ihnen gemeinsam überlegen, welche anderen Angebote sie gerne nutzen würden bzw. ausprobieren könnten und welche Ängste oder Sorgen für sie mit diesem Neuanfang verbunden sind. Der Rückbezug auf die Bewältigung ähnlicher kritischer Situationen der Einbindung in eine unbekannte Gruppe oder des Umgangs mit spezifischen Anforderungen innerhalb der zurückliegenden Therapie kann die Unsicherheit der Kinder minimieren und ihre Kompetenzen herausheben. Die verbale Rückmeldung über die positive Entwicklung erfolgt auch unter dem Gesichtspunkt der Bewusstmachung, damit das Kind sie in sein Selbstkonzept integrieren kann.

Ein zweiter Aspekt der psychomotorischen Entwicklungstherapie betrifft die begleitende Beratung der Eltern und der pädagogischen Fachkräfte durch Hospitationen und begleitende Gespräche, um eine Übertragung der gewonnen Erfahrungen auch auf die anderen Wachstumsfelder zu ermöglichen. Dies beinhaltet einerseits strukturelle Gegebenheiten im Umgang mit dem Kind möglicherweise zu verändern, aber auch mit den veränderten Verhaltensweisen des Kindes adäquat umgehen zu können.

> Die gemeinsamen Gespräche mit Stefans Eltern zielten zunächst darauf ab, die Kleinschrittigkeit und „Langwierigkeit" des therapeutischen Vorgehens transparent zu machen, um die Unterstützung der Eltern zu bekommen. Die zunehmende Eigen- und Selbsttätigkeit von Stefan sollte auch im alltäglichen Handlungsfeld ihren Spielraum bekommen, was zugleich eine Loslösung von den Eltern und eine wachsende Orientierung an der Peergroup bedeutete.

Die Arbeit im therapeutischen Setting eines Sozialpädiatrischen Zentrums erfordert von der Psychomotorikerin spezifische Fachkompetenzen, die über die grundlegenden psychomotorischen Inhalte hinausgehen. Handlungsfeldbezogen sind diagnostische Kompetenzen der Auswahl, Durchführung und Auswertung entsprechender Verfahren sowie die Zusammenführung und Interpretation mit Ergebnissen anderer Fachdisziplinen notwendig. Die interdisziplinäre Arbeitsweise verlangt kommunikative und beratende Kompetenzen in der Zusammenarbeit mit Fachkollegen begleitender Institutionen und Eltern. In Abhängigkeit von der zugrundeliegenden Qualifikation im Bereich der Sozialen Arbeit sind fundierte, umfassendere Weiterbildungen oder aufbauende Ausbildungen (Motopädie/Motologie) für dieses Arbeitsfeld angeraten.

Gut zu wissen – gut zu merken

- Im Setting der Sozialpädiatrie bildet die psychomotorische Entwicklungstherapie einen Baustein eines interdisziplinären Vorgehens.
- Psychomotorisches Arbeiten erfolgt in Einzel- oder Gruppensituationen und wird durch Begleitung/Beratung von Eltern/pädagogischen Fach- und Lehrkräften ergänzt.
- Bewegung bildet innerhalb der Förderung das Medium, mit dem das Kind/der Jugendliche sich mit seiner Umwelt handelnd auseinandersetzt.

Literatur

Brisch, K.H. (2013): Bindungsstörungen. Von der Bindungstheorie zur Therapie. Stuttgart: Klett-Cotta.
Hollmann, H./Kretschmar, C./Schmid, R.G. (2009): Das Altöttinger Papier. Qualität in der Sozialpädiatrie. Bd. 1. Altötting.: RS Verlag.
Krus, A. (2004): Mut zur Entwicklung. Das Konzept der psychomotorischen Entwicklungstherapie. Schorndorf: Hofmann.
Lerner, R. (1982): Children and adolescents as producers of their own development. *Developmental Review*, 2, 342–370
Schulte, D. (1998): Therapieplanung. Göttingen: Hogrefe.
Seewald, J. (2000): Leib und Symbol. Ein sinnverstehender Zugang zur kindlichen Entwicklung. (2. Aufl.). München: Fink.

4 PSYCHOMOTORIK IN DER KINDER- UND JUGENDHILFE

Richard Hammer

Was Sie in diesem Kapitel lernen können

In diesem Kapitel erhalten Sie Wissen über

- die Entwicklung und die aktuelle Situation in der Kinder- und Jugendhilfe,
- die Bedeutung von Bewegung, Spiel und Sport in der Kinder- und Jugendhilfe als konkrete Maßnahme und als Prinzip der Alltagsgestaltung,
- die psychomotorische Entwicklungsförderung als bewegungsorientierte und körperbezogene Spieltherapie.

Sie lernen wie diese psychomotorischen Spielstunden gestaltet werden können und wie das handlungsleitende Prinzip der Psychomotorik in den pädagogischen Alltag der Kinder- und Jugendhilfe übertragen werden kann.

4.1 Kinder- und Jugendhilfe heute

Im Jahre 1990 wurde in Deutschland das Kinder- und Jugendhilfegesetz (SGB VIII) verabschiedet, nach dem „jeder junge Mensch ein Recht auf Förderung seiner Entwicklung und auf Erziehung zu einer eigenverantwortlichen und gemeinschaftsfähigen Persönlichkeit hat" (§ 1, Abs. 1 KJHG). Die Pflicht, diesem Recht Geltung zu verschaffen, haben auch Einrichtungen der Kinder- und Jugendhilfe, wobei sich die Frage stellt, inwieweit diese Aufgabe insbesondere in den „Hilfen zur Erziehung (Heimerziehung)", also nach dem § 34 SGB VIII, erfüllt werden kann. Der Auftrag lautet, Kinder und Jugendliche durch eine Verbindung von Alltagserleben mit pädagogischen und therapeutischen Angeboten in ihrer Entwicklung zu fördern, wobei es das konkrete Ziel dieser Maßnahme ist, die Rückkehr in die Herkunftsfamilie, den Wechsel in eine Pflegefamilie oder die Verselbständigung des Jugendlichen zu erreichen. Voraussetzung dafür ist eine psychische Stabilisierung des Kindes/Jugendlichen und/oder die Veränderung der Lebensbedingungen in der Familie – das heißt, dass sowohl das Kind/der Jugendliche als auch die Familie im Focus der pädagogisch-therapeutischen Maßnahme stehen müssen. Dass nur eine Verbesserung der Gesamtsituation dem Kind und dem Jugendlichen wirklich hilft, zeigt ein Blick auf die Zahlen vergangener Jahre.

Obwohl mit der Verabschiedung des Kinder- und Jugendhilfegesetzes eine Stärkung der Rechte der Familien vollzogen und die Förderung der Erziehungskompetenzen der Eltern unterstützt wurde, nahm die Zahl der Maßnahmen der Heimerziehung gem. § 34 SGB VIII seit 1991 erheblich zu. Waren damals noch

48 Kinder und Jugendliche unter 21 Jahren in einer Maßnahme der stationären Jugendhilfe untergebracht, so sind es heute bis zu 56 Kinder pro 10.000 der unter 21-Jährigen. Vor allem bei den unter 6-Jährigen zeigt sich eine starke Dynamik. Hier stieg die Fallzahl für Heimerziehungen bundesweit allein in den Jahren zwischen 2005 und 2009 von 3.130 bis 4.811 um 54% an. Bemerkenswert ist dabei, dass drei von vier Kindern, die 2009 stationär untergebracht waren, zuvor nicht mehr bei ihren beiden leiblichen Eltern lebten. Diese Kinder stammten mit einem Anteil von 60% aus Alleinerziehenden-Familien (vgl. Fendrich/Wilk 2011).

Diese zunehmenden Schwierigkeiten innerhalb der Familien führen zu neuen Herausforderungen für die Kinder- und Jugendhilfe. Verfolgt man die Fachliteratur, so war in den vergangenen Jahren der Focus stark auf die Qualitätssicherung der Institutionen gerichtet. Der spezifische Auftrag könnte jetzt wieder in die Richtung zeigen, sich vermehrt und noch intensiver den Problemen der Kinder und Jugendlichen zuzuwenden. Dann allerdings mit der Aufgabe, neue Wege für den Zugang zu dieser zunehmend schwieriger werdenden Klientel zu finden. Bewegung, Spiel und Sport spielen hierbei eine große Rolle.

4.2 Bewegung, Spiel und Sport in der Kinder- und Jugendhilfe

Bewegung, Spiel und Sport gelten als anerkannte pädagogische und therapeutische Medien in der Kinder- und Jugendhilfe, da sie zum einen den Zugang zur Klientel erleichtern, zum andern aber auch nachweislich Verhaltensänderungen bewirken können (vgl. Beudels/Hamsen 2005, Ceroveki 2003, Vollmer 2013).

Dieser Gedanke ist nicht neu, haben doch die bedeutendsten „Klassiker" der Heimerziehung (Don Bosco, Flannagan, Makarenko, Bettelheim) dem Körper, der Bewegung, dem Spiel und dem Sport einen hohen Stellenwert zugemessen (vgl. Hammer 1995). Obwohl es viele dieser bemerkenswerten Beispiele gibt, hat sich diese Herangehensweise bei den politisch und institutionell Verantwortlichen nicht flächendeckend durchgesetzt. Bewegung, Spiel und Sport als Medium der Persönlichkeitsförderung und -veränderung kann nicht genutzt werden, da es an der Personalisierung fehlt. Im Stellenplan der Einrichtungen sind Fachkräfte für Bewegung in der Regel nicht vorgesehen, aber auch die Bewegungswissenschaften vernachlässigen diese besondere Klientel, die ein besonders Bewegungsangebot verlangen (vgl. Dräbing 2006).

Es gibt jedoch zunehmend Einrichtungen der Kinder- und Jugendhilfe, die sich diesen Zugang zum Kinde und zum Jugendlichen zunutze machen und vermehrt eine körperbezogene und bewegungsorientierte Pädagogik und Therapie einsetzen. Personalisiert wird dieses Angebot in der Regel durch Motologinnen, Motopädinnen, aber auch durch Sportpädagoginnen oder pädagogische Fachkräfte, die durch eine Zusatzausbildung dafür qualifiziert sind. Haben sich, neben dem „sportlichen Angebot", bei Jugendlichen vor allem erlebnispädagogische Angebote bewährt, so fällt bei Kindern (unter spezifischen Bedingungen, aber auch bei Jugendlichen) eher die Psychomotorik auf fruchtbaren Boden. Dies gilt für die Psychomotorik als pädagogische und therapeutische Maßnahme sowie auch für die Gestaltung des pädagogischen Alltags. Als spezifische Maßnahme bietet die Psychomotorik im bewegungsorientierten und körperbezogenen Spiel dem Kind die Möglichkeit, innerpsychisches Erleben darzustellen und somit bestehende Ängste, Wünsche, Befürchtungen aus Vergangenheit, Gegenwart und Zukunft der Verarbeitung zugänglich zu machen. Für den pädagogischen Alltag gibt die Psychomotorik sehr nützliche Hinweise bzgl. der Gestaltung von Raum und Zeit, dem Einsatz von Materialien und der Herstellung positiver Beziehungen, die auch und vor allem über den Körper hergestellt werden (vgl. dazu ausführlich Hammer 2001).

Die Psychomotorik in der Kinder- und Jugendhilfe wird zunehmend an Bedeutung gewinnen, wenn sie ihre Wirksamkeit nachweisen kann (vgl. Klein/Macsenaere 2002). Diese Wirksamkeit wird aber immer nur innerhalb klar umrissener Grenzen möglich sein. Wie viele andere therapeutische Maßnahmen werden auch die psychomotorischen nur „Hilfe im Leiden" sein, solange sich nichts an der familiären und gesellschaftlichen Situation der betroffenen Kinder und Jugendlichen ändert. Dabei kann sich zunächst die Einbeziehung der Familien in die psychomotorische Arbeit als nützlich erweisen (vgl. Hammer/Paulus 2002, Licher-Rüschen 2006, Richter 2012). Dazu gehört aber auch der politische Einsatz für eine kinderfreundliche Umwelt, in der Bewegung und Spiel in den Alltag der Kinder und Jugendlichen integriert werden kann.

Ein sehr gelungenes Beispiel dafür ist das Überregionale Beratungs- und Behandlungszentrum (ÜBBZ) in Würzburg, das sich aus den Nachkriegswirren zu einer vorbildlichen Einrichtung der Kinder- und Jugendhilfe mit einem starken Schwerpunkt in Bewegung, Spiel und Sport entwickelt hat. Der damalige Leiter Peter Flosdorf bekam Unterstützung von Herrmann Rieder, der als anerkannter Leistungssportler einen besonders guten Zugang zu den Kindern und Jugendlichen fand. Gemeinsam entwickelten sie mit dem „Spiel-Sport" eine Form des Sports, die mehr teilnehmerbezogen, offen, variabel, gruppenzentriert und gleichzeitig auch individuell war, sich also von den üblichen Formen des Sports stark abhob. Es ging dabei um „Leistungsentpflichtung, spielerischen Beginn, um Antizipation und Variabilität in der Stundenvorbereitung und -durchführung" (vgl. Rieder 2003, 495ff.).

Dieser „Spiel-Sport" hat sich im ÜBBZ Würzburg etablieren können und wird heute als eine kindgemäße Spiel- und Bewegungserfahrung definiert, in der die Möglichkeit „zur Bearbeitung von Angst, Hemmungen, destruktiver Aggressivität und ausferndem Toben" besteht (Müller 2003, 505). Beim Spielen und den sportlichen Übungen sollen hierbei „psychosoziale Einstellungen und Haltungen erlebt und dann erfahrbar werden, die einen bewussteren und behutsameren Umgang mit sich, den anderen und der materialen Welt ermöglichen und fördern" (ebd., 507). Die Strukturierungs- und Ordnungsprinzipien des Angebotes folgen dabei den „bodenständigen und praxisorientierten Kategorien wie: Kennenlern-Spiele, Neue Spiele, Laufspiele, Ballspiele..." und nicht den „vielfältigen Facetten der Spieltheorie" (ebd., 518). Es gibt vergleichbare Einrichtungen der Kinder- und Jugendhilfe, welche Bewegung, Spiel und Sport als besonderes Angebot nutzen.

Sie bieten – wie oben gezeigt – Spiel- und Bewegungsmöglichkeiten an, verbleiben dabei aber im Bereich der pädagogischen Maßnahmen, mit dem Ziel spezifische personale und soziale Kompetenzen zu vermitteln.

4.3 Psychomotorische Entwicklungsförderung in der Kinder- und Jugendhilfe

Auch im Pallotti-Haus, einem Zentrum für Erziehungshilfe in Neunkirchen/Saar, haben sich Bewegung, Spiel und Sport einen festen Platz in der Freizeit und als pädagogisches Angebot erobert. Darüber hinaus wird hier als therapeutische Maßnahme die „Psychomotorische Entwicklungsförderung" angeboten, die als bewegungsorientiertes und körperbezogenes Spiel gestaltet wird (vgl. Hammer 2001). In dieser Spielsituation haben die Kinder – in Einzelsituationen oder in der Gruppe – die Möglichkeit, ihre emotionalen Probleme darzustellen, zu bearbeiten und damit einen Selbstheilungsprozess einzuleiten. Dabei folgt der Erwachsene in einer weitgehend offenen Situation den Impulsen der Kinder und lässt somit die „heilenden Kräfte im kindlichen Spiel" wirksam werden (vgl. Schäfer 1989, 2006, Simon/Weiss 2008, Zulliger 2007).

Der Beantwortung der Frage, wie sich diese Situationen gestalten lassen, liegen zwei psychologische Theorien zugrunde: die Persönlichkeitstheorie von D.W. Winnicott und die Entwicklungstheorie von E.H. Erikson. Winnicott hat mit seiner Kreation des „intermediären Bereiches" ein Modell geschaffen, in dem der Raum zum Spielen ein Spielraum für die Persönlichkeitsentwicklung des Kindes wird, und Erikson hilft mit seinem Entwicklungsraster, Beobachtungen des kindlichen Spiels für Diagnose und Therapieplanung zu nutzen (vgl. dazu ausführlich Hammer 2001).

4.3.1 Das Spiel als „intermediärer Bereich"

Winnicott (1896–1971) war ein englischer Kinderarzt und Psychoanalytiker und gilt als einer der wichtigsten Vertreter der Objektbeziehungstheorie. Obwohl er ein Anhänger Freuds war, gab er sich nie mit der Freud'schen Einteilung der Welt in eine innerpsychische und außerpsychische Realität zufrieden. Winnicott postulierte einen dritten, den „intermediären Bereich" als einen „Zwischenbereich des *Erlebens,* zu dem sowohl die innere Realität als auch das äußere Leben beitragen" (Winnicott 2008, 295). Phantasie und Realität treffen hier ständig aufeinander, innere und äußere Welt verschmelzen in dem Maße, wie das Kind die Entdeckungen der Außenwelt selber schafft und sich somit ein gewisses Maß eines Omnipotenzgefühls bewahrt. Als erstes Beispiel im Erleben des Kleinkindes beschreibt Winnicott das „Übergangsobjekt" als ein vom Säugling selbst gewähltes Objekt, das in der Phantasie des Kindes bei Abwesenheit der Mutter diese ersetzen kann. Meist ist es ein materielles Objekt wie ein Kuscheltier oder eine Schmusedecke. Später dann, im Alter von 3 bis 4 Jahren, wird dieser „intermediäre Bereich" im Spiel gestaltet.

Der intermediäre Bereich schafft also für das Kind optimale Entwicklungsbedingungen, da er zum einen der Phantasie, der Innenwelt ausreichend Entfaltungsmöglichkeiten gibt, andererseits die Phantasie aber auch „bremst", da die äußere Welt als etwas Eigenständiges erlebt werden kann. „Ihre (in Grenzen anerkannte) Eigenständigkeit macht es möglich wie notwendig, dass die Phantasien sich an ihr ‚brechen' (nicht zerbrechen)" (Schäfer 1986, 110). Das Kind kann also innerhalb des intermediären Bereichs, im Spiel, seine Bedürfnisse, Wünsche, Ideen, Vorstellungen, sein Erlebtes und Erhofftes entäußern und ihm Gestalt geben. Es erhält so die Gelegenheit, sich an der Gestaltung der eigenen Zukunft und der Außenwelt mit zu beteiligen.

4.3.2 Der therapeutische Prozess

Bei sogenannten „Problemkindern" fällt oft auf, dass sie eigentlich nicht spielen können. Ihre Spielideen sind ziemlich eintönig und ranken sich meist mit wenigen Variationen um dasselbe Thema. Ihre Handlungsplanung ist unrealistisch und in ihrer konkreten Ausführung oft nicht durchführbar. Im Spielverlauf zeigt sich, dass die Kinder weniger miteinander als nebeneinander spielen und allenfalls unter der Führung eines dominanten Mitspielers an einer gemeinsamen Sache bleiben können.

> So musste in einer Heimwohngruppe selbst beim einfachen Versteckspiel stets ein erwachsener Betreuer mitspielen, um das Spiel in Gang zu setzten und die Kontrolle über die Einhaltung der Spielregeln übernehmen, da bei seinem Rückzug immer ein Zusammenbruch des Spiels erfolgte. Erst nach ca. drei Monaten regelmäßigen Spielens waren die Kinder in der Lage, dieses Spiel – gemäß der Übereinkunft über die Regeln – alleine durchzustehen, da sie erst dann stark genug waren, ihre eigenen, persönlichen Interessen hinter denen eines gelungenen Spiels in sozialer Gemeinschaft zurückzustellen.

Sind Kinder nicht in der Lage, selbständig zu spielen, „dann heißt das, dass das Kind nicht schöpferisch spielen kann" (Winnicott 2012, 62) und damit der Weg für eine kreative Lebensgestaltung verstellt ist. Aufgabe der „Psychomotorischen Entwicklungsförderung" ist es deshalb, Gelegenheiten anzubieten, in denen sich das Kind die Fähigkeiten zum schöpferischen Spielen aneignet und damit neue Entwicklungschancen für seine Zukunft eröffnen kann.

Auf dieser Grundlage lässt sich die „psychomotorische Entwicklungsförderung" als therapeutischer Prozess darstellen, in dem „zwei Bereiche des Spielens sich überschneiden: der des Patienten und der des Therapeuten. Psychotherapie hat mit zwei Menschen zu tun, die miteinander spielen" (Winnicott 2012, 49).

Der therapeutische Kontext muss also so gestaltet werden, dass das Kind nochmals die Chance bekommt, die Fähigkeit zu entwickeln, die es in seiner natürlichen Entwicklung nicht erwerben konnte. Das neue Lernen des Spielens bildet die Grundlage für die Suche nach seinem „Selbst", das durch krankmachende Entwicklungsbedingungen verschüttet wurde, denn „nur im Spielen kann das Kind und der Erwachsene sich kreativ entfalten und seine ganze Persönlichkeit einsetzen, und nur in der kreativen Entfaltung kann das Individuum sich selbst entdecken" (ebd., 66).

Um diesen Prozess zu fördern, muss die Therapeutin einen Raum des absoluten Vertrauens für das Kind schaffen, in dem sich das Kind entspannen und wieder den freien Zugang zu seinem menschlichen Potential finden kann. Fängt das Kind an, Phantasien zu entwickeln und im Spiel zu inszenieren, muss die Therapeutin zurückhaltend und sehr behutsam auf das Spiel des Kindes eingehen. Zurückhaltung bedeutet aber nicht, sich aus dem Dialog mit dem Kind herauszuziehen. Die physische und psychische Präsenz, die einfühlende Wachsamkeit der Therapeutin ist für das Spiel des Kindes unbedingt erforderlich, da es nur daraus die Sicherheit und das Vertrauen gewinnen kann, das Wagnis des Spielens einzugehen, um damit in diesem regressiven Zustand verfestigte Strukturen wieder zu verflüssigen und wieder von neuem „das Wechselspiel zwischen Körperfunktionen und Imagination einzuleiten" (Neubaur 1987, 45). Das Wiedererleben des eigenen Körpers, das Funktionieren der Muskeln, der Sinne, das Spüren der Atmung schafft die Voraussetzungen dafür, den Körper wieder neu, als etwas Eigenständiges und Positives zu entdecken und damit eine neue Identität herauszubilden. Die Wiederentdeckung des eigenen Körpers ist also zunächst das zentrale Ziel der therapeutischen Arbeit.

Um den Kindern die Möglichkeit intensiver Körpererfahrungen zu geben, müssen ihnen Gelegenheiten geboten werden, in denen sie ihren Körper spüren und als Ganzes wahrnehmen können. Die dabei entstehende Ruhe und Konzentration, die Intensität der Beziehung, die bei Partnerübungen aufgebaut wird, erzeugt bei ihnen das Gefühl von Halt und Geborgenheit, das sie in ihrem Kinderleben sonst so sehr vermissen und deshalb in diesen Situationen besonders genießen können.

Bewegungsorientierte Aktivitäten und das Erleben der Funktionalität des Körpers geben den Kindern die Möglichkeit, positive Beziehungen zum eigenen Körper aufzubauen und eine neue Orientierung in Raum und Zeit zu entwickeln. Erst wenn die Kinder über die „Bemeisterung" des eigenen Körpers gelernt haben, sich zu bewegen und seine Funktionen zu beherrschen, sind sie auch fähig zu spielen.

4.3.3 Entwicklungsphasen nach Erikson

Diese Voraussetzungen werden in der „Psychomotorischen Entwicklungsförderung" durch ein entwicklungsorientiertes Angebot an Bewegungsgelegenheiten geschaffen. Den Hinweis darauf, welche Art von Bewegungsaktivitäten dazu erforderlich ist, geben uns die Kinder im freien Spiel. Ordnen wir diese in Anlehnung an die Theorie der psychosozialen Entwicklung von Erikson (1976), so zeigt sich, dass sie dabei auf Bewegungs- und Spielformen zurückgreifen, die eigentlich ihre entwicklungsfördernde Kraft schon in viel früheren Entwicklungsstufen hätten entfalten müssen. Dadurch wird deutlich, dass sie im freien Spiel immer wieder versuchen, die ungelösten Krisen ihrer Vergangenheit zu bewältigen, um sich damit neue Entwicklungschancen für die Zukunft zu eröffnen. Wir können diesen Prozess des Erwerbs von Spielfähigkeit erleichtern, indem wir Bewegungsgelegenheiten bieten, die vor allem vertrauensfördernd sind und der Entwicklung von Autonomie dienen (vgl. Tab. 1)

Tab. 1: Entwicklungsphasen und Bewegungsthemen (R. Hammer, M. Denzer und K. Twellmeyer – unveröffentlicht – in Anlehnung an Erikson)

Psychosoziale Krisen	Psychosoziale Modalitäten	Bewegungsorientierte Aktivitäten
Vertrauen – Misstrauen (1. Lebensjahr)	geben – bekommen „Ich bin, was man mir gibt"	entspannt liegen gehalten werden Körperkontakt suchen sich einwickeln (Wärme) schaukeln und schwingen sich fallen lassen schweben im Wasser
Autonomie – Scham und Zweifel (2. und 3. Lebensjahr)	festhalten – loslassen auf eigenen Füßen stehen „Ich bin, was ich will"	erforschen von Dingen und der Umwelt erforschen des eigenen Körpers, der eigenen Möglichkeiten ausprobieren von Materialien (z. B. Fahrgeräte) Fangspiele (einer gegen alle) verstecken (= entdeckt werden als Bestätigung der eigenen Existenz) raufen und balgen
Initiative – Schuldgefühl (4. – 6. Lebensjahr)	Tun (Drauflosgehen) Tun als ob „Ich bin, was ich mir zu werden vorstellen kann"	Rollenspiele (Räuber und Gendarm, Monsterspiele) Wettkämpfe (Laufspiele) mit Fahrgeräten in den Raum fahren
Werksinn – Minderwertigkeitsgefühl (Schulalter)	mit anderen zusammen etwas „Richtiges" machen „Ich bin, was ich lerne"	Judo, Tanz Klettern, Kanu Segelboot bauen und damit auf Törn gehen Fahrräder zusammenbauen und damit fahren

In den psychomotorischen Förderstunden zeigen die Kinder, dass sie nicht nur bei der Auswahl der Bewegungsaktivitäten, sondern auch bei der Gestaltung ihrer Spielideen entwicklungsorientiert vorgehen. Beachten wir das Entwicklungsschema von Erikson, so lässt sich feststellen, dass – je nach Entwicklungsstand – zunächst Spiele bevorzugt werden, bei denen es um den Erwerb von Urvertrauen geht. Erst darauf aufbauend beobachten wir Spiele zur Entwicklung von Autonomie und Initiative.

Im kindlichen Spiel sind hier regressive Elemente zu erkennen, die immer dann verstärkt zu beobachten sind, wenn die Anforderungen der Umwelt zunehmen.

Die Kinder suchen dann Situationen auf, die sie an Ruhe, Entspannung und Geborgenheit der pränatalen Entwicklungsphase erinnern. Der Rückzug in dunkle, enge Höhlen, in denen Raum und Zeit ihre Bedeutung verlieren, bietet dem Kind dieses „ozeanische Gefühl", das es im Mutterleib erlebte. Das Spiel in der Höhle bietet auch eine intensive Nähe zum Erwachsenen, in der es Urvertrauen in eine verlässliche und beschützende Umwelt entwickeln kann. In der Ruhe, Dunkelheit und Wärme dieser Höhle vermag sich das Kind der bergenden Umgebung hinzugeben und sich für das vertraute Zusammensein mit dem Erwachsenen zu öffnen.

Wenn sich das Kind hier sicher fühlt, dann wird es auch in der Lage sein, einen ersten Schritt nach draußen zu machen. Erst auf dieser Basis des entwickelten Urvertrauens kann es wagen, in eine fremde Welt hinauszutreten, die ständig Neues und Beängstigendes bietet. Es lernt, auf eigenen Füßen zu stehen und unabhängig vom Erwachsenen zu werden, wobei es dessen Nähe braucht, als Ort des Rückzugs, als „Heimathafen", zu dem es immer wieder zurückkehren kann, um emotional aufzutanken (vgl. Mahler u. a. 2008). Auf dieser Grundlage ist das Kind in der Lage, „auf eigenen Füßen zu stehen" und autonom zu werden.

> Ein Fallbeispiel (vgl. Hammer 1992) zeigt, wie dieser Schritt nach draußen gewagt, der Kampf um Autonomie aufgenommen wird. Bei einem Jungen, den ich im folgenden Jakob nenne, musste dieses Unternehmen aus einer schlechten Ausgangsbasis heraus gestartet werden, da ihm wegen der „emotionalen Abwesenheit" der Mutter nicht nur der Ort fehlte, emotional aufzutanken, sondern auch noch der Vater, der die Familie verlassen hat, als der Junge zwei Jahre alt war. Der Kampf um Autonomie wurde also von Jakob auf einer sehr schlechten Grundlage ausgefochten. Er versuchte, diese psychosoziale Krise in den psychomotorischen Förderstunden gemeinsam mit einem anderen Jungen durch ein „Monsterspiel" aufzuarbeiten, für das er ein sehr differenziertes Skript entwickelt hat:
> Es handelt sich um Kinder, die an einem Fluss einen netten Menschen getroffen haben, der ihnen zunächst freundlich zuwinkt, sich jedoch plötzlich in ein gefährliches Ungeheuer verwandelt, dessen Umklammerung tödlich wirkt. Das Spiel, dessen Inhalt bestimmt war vom Kampf der Kinder gegen das gefährliche Monster, das durch seine Übermacht existentielle Ängste in den ohnmächtigen Kindern auslöst, spiegelt die aktuelle Lebenssituation der Kinder wider. Klein und hilflos in der Welt der Erwachsenen, in ihrem Überleben vom guten Willen der Großen abhängig, können sie immer nur auf die Rettung durch das Gute hoffen, das ihnen hilft, erwachsen zu werden und selbständig in ihrem Leben bestehen zu können. Diese Hoffnung wurde bei Jakob immer wieder enttäuscht, für ihn entpuppte sich hinter dem vermeintlich Guten immer wieder das Böse. Von seiner Mutter bekam er nicht die Unterstützung, die ein Kleinkind bräuchte, und zu guter Letzt wurde er auch noch von seinem Vater verlassen, der ihm in seinem Kampf um Autonomie nicht helfen konnte, weil er nicht anwesend war. So kann er erst jetzt, nachdem er in seinem Therapeuten den geeigneten Spielpartner gefunden hat, mit seinem Kampf um Autonomie beginnen. Er nutzte diese Stunden, um seine Problematik immer wieder im Spiel darzustellen und zu verarbeiten.

Spielthemen dieser Art, wie sie in psychomotorischen Förderstunden immer wieder in Szene gesetzt werden, machen die aktuelle Situation der Kinder deutlich. Die Auseinandersetzung mit fremden Mächten, die nur durch übermächtige Kräfte eines Heros bezwungen werden können, drückt die Ohnmacht gegenüber der Welt der Erwachsenen aus, die sie nur mit magischer Hilfe bezwingen können. Im Spiel entwickeln die Kinder Allmachtsgefühle, sie identifizieren sich mit dem strahlenden und starken Helden, den sie aus dem Fernsehen kennen, und verarbeiten damit ihre ständigen Niederlagen, die sie im Alltag erleiden müssen. Dies ist ihr Kampf um Autonomie, der in der Konfrontation „allein gegen alle" auf der Grundlage von erworbenem Urvertrauen ausgetragen wird.

Das „mörderische" Monsterspiel mit dem Thema Macht – Ohnmacht, Gut – Böse muss abgelöst werden von Spielen, die Erikson in seiner 3. Phase beschreibt. Die erworbene Fähigkeit, „auf eigenen Füßen stehen zu können", muss nun genutzt werden, sich aus der engen Bindung zu den Eltern zu lösen und sich vermehrt der Gruppe der Gleichaltrigen zuzuwenden. In Rollenspielen sollten sich die Kinder die Welt der Erwachsenen, die nun ja akzeptiert ist, aneignen. „So tun als ob" heißt nun die Devise, und die Kinder entwickeln erste Ideen von dem, „was sie sich zu werden vorstellen können". Sie beginnen, sich Räume zu erobern, und fangen an, sich mit den Gleichaltrigen im Wettkampf zu messen.

4.4 Methodisch-didaktische Überlegungen

Psychomotorische Entwicklungsförderung findet also im körperbezogenen und bewegungsorientierten Spiel statt, für das der „intermediäre Bereich" (Winnicott) den entsprechenden Rahmen bildet. Ausgehend von der Annahme, dass das Ich zunächst einmal ein körperliches ist, werden die Einstellung zum eigenen *Körper* und der Umgang mit ihm als Organ des Ausdrucks und Mittel der *Bewegung* zum zentralen Thema der psychomotorischen Entwicklungsförderung.

Spätestens im Vorschulalter erfährt das Kind die entscheidenden Impulse seiner Entwicklung im *Spiel*, verstanden als intermediärer Bereich, in dem es die Gelegenheit hat, in einem kreativen Prozess sich selbst zu entdecken oder eine Beziehung zu seiner sozialen oder dinglichen Umwelt herzustellen. Sein Handwerkszeug ist hierfür der sich bewegende Körper, mit dessen Hilfe er seine Innenwelt entäußern und die Außenwelt aktiv verändern kann. Zu berücksichtigen ist hierbei, dass, je nach Entwicklungsstand und der psychosozialen Befindlichkeit, das Kind genügend Freiraum bekommt, um seine Innenwelt ausdrücken zu können, dass es aber durch die entsprechende Strukturierung des Spielraums geschützt wird vor den Überforderungen, die von der Außenwelt an es gestellt oder durch eine Überflutung aus der Gefühlswelt verursacht werden.

Dies heißt also zunächst, einen *Raum* bereitzustellen, der Schutz bietet, der das Zusammensein nach außen abschirmt und damit einen Raum des absoluten Vertrauens entstehen lässt. Diese klare Grenzsetzung nach außen findet sich wieder in der Innenstrukturierung des Raumes, die dem Spiel der Kinder durch die besondere Gestaltung die notwendigen Einschränkungen, aber auch Impulse gibt. Total leere und offene Räume würden viele Kinder ebenso überfordern wie überfüllte und zugestellte Räume. Die Unklarheit des Raumes zwingt das Kind, sich mit dieser auseinanderzusetzen und lässt ihm deshalb keine Zeit, die eigenen Phantasien auszuleben und sich sinnlich-körperlich mit sich selbst zu beschäftigen. Dafür braucht es klare Raumstrukturen und eine angenehme Atmosphäre, die einlädt zum Verweilen, wo man sich wohl fühlen und zur Ruhe kommen, aber auch genügend Anregungen für bewegungsorientiertes und körperbezogenes Spiel finden kann.

Dieser Anspruch der eindeutigen Strukturierung auf der einen Seite mit den darin enthaltenen Freiräumen auf der anderen Seite gilt auch für die *Zeit*. Auch in dieser Hinsicht muss durch eindeutige Grenzziehung für den Anfang und das Ende der Stunde der klare Rahmen abgesteckt werden, da dadurch dem Kind geholfen wird, diese seine Stunde in den Fluss seiner Lebenszeit einzuordnen und Klarheit für seinen Tagesablauf zu bekommen. Eine eindeutige und feststehende Binnenstrukturierung mit einem Wechsel von fremd-bestimmten und selbst-bestimmten Zeitabschnitten, d.h. für angeleitetes und freies Spiel, hilft dem Kind seine Spielideen zu entwickeln und für einen überschaubaren Zeitabschnitt zu planen und durchzuführen.

Viele dieser Spielideen drängen aus der Innenwelt des Kindes nach außen, weil ihnen dieser Weg durch die Anregungen der vorhandenen *Materialien* erleichtert wurde. Sie sind die Hebammen der Phantasien des Kindes, regen sie an, bieten ihnen gleichzeitig aber auch Widerstand. Da sie schwerer zu handhaben sind als die Ideen, zwingen sie das Kind, sich mit seinen Phantasien körperlich auseinanderzusetzen und sie in der Realität der Spielwelt darzustellen. Dieser Prozess hilft, Struktur in die eigene Innenwelt zu bekommen und deren oft vorhandenes Chaos zu ordnen. Erleichtert und gefördert wird dieser Prozess, wenn die Materialien dem Entwicklungsstand des Kindes und entsprechend seiner Problemlage ausgesucht werden, da ihre Form bestimmte Spielinhalte herausfordern kann. Verhindert werden kann der Aufbau eines Spiels durch das falsche, v.a. aber durch ein Überangebot an Spielmaterialien, da die Kinder dadurch überfordert werden. Das äußere Chaos verstärkt das innere, anstatt Hilfestellung für dessen Strukturierung zu geben.

Ist hiermit der äußere Rahmen für die psychomotorische Entwicklungsförderung abgesteckt, so gilt es diesen durch das gemeinsame Spiel der Therapeutin mit dem oder den Kindern zu füllen. Für die *Beziehungsgestaltung* gelten die von Winnicott formulierten Anforderungen, nach denen zwischen den Kindern und dem Erwachsenen eine partnerschaftliche Beziehung bestehen soll, in der jedoch die Therapeutin die Verantwortung dafür trägt, dass die äußeren Rahmenbedingungen aufrechterhalten werden und dass die Kinder ihr Spiel spielen können, ohne von Außeneinflüssen gestört oder von der Gewalt der eigenen Gefühle überflutet zu werden. Die Therapeutin muss also, um im Spielprozess, in dem das Kind Tempo und Richtung vorgibt, miteinbezogen zu sein, emotional beteiligt sein und mit dem Kind spielen, sie darf aber nicht wie das Kind spielen, sich in das Spiel verwickeln lassen, sondern muss zu jeder Zeit in der Lage sein, auf eine „Metaebene" zu gehen und eine „holding-Funktion" (Winnicott) für das Kind zu übernehmen, so wie es die Mutter für den Säugling tut. Nur aus der erlebten Zuverlässigkeit der Halt gebenden Mutter kann der Säugling das Vertrauen zur Umwelt und sich selbst entwickeln – als Grundlage für die Entwicklung seiner Persönlichkeit.

Die Therapeutin steht also psychisch hinter dem Kind, ist Helfer, Beschützer und Mitspieler. Sie geht dem Kind nicht voran und setzt Impulse für das Spielgeschehen nur dann, wenn das Kind in seinem Spielfluss hängenbleibt und im Moment nicht fähig ist, die notwendigen Ideen zu entwickeln. Ansonsten werden die *Inhalte* einer Spielstunde von den Kindern bestimmt, wobei – wie oben gezeigt – durch die notwendige Festlegung der äußeren Rahmenbedingungen schon gewisse Einschränkungen gemacht werden. Umso wichtiger ist es für den Erwachsenen, sich in die Gefühlswelt des Kindes einzuspüren und daraus die wichtigen Anregungen für das Arrangement zu erhalten. Die Inhalte werden für die Kinder zu *Themen* (Klafki 2007), da sie nicht durch die Zielsetzungen der Therapeutin festgelegt sind. Sie werden zu Lebensthemen, weil sie von ihren Interessen und Bedürfnissen bestimmt werden. Es ist *ihre* Vergangenheit, Gegenwart und Zukunft, die im gemeinsamen Spiel inszeniert wird – es sei denn, die Therapeutin bringt im Sinne der „Gegenübertragung" eigene Themen mit ein. So wird sich in einem „Monsterspiel" die gespürte Ohnmacht des Kindes in Beziehung zur Macht des Erwachsenen widerspiegeln, und im Versteckspiel kann die Angst vor dem Verlassenwerden reinszeniert werden.

Die Aktivitäten der psychomotorischen Entwicklungsförderung entfalten also ihre Wirksamkeit dadurch, dass sie für die Kinder zu Erlebnissen werden, in denen durch den Einsatz ihres ganzen Körpers im bewegungsorientierten Spiel Saiten ihres Innenlebens zum Schwingen gebracht werden. In diesem Prozess der Begegnung von Innen- und Außenwelt des Kindes können Themen entwickelt werden, die eng mit der Biographie des Kindes verbunden sind, sei es, dass es hier „Erlebtes" aus der Vergangenheit neu aufbereitet und verarbeitet, dass es sich mit aktuellen Problemen der Gegenwart auseinandersetzt oder Entwürfe für seine Zukunft gestaltet. Wenn es gelingt, nicht in diesen Erlebnissen stecken zu bleiben, sondern im gemeinsamen Prozess das *Erleben* zu *Erfahrungen* zu machen, die sich in die Biographie des Kindes einbinden lassen, dann werden die nicht gelösten psychosozialen Krisen einer neuen Bearbeitung wieder zugänglich und dem Kind neue Entwicklungsmöglichkeiten für seine Zukunft eröffnet.

4.5 Psychomotorische Haltung im pädagogischen Alltag

Diese psychomotorischen Maßnahmen können aber nur dann ihre Wirksamkeit entfalten und mehr sein als eine Hilfe im Leiden, wenn sie eingebettet sind in einen Gruppenalltag, dessen Grundprinzipien an denen der Psychomotorik ausgerichtet sind. So kann z. B. das Bemühen, dem Kind eine positive Beziehung zu seinem Körper zu vermitteln, nicht beschränkt werden auf eine Stunde pro Woche. Auch im pädagogischen Alltag muss durch einen reflektierten Umgang der Erwachsenen mit körperlicher Nähe und Distanz der Grundstein für hoffnungsvolles Vertrauen auf Seiten des Kindes gelegt werden. Dies betrifft Situationen, in denen ein direkter Kontakt entsteht: bei der Körperpflege, beim Kopfwaschen, beim Abtrocknen, beim Kämmen, Haare schneiden, beim Eincremen, bei der „ärztlichen Versorgung". Bei all diesen Gelegenheiten, in denen das Tabu des Körperkontakts aufgehoben ist, können sehr intensive und positive Körpererfahrungen vermittelt werden. Berührungen des Körpers als etwas Angenehmes zu empfinden, ist für die oft mit physischen Gewalterfahrungen aufgewachsenen Kinder nicht immer selbstverständlich. Auch die Situationen bei der Hausaufgabenhilfe, beim Vorlesen, beim Gespräch oder beim gemeinsamen Fernsehen bieten die Gelegenheit, über Körperkontakt persönliche Nähe zu vermitteln bzw. durch Distanz die Selbstbestimmung und Achtung vor den Grenzen des Kindes zu demonstrieren. Beim ritualisierten Balgen, Ringen und Raufen erfährt das Kind die körperliche Nähe des Erwachsenen und seinen eigenen Körper als positiv. Es erlebt seine körperlichen Kräfte, seine Gewandtheit und Geschicklichkeit, erfährt die Körpergrenzen im direkten Hautkontakt mit dem anderen, kurz: es erlebt sich selbst durch seinen Körper als eigenständige Persönlichkeit, die sich gegenüber dem anderen abgrenzt und in Freundschaft mit dem anderen auseinandersetzen kann.

Diese Situationen sind eingebettet in den pädagogischen Alltag der Kinder- und Jugendhilfe und verlangen von der Gruppenpädagogin ein hohes Maß an Sensibilität bezüglich der Ausbalancierung von Nähe und Distanz, hier vor allem auf der körperlichen Ebene. Es bietet sich an, als Pädagogin mit den Kindern über den Körper in Kontakt zu kommen, berücksichtigt werden müssen hierbei jedoch die körperlichen Erfahrungen des Kindes, aber auch die eigenen. Kann ich mich auf Situationen einlassen, die den engen Kontakt über den Körper verlangen? Es ist Aufgabe der Pädagogin, die notwendige Distanz zu wahren, ohne dem Kind eine ablehnende Haltung zu vermitteln. Ein supervisorischer Austausch mit der Psychomotorikerin oder eine Weiterbildung in Psychomotorik (z.B. Berufsqualifikation Psychomotorik bei der dakp) wird bei dieser Problemstellung sicher hilfreich sein.

Gut zu wissen – gut zu merken

- Bewegung, Spiel und Sport haben eine lange Tradition in der Kinder- und Jugendhilfe. Sie bewähren sich bis heute als pädagogische und therapeutische Maßnahmen sowie als geeignetes Medium der Freizeitgestaltung.
- Eine spezifische Form stellt die psychomotorische Entwicklungsbegleitung dar, die im bewegungsorientierten und körperbezogenen Spiel stattfindet.
- Hierbei ist die Psychomotorikerin verantwortlich für die Gestaltung der Spielsituation. Hier wird über Raum, Zeit und Materialien der äußere Rahmen bereitet, in dem das Kind seine Themen aus Vergangenheit, Gegenwart und Zukunft entfalten kann. Die Psychomotorikerin bringt sich hier mit einem reflektierten Beziehungsangebot mit ein.
- Die handlungsleitenden Prinzipien dieser Psychomotorikstunden sollen Eingang finden bei der Gestaltung des pädagogischen Alltags, weil nur dann die Wirksamkeit der Maßnahme wirklich entfaltet werden kann.

Literatur

Beudels, W./Hamsen, R. (2005): Bewegungsorientierte Förderung so genannter ADHS-Kinder. *Motorik*, 2, 70–83.

Cerovecki, I. (2003): Retrospektive Verlaufsbeobachtung von Kindern mit Bewegungs-, Wahrnehmungs-, Lern- und Verhaltensstörungen unter Mototherapie: Eine retrospektive

Untersuchung an 6- bis 11-jährigen in einer Kinder- und Jugendpsychiatrischen Spezialabteilung für Kinder mit Teilleistungsstörungen. Dissertation, LMU München: Medizinische Fakultät. http://edoc.ub.uni-muenchen.de/1508/1/Cerovecki_Irina.pdf [15.7.2013)].
Dräbing, R. (2006): Sport in der Jugendhilfe. In: Dräbing, R. (Hrsg.): Kinder brauchen Bewegung! Bewegung in der Jugendhilfe. Aachen: Meyer&Meyer, 42–83.
Erikson, E.H. (1976): Identität und Lebenszyklus. Frankfurt: Fischer.
Fendrich, S./Wilk, A. (2011): Heimerziehung gestern, heute, morgen. http://www.dji.de/dasdji/home/Kom_Dat_Heft_1_2_2011_web_einschl_Errata.pdf. [28.12.2012].
Hammer, R. (1992): Das Ungeheuer von Loch Ness. *Motorik*, 4, 241–248.
Hammer, R. (1995): Bewegung in der Heimerziehung. Inaugural Dissertation Dortmund.
Hammer, R. (2001): Bewegung allein genügt nicht. Dortmund: Verlag modernes lernen.
Hammer, R./Paulus, F. (2002): Psychomotorische Familientherapie – Systeme in Bewegung. *Motorik*, 1, 13–19.
Klafki, W. (2007): Neue Studien zur Bildungstheorie und Didaktik: Zeitgemäße Allgemeinbildung und kritisch-konstruktive Didaktik. Weinheim: Beltz.
Klein, J./Macsenaere, M. (2002): Was leisten psychomotorische Interventionen? *Motorik*, 4, 4–5.
Licher-Rüschen, U. (2006): Konzeption und Erprobung einer psychomotorischen Familientherapie. Dissertation. Universität Osnabrück.
Mahler, M.S./Pine, F./Bergmann, A. (2008): Die psychische Geburt des Menschen. Frankfurt: Fischer.
Müller, A. (2003): „Spiel-Sport". In: Flosdorf, P./Patzelt, H. (Hrsg): Therapeutische Heimerziehung. Würzburg: Institut für Kinder- und Jugendhilfe, 505–535.
Neubaur, C. (1987): Übergänge. Spiel und Realität in der Psychoanalyse D.W. Winnicotts. Frankfurt: Athenäum.
Richter, J. (2012): Spielend gelöst: Systemisch-psychomotorische Familienberatung: Theorie und Praxis. Göttingen: Vandenhoeck & Ruprecht.
Rieder, H. (2003): Sport als Therapie. In: Flosdorf, P./Patzelt, H. (Hrsg.): Therapeutische Heimerziehung. Würzburg: Institut für Kinder- und Jugendhilfe, 495–504.
Schäfer, G.E. (1986): Spiel, Spielraum und Verständigung. Weinheim: Juventa.
Schäfer, G.E. (1989): Spielphantasie und Spielumwelt. Weinheim: Juventa.
Schäfer, G.E. (2006): Spiel. http://www.hf.uni-koeln.de/data/eso/File/Schaefer/Vorlesung_Spiel.pdf [24.7.2013].
Simon, T./Weiss, G. (2008): Heilpädagogische Spieltherapie. Stuttgart: Klett-Cotta.
Vollmer, J. (2013): Bewegt ins Gleichgewicht. München: Ernst Reinhardt Verlag.
Winnicott, D.W. (2012): Vom Spiel zur Kreativität. Stuttgart: Klett-Cotta.
Winnicott, D.W. (2008): Von der Kinderheilkunde zur Psychoanalyse. Gießen: Psychosozial-Verlag.
Zulliger, H. (2007): Heilende Kräfte im kindlichen Spiel. Magdeburg: Klotz-Verlag.

5 PSYCHOMOTORIK ALS BESTANDTEIL DER STADTTEILARBEIT IN SOZIAL BENACHTEILIGTEN REGIONEN

Stefanie Kuhlenkamp

Was Sie in diesem Kapitel lernen können

In diesem Beitrag lernen Sie die Bedeutung von Psychomotorik als einer möglichen Intervention für Kinder und Jugendliche, die in sozialer Benachteiligung aufwachsen, einzuschätzen. Hierzu wird zunächst aufgezeigt, wie Armutslagen sich mehrdimensional auf die Entwicklung von Kindern und Jugendlichen auswirken können. Unter Bezug auf die Erkenntnisse der Resilienzforschung wird der Beitrag, den Psychomotorik für eine gesunde Entwicklung leisten kann, diskutiert. Auf der Basis einer eigenen langjährigen psychomotorischen Förderpraxis mit von Armutslagen betroffenen Kindern werden Überlegungen zur Gestaltung psychomotorischer Entwicklungsförderung im Kontext Armut vorgestellt. Anhand der Begriffe Anwalt, Brückenbauer, Beziehungsstifter und Lobbyist (vgl. Bloemers 2009) wird herausgearbeitet, dass in diesem Arbeitskontext, neben den allgemeinen methodisch-didaktischen und inhaltlichen Überlegungen zur Gestaltung psychomotorischer Angebote, weitere Aufgaben auf die Psychomotorikerinnen zukommen. Anhand des Beispiels „Mobile Bewegungsbaustelle" werden die theoretischen Überlegungen abschließend an einem Praxisangebot illustriert.

5.1 Leben tatsächlich arme Menschen in Deutschland?

Ich möchte Sie zu Beginn des Beitrages bitten, sich mit den folgenden Fragen auseinanderzusetzen:

Welche Begriffe und Bilder assoziieren Sie mit Armut?
Gibt es ihrer Meinung nach Armut in Deutschland?

Vor allem die letzte Frage wird in Deutschland stark kontrovers diskutiert. Politisch gilt der Bezug von staatlichen Transferleistungen, wie z.B. Arbeitslosengeld II oder Grundsicherung, als bekämpfte Armut. Auch die politischen Auseinandersetzungen rings um den Vierten Armuts- und Reichtumsbericht der Bundesregierung, der im März 2013 veröffentlich wurde, zeigt die Brisanz des Themas. Vor allem Textpassagen, die nachträglich gestrichen wurden, erregten Aufmerksamkeit. Dies waren beispielsweise Passagen, die die immer größer werdende Schere zwischen Vermögenden und Armen darstellten, den wachsenden privaten Reichtum einerseits einer öffentlichen Verarmung andererseits gegenüberstellten und aufzeigten, dass über vier Millionen Menschen für einen Bruttostundenlohn von unter 7 € arbeiten („Working Poor") (ausführlich hierzu DGB 2012).

Um zu verstehen, warum wir auch in Deutschland mit einem sozialpolitischen Modell der Existenzsicherung von Armut sprechen können, wird im Folgenden das Konzept der relativen Armut und der Lebenslagenansatz, bezogen auf Kinder, vorgestellt.

5.2 Armut im Kindesalter

Psychomotorik versteht sich als „eine entwicklungstheoriegeleitete Handlungswissenschaft mit Ausrichtung auf die Erforschung der dynamischen Personen-Umwelt-Interaktion" (Fischer 2011, 3). Dies bedeutet, dass sie in ihrer Arbeit auch die Lebenslage ihrer Klientel berücksichtigen muss. Eine Auseinandersetzung mit der sozialen Wirklichkeit von Kindern in sozial benachteiligten Stadtteilen führt daher zu einer notwendigen Rahmenerweiterung. Diese ermöglicht ein Verständnis für die Entwicklungsspielräume und -themen armer Kinder.

5.2.1 Das relative Armutskonzept

Wenn wir in Deutschland von Kinderarmut sprechen, handelt es sich um die sogenannte *relative Armut*. In dieser Sichtweise sind die Menschen als arm zu bezeichnen, die einen gesellschaftlich allgemein anerkannten Konsum- bzw. Versorgungsstandard unterschreiten.

> „Verarmte Personen sind Einzelpersonen, Familien und Personengruppen, die über so geringe (materielle, kulturelle und soziale) Mittel verfügen, dass sie von der Lebensweise ausgeschlossen sind, die in dem Mitgliedsstaat, in dem sie leben, als Minimum annehmbar ist" (Kommission der Europäischen Gemeinschaften 1983).

In Abgrenzung zum absoluten Armutskonzept wird Armut also in Abhängigkeit vom materiellen Wohlstand und der dadurch bedingten sozio-kulturellen Teilhabechancen der jeweiligen Gesellschaft betrachtet. In der EU gelten zum Beispiel die Personen als arm, die mit weniger als 60% des mittleren Einkommens auskommen müssen. Armut wird in diesem Beitrag daher weniger als absolute Armut im Sinne eines täglichen Überlebenskampfs betrachtet. Sie besteht vielmehr in einem finanziell bedingten Ausschluss von gesellschaftlich akzeptierten Entfaltungsmöglichkeiten. Die Konsequenzen dieses Ausschlusses werden auf der Basis des Lebenslagenansatzes nachstehend konkretisiert.

5.2.2 Der Lebenslagenansatz – ein Modell zur Erklärung der Auswirkungen von Armut

Der Lebenslagenansatz der Armutsforschung beruht auf dem oben skizzierten relativen Armutskonzept. Er berücksichtigt (neben dem Einkommen) weitere, die

Lebenssituation bestimmende Dimensionen und versucht auf diese Weise, die Lebensverhältnisse von Menschen in Armutslagen differenzierter zu betrachten. Neben „harten" materiellen Dimensionen (wie z. B. Einkommen, Vermögen, Wohn- und Konsumniveau) betrachtet dieser Ansatz auch „weiche" Dimensionen wie Ernährung, Umwelt und Gesundheit sowie immaterielle Aspekte wie soziale, kulturelle und politische Partizipation, Rechtsgleichheit und Integration (vgl. Voges et al. 2003). Die diesem Beitrag zu Grunde liegende Armutsdefinition lautet daher:

„Armut (...) wird verstanden als materielle Unterversorgung, die zur Einengung oder Verlust von individuellen Spielräumen in zentralen Lebensbereichen führt" (Weiß 2010, 7). Diese Unterversorgung betrifft:

„1. den Einkommens- und Versorgungsspielraum,
2. den Lern- und Erfahrungsspielraum,
3. den Kontakt- und Kooperationsspielraum,
4. den Muße- und Generationsspielraum,
5. den Entscheidungs- und Dispositionsspielraum eines Menschen" (Zander 2008, 113).

Hock et al. (2000) beschreiben diese zentralen Lebensbereiche als Dimensionen. Sie konkretisieren die mehrdimensionale, kindbezogene Lebenslage Armut, die zunächst die finanzielle Situation des Haushaltes, in dem das Kind aufwächst, umfasst. Eine Unterversorgung hier ist grundsätzliche Voraussetzung, um von kindlicher Armut zu sprechen. Als weitere Dimensionen werden berücksichtigt:

- materielle Dimension (Grundversorgung in den Bereichen Wohnen, Nahrung, Teilhabe),
- kulturelle Dimension (z. B. kognitive Entwicklung, Bildung),
- soziale Dimension (soziale Kontakte, soziale Kompetenzen),
- psychische und physische Dimension (Gesundheitszustand, körperliche Entwicklung etc.) (vgl. ebd.).

Anhand von Indikatoren für die oben genannten Dimensionen werden Unterversorgungen ermittelt. Häufen sich diese, so wird von der Lebenslage Armut gesprochen. Daten zur Armut (wie sie nachstehend vorgestellt werden) orientieren sich jedoch in der Regel nur an der Dimension Einkommen bzw. Vermögen. Aussagen darüber, ob die finanzielle Unterversorgung auch zu einer Armutslage im Sinne des Lebenslagenansatzes führt, können daher aus diesen Zahlen nicht direkt abgeleitet werden.

5.2.3 Daten zu Armut im Kindesalter

Die Datenlage zur kindlichen Armut in Deutschland ist nicht einheitlich, jedoch in ihrer Tendenz eindeutig (vgl. hierzu ausführlich Bundesministerium für Arbeit und Soziales 2013, Deutscher Bundestag 2009, OECD 2008). Nachdem über viele Jahrzehnte hinweg Armut in Deutschland ein Phänomen des Alters darstellte, treffen Armutslagen nun überwiegend Kinder und alleinerziehende Frauen. So weist die in 2008 veröffentlichte OECD-Studie „Mehr Ungleichheit trotz Wachstum?" auf, dass in Deutschland Alleinerziehende und Kinder überdurchschnittlich hoch von Armutslagen betroffen sind. Laut des vom Deutschen Kinderhilfswerk (2007) herausgegebenen „Kinderreport Deutschland" befinden sich ca. 2,5 Millionen Kinder in Armutslagen. Diese Zahl wird auch vom Bundesministerium für Arbeit und Soziales (2013) genannt, wenn es um die Kinder geht, die einen Anspruch auf Leistungen des Bildungs- und Teilhabepakets haben. Dies sind Kinder von Eltern, die Arbeitslosengeld II oder Sozialgeld, Sozialhilfe, den Kinderzuschlag oder Wohngeld beziehen. Das Statistische Bundesamt (2012) sieht nach EU-Kriterien 19,9% der unter 18-Jährigen als von Armut betroffen.

Die hohe Armutsbetroffenheit von Kindern findet auch einen Niederschlag in der sozialwissenschaftlichen Forschung. Unter dem Begriff *„Infantilisierung der Armut"* hat sich seit den 1990er Jahren eine kindbezogene Perspektive der deutschen Armutsforschung entwickelt. Diese liefert Daten zu kindlichen Armutslagen, die über die rein quantitativen statistischen Angaben hinausgehen. Diese Erkenntnisse werden unter den Perspektiven Risiko und Resilienz im Folgenden skizziert.

5.2.4 Risiko Armutslage

Die Ergebnisse der ersten großen deutschen Studien zur kindlichen Armut in den 1990er Jahren beschreiben für Kinder und Jugendliche aus armen Familien Einschränkungen in den Bereichen Bildungschancen, Betreuungssituation innerhalb und außerhalb der Familie, Spiel- und Freizeitmöglichkeiten, Kontakte zu Gleichaltrigen sowie Gesundheit (vgl. Walper 1995). Hinsichtlich der Bildungschancen weisen vor allem die Ergebnisse der PISA-Studien für Deutschland einen signifikanten Zusammenhang von sozialer Lage und dem Bildungserfolg nach. Die Bildungsbenachteiligung aufgrund der sozialen Herkunft ist dabei in Deutschland größer als im OECD-Durchschnitt (vgl. OECD 2010). Erschwerend für die Entwicklung armer Kinder gilt darüber hinaus ein verstärktes Abbrechen oder nicht in Anspruchnehmen von Fördermaßnahmen (wie z.B. Psychomotorik), wenn diese indiziert wären (vgl. Wilms-Fass 2008).

Kindliche Entwicklung in Armutslagen wird überwiegend als belastet, gefährdet und erschwert beschrieben. Jedoch muss kindliche Armut differenzierter betrachtet werden: Die Wahrscheinlichkeit einer Gefährdung kindlicher Entwicklung wird zwar durch Risikofaktoren erhöht, die aus der Armutslage erwachsen, diese müssen aber nicht zwangsläufig zu einer negativen Entwicklung führen. In der Regel führt nur eine bestimmte *Risikokonstellation* zu den besonderen Gefährdungen und Belastungen (vgl. Wustmann 2008, Zander 2010). *Risikofaktoren entfalten ihre negative Wirkung also erst in einem spezifischen Kontext.* Daher spricht Weiß (2010, 30 ff.) auch davon, dass „keine Kausalitäts-, sondern Wahrscheinlichkeitsverhältnisse zwischen Armut, sozialer Benachteiligung und Entwicklungsgefährdung" bestehen.

Neuere Studien zur kindlichen Armut gehen unter der Forschungsperspektive Resilienz daher dazu über, zu erkunden, welche Bedingungen und Faktoren dazu führen, dass sich Kinder und Jugendliche *trotz* potenzieller Entwicklungsgefährdung gesund entwickeln können. Daher wird im anschließenden Kapitel verdeutlicht, warum das *„Risiko"* als die eine Seite und *„Resilienz durch Risiko"* als die andere Seite der Medaille Armut beschrieben werden kann (vgl. Zander 2010).

5.3 Resilienz im Kontext Armutslagen

„Unter Resilienz wird die Fähigkeit von Menschen verstanden, Krisen im Lebenszyklus unter Rückgriff auf persönliche und sozial vermittelte Ressourcen zu meistern und als Anlass für Entwicklung zu nutzen" (Welter-Enderlin 2006, 13). Dieses Phänomen der psychischen Widerstandsfähigkeit findet auch in der deutschen Armutsforschung (und auch in der Psychomotorik) zunehmend Berücksichtigung. Durch die hiermit verbundene Perspektiverweiterung „soll die einseitige Defizit- und Opferperspektive verlassen werden, die die Kompetenzen von Kindern und Jugendlichen zur Bewältigung ihrer Lebenssituation unterbelichtet oder gar ausblendet" (Merten 2004, 422). Stattdessen sollten Kinder und Jugendliche als aktive Bewältiger und weniger als „passive Prägeprodukte äußerer Einflüsse" (Göppel 1999, 177) betrachtet werden.

5.3.1 Interne und externe Schutzfaktoren

Die Resilienzfaktoren fasst die psychologische Resilienzforschung in den Kategorien *interne und externe Schutzfaktoren* zusammen. Als interne Schutzfaktoren des Kindes gelten:

- „Positive Temperamentseigenschaften, die soziale Unterstützung und Aufmerksamkeit bei den Betreuungspersonen hervorrufen
- Problemlösefähigkeiten
- Selbstwirksamkeitsüberzeugungen
- Realitätsnahes und positives Selbstkonzept
- Fähigkeit zur Selbstregulation und Impulskontrolle
- Aktives und flexibles Bemühen um Bewältigung (…)
- Optimistische, zuversichtliche Lebenseinstellung (Kohärenzgefühl)" (Wustmann 2010, 74).

Soziale Ressourcen, die im Sinne externer Schutzfaktoren betrachtet werden, sind:

- „Mindestens eine stabile, verlässliche Bezugsperson, die Sicherheit, Vertrauen und Autonomie fördert und die als positives Rollenmodell funktioniert
- Gute Bewältigungsfähigkeiten der Eltern in Belastungssituationen
- Wertschätzendes und unterstützendes Klima in den Bildungsinstitutionen (…)
- Dosierte soziale Verantwortlichkeit und individuell angemessene Leistungserwartungen" (ebd.).

5.3.2 Resilienzförderung von Kindern in Armutslagen

Vor allem die Sozialwissenschaftlerin Margeritha Zander beschäftigt sich mit der Übertragung dieser Erkenntnisse der psychologischen Resilienzförderung auf das gesellschaftliche Phänomen Armut. Sie entwickelt unter anderem Leitlinien für Handlungskonzepte, die Resilienz auf unterschiedlichen Ebenen (individuell, familiär, institutionell und strukturell) fördern können (vgl. Zander 2010, 11). Im Mittelpunkt steht dabei eine „erweiterte Handlungsperspektive – gerade auch für das Bildungswesen und die Soziale Arbeit" (ebd., 11). Denn *Resilienz ist eine Eigenschaft, die sich erst in der Kind-Umwelt-Interaktion* entwickelt und daher „auf soziale Unterstützung, vor allem auf Zuwendung und Anerkennung von Erwachsenen angewiesen [ist]. Wenn (...) [Kinder] diese Hilfe nicht in ihrem unmittelbaren familiären Umfeld erfahren können, brauchen sie professionelle Zuwendung und Unterstützung" (ebd., 180).

Um die potenziellen Risikofaktoren von Armutslagen zu vermindern, sollte daher auf zwei Ebenen interveniert werden: Zum einen sollte eine *Unterstützung innerer Prozesse (Resilienzförderung) stattfinden, zum anderen eine Moderation äußerer Bedingungen, die auf die Erhöhung von Schutzfaktoren zielt,* vorgenommen werden. Dabei sollte möglichst früh gefördert werden. Da Armutslagen zwar in sozial benachteiligten Stadtgebieten kumulieren, jedoch nicht allein dort auftreten, sollte Resilienzförderung auch nicht ausschließlich dort vorgenommen werden. *Sinnvoller als eine lokale Zentrierung erscheint aufgrund dessen die allgemeine Verankerung der Erkenntnisse der Resilienzforschung in Institutionen und Angeboten des Bildungs- und Sozialwesens* (z. B. Frühförderung, frühe Hilfen, Familienhilfe, Kindertagesbetreuung, Schule) (vgl. ebd., 182ff).

Im Folgenden werden daher die bisherigen Überlegungen zur kindlichen Lebenslage Armut und die aus der Resilienzperspektive skizzierte „Orientierungshilfe für Präventionskonzepte" (Zander 2010, 11) im Hinblick auf die Gestaltung psychomotorischer Entwicklungsförderung analysiert.

5.4 Resilienzförderung durch Psychomotorik im Kontext Armutslagen

In diesem Beitrag wurde zunächst gezeigt, wie sich Armutslagen auf kindliche Entwicklung auswirken können. Außerdem wurden Risiko- und Schutzfaktoren beschrieben. Die Resilienz- und Schutzfaktorenförderung wurde als ein zentraler Auftrag in der Arbeit mit armen Kindern bestimmt. In einer Zusammenführung der vorgestellten Aspekte werden diese Überlegungen nun im Hinblick auf die Gestaltung psychomotorischer Entwicklungsförderung reflektiert. Dabei werden sowohl inhaltliche als auch organisatorische Überlegungen vorgestellt, die teilweise ineinandergreifen und nicht losgelöst von gesamtgesellschaftlichen und politischen Aspekten gedacht werden können.

5.4.1 Inhaltliche Aspekte psychomotorischer Förderung im Kontext Armutslagen

Die Förderung kindlicher Resilienz umfasst auf der individuellen Ebene die „Förderung von Selbstwirksamkeitserfahrungen, Emotions- und Stressregulierung, Problemlösen, Stärkung der kindlichen Eigenaktivität und persönlicher Verantwortungsübernahme, Stärkung von Interessenentwicklung, Zielorientierung und positiver Selbsteinschätzung" (Wustmann 2010, 76). Diese Aufzählung weist bereits zahlreiche Überschneidungen mit den Zielen und Inhalten der Psychomotorik auf (vgl. Beitrag I.3 in diesem Band).

Dies allein bedingt jedoch nicht die zunehmende Auseinandersetzung mit dem Thema Förderung kindlicher Resilienz durch Psychomotorik. Vielmehr hat sich die Psychomotorik mit der Aufnahme des Salutogenesemodells in ihr Theoriegebäude explizit dem Bereich Gesundheitsförderung zugewandt (vgl. Fischer 2009, 250). „Inzwischen verortet die psychomotorische Gesundheitsförderung sich im Schnittfeld von Entwicklung und Gesundheit" (ebd.). Genau diese Schnittstelle gilt es im Kontext der Resilienzförderung armer Kinder zu besetzen.

Dabei sollten bei der Gestaltung der Angebote einer resilienzfördernden Psychomotorik folgende Aspekte berücksichtigt werden:

- Attraktive, an den Themen der Kinder orientierte Angebote.
- Sukzessive Steigerung des Schwierigkeitsgrades von Aufgabenstellungen unter Berücksichtigung des individuellen Schwierigkeitsgrades/Leistungsniveaus.
- Fördernde Menschen, die abwarten und nicht vorschnell helfen.
- Lernfortschritt ohne negative Zuweisung ermöglichen.
- Komplexe Aufgabenstellungen handlungsorientiert lösen können.
- Angebote, die Rollen- und Perspektivwechsel ermöglichen.
- Aktive Teilhabe und kooperative Gestaltungsprozesse (vgl. ebd., 260).

Diese Aspekte weisen einerseits auf die Gestaltung des Angebots hin (methodisch-didaktisches Handlungswissen), andererseits aber auch auf Eigenschaften der Fördernden. Diese sollen sich selbst zurück nehmen können. Zander (2010, 213) – sich auf Luthar (1999) beziehend – formuliert als eine zentrale Forderung an die Personen, die die Resilienz armer Kinder fördern wollen, sich auf die Vorstellungen und Bedürfnisse der Kinder einlassen zu können. Darüber hinaus sollten die Fördernden selbst resilient sein und ihre eigene Resilienzfähigkeit reflektieren, um im Sinne eines positiven Modells fungieren zu können (vgl. Zander 2010, 196).

Neben diesen inhaltlichen Überlegungen muss auch bedacht werden, wie und wo arme Kinder und ihre Familien eine psychomotorische Förderung überhaupt erreichen kann. Dabei ist vor allem eine Einbindung in ein Gesamtnetzwerk bedeutsam, um Schutzfaktoren für Kinder und ihre Familien identifizieren und ausbauen zu können. Auf diese Weise wird sichergestellt, dass neben der individuellen Ebene auch auf der institutionellen Ebene resilienzfördernd gearbeitet wird.

5.4.2 Organisatorische Aspekte psychomotorischer Förderung im Kontext Armutslagen

Die Erreichbarkeit und die Zugangswege zu Förderungen sind für arme Kinder und ihre Familien häufig erschwert. Zeigen sich Entwicklungsschwierigkeiten, erweist sich z. B. die Vermittlung von Kindern aus sozial benachteiligten Familien in therapeutische Institutionen häufig als schwierig. Dies kann zum einen durch eine Unterversorgung mit pädagogischen-therapeutischen Einrichtungen in den jeweiligen Stadtteilen bedingt sein. Zum anderen existieren aber auch Hürden für die Partizipation armer Kinder und ihrer Familien an sog. Frühen Hilfen. Diese müssten also nicht nur quantitativ ausgebaut, sondern auch im Hinblick auf den Abbau von Schwellen verändert werden. Das eingeschränkte Einkommen der Familien führt beispielsweise zu einer nur geringen finanziellen und räumlichen Mobilität und Flexibilität. In der Regel sind die Familien auf öffentliche Verkehrsmittel angewiesen. Der Zugang zu Förderangeboten sollte also durch eine gute Erreichbarkeit erleichtert werden. Weiterhin dürfen keine zusätzlichen Kosten entstehen, die das geringe finanzielle Budget der Familien zusätzlich belasten.

Arbeitslosigkeit verursacht unter Umständen einen Verlust an Zeitstruktur innerhalb der Familie, da die durch Arbeit vorgegebene Einteilung des Tages und der Woche entfällt. Eine fehlende zeitliche Orientierung steht möglicherweise einer regelmäßigen Teilnahme an Förderangeboten entgegen. Eine direkte Anbindung an wohnortnahe, rhythmisierte Lebensräume der Kinder (z. B. Schule oder Familienzentrum/Kindertageseinrichtung) kann daher die regelmäßige Teilnahme sichern. Gleichzeitig wird eine Anbindung an das vorhandene soziale Netz erreicht, die Familien treffen auf vertraute Räume und Personen und auf eine bekannte Umgebung. Die psychomotorische Förderung sollte in das Bildungs- bzw. Unterrichts- und Förderangebot der Kindertageseinrichtung oder Schule eingebettet werden. Dies kann – neben einer Vernetzung – auch den Abbau von Schwellenängsten bewirken.

Bei der Vernetzung mit Bildungseinrichtungen ist zu beachten, dass die Teilnahme eines Kindes an einer Förderung auf jeden Fall durch die Eltern und nicht allein durch die Erzieherin/Lehrerin entschieden wird. Den Eltern soll erklärt werden, warum aus Sicht der Erzieherin/Lehrerin eine Förderung des Kindes notwendig erscheint, so dass diese Empfehlung nicht willkürlich erscheint. Eine mögliche Abwehr und Skepsis der Eltern muss ernst genommen und der Standpunkt der Eltern berücksichtigt werden.

Die Eltern sollen über die Förderung, deren Inhalte, Zielsetzungen und die durchführenden Personen beziehungsweise Organisationen informiert werden. Dies kann durch Elterngespräche, einen einführenden Elternabend, aber auch durch Hospitationen während der Förderung gewährleistet werden. Gerade die letztgenannte Variante wird aus meiner Erfahrung heraus gern von Eltern wahrgenommen. Durch eine Kontinuität der Fördernden und eine Kooperation aller Beteiligten wird den Eltern eine sichere Basis für Rückfragen und Austausch geboten. Diese organisatorischen Aspekte können mit den Begriffen Transparenz, Kontinuität und Kooperation zusammengefasst werden. Sie sollen die Akzeptanz der Förderung sichern und verdeutlichen, dass die Förderung ein Teil der kindlichen Lebenswelt ist, an dem die Eltern ausdrücklich partizipieren können und sollen.

Die beschriebenen Aspekte, die es im Hinblick auf eine psychomotorische Förderung in benachteiligten Regionen zu berücksichtigen gilt, werden nun anschließend am Beispiel der „Mobilen Bewegungsbaustelle" in ihrer praktischen Umsetzung vorgestellt.

5.5 Die Mobile Bewegungsbaustelle – ein psychomotorisches Angebot für Eltern und Kinder in benachteiligten Regionen

Anhand der „Mobilen Bewegungsbaustelle" wird aufgezeigt, wie ein psychomotorisches Angebot zum einen die Unterstützung innerer Prozesse (Resilienzförderung) unterstützen und dabei zum anderen externe Bedingungen, die auf die Erhöhung von Schutzfaktoren zielen, verändern kann. Deutlich wird anhand dieses Beispiels auch, dass tragfähige Netzwerke und Kooperationen gleichzeitig Voraussetzung und Aufgabe eines solchen Angebots darstellen.

5.5.1 Ausgangspunkt – Aktionsplan „Soziale Stadt Dortmund"

Kinderarmut wird als eine der größten politischen und gesellschaftlichen Herausforderung der Stadt Dortmund beschrieben. Gut jedes dritte Kind lebt hier in Familien ohne ausreichendes Erwerbseinkommen (vgl. Stadt Dortmund 2008). Eingebunden ist das Angebot der „Mobilen Bewegungsbaustelle" daher in den Aktionsplan „Soziale Stadt Dortmund". Dieser zielt auf die besondere Unterstützung für insgesamt 13 Aktionsräume innerhalb des Dortmunder Stadtgebiets. Diese Aktionsräume sind benachteiligte Quartiere in von Armut besonders betroffenen Stadtteilen. Um diese zusätzlich zu unterstützen und zu stabilisieren, werden drei Handlungsschwerpunkte verfolgt (vgl. Stadt Dortmund 2013). Der für das Angebot der „Mobilen Bewegungsbaustelle" bedeutsame Handlungsschwerpunkt ist „Kinder stärken: Gemeinsam mit den Eltern – Ernährung, Bildung, Sprache, Integration" (Stadt Dortmund 2013). Gemeinsam mit dem Familien-Projekt der Stadt Dortmund führt der Förderverein Bewegungsambulatorium an der Universität Dortmund e.V. (im Weiteren abgekürzt mit Förderverein BWA) die „Mobile Bewegungsbaustelle" in diesen Aktionsräumen durch.

5.5.2 Adressaten und Zielsetzung

Das Angebot wendet sich an Eltern mit ihren Kindern im Alter von 1-3 Jahren. Ziel ist es, Eltern gemeinsam mit ihren Kindern an das Thema „Bewegung" und deren Bedeutung für kindliche Entwicklung heranzuführen. Eltern sollen lernen, auf die Eigenaktivität ihres Kindes zu vertrauen, abzuwarten, aber auch in eine angemessene Interaktion zu treten. Im Idealfall können die Familien so begeistert werden, dass sie zukünftig an einem stationären Angebot der frühen Bewegungsförderung teilnehmen.

5.5.3 Konzeption

Das Konzept wurde durch den Förderverein BWA entwickelt. Hierbei wurden die grundlegenden Förderprinzipien der Psychomotorik, die Ideen der Bewegungsbaustelle sowie Erkenntnisse der Motorik- und Resilienzforschung berücksichtigt.

Die „Mobile Bewegungsbaustelle" versteht sich als ein psychomotorisches Angebot unter dem Paradigma der Gesundheitsförderung und Prävention. Prinzipien der Psychomotorik als Handlungsgrundlage für die „Mobile Bewegungsbaustelle" sind (vgl. Zimmer 2004):

- Kindgemäßheit
  Das Bewegungsangebot wird alters- und entwicklungsgerecht gestaltet. Fähigkeiten, Bedürfnisse und die Freude der Kinder stehen im Mittelpunkt.
- Offenheit
  Die Interessen der Kinder werden berücksichtigt. Außerdem besteht die Möglichkeit, aktuell aufkommende Themen spontan einzubeziehen und Vorschläge der Kinder einzubetten.
- Freiwilligkeit
  Den Kindern wird die Gelegenheit gegeben, selbst zu entscheiden, ob und in welcher Form sie das Bewegungsangebot nutzen möchten. Besonders in der Altersgruppe 1–3 Jahre benötigen einige Kinder zunächst Zeit, um zu beobachten, bevor sie selbst aktiv werden.
- Erlebnisorientierung
  Der unmittelbaren Erlebniswelt, wie z. B. der Fantasieentwicklung der Kinder, wird Aufmerksamkeit geschenkt. Eine Möglichkeit besteht in der Einbindung von Bewegungsgeschichten in das Angebot.
- Entscheidungsfreiheit
  Die Mitarbeiterinnen und auch die Eltern lassen sich von den Wünschen und Bedürfnissen der Kinder leiten. Die Kinder erhalten die Möglichkeit, eigene Entscheidungen zu treffen.
- Selbsttätigkeit
  Für die Entwicklung des „Ich" steht das Handeln aus eigenem Antrieb im Vordergrund. Eigeninitiativ zu handeln und Verantwortung für das eigene Tun zu übernehmen, setzt Selbsttätigkeit voraus.

Den Kindern wird die Möglichkeit gegeben, ihre Erlebnisse durch das Medium der Bewegung auszudrücken und zu verarbeiten sowie neue Verhaltensweisen auszuprobieren und zu erlernen. Sie können selbstbestimmt ihrem natürlichen Bewegungsdrang nachgehen und erproben ihre bereits ausgebildeten Fähigkeiten und bauen diese weiter aus. Auf diesem Weg erfährt das Kind Freiwilligkeit und vor allem Selbstwirksamkeit. Durch die Auseinandersetzung mit der Umwelt und durch Kommunikation mit den anderen Teilnehmern des Gruppenangebots, Eltern wie auch Kindern, entwickeln und erweitern die Kinder ihre Ich-, Sach- und Sozialkompetenzen.

Die Eltern spielen bei der „Mobilen Bewegungsbaustelle" eine wichtige Rolle. Zum einen vermittelt die Anwesenheit einer vertrauten Bezugsperson dem Kind Sicherheit, auch neue Herausforderungen auszuprobieren. Andererseits kann durch das gemeinsame Spiel die Beziehung zwischen Eltern und Kind intensiviert werden. Die Eltern bekommen die Gelegenheit, ihr Kind und sich selbst von einer anderen Seite zu sehen. Auf diesem Weg kann das Beobachtungs- und Einfühlungsvermögen der Eltern für die kindliche Entwicklung und die Bedürfnisse ihrer Kinder gestärkt werden. Die Eltern selbst können ebenfalls verschiedene Kontakt-, Sinnes- und Körpererfahrungen sammeln. Sie erhalten die Gelegenheit, neben den festgelegten Rollen ihres Alltags neue Rollen in der Interaktion mit ihrem Kind zu erleben.

5.5.4 Durchführung

Für die „Mobile Bewegungsbaustelle" wurden von der Stadt Dortmund kindgerechte Bewegungsmaterialien angeschafft, mit denen Bewegungslandschaften für Kleinkinder aufgebaut werden können. Hierzu zählen große Schaumstoffelemente, Weichbodenmatten, kleine Matten, Tücher, Seilchen etc. Einen exemplarischen Aufbau mit diesem Material zeigt Abbildung 1.

Abb. 1: Psychomotorikstunde

Diese Materialien werden in einem Kleintransporter zum jeweiligen Einsatzort in den Aktionsräumen befördert. Angefordert werden sie über Mitarbeiterinnen der Familienbüros. Das Familienprojekt unterhält in allen Dortmunder Stadtteilen Familienbüros. Diese fungieren als Service- und Anlaufstelle für Eltern und Familien. Sie führen Willkommensbesuche durch, geben Informationen über Betreuungsangebote, informieren im persönlichen Gespräch Eltern und Familien über passende

Angebote und Leistungen. Sie entwickeln aber auch fehlende bzw. nachgefragte Angebote. In Kooperation mit weiteren Partnern bieten die Familienbüros frühkindliche Bildungsmaßnahmen zur Förderung von Motorik, Sprachentwicklung und kindgemäßer Ernährung für Kinder bis zu drei Jahren. Im Rahmen der „Mobilen Bewegungsbaustelle" besteht ihre Aufgabe in erster Linie in der Koordination von Zeiten sowie Räumen und der Werbung für das Angebot.

Bestellt ein Familienbüro beim Familienprojekt für einen gewünschten Termin und Ort die „Mobile Bewegungsbaustelle", wird hier der Einsatz des Fahrdienstes, der das Material anliefert, vorgenommen. Zusätzlich wird eine der freien Mitarbeiterinnen aus dem Pool der geschulten Honorarkräfte organisiert. Diese baut die Bewegungsbaustelle vor Ort auf und begleitet diese. Denkbar sind zwei Formate der „Mobile Bewegungsbaustelle": Eine Kursform mit einer Einheit pro Woche über vier Wochen oder kürzere, sogenannte Schnupperangebote, die z. B. in Rahmen von Stadtteilfesten durchgeführt werden.

Um das Angebot niederschwellig zu halten, ist es für die teilnehmenden Eltern und Kinder kostenlos und erfolgt wohnortnah in vertrauten Räumen, wie z. B. einer Kindertageseinrichtung.

Die Gruppen bestehen aus maximal zehn Eltern mit ihren Kindern und umfassen 60 Minuten pro Gruppe. Die einzelnen Kurseinheiten verlaufen nach einem gleichbleibenden Schema: Zunächst erfolgt eine Begrüßung der Eltern und Kinder, z. B. mit einem gemeinsamen Lied oder Fingerspiel. Anschließend können sich die Kinder frei und selbstbestimmt in der aufgebauten Bewegungsbaustelle bewegen. Mit einer gemeinsamen Abschiedsrunde wird die Stunde beendet. Dieser feste Rahmen dient zur Orientierung und bietet den Kindern Sicherheit.

Für die freie Spiel- und Bewegungsphase wird im Vorfeld der Stunde von der Mitarbeiterin eine altersgerechte Bewegungsbaustelle aus verschiedenen Materialien aufgebaut. Somit gibt diese zwar das Handlungsfeld vor, die Kinder entscheiden aber individuell, wie sie das Angebot annehmen und gestalten möchten. Neben dem Aufbau bestehen die Aufgaben der Mitarbeiterinnen darin:

- Eltern zu ermutigen, ihre Kinder selbstständig handeln zu lassen.
- Ansprechpartnerin für Fragen der Eltern bzgl. ihrer Kinder zu sein.
- Anhand konkreter Situationen Eltern Kompetenzen und Ressourcen ihrer Kinde nahe zu bringen.
- Die Bedeutung von Selbsttätigkeit und Bewegungshandeln für die kindliche Entwicklung zu vermitteln.
- Eltern und Kinder über kontinuierliche Bewegungsangebote im Stadtteil zu informieren und zu vermitteln.

Die Qualifizierung der Mitarbeiterinnen der „Mobilen Bewegungsbaustelle" erfolgt in einer Kooperation des Fördervereins BWA mit dem StadtSportBund. Hierzu wurde gemeinsam mit dem StadtSportBund die Qualifikation „SportassistentIn Bewegungszwerge" entwickelt. Die Qualifikation wird modularisiert angeboten, so dass Vorleistungen anerkannt werden können. So besuchen Studierende, die bereits am Seminar frühkindliche Bewegungsförderung teilgenommen haben, nur noch die Module Elternarbeit und Einführung in den organisierten Sport. Zusätzlich finden zwei zu dokumentierende Hospitationen bei bestehenden Angeboten statt. Interessierte ohne Vorkenntnisse absolvieren zusätzlich Theorie- und Praxisstunden zur frühen Bewegungsförderung

5.5.5 Evaluation – Motivation und Akzeptanz der Eltern

In 2012 wurde eine Elternbefragung zur Motivation und Akzeptanz der Eltern hinsichtlich des Angebots der „Mobilen Bewegungsbaustelle" durchgeführt. Die Befragung mittels eines Fragebogens mit 40 Elternteilen, die mit ihren Kindern in fünf verschiedenen Aktionsräumen der „Mobilen Bewegungsbaustelle" teilnahmen, erbrachte unter anderem folgende Ergebnisse (vgl. Stiemke 2012)

- Informationsweg
  - Die meisten Eltern (n=15) fanden über die Ansprache der Familienbüros zum Angebot.
  - Die Information durch Zeitung und/oder Bekannte/Freunde folgen als Informationswege (jeweils n=7).
  - Durch Flyer und andere Institutionen wurden jeweils fünf Eltern auf das Angebot aufmerksam.
- Gründe der Teilnahme
  - Die meisten Eltern (n=26) gaben den Kontakt zu anderen Familien, Interesse/Neugier (n=16) sowie den Wunsch nach weiteren Informationen zur Bewegung in der frühen Kindheit (n=9) an.
  - Fünf Eltern gaben an, dass die kostenlose Teilnahme ein Anreiz sei.
- Bewertung des Angebots „Was gefällt Ihnen an der mobilen Bewegungsbaustelle?" (Mehrfachantworten möglich)
  - 80% der Eltern gefällt das Material besonders.
  - Knapp 48% der Eltern bewerten die Kursleitung sowie die anderen Kursteilnehmer positiv.
  - 30% der Eltern heben die Tipps der Kursleitung hervor.
- Akzeptanz der teilnehmenden Kinder aus Sicht der Eltern (mit offener Antwortmöglichkeit)
  - 39 der 40 Kinder nehmen aus Sicht ihrer Eltern gerne an dem Angebot teil.
  - „Sonst ist sie immer nur bei Mama, hier probiert sie viel alleine aus und blüht auf." (Mutter eines teilnehmenden Kindes)
  - „Mein Kind ist die ganze Zeit in Bewegung, es probiert viel aus." (Mutter eines teilnehmenden Kindes)
  - „Das Angebot ist schön abwechslungsreich." (Mutter eines teilnehmenden Kindes)
  - „Eine Familie spricht auch dieselbe Sprache wie wir, unsere Kinder spielen schön zusammen." (Mutter eines teilnehmenden Kindes)
- Interesse an weiteren Angeboten
  - Fast alle Eltern (n=36) bekunden Interesse an weiteren, ähnlichen Angeboten.
  - Bezüglich der Tageszeit für weitere Angebote wünschten sich etwa gleichviele Eltern den Vormittag (n=16) bzw. Nachmittag (n=17). 7 Eltern zeigten sich flexibel hinsichtlich der Tageszeit.

Bei den Befragten erfährt das Angebot also insgesamt eine hohe Akzeptanz und das Interesse an weiteren Angeboten ist hoch. Die bisher gewählten Informationswege sollten beibehalten werden, da Eltern über unterschiedliche Wege zum Angebot finden. Das Material der Mobilen Bewegungsbaustelle wird von vielen der befragten Eltern als etwas Besonderes wahrgenommen. Hier wird deutlich, dass das Material, das über die klassische Ausstattung von Sporthallen hinausgeht, ein wichtiges Merkmal der Mobilen Bewegungsbaustelle ist und als deren Charakteristikum wahrgenommen wird.

5.6 Fazit und Ausblick

Ein Aufwachsen in Armut birgt vor allem psycho-soziale Belastungen. Dabei zeigt vor allem die Resilienzforschung, dass hieraus nicht zwangsläufig Entwicklungsbeeinträchtigungen entstehen müssen. Angebote zur Erhöhung externer Schutzfaktoren einerseits und eine Förderung der kindlichen Resilienz andererseits scheinen jedoch auf der Datenbasis der Armutsforschung dringend angezeigt. Eine Förderung von Resilienz bei Kindern in Armutslagen wirkt nicht der gesellschaftspolitischen Tatsache einer zunehmenden Anzahl armer Kinder entgegen. „Was jedoch zählt ist, dass die Resilienzperspektive den Blick neu darauf lenkt, wie Menschen in widrigen Umständen Potenziale und Fähigkeiten entwickeln können, die ihnen ansonsten verschlossen blieben" (Zander 2010, 12).

Psychomotorik mit ihren Prinzipien der Freiwilligkeit, Selbsttätigkeit, Ressourcenorientierung etc. erweist sich als hochkompatibel mit den Prinzipien der Sozialen Arbeit. Die Psychomotorik kann vor allem im Sinne der Gemeinwesenarbeit einen wichtigen Beitrag leisten. Sinnvoll erscheint mir hier vor allem eine inhaltliche, personelle und strukturelle Vernetzung der psychomotorischen Förderung mit Institutionen und Angeboten des Bildungs- und Sozialwesens wie z. B. Familienzentren, Kindertageseinrichtungen, Schulen, Frühförderstellen. Dies erhöht zum einen die Erreichbarkeit der Zielgruppe und sichert andererseits, dass die Bedeutung der Bewegung für eine gesunde kindliche Entwicklung institutionell verankert wird.

Dies erfordert auf Seiten der Fördernden Kompetenzen und Funktionen, die über die eigentliche Gestaltung der psychomotorischen Förderung hinausgehen und sich deshalb auch in der Ausbildung niederschlagen müssten. Neben der Funktion als Fördernde treten die Funktionen „Brückenbauer, Beziehungsstifter und Anwalt" (Bloemers 2009, 176f.). Die Fördernden schlagen eine Brücke zur kindlichen Lebens- und Erfahrungswelt. Sie beziehen Familien und deren Netzwerke mit ein. Sie unterstützen den Aufbau von Netzwerken und Beziehungen, wo dies nötig ist. Dies kann z.B. auch auf die Beziehungsgestaltung zwischen Eltern und Kindern zielen und eine gemeinsame Förderung von Eltern und Kindern bedeuten. Die Fördernden werden darüber hinaus zu einem Anwalt für eine entwicklungsunterstützende Ausgestaltung kindlicher Lebensräume. Diese Funktionen können jedoch nur wahrgenommen werden, wenn entsprechende personelle und finanzielle Ressourcen zur Verfügung gestellt werden. Daher muss auch die Funktion des Lobbyisten, der diese Rahmenbedingungen öffentlich fordert und ggf. schafft, eingenommen werden, so dass Psychomotorik auch einen politischen Auftrag erhält.

Gut zu wissen – Gut zu merken

- Die Auswirkungen von Armutslagen auf kindliche Entwicklung sind mehrdimensional und komplex.
- Ein linearer und zu verallgemeinernder Zusammenhang zwischen Armut und Entwicklungsgefährdung kann nicht hergestellt werden, da jeweils die individuelle Risikokonstellation berücksichtigt werden muss.
- Psychomotorik kann, unter der Perspektive der Resilienzförderung, einen Beitrag zur gesunden kindlichen Entwicklung leisten.
- Psychomotorikerinnen in sozial benachteiligten Regionen müssen auch politisch wirken.

Literatur

Bloemers, W. (2009): Inklusion: Gleichberechtigte Teilhabe aller Menschen an der Gesellschaft. In: Greving, H./Ondracek, P. (Hrsg.): Spezielle Heilpädagogik. Stuttgart: Kohlhammer, 148–181.

Bundesministerium für Arbeit und Soziales (BAMS) (2013): Lebenslagen in Deutschland – Vierter Armuts- und Reichtumsbericht der Bundesregierung. Bonn: Deutscher Bundestag.

Bundesministerium für Arbeit und Soziales (2013): Neue Zukunftschancen für 2,5 Millionen Kinder und Jugendliche. http://www.bildungspaket.bmas.de/ [31.03.2013].

Deutscher Bundestag (2009): Lebenslagen in Deutschland – Dritter Armuts- und Reichtumsbericht der Bundesregierung. Drucksache 16/9915. Berlin: Deutscher Bundestag.

Deutscher Gewerkschaftsbund (DGB) (2012) (Hrsg.): Soziale Schere klafft weiter auseinander: Zum neuen Armuts- und Reichtumsbericht der Bundesregierung. In: Arbeitsmarkt aktuell 8/2012. http://www.sbv.uni-mainz.de/Dateien/ Armuts-und_Reichtumsbericht.pdf [1.03.2013].

Deutsches Kinderhilfswerk (Hrsg.) (2007): Kinderreport Deutschland 2007: Daten, Fakten, Hintergründe. Freiburg: Family Media/Velber Buchverlag.

Fischer, K. (2009): Einführung in die Psychomotorik. München: Ernst Reinhardt Verlag.

Göppel, R. (1999): Bildung als Chance. In: Opp, G./Fingerle, M./Freytag, A. (Hrsg.): Was Kinder stärkt. Erziehung zwischen Risiko und Resilienz. München: Ernst Reinhardt Verlag, 170–190.

Hock, B./Holz, G./Simmedinger, R./Wüstendörfer, W. (2000): Gute Kindheit – Schlechte Kindheit. Abschlussbericht zur Studie im Auftrag des Bundesverbandes der Arbeiterwohlfahrt. Frankfurt: ISS.

Kommission der Europäischen Gemeinschaften (1983): Schlussbericht der Kommission an den Rat über das erste Programm von Modellvorhaben und Modellstudien zur Bekämpfung der Armut. Brüssel: Eigenverlag.

Merten, R. (2004): Stärken in Armut? Differenzielle Entwicklungen trotz belastender Lebensbedingungen. *Unsere Jugend. Die Zeitschrift für Studium und Praxis der Sozialpädagogik*, 10, 421–432.

Organisation für wirtschaftliche Zusammenarbeit und Entwicklung (OECD) (2010): PISA 2009 Ergebnisse: Zusammenfassung. Paris: OECD.

Organisation für wirtschaftliche Zusammenarbeit und Entwicklung (OECD) (2009): Mehr Ungleichheit trotz Wachstum? Einkommensverteilung und Armut in OECD-Ländern. Paris: OECD.

Stadt Dortmund (2013): Forschung: „Aktionsplan Soziale Stadt" leistet gute Arbeit. http://¬www.dortmund.de/de/rathaus_und_buergerservice/lokalpolitik/aktionsplan_soziale_stadt/ ¬nachrichten_1/nachricht.jsp?nid=229504 [01.04.2013].

Stadt Dortmund (2008): Aktionsplan Soziale Stadt Dortmund. http://www.dortmund.de/media/p/aktionsplansozialestadt/aktionsplan_dortmund.pdf [01.04.2013].

Statistischen Bundesamt (2012): Leben in Europa 2011 (EU-SILC) – Einkommen und Lebensbedingungen in Deutschland und der Europäischen Union. Wiesbaden: Statistisches Bundesamt.

Stiemke, M. (2012): Angebote zur frühkindlichen Bewegungsförderung in benachteiligten Regionen. Motivation, Akzeptanz und Erwartung der Eltern – eine Studie am Beispiel der „Mobilen Bewegungsbaustelle". Dortmund: Technische Universität, Unveröffentlichte Bachelor-Arbeit.

Voges, W./Jürgens, O./Mauer, A./Meyer, E. (2004): Methoden und Grundlagen des Lebenslagenansatzes. Berlin: BMGS Reihe Lebenslagen in Deutschland.

Walper, S. (1995): Kinder und Jugendliche in Armut. In: Bieback, K.-J./Milz, H. (Hrsg.): Neue Armut. Frankfurt a. M.: Campus Verlag, 181–219.

Weiß, H. (2010): Kinder in Armut – eine Herausforderung inklusiver Bildung und Erziehung. *Sonderpädagogische Förderung heute*, 1, 7–27.

Welter-Enderlin, R. (2006): Einleitung: Resilienz aus der Sicht von Beratung und Therapie. In: Welter-Enderlin, R./Hildenbrand, B. (Hrsg.): Resilienz – Gedeihen trotz widriger Umstände. Heidelberg: Carl-Auer Verlag, 7–19.

Wilm-Fass, A. (2008): Behinderte Kindheit. *Frühförderung Interdisziplinär*, 4, 164–176.

Wustmann, C. (2008): Resilienz – Widerstandsfähigkeit von Kindern in Tageseinrichtungen fördern. Weinheim: Beltz.

Wustmann, C. (2010): Erkenntnisse aus der Resilienzforschung – ermutigende Beziehungserfahrungen und Selbstwirksamkeit. In: Fischer, J./Mertens, R. (Hrsg.): Armut und soziale Ausgrenzung von Kindern und Jugendlichen. Baltmannsweiler: Schneider Verlag Hohengehren, 73–81.

Zander, M. (2010): Armes Kind – starkes Kind? Die Chance der Resilienz. Wiesbaden: Verlag für Sozialwissenschaften.

Zimmer; R. (1993): Handbuch der Bewegungserziehung. Didaktisch-methodische Grundlagen und Ideen für die Praxis. Freiburg: Herder.

6 BELASTUNGEN UND RESSOURCEN IM GLEICHGEWICHT – PSYCHOMOTORISCHE PERSPEKTIVEN AUF BETRIEBLICHE GESUNDHEITSFÖRDERUNG IM KONTEXT DER SOZIALEN ARBEIT

Ruth Haas

Was Sie in diesem Kapitel lernen können

In diesem Kapitel lernen Sie die Handlungsfelder der Sozialen Arbeit im Gesundheitsbereich – insbesondere die Betriebliche Gesundheitsförderung – kennen. Ausgehend von den gesetzlichen Grundlagen und Leitlinien für das Betriebliche Gesundheitsmanagement auf nationaler und internationaler Ebene werden Prämissen zum Aufbau von Betrieblicher Gesundheitsförderung vermittelt. Sie erfahren, welche Faktoren zu psychischen Fehlbelastungen in der Arbeit führen können und wie Stress entstehen kann und wie Betriebliche Gesundheitsförderung aus psychomotorischer Perspektive gesundheitliche Belastungen vermindern und gesundheitliche Ressourcen stärken.

6.1 Handlungsfelder und Handlungsaufgaben der Sozialen Arbeit im Gesundheitsbereich

Gesundheitliche Problemlagen beinhalten meist komplexe Fragestellungen, die über eine klassisch bio-medizinische Herangehensweise hinausgehen und auch den Bedarf an psychosozialer Beratung und Begleitung nach sich ziehen. Soziale Arbeit ist in unterschiedlichen Handlungsfeldern der gesundheitlichen Versorgung verortet und stellt neben den klassischen Professionen wie Medizin, Psychologie und Gesundheitsfachberufen eine wichtige Berufsgruppe in der Versorgungsstruktur dar (vgl. DVSG 2013, 1). Die Betrachtung und Analyse bio-psycho-sozialer Problemlagen stellt eine wichtige Basis für Sozialarbeiterinnen in den Handlungsfeldern im Gesundheitswesen dar.

Soziale Arbeit kann Menschen, die auf gesundheitliche Versorgung angewiesen sind, eine Orientierungshilfe im System der sozialen Sicherung anbieten (ebd.). Dabei können Fragen der „Krankheits- und Lebensbewältigung, Auswirkung auf Partnerschaft und Familie, Probleme im sozialen Umfeld, Veränderungen des beruflichen und sozialen Status (...)", aber auch die „(...) Entwicklung von Zukunftsperspektiven, der Umgang mit Funktionseinschränkungen, Behinderung und Pflegebedürftigkeit (...)" und die Bewältigung von „(...) existentiellen Krisen" sowie die „(...) Vermittlung zu speziellen Beratungsstellen sowie Patienten- und Selbsthilfegruppen" thematisiert werden (ebd.).

Die Handlungsansätze der Sozialen Arbeit im Gesundheitsbereich beinhalten Fragen der Integrationshilfe, der Rehabilitation und Nachsorge sowie der psychosozialen Beratung. Bei der Begleitung von Klientinnen werden je nach Bedarf auch Fragen der Gesundheitsberatung oder -aufklärung sowie der Aktivierung, Unterstützung und Motivierung erforderlich. Auch die Arbeit mit Angehörigen und die Hilfe bei der Bewältigung von Krisen gehören zum Aufgabenspektrum der Sozialen Arbeit im Gesundheitswesen (grundlegend Jost 2013).

Die Komplexität und zentrale Bedeutung der Gesundheit als Basis von Lebensbewältigung wird deutlich, wenn es um Probleme bezüglich der Lohnfortzahlung im Krankheitsfall, des Kranken- und Übergangsgeldes oder der krankheitsbedingten Berentung sowie um Leistungen der Pflegeversicherung oder um andere finanzielle Hilfsmöglichkeiten oder arbeitsrechtliche Fragen geht. Auch das Thema der häuslichen Versorgung und die anwaltschaftliche Funktion für Menschen können zum Themenfeld der Sozialen Arbeit im Gesundheitswesen gehören.

Klassische Handlungsfelder der Sozialen Arbeit im Gesundheitswesen stellen die Psychiatrie und Sozialpsychiatrie, die stationäre und ambulante Suchthilfe, die Behindertenhilfe, die Nachsorge bei schweren Erkrankungen, die Arbeit in Rehabilitationseinrichtungen, der Pädiatrie, der Frühförderung, der Kinder- und Jugendhilfe sowie der Krankenhaussozialdienst dar (siehe Abb.1).

Hinzu kommt mit der zunehmenden Verbreitung der Betrieblichen Gesundheitsförderung und des betrieblichen Gesundheitsmanagements eine Erweiterung der klassischen betrieblichen Sozialarbeit um gesundheitliche Themen, die weit über Suchtberatung oder Wiedereingliederungsmanagement hinausgehen.

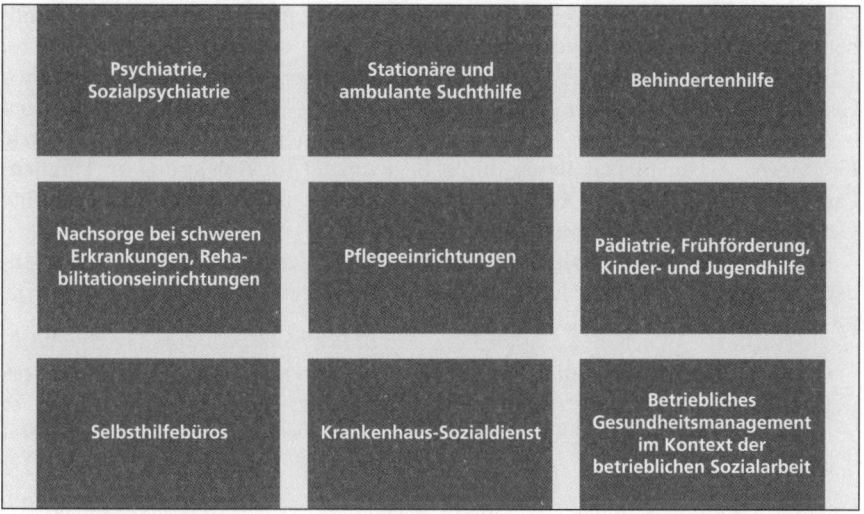

Abb. 1: Handlungsfelder der Sozialen Arbeit im Gesundheitsbereich (in Anlehnung an DVSG 2013)

6.2 Betriebliches Gesundheitsmanagement – Grundlagen auf nationaler und internationaler Ebene

Im Jahr 1986 wurde Betriebliche Gesundheitsförderung durch die WHO in die Ottawa-Charta aufgenommen (WHO Regionalbüro für Europa 2007). Ein zentrales Ziel der Ottawa-Charta ist es, gesundheitsförderliche Lebenswelten zu schaffen:

> „Unsere Gesellschaften sind durch Komplexität und enge Verknüpfung geprägt; Gesundheit kann nicht von anderen Zielen getrennt werden. Die enge Bindung zwischen Mensch und Umwelt bildet die Grundlage für einen sozial-ökologischen Weg zur Gesundheit." (...) „Die sich verändernden Lebens-, Arbeits- und Freizeitbedingungen haben entscheidenden Einfluss auf die Gesundheit. Die Art und Weise, wie eine Gesellschaft die Arbeit, die Arbeitsbedingungen und die Freizeit organisiert, sollte eine Quelle der Gesundheit und nicht der Krankheit sein. Gesundheitsförderung schafft sichere, anregende, befriedigende und angenehme Arbeits- und Lebensbedingungen" (Weltgesundheitsorganisation Europa 2013, 3 f.).

Auf nationaler Ebene legt das Präventionsgesetz, das im SGB V verankert ist und im Jahr 2013 neu verabschiedet wurde, die Grundlagen für die Betriebliche Gesundheitsförderung. Darin ist geregelt, dass die Krankenkassen Leistungen zur primären Prävention vorhalten sollen (§ 20 Abs. 1 SGB V). Ziel der Maßnahmen zur Primärprävention ist es „(...) den allgemeinen Gesundheitszustand zu verbessern und insbesondere einen Beitrag zur Verminderung sozial bedingter Ungleichheit von Gesundheitschancen zu erbringen" (ebd.).

Nach § 20a SGB V sind die Krankenkassen zudem dazu verpflichtet, Leistungen zur Betrieblichen Gesundheitsförderung zu finanzieren.

Den Ausgangspunkt soll eine gesundheitsbezogene Analyse, die sowohl gesundheitliche Risiken als auch gesundheitliche Potentiale erfasst, bilden (§ 20 a Abs. 1 SGB V). Diese sollte nach Auffassung der Verfasserin Daten zur betrieblichen Gesundheitsberichterstattung, gesundheitsbezogene Erhebungen (Fragebogen – standardisiert und nicht standardisiert), Gesundheitszirkel, leitfadengestützte Interviews, Arbeitsplatzanalysen durch Begehungen (in Anlehnung an Hanßen-Pannhausen 2009) sowie Gespräche zur ressourcen- und anforderungsbezogenen Gesundheitsberatung in Anlehnung an Becker (2006) beinhalten.

Es sind einerseits Maßnahmen zur individuellen Verhaltensprävention und andererseits Maßnahmen zur Prävention in Lebenswelten vorgesehen:

> „Lebenswelten (...) sind abgrenzbare soziale Systeme insbesondere des Wohnens, des Lernens, des Studierens, der medizinischen und pflegerischen Versorgung sowie der Freizeitgestaltung einschließlich des Sports und des Spielens, in denen die Versicherten große Teile ihres Lebens verbringen" (Deutscher Bundestag 2013).

Insbesondere sollen folgende Gesundheitsziele im Bereich der Gesundheitsförderung und Prävention umgesetzt werden (Forum Gesundheitsziele Deutschland 2013):

- Das Erkrankungsrisiko für Diabetes mellitus Typ 2 soll gesenkt werden. Die Erkrankung soll möglichst früh erkannt und behandelt werden.
- Bei Brustkrebs soll die Mortalität vermindert und die Lebensqualität erhöht werden.
- Tabakkonsum soll reduziert werden.
- „Gesund aufwachsen" stellt ein Gesundheitsziel seit 2003 dar und wurde im Jahr 2010 aktualisiert. Zentrale Handlungsfelder sind die Förderung von Lebenskompetenz, Bewegung und Ernährung.
- Die Erhöhung von gesundheitlicher Kompetenz und die Stärkung von Patientinnensouveränität werden seit dem Jahr 2003 (Aktualisierung 2011) als Gesundheitsziele aufgeführt.
- Die Verminderung, Früherkennung und nachhaltige Behandlung von depressiven Erkrankungen gehört zudem zu den Gesundheitszielen.
- Das Gesundheitsziel „Gesund älter werden" wurde im Jahr 2012 den Gesundheitszielen hinzugefügt.

Auf europäischer Ebene hat das Europäische Netzwerk für Betriebliche Gesundheitsförderung in der sog. „Luxemburger Deklaration" gemeinsame Leitlinien verabschiedet (Europäisches Netzwerk für Betriebliche Gesundheitsförderung 1997). Diese Leitlinien fordern die Arbeitswelt heraus, die Arbeitsmedizin um Betriebliche Gesundheitsförderung – mit dem Ziel, gesunde Mitarbeiter in gesunden Unternehmen zu erreichen – zu erweitern. Das Europäische Netzwerk für Betriebliche Gesundheitsförderung verfolgt in Form von Kampagnen übergeordnete Zielsetzungen zur Betrieblichen Gesundheitsförderung. Dazu gehören die Kampagnen „Return to work", die berufliche Wiedereingliederung insbesondere für Menschen mit chronischen Erkrankungen in den Blick nimmt, sowie die Kampagne „mensch und arbeit im einklang – move europe", die in besonderer Weise die Zunahme psychischer Erkrankungen berücksichtigt und das Ziel hat, Modelle guter Praxis zu identifizieren (Europäisches Netzwerk für Betriebliche Gesundheitsförderung (ENWHP) 2013).

Der Präventionsleitfaden der Spitzenverbände der Krankenkassen (2010) nennt als Ziele Betrieblicher Gesundheitsförderung die „Verbesserung der gesundheitlichen Situation und die Stärkung gesundheitlicher Ressourcen der berufstätigen Versicherten" (GKV 2010, 61).

Ausgangspunkt bilden gesundheitsbezogene Daten über die gesundheitliche Situation in einem Betrieb. Dabei sollen gesundheitliche Belastungsfaktoren und Risiken und gesundheitsbezogene Ressourcen auf individueller Ebene erhoben werden (z.B. durch die Analyse der Arbeitsunfähigkeits-Daten, Gefährdungsermittlung, arbeitsmedizinische Untersuchung, Befragung von Mitarbeiterinnen sowie betriebliche Gesundheitszirkel). Diese Analyse soll durch die Krankenkassen durchgeführt werden, die dann auch Umsetzungsvorschläge und Möglichkeiten der Umsetzung unterstützen soll. Anhand dieser erhobenen Daten können anschließend Maßnahmen für ausgewählte Zielgruppen im Betrieb initiiert werden, die verhaltens- und verhältnisorientiert gestaltet werden. Maßnahmen, die im betrieblichen Setting eingesetzt werden, müssen folgenden Qualitätskriterien unterliegen (GKV 2010, 62 f.):

- Betriebliche Gesundheitsförderung soll als Führungs- und Managementaufgabe verstanden werden (ebd., 62).
- Die Fähigkeiten der Mitarbeiterinnen sollen bei der Arbeitsgestaltung berücksichtigt werden.
- Betriebliche Gesundheitsförderung soll partizipativ gestaltet werden.
- Die Planung Betrieblicher Gesundheitsförderung soll konzeptbasiert sein, überprüft und evaluiert werden (ebd., 63).
- Die Umsetzung Betrieblicher Gesundheitsförderung umfasst Maßnahmen zur Förderung individuellen gesundheitsgerechten Verhaltens und Maßnahmen zur Veränderung der Belastungsfaktoren.
- Ergebnissicherung anhand vorher festgelegter Indikatoren wird gefordert.
- Es sollte eine Leitlinie zur Betrieblichen Gesundheitsförderung entwickelt werden.

Die Anbieter gesundheitsförderlicher Maßnahmen müssen über eine adäquate Qualifikation verfügen, die im Präventionsleitfaden je nach Handlungsfeld genannt wird und einen Qualitätsnachweis erbringen (ebd., 61).

6.3 Zentrale Handlungsfelder der Betrieblichen Gesundheitsförderung

Im Präventionsleitfaden werden folgende Handlungsfelder definiert:

Das *Handlungsfeld „Arbeitsbedingte körperliche Belastungen"* zielt darauf ab, arbeitsbedingte Belastungen des Bewegungsapparates zu reduzieren. Dabei sollen einerseits Wissensbestände über körperliche Belastungen und Hintergründe von Rückenschmerzen sowie individuelle Verhaltens- und Handlungsmöglichkeiten im Umgang mit körperlichen Belastungen vermittelt werden. Ziel ist es, die betroffenen Personen an eigenständig durchgeführte körperliche Aktivität und die Verbesserung ihrer gesundheitsbezogenen Fitness heranzuführen, aber auch die Arbeitsbedingungen sowie Arbeitszufriedenheit zu verbessern (ebd., 66).

Maßnahmen zur Verminderung der arbeitsbedingten körperlichen Belastungen zielen auf Beschäftigte ab, die sehr hohe körperliche Belastungen bewältigen müssen (GKV 2010, 65). Den Teilnehmerinnen von Maßnahmen soll einerseits Wissen über körperliche Belastungen und über die Entstehungszusammenhänge von Rückenschmerzen vermittelt werden, andererseits sollen Kompetenzen in der Bewältigung dieser Belastungen entwickelt werden. Letztlich ist das zentrale Ziel langfristig zu körperlicher Aktivität und zu aktivem Freizeitverhalten angeregt zu werden.

Da jedoch Rückenschmerzen selten nur auf körperliche Ursachen zurückzuführen sind, ergibt sich aus diesem Handlungsfeld ein Ansatzpunkt für Psychomotorische Gesundheitsförderung. Insbesondere im betrieblichen Kontext lassen sich körperliche und psychische Belastungsfaktoren als Verursacher von körperlichen Beschwerden nicht trennen.

Im Handlungsfeld „*Betriebsverpflegung*" soll gesundheitsgerechte Verpflegung am Arbeitsplatz umgesetzt werden. Dabei werden jedoch die Zusammenhänge zwischen Bewegungsverhalten, körperlicher Aktivität und Bedürfnisbefriedigung nicht benannt. Aus Sicht der Autorin sind diese Aspekte unmittelbar verknüpft und vernetzte Maßnahmen zu empfehlen, die die Betrachtung von Körper- und Selbstkonzept, Bedürfnisbefriedigung und den Umgang mit dem eigenen Körper auch auf der Ebene des Ernährungsverhaltens thematisieren.

Als aus psychomotorischer Sicht besonders bedeutsam kann das Handlungsfeld „*Psychische Belastungen und Erkrankungen (Stress)*" eingeschätzt werden. In diesem Handlungsfeld sollen individuelle Kompetenzen zur Stressbewältigung am Arbeitsplatz vermittelt werden.

Die größte Gruppe für Maßnahmen zur Rehabilitation und Teilhabe am Arbeitsleben vor Rentenbeginn sind Menschen mit psychischen Problemlagen und Verhaltensstörungen. In dieser Gruppe stehen affektive Störungen an erster und Belastungs- und somatoforme Störungen an zweiter Stelle (Deutsche Rentenversicherung Bund 2009, 72). In den vergangenen 30 Jahren hat sich der relative Anteil psychischer Erkrankungen am Arbeitsunfähigkeitsgeschehen von 2% auf 12% erhöht (BKK Gesundheitsreport 2011). Die durchschnittliche Dauer psychisch bedingter Krankheitsfälle umfasst 35,2 Tage im Vergleich zu 12,8 Tagen bei anderen Erkrankungen.

Die wachsende Bedeutung psychischer und psychosomatischer Erkrankungen stellt sowohl große als auch kleine Betriebe vor neue Herausforderungen und Aufgaben. Führungsverantwortung, Umgang mit Erkrankten, Krisenbewältigung, Wiedereingliederung, Zusammenarbeit mit externen Hilfesystemen und präventive Strategien stehen zunehmend im Fokus. Die Teilhabe am Arbeitsleben hat für Menschen eine stabilisierende und integrative Funktion. Arbeit hat nicht nur eine Bedeutung für die Existenzsicherung eines Menschen, sondern auch für seine Identität.

6.4 Psychische Belastungen und Stress am Arbeitsplatz

Psychische Belastungen sind „menschliche Vorgänge des Erlebens und Verhaltens" (DIN EN ISO 10075-1:2000, 3). Dazu gehören kognitive Aspekte wie Denken, Lernen und Gedächtnis, Prozesse der Wahrnehmung und Informationsverarbeitung sowie emotionale Vorgänge wie Gefühle, Empfindungen und Antriebe (Badura 2010, 14). Psychische Belastungen sind „Einflüsse, die von außen auf den Menschen zukommen und psychisch auf ihn einwirken" (DIN EN ISO 10075-1:2000, 3).

Dabei ist es bedeutsam, psychische Belastungen von der individuellen Beanspruchung des Menschen zu unterscheiden. Psychische Beanspruchungen wirken sich beim Individuum in unterschiedlicher Weise aus.

Psychische Belastungen können sowohl positiv, anregend und förderlich für Gesundheit und das Wohlbefinden des Menschen sein (siehe Abb. 2) oder aber negative, beeinträchtigende Effekte beinhalten (DIN EN ISO 10075-1, 2000).

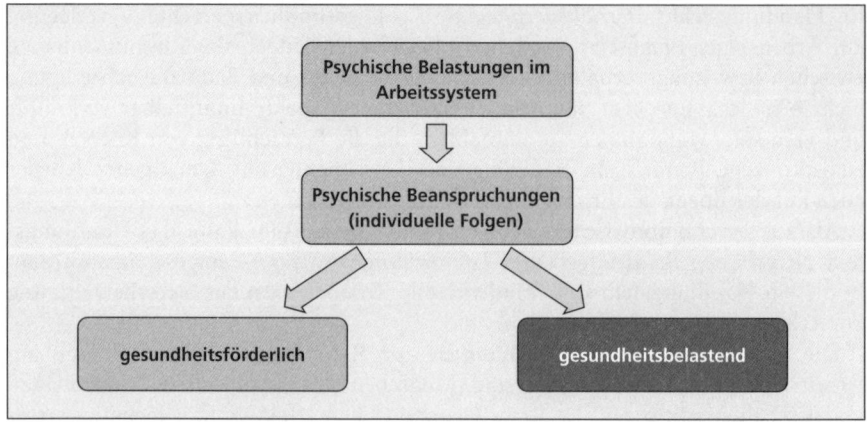

Abb. 2: Auswirkungen psychischer Belastung und Beanspruchung auf die Gesundheit (in Anlehnung an DIN EN ISO 10075-1, 2000)

Psychische Belastungsrisiken im Arbeitskontext können einerseits Stresszustände, aber auch psychische Ermüdung oder ermüdungsähnliche Zustände sein (Oppolzer 2010, 17f.) (siehe Abb. 3). Stresszustände können sich durch anhaltende unangenehme, angstbetonte und erregte Anspannung beim einzelnen Menschen zeigen.

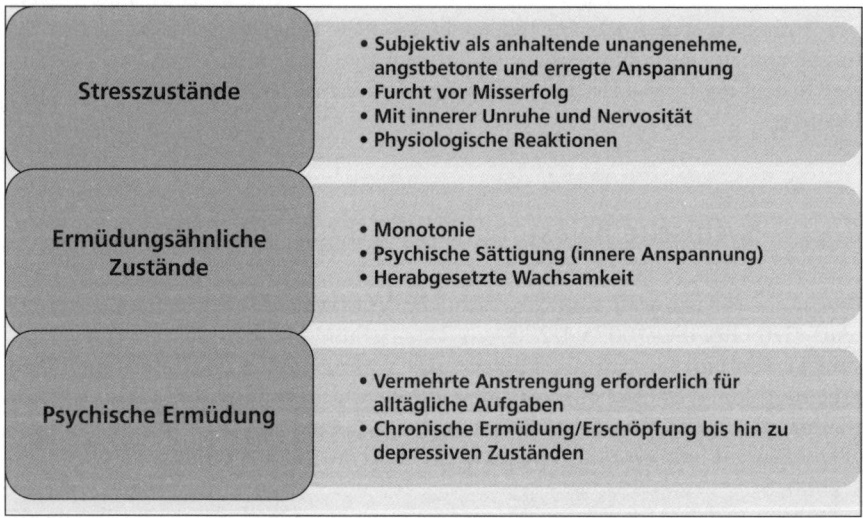

Abb. 3: Psychische Belastungsrisiken in der Arbeit (in Anlehnung an Oppolzer 2010, 17f.)

Langanhaltende Angst vor Misserfolg oder durchgehend hohe Leistungsansprüche können Stresszustände auslösen, die sich in innerer Unruhe und Nervosität und physiologischen Stressreaktionen äußern können. Monotonie in der Arbeit und psychische Sättigung können ermüdungsähnliche Zustände bewirken. Psychische Ermüdung erfordert eine vermehrte Anstrengung bei der Bewältigung der alltäglichen Aufgaben und kann zu chronischer Ermüdung bis hin zu depressiven Zuständen führen.

Der Begriff „Stress" ist in aller Munde und wird umgangssprachlich meist unscharf und mehrdeutig benutzt. In der Alltagssprache wird Stress meist mit Zeitdruck, Hektik und einem hohen Ausmaß an Ereignisdichte gleich gesetzt. In der Forschung werden die Bedingungen untersucht, die das „Funktionieren eines Systems gefährden sowie die Analyse der daraus resultierenden Folgen" (Siegrist/ Knesebeck 2009, 119). In der psychobiologischen und physiologischen Stressforschung stehen der menschliche Organismus oder der erlebende und sich verhaltende Mensch im Mittelpunkt der Betrachtung. In der soziologischen bzw. sozialpsychologischen Forschung wird das soziale System betrachtet. Dabei wird aus wissenschaftlicher Perspektive zwischen Stressoren, Stressreaktionen und individuellen Stressverstärkern unterschieden (siehe Abb. 4) (Kaluza 2011, 13 ff.).

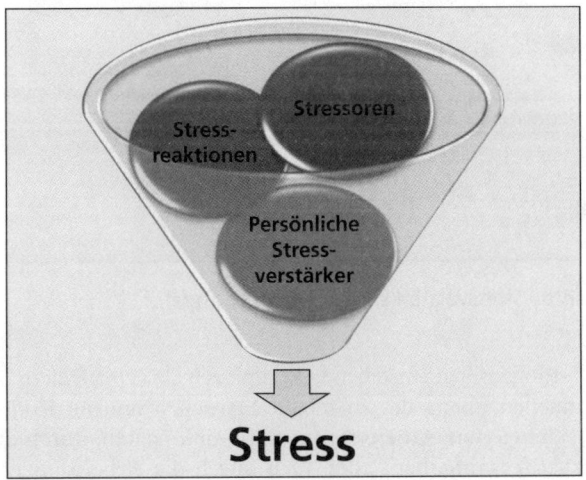

Abb. 4: Das Stressgeschehen (in Anlehnung an Kaluza 2011,13)

Mit Stressoren werden äußere Bedingungen und Situationen gemeint, die das Funktionieren eines Systems gefährden (Siegrist/Knesebeck 2009, 119, Kaluza 2011). Diese Bedingungen und Situationen können aufgrund ihrer Dauer ein System so beeinträchtigen, dass Stressreaktionen entstehen. Der Mensch reagiert mit körperlichen und psychischen Antworten auf diese Stressoren. Solche Antworten können im Verhalten, im emotionalen Erleben und durch physiologische Reaktionen gegeben werden. Auf der Verhaltensebene zeigen sich Stressreaktionen z. B. durch hastiges, ungeduldiges Verhalten, Betäubungsverhalten, unkoordiniertes Arbeitsverhalten, Vergessen, Planungslosigkeit oder konfliktreichen

Umgang mit Menschen (Kaluza 2011, 14). Kognitiv-emotionale Stressreaktionen zeigen sich u.a. in Gefühlen der Unruhe, in Ärger, in der Angst, sich zu blamieren, Gefühlen und Gedanken der Hilflosigkeit, Selbstvorwürfen, Grübeln, Denkblockaden oder einem Tunnelblick, der einen realistischen Blick auf die Situation verstellt (ebd.).

Persönlichkeitseigenschaften und persönliche Einstellungen und Werte können die Stressreaktionen auslösen und verstärken. Dazu gehören Perfektionsstreben und mangelnde Akzeptanz der eigenen Leistungsgrenzen. Einzelkämpferdasein und das Gefühl, unentbehrlich zu sein, können die Wirkung der Stressoren ebenfalls verstärken (vgl. Abb. 5).

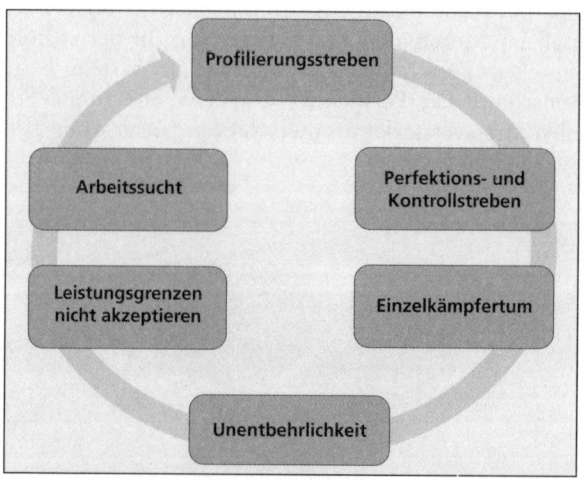

Abb. 5: Persönliche Stressverstärker (nach Kaluza 2011,13)

Psychische Belastungsrisiken entstehen in komplexen Ursachenfeldern (siehe Abb. 6), auf der individuellen Ebene des einzelnen Menschen und im Kontext betrieblicher Zusammenhänge wie Arbeitsorganisation und -zeiten, durch die Gestaltung der jeweiligen Arbeitsaufgaben, aber auch durch die Arbeitsumgebung und die Gestaltung des individuellen Arbeitsplatzes. Soziale Beziehungen am Arbeitsplatz können sowohl Ressourcen als auch Belastungsfaktoren darstellen.

Betriebliche Rahmenbedingungen wie zum Beispiel die Konkurrenz von Standorten bei Großunternehmen oder prekäre Arbeitsverhältnisse, schlechte Bezahlung oder Arbeitsplätze auf Zeit haben große Auswirkungen auf die Gesundheit der Arbeitnehmerinnen.

Bereits hier zeigt sich die Komplexität der Interventionsbedarfe betrieblicher Gesundheitsförderungsmaßnahmen und die Vielfalt der Handlungsansätze betrieblicher Sozialarbeit im Kontext betrieblicher Gesundheitsförderung von der individuellen Gesundheitsberatung bis hin zu psychosozialer Beratung im Kontext sozialer Beziehungen sowie Veränderungen des Arbeitsplatzes und der Arbeitsumgebung.

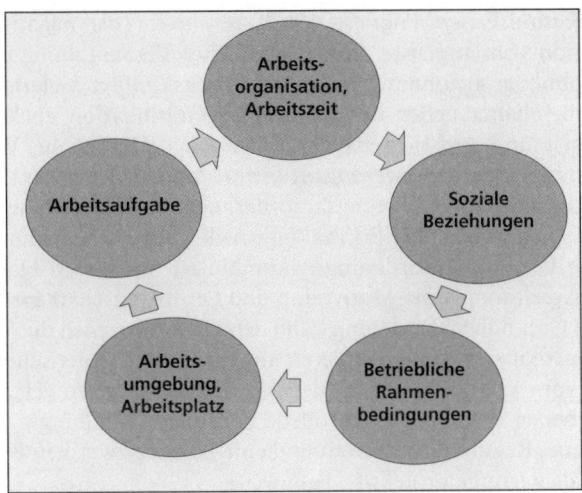

Abb. 6: Risikofaktoren für psychische Fehlbelastungen (nach Oppolzer 2009, 17 ff.)

6.5 Betriebliche Gesundheitsförderung aus psychomotorischer Perspektive

Psychomotorische Begleitung im Kontext von Primär-, Sekundär- und Tertiärprävention in betrieblichen Zusammenhängen erfordert eine Betrachtung der Kausalfelder gesundheitlicher Fragestellungen. Ansatzpunkte für die Psychomotorische Gesundheitsförderung im betrieblichen Kontext können einerseits die Verminderung von Arbeitsbelastungen und andererseits die Frage, wie Gesundheit gestärkt und geschützt werden kann, fokussieren. Dabei müssen sowohl das individuelle Verhalten als auch die Arbeitsverhältnisse betrachtet werden.

6.5.1 Arbeitsbelastungen vermindern

Arbeitsbelastungen können das Wohlbefinden von Menschen maßgeblich beeinflussen. Priester (2003, 33 ff.) konnte feststellen, dass berufsgruppen- und spartenübergreifend das Einstellen auf ständig neue Arbeiten als höchste psychosoziale Belastung (74 %) eingeschätzt wird. An zweiter Stelle der Belastungen steht die Abhängigkeit von Zusammenarbeit, während eine starke Konzentration auf Einzelheiten in der Arbeit (63 %) und Termindruck auf Platz drei und vier stehen. Nachtarbeit (11 %) und Tätigkeiten im Schichtdienst (16 %) werden als weniger bedeutsam eingeschätzt.

Theoretische Modelle zum Auffinden arbeitsbedingter Gesundheitsrisiken benennen die Bedeutsamkeit von Entscheidungsspielräumen in Relation zu Leistungsanforderungen sowie das Gleichgewicht von Belastungen und Belohnungen für die Erhaltung der Gesundheit als langfristig maßgeblich. Das *Modell beruf-*

licher Gratifikationskrisen (Sigriest 1997) beschreibt die negative Bedeutung der Kombination von langfristig hoher beruflicher Verausgabung mit langfristig niedriger Belohnung. Belohnung kann im Arbeitskontext vielerlei Gestalt annehmen und beinhaltet neben der finanziellen Gratifikation auch Aspekte wie Arbeitssicherheit und Aufstiegschancen, aber auch persönliche Wertschätzung und Anerkennung. Das *Anforderungs-Kontroll-Modell* (Karasek/Theorell 1990) geht davon aus, dass hohe Leistungsanforderungen in Verbindung mit geringen Entscheidungsspielräumen das Erkrankungsrisiko von Arbeitnehmern erhöhen, während hohe Leistungsanforderungen kombiniert mit hohen Handlungs- und Entscheidungsspielräumen die Motivation und Lernbereitschaft fördern.

Betriebliche Gesundheitsförderung kann demnach zum einen die Verminderung von Stressoren fokussieren, zum anderen aus einer salutogenetischen Perspektive die Stärkung von Schutzfaktoren in den Vordergrund stellen (Haas 2006). Die oben beschriebenen theoretischen Modelle benennen Handlungs- und Entscheidungsspielräume, Regulationschancen und eine Balance zwischen Belohnung und Anforderung als wichtige protektive Faktoren.

6.5.2 Gesundheit stärken

Gesundheit und Störungen der Gesundheit sind als gleichwertige Aspekte menschlicher Befindlichkeit zu verstehen. Sie sind Bestandteil eines lebenslangen Prozesses und werden in jedem Augenblick des Lebens neu gestaltet (vgl. Antonovsky 1997). Gesundheit und Störungen der Gesundheit sind nur in der wechselseitigen Beziehung von biologisch-körperlichen, psychischen, kognitiven und sozial-kontextuellen Prozessen des Menschen bestimmbar (DIMDI 2008, Egger 2005). Sie gehören zum Leben eines jeden Menschen.

In der Weiterentwicklung des Salutogenesekonzeptes von Antonovsky (1997) sind in der gesundheitswissenschaftlichen Forschung zudem gesundheitliche Protektivfaktoren herausgearbeitet und empirisch überprüft worden, auf die in diesem Beitrag noch detailliert eingegangen wird.

Psychomotorische Gesundheitsförderung bezieht sich einerseits auf diese Protektivfaktoren, andererseits betrachtet sie den jeweiligen Gesundheitsprozess eines Menschen mithilfe des „Systemischen Anforderungs-Ressourcenmodells (SAR-Modell)" der Gesundheit von Becker (2006). Dabei werden Störungen der Gesundheit als Passungsstörungen zwischen Mensch und Umwelt und die jeweiligen krankheits- bzw. gesundheitsbezogenen Sichtweisen als subjektive Wirklichkeitskonstruktionen betrachtet, die es abzugleichen gilt.

Die menschliche Persönlichkeit stellt ein komplexes, vielschichtiges Lebewesen dar. Biologische, psychische und soziale Systeme stehen in enger Wechselwirkung. In Weiterentwicklung des Salutogenesemodells spricht Becker von internen und externen Anforderungen, „die sich an eine Person richten und sie zu bestimmten Reaktionen veranlassen sollen oder können" (Becker 2006, 111), sowie internen und externen Ressourcen eines Menschen. Unter internen Anforderungen versteht er Bedürfnisse, wie physiologische Bedürfnisse (nach Schlaf, Nahrung, Atmung, Bewegung, Sexualität), Explorationsbedürfnisse, Selbstaktualisierungsbedürfnisse, Bedürfnisse nach Sicherheit, Orientierung, Kontrolle, Liebes- und Bindungsbedürfnisse und das Bedürfnis nach Achtung und Wertschätzung. Zu den „internen Anforderungen" gehören auch Ziele, Wünsche, Ich-Ideale und Projekte, die kurz-, mittel- oder langfristig bedeutsam sind. Verinnerlichte Werte, Normen und Regeln wirken zudem als interne Anforderungen. Sie werden im Lauf der Entwicklung angeeignet. Anforderungen, die von der Umwelt ausgehen, versteht Becker als „externe Anforderungen", die sich als kurz-, mittel- oder langfristig relevant erweisen können, wie z. B. soziale Regeln, Normen, Vorschriften und Entwicklungsaufgaben.

Externe Anforderungen lassen sich unterschiedlichen Lebensbereichen zuordnen (Becker 2006, 127): Ausbildung, Beruf, Arbeit – Kernfamilie und Partnerschaft – Verwandtschaft, Freundeskreis – Freizeit.

Gesundheitliche Ressourcen sind solche Faktoren, die geeignet sind, die psychische, physische oder soziale Gesundheit eines Menschen zu fördern. Externe Ressourcen können einzelnen Lebensbereichen zugeordnet werden. Bieten die Lebensbereiche ausreichende Ressourcen an, um interne oder externe Anforderungen zu bewältigen? Um Ressourcen von außen nutzen zu können, benötigen Menschen interne Ressourcen, wie z. B. Wissen, Intelligenz, soziale Kompetenzen, körperliche Fitness, physische Attraktivität sowie Persönlichkeitseigenschaften (Extraversion/Offenheit, Verträglichkeit, Gewissen, Kontrolliertheit, emotionale Intelligenz, hohes Selbstwertgefühl, hohe internale Kontrollüberzeugung und Selbstwirksamkeitserwartung etc.).

Die Grundannahme des SAR-Modells besagt, dass die Gesundheit eines Menschen davon beeinflusst wird, wie es ihm gelingt, interne und externe Anforderungen mit Hilfe interner und externer Ressourcen zu bewältigen.

Gesundheit steht also in engem Zusammenhang mit der Befriedigung von physiologischen, emotionalen und psychosozialen Bedürfnissen auf der Basis von internen und externen Ressourcen.

Die Analyse dieses Anforderungs-Ressourcen-Kausalfeldes sollte in der Betrieblichen Gesundheitsförderung insbesondere die arbeitsbezogenen Anforderungen und Ressourcen berücksichtigen. Diese Analyse bietet eine geeignete Grundlage für eine individuelle Gesundheitsberatung (siehe Abb. 7).

Die subjektive Bedeutsamkeit des aktuellen Gesundheitsprozesses im Kontext der individuellen Lebenswelt steht im Mittelpunkt. Dabei sollte das komplexe Wechselspiel zwischen dem individuellen physiologischen, emotionalen, sozialen und psychischen Bedürfnisgefüge, den verinnerlichten Zielen, Wünschen, Projekten und Ich-Idealen sowie den internen Ressourcen und in zentralen Lebensbereichen vorhandenen externen Ressourcen überprüft werden.

Psychomotorische Gesundheitsförderung kann einen Beitrag dazu leisten, interne und/oder externe Ressourcen bewusst und spürbar zu machen sowie neu zu entdecken. Sie kann im Sinne einer externen Ressource dazu beitragen, dass elementare Bedürfnisse wie z. B. nach Exploration oder Selbstaktualisierung, Achtung und Wertschätzung befriedigt werden können. Die eigene Freude am Entdecken von Neuem, die Erfahrung der eigenen Handlungsfähigkeit, aber auch die Entdeckung eigener Fähigkeiten kann zum Bewusstmachen der individuellen Ressourcen beitragen.

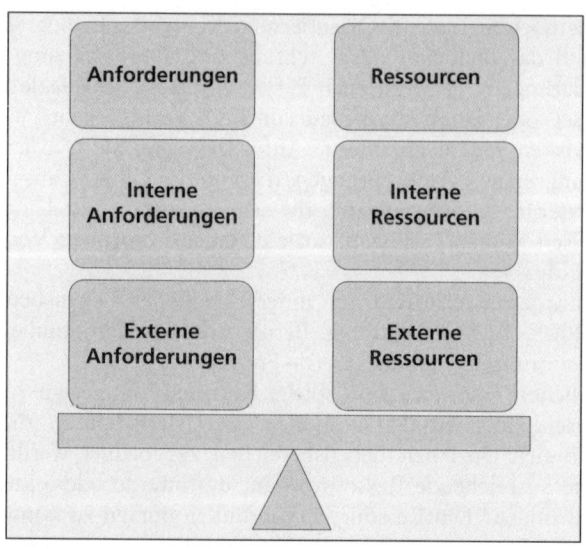

Abb. 7: Gesundheit als Wechselspiel von Anforderungen und Ressourcen (in Anlehnung an Becker 2006, 183 ff.)

Ist eine umfassende Anforderungs-Ressourcen-Analyse nicht möglich, können protektive Gesundheitsressourcen Hinweise für gesundheitsförderliche Maßnahmen geben. Das Konstrukt der gesundheitlichen „Protektivfaktoren" (Viehhauser 2000, 39) ist ein Begriff, der interne personenbezogene Betrachtungsweisen mit externen auf die Umwelt bezogenen sowie die Lebensgestaltung betreffenden Aspekten verknüpft. Personenbezogene Faktoren werden jedoch nicht als feste Eigenschaften einer Person verstanden, sondern stehen immer in Beziehung zu Fragen der Lebenswelt und Lebensgestaltung.

Folgende gesundheitsbezogene Schutzfaktoren können eine Orientierung für psychomotorische Gesundheitsförderung bieten:

Schutzfaktor „Leib-seelische Regulation"

Entfremdung vom eigenen Leib stellt ein Problem der Erwachsenenwelt dar. Lebenswelt und individuelle Lebensgestaltung bieten meist keine Rahmenbedingungen, die im Erwachsenenalter die Wahrnehmung des eigenen Leibes im Alltagsgeschehen erleichtern. Sitzende Tätigkeiten, Dominanz elektronischer Kommunikation, die Instrumentalisierung von Körper und die scheinbar umfassende Kontrollierbarkeit des Körpers durch kosmetische Eingriffe sowie durch sportliche Aktivitäten prägen das Bild vom eigenen Leib und den Umgang mit ihm.

Aus diesem Grund wird die Wahrnehmung des psychomotorischen Wirkfeldes, d. h. der Zusammenhang der sinnlichen Wahrnehmung, der emotionalen Tönung, der kognitiven Einordnung und des kommunikativen Geschehens ins Zentrum der Psychomotorischen Gesundheitsförderung gestellt (siehe Abb. 8).

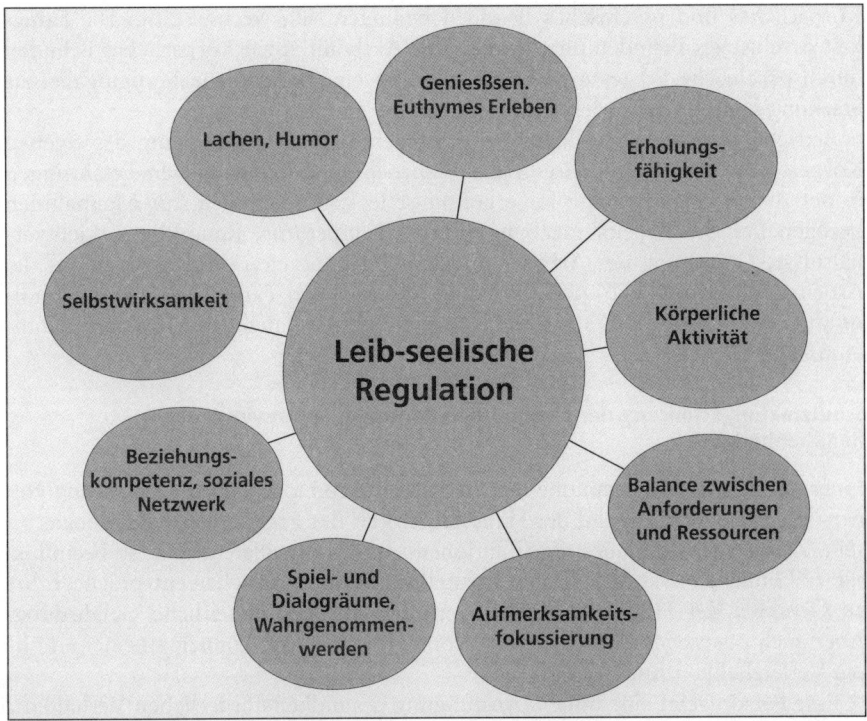

Abb. 8: Gesundheitliche Schutzfaktoren als Ausgangspunkt der Psychomotorischen Gesundheitsförderung (nach Viehhauser 2000)

Es gilt die Verbundenheit mit dem eigenen Leib wieder ins Zentrum der Aufmerksamkeit zu stellen und aus den lebenslangen Gefährten lebenslange Freunde werden zu lassen. Gelingende Freundschaften sind durch gegenseitige Wertschätzung, Akzeptanz und Toleranz, aber auch durch Offenheit, Konfliktkultur und einen bewussten Umgang mit Nähe und Distanz sowie Individualität und Zugehörigkeit gekennzeichnet. Der wesentliche Aspekt dabei ist, eine funktionierende Basis für Kommunikation herzustellen: die jeweilige Sprache zu lernen, Kommunikationsstrukturen und Orte zum Dialog zu schaffen.

Der Mensch unterscheidet sich von anderen Lebewesen durch seine Fähigkeit zu „reflexiver Leiblichkeit" (Seewald 2006, 17). Auf der Grundlage seines Leibbewusstseins ist er in der Lage, mit sich selbst im Gespräch zu sein und das augenblickliche Befinden zu fühlen und zu wissen. Schnell und vor allem sehr präzise teilt dem Menschen sein Leib mit, was sich wohltuend anfühlt und welche internen Anforderungen gerade bewältigt werden müssen.

Der gesundheitliche Schutzfaktor „Leib-seelische Regulation" (Viehauser 2000, 13 spricht von der „Somato-physischen Regulationskompetenz") wird deshalb als zentrales und überdauerndes Thema der psychomotorischen Gesundheitsförderung ins Zentrum dieses Ansatzes gestellt.

Körperliches und psychisches Befinden bedingen sich wechselseitig. Die Fähigkeit psychisches Befinden über körperliche Aktivität sowie körperliches Befinden durch psychische Prozesse zu beeinflussen ist eine wesentliche Lernaufgabe zur Stärkung gesundheitsförderlicher Ressourcen.

Betriebliche Rahmenbedingungen erschweren die Wahrnehmung des eigenen Körpers teilweise. Dennoch gibt die Wahrnehmung der leiblichen Erfahrungen in der Arbeit Ansatzpunkte für ergonomische Veränderungen, für Maßnahmen bezogen auf die Arbeitsumgebung (Lärm, Temperatur, Raumklima, Lichtverhältnisse, Gestaltung der Arbeits- und Pausenräume etc.) oder bezogen auf die Arbeitsorganisation (z. B. Arbeitsabläufe, Wechsel von Tätigkeiten, Pausengestaltung) oder aber für die Wahrnehmung von psycho-sozialen Bedürfnislagen (Kommunikation).

Schutzfaktor „Erfahrung der persönlichen Kontrolle, Selbstwirksamkeit, Handhabbarkeit"

Einer der zentralsten gesundheitlichen Schutzfaktoren scheint die Erfahrung von persönlicher Kontrolle und der Handhabbarkeit der Erfordernisse des Lebens zu sein. Zeitlich lang andauernde Situationen nicht kontrollieren, d. h. so beeinflussen zu können, wie es den eigenen Vorstellungen und Wünschen entspräche, führt zu Gefühlen der Hilflosigkeit. Diese erhöhen die gesundheitliche Gefährdung. Aber auch überzogene unrealistische Kontrollbedürfnisse können zu einer erhöhten Verletzlichkeit führen.

Eine Person zeigt eine höhere Ausprägung gesundheitsförderlichen Verhaltens, wenn sie glaubt, selbst etwas für ihre Gesundheit tun zu können (gesundheitsbezogene Kontrollüberzeugung). Situationen, die als kontrollierbar und damit bewältigbar angesehen werden, führen weniger zu Stress. Werden Erfolge der eigenen Person zugeschrieben (internale Kontrollüberzeugung), führt dies langfristig zu einer höheren emotionalen Stabilität und zu aktiverem Bewältigungsverhalten.

Wahrgenommene Kontrolle hat demnach Auswirkungen auf das Gesundheits- und Risikoverhalten, auf die Wahrnehmung von Stress, das emotionale Befinden und den Umgang mit Belastungen.

Chronisch nicht zu kontrollierende Situationen führen langfristig zu Gefühlen der Hilflosigkeit und beinhalten damit ein gesundheitliches Risikopotential.

Im betrieblichen Rahmen zeigt sich, dass mangelnde Selbstbestimmung und die Ergebnisse der eigenen Anstrengung nicht mehr wahrnehmen zu können sehr belastend sein können. Ein psychomotorischer Zugang kann jedoch verdeutlichen, wie das eigene Befinden manchmal schon durch kleine Maßnahmen positiv verändert werden kann und möglicherweise auch Beschwerden vermindert werden können. Die Auswirkungen psychomotorischer Aktivitäten auf das persönliche Befinden werden thematisiert und bezüglich ihrer positiven Wirkungen betrachtet.

Schutzfaktor „Erholungsfähigkeit"

Die Fähigkeit, sich nach Belastungen ausreichend erholen zu können, stellt eine wichtige Ressource dar. Erholung unterstützt die Wiederherstellung von Handlungsvoraussetzungen. In Abhängigkeit von der Art der Belastungen unterscheiden sich die erforderlichen Erholungsmaßnahmen. Dies kann z. B. bedeuten, nach monotonen Tätigkeiten etwas Anregendes zu tun, nach psychischem Stress zur Ruhe zu kommen oder Spannung motorisch abzubauen. Beanspruchung und Erholung bedingen sich gegenseitig.

Die Sensibilität für Erholungsbedarf kann aufgrund einer Senkung der Wahrnehmungsschwelle für körperliche Signale vermindert sein. Erholungsmaßnahmen können sich an den Rahmenbedingungen orientieren, beispielsweise institutionalisierte Bewegungsmöglichkeiten, erholungsgerechte Pausengestaltung oder Stärken des sozialen Miteinanders. Es kann zudem darum gehen, Tätigkeiten umzugestalten (z. B. Aufgabenwechsel oder die Festlegung eines individuell angemessenen Ausgangsniveaus). Personenbezogene Erholungsmaßnahmen werden dann bedeutsamer, wenn die Tätigkeiten oder Umweltbedingungen sich als nicht veränderbar erweisen.

Zuerst müssen eine Bereitschaft für Erholung geschaffen und adäquate Beanspruchungs- und Belastungszyklen hergestellt werden. Eine individualisierte Vorgehensweise ist hier geboten, um herauszufinden, welche Aktivitäten zu Erholung führen und die Wahrnehmung von Belastungssignalen fördern.

In der psychomotorischen Gesundheitsförderung können unterschiedliche Bewegungs- und Körperwahrnehmungsaktivitäten erprobt und ihr individueller Erfahrungsgehalt reflektiert werden. Es wird reflektiert, welche Aktivitäten zur individuellen Erholung beitragen. Benötigt die betroffene Person Stille oder Anregungen, um sich erholen zu können.

Schutzfaktor „Fähigkeit zum Herstellen euthymen Erlebens und Verhaltens sowie Genießens"

Euthyme Tätigkeiten verbessern die Stimmung positiv und tragen zu mehr Wohlbefinden bei. Dabei sind angenehme sensorische Erfahrungen, erfolgreiche Handlungen und positive Ereignisse sowie Fantasietätigkeit von Bedeutung (Viehhauser 2000, 122).

Lutz (1983) betrachtet Genießen gleichsam als euthymes Erleben in Reinform. Genuss wird definiert als sinnliche, lustvolle und reflexive Art des positiven Erlebens. Genießen ist unmittelbar mit sinnlicher Erfahrung verknüpft. Genuss grenzt sich von Sucht durch eine Fähigkeit zur Kontrolle des eigenen Verhaltens ab. Genießen erfordert eine Aufmerksamkeitsfokussierung auf eine sinnliche Erfahrung.

Bewegung und Spiel können Spielräume für euthymes Erleben schaffen, in denen der Alltag vergessen werden kann. Taktil-kinästhetische Erfahrungen wie Selbst- oder Fremdmassagen mit einer Variationsbreite von Berührungsreizen können genussvoll erlebt werden, wenn sie den individuellen Bedürfnissen angepasst sind. Lustvolle Bewegungserfahrungen können Genuss vermitteln, zum Beispiel im Kontext von betriebssportlichen Aktivitäten, die nicht nur funktional ausgerichtet sind.

Im betrieblichen Kontext können kleine Pausen oder positiv besetzte Bilder, z. B. als Bildschirmschoner, kleine Auszeiten und Erinnerungen an emotional positiv besetzte Situationen schaffen und die Stimmungslage verbessern.

Der Aspekt des Genießens sollte zudem bei der Betriebsverpflegung berücksichtigt werden.

Schutzfaktor „Erfahrung von Sinn und Bedeutsamkeit"

Für eine Erhöhung des Wohlbefindens ist es elementar, dass Menschen den Ereignissen ihres Lebens Sinn zuschreiben können. Möglichst viele Lebensbereiche sollten als sinnvoll angesehen werden können. Menschen benötigen Aktivitäten, Beziehungen und Aspekte in ihrem Alltag, die es wert sind, sich dafür zu engagieren und die Lebensgestaltung daran zu orientieren bzw. sich sinnvolle Ziele zu setzen, deren Erreichung als sinngebend angesehen wird.

Wünschenswerterweise sollte die berufliche Tätigkeit sinnhafte Aspekte beinhalten, die über den rein ökonomischen Aspekt hinausgehen. Sollte dies nicht oder nur wenig der Fall sein, kann ein Ausgleich in der Freizeit erfolgen. Mangelnde Sinnhaftigkeit der beruflichen Tätigkeit kann durch Hobbys und Tätigkeiten, bei denen die eigene Wirksamkeit erfahrbar ist, ausgeglichen werden.

In der psychomotorischen Gesundheitsförderung können neue Tätigkeiten entdeckt und erprobt werden. Zudem sollte darüber nachgedacht werden, welche Tätigkeiten die eigene Stimmung positiv beeinflussen können und welchen Anteil diese im Alltagsleben einnehmen.

Schutzfaktor „Soziales Netzwerk/Beziehungskompetenz"

Soziale Unterstützung beinhaltet strukturelle Aspekte und eigene Verhaltensanteile (Franzkowiak 2011, 217), die Ebene der sozialen Organisationen, in die ein Mensch integriert ist und die quantitative und qualitative Ausprägung von tatsächlich erfahrenem und subjektiv erlebtem emotionalen Beistand, sozialer Anerkennung und Wertschätzung. Art, Qualität und Umfang der Sozialbeziehungen sind für die Gesundheit eines Menschen von zentraler Bedeutung. Soziale Bindungen und Netzwerke können einen Menschen vor dem Auftreten von Belastungen schützen, zu positiver Verarbeitung und Toleranzsteigerung beitragen (ebd.).

Interpersonelle Fähigkeiten und Fertigkeiten können in psychomotorischen Gruppenangeboten in hervorragender Weise thematisiert und erfahrbar gemacht werden. Leibliche und spielerische Formen der Kontaktpflege eröffnen neue Horizonte der Beziehungsgestaltung. Themen wie „sich anvertrauen", „Nähe und Distanz dosieren lernen", „erfahren der Balance zwischen Geben und Nehmen", „sich Anderen gegenüber öffnen und verschließen", „Aggression wahrnehmen und ausdrücken" sowie „Autonomie und Abhängigkeit erfahren" können leiblich erfahren und individuell geklärt werden (Haas 1999).

Schutzfaktor „Spiel- sowie Dialogräume und Wahrgenommen werden"

Menschen brauchen Orte und Zeiten des Austausches. Dialogräume ermöglichen Kommunikation in ungezwungener und selbstverständlicher Form. In der psychomotorischen Gesundheitsförderung wird Raum für gemeinsames Tun und gemeinsamen Austausch geschaffen. Mitteilungen, gemeinsames Lösen von Aufgaben sowie gemeinsames Handeln erleichtern den zwischenmenschlichen Dialog.

Spielräume eröffnen die Möglichkeit, zweckfrei, freiwillig und selbstbestimmt innerhalb festgesetzter Grenzen von Raum und Zeit – begleitet von positiven Emotionen – zu handeln (Oerter 1997). In der psychomotorischen Gesundheitsförderung werden solche Freiräume für spielerische Aktivitäten geschaffen. In Spielen gelten eigene Regeln und die Normalität des Lebens wird verlassen.

Schutzfaktor „Aufmerksamkeitsfokussierung" sowie „Balance zwischen Anforderungen und Ressourcen"

Csikszentmihalyi (2005) beschreibt die Erfahrung, sich ganz auf Tätigkeiten und Situationen mühelos zu konzentrieren, mit dem Begriff „Flow-Erleben". Handlungsanforderungen und Rückmeldungen sind klar und interpretationsfrei. Die Person weiß jederzeit und ohne nachzudenken, was zu tun ist. Die Beanspruchung ist optimal. Das Geschehen wird von einem sicheren Gefühl begleitet, das Geschehen stets unter Kontrolle zu haben. Die Handlungsabläufe gelingen reibungsfrei und flüssig. Die Konzentration auf die Sache erfolgt selbstverständlich. Gedanken, die nichts damit zu tun haben, tauchen nicht auf. Die Zeit wird vergessen und die Personen gehen ganz in ihrer Tätigkeit auf. Flow-Erleben eröffnet die Möglichkeit des genussvollen Erlebens und kann das Selbstwertgefühl positiv unterstützen.

In Arbeitszusammenhängen kann Flow-Erleben gestärkt werden, wenn Anforderungen und Fähigkeiten im Einklang sind. Unter- und Überforderungen quantitativer und qualitativer Art sind zu vermeiden.

Schutzfaktor „Körperliche Aktivität"

Körperliche Aktivität nutzt der körperlichen Gesundheit (Schlicht/Brand 2007). Die Datenlage zeigt ein eindrückliches Bild (ebd.): Das Risiko, einer koronaren Herzkrankheit zu erliegen, sowie das Risiko, an Diabetes zu erkranken, werden vermindert. Die Gefahr der Fettleibigkeit wird durch regelmäßige moderate körperliche Aktivität um 50% und das Risiko des Bluthochdruckes um 30% vermindert. Ebenso wird das Depressionsrisiko reduziert. Die Knochenmasse und die motorischen Grundeigenschaften der Koordinationsfähigkeit, Beweglichkeit und Kraft bleiben länger erhalten. Körperliche Aktivität wirkt sich auch auf die psychische Gesundheit aus. Selbstachtung und Wohlbefinden werden gestärkt (Schlicht/Brand 2007). Psychisches Wohlbefinden und die Lebensqualität werden durch körperliche Aktivität verbessert, während der funktionelle Abbau der Organe und des Halte- und Bewegungsapparates vermindert und damit die Selbständigkeit von älteren Menschen länger bewahrt werden kann.

Die schlichte Konsequenz ist, dass jede Gelegenheit zu körperlicher Aktivität genutzt werden sollte.

In der psychomotorischen Gesundheitsförderung werden Informationen zur Wichtigkeit der körperlichen Aktivität für die Gesundheit vermittelt und erfahrbar gemacht. Der Arbeitsalltag kann bezüglich der körperlichen Aktivität analysiert und Verhaltens- oder Verhältnisänderungen können angebahnt werden.

6.5.2 Prämissen der psychomotorischen Gesundheitsförderung

Prämisse: Wechselseitige Beziehung von Denken, emotionalem Erleben, kommunizieren, sich bewegen und handeln und sinnlichem Wahrnehmen

Psychomotorische Ansätze haben unabhängig vom jeweiligen theoretischen Ansatz eine zentrale Gemeinsamkeit. Sie betrachten den Menschen als Wesen, dessen Emotionen, Kognitionen, sinnliche Wahrnehmungen, Bewegungen und soziale Kommunikation in enger Wechselbeziehung zueinander stehen. Diese psychomotorische Wechselbeziehung von Denken, Erleben, sinnlicher Wahrnehmung, Bewegung und Kommunikation sind leibliche Prozesse, die sich über die gesamte Lebensspanne in Abhängigkeit von Lebenswelt und Lebensgeschichte verändern und im Körper- und Selbstkonzept verankert sind. Psychomotorische Gesundheitsförderung geht von dieser anthropologischen Grundannahme aus und macht sie zu einer methodischen Prämisse. Das bedeutet, dass diese Ebenen immer wie eine Hintergrundfolie mit in die Betrachtung einbezogen werden.

Je nach Zielgruppe können unterschiedliche Ebenen quasi als „Türöffner" genutzt werden. Die anderen Ebenen werden anschließend nach und nach hinzugenommen. So benötigen erwachsene Menschen in der Betrieblichen Gesundheitsförderung manchmal zuerst einen Türöffner auf der Ebene des Denkens. Das kann bedeuten, dass zuerst Informationen über bio-psycho-soziale Zusammenhänge gegeben werden, damit die Angebote verstanden werden können und von den jeweiligen Menschen in ihrer Denkwelt aufgenommen werden. Andere Menschen werden eher auf der emotionalen und kommunikativen Ebene erreicht. Wieder andere brauchen zuerst Bewegung und sinnliche Wahrnehmung, bevor kognitive Aspekte hinzukommen können. Die jeweiligen Zugangswege und das individuelle Erleben variieren je nach lebensgeschichtlichem Hintergrund sowie je nach Lebenswelt (siehe Abb. 9).

Prämisse: Erfahrungs- und Handlungsorientierung

Die psychomotorische Gesundheitsförderung nimmt den Menschen im Kontext seines leiblich gewordenen Seins und leiblichen Werdens und demnach seiner psychomotorischen Entwicklung in den Blick. Den Ausgangspunkt psychomotorischer Gesundheitsförderung bildet die subjektive, mit selbstbestimmtem Handeln verbundene Erfahrung, Kreisbewegungen zwischen sinnlichen Erfahrungen, Bewusstwerdungsprozessen bezüglich emotionaler Reaktionen, aktivierter Denkmuster und Bewertungen sowie Bezugnahme auf momentane Lebenssituation und/oder biografische Bezüge verdeutlichen dem einzelnen Menschen sein persönliches Erlebens- und Ursachengefüge.

Psychomotorische Gesundheitsförderung stellt die individuelle Erfahrung und selbstbestimmte Handlung in den Mittelpunkt der Vorgehensweise. Im Unterschied zu anderen Ansätzen der Gesundheitsförderung wird kein (Bewegungs-) Verhalten geübt, um Risikofaktoren für Störungen zu vermeiden. Vielmehr werden Erfahrungsräume zur Entdeckung neuer Handlungswege und/oder zur Veränderung von eingeschliffenen Verhaltensweisen gestaltet.

Prämisse: Prozessorientierung

Im Mittelpunkt der psychomotorischen Gesundheitsförderung steht der gemeinsame Prozess der reflektierten Erfahrung. In Abgrenzung zum Begriff der Erlebnisorientierung wird hier der Begriff Erfahrung benutzt, da es nicht um ein „schönes Erlebnis" im alltagssprachlichen Verständnis geht, sondern um Erfahrungen, die vor der Hintergrundfolie der jeweiligen Lebensgeschichte der Teilnehmerinnen/Teilnehmer in unterschiedlicher Weise emotional erlebt, kognitiv bewertet und eingeordnet werden. Diese Erfahrungen sind immer situativ getönt, je nachdem was im Rahmen der aktuellen Umweltbedingungen und des aktuellen sozialen Systems individuell erfahren werden kann.

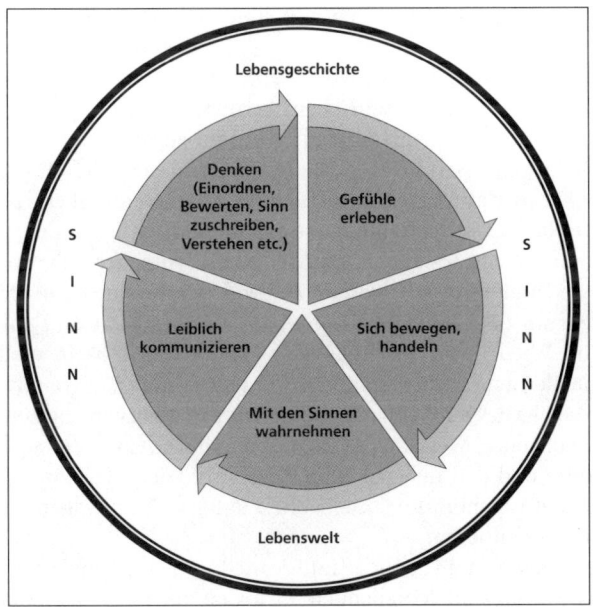

Abb. 9: Psychomotorischer Blick auf den Menschen (Haas 2013 i. Dr.)

6.6 Psychomotorische Gesundheitsförderung und Soziale Arbeit

Nachhaltig wirksame Maßnahmen zur Gesundheitsförderung kombinieren Aspekte der Verhaltensprävention mit Maßnahmen der Verhältnisprävention. Arbeitsbedingungen und das Verhalten einzelner Menschen stehen in wechselseitiger Abhängigkeit. Betriebliche Kommunikationsstrukturen, gelebte Unternehmenskultur, gemeinsame Werte und Identifikation mit einem Unternehmen können als wesentliche gesundheitsrelevante Faktoren identifiziert werden (Badura 2008). Individuelle Verhaltensänderung kann von Arbeitsverhältnissen maßgeblich unterstützt oder erschwert werden. Badura/Hehlmann (2003) favorisieren für gesundheitsförderliche Maßnahmen die Ebenen Organisation, Person und Verhältnis, um Wechselwirkungen zwischen Umfeld, Person und Verhalten in den Blick nehmen zu können. Aus den oben genannten Forderungen lassen sich die Arbeitsfelder der Betrieblichen Gesundheitsförderung unmittelbar ableiten (DNGBF 2006, Priester 2003, 143): Anstrengungen zur Verhältnisprävention richten ihr Augenmerk auf die Gestaltung der Arbeitsabläufe und -zeiten, auf die Arbeitsumgebung sowie auf Prozesse der Arbeitsorganisation. Zudem werden der vorherrschende Führungsstil im Unternehmen, aber auch Kommunikations- und Kompetenzstrukturen analysiert. Gesundheitsbewusstes Verhalten der Beschäftigten steht im Mittelpunkt verhaltenspräventiver Strategien. Fertigkeiten zum individuellen Umgang mit Gesundheitsrisiken und -belastungen sollen entwickelt, aber auch vorhandene gesundheitliche Ressourcen gestärkt und neue Ressourcen aktiviert werden. Qualitätsempfehlungen (vgl. BKK 2006) fordern, dass betriebliche Gesundheitsförderung durch ein Konzept, das von den Führungskräften eines Betriebes getragen wird, festgeschrieben werden sollte. Des Weiteren dient ein Steuerkreis dazu, Maßnahmen kooperativ voranzutreiben und für eine Integration in die Organisationsstruktur des Betriebes zu sorgen. Die Organisation muss Ressourcen, wie z. B. dafür reservierte Zeiten, aber auch räumliche Rahmenbedingungen, finanzielle Ressourcen und Personal zur Verfügung stellen.

Der psychomotorische Zugang zum Menschen ermöglicht der Sozialarbeiterin eine Vielzahl an Zugangsmöglichkeiten zu den Klientinnen. Die Begleitung von Menschen steht im betrieblichen Kontext im Vordergrund und sollte nicht mit Fehlzeiten- und Wiedereingliederungsmanagement verwechselt werden. Die psychomotorische Betrachtung betrieblicher Fragestellungen erweitert die Arbeitswelt um den Aspekt des leiblichen Zuganges zu den Arbeitsbedingungen und dem Verhalten der einzelnen Menschen. Gesundheitsförderliches Verhalten ist von der Lebensgestaltung und den Lebensbedingungen abhängig. Die Analyse der Bedingungen aus einem psychomotorischen Blick kann sich an folgenden, exemplarischen Leitfragen orientieren:

Stellt das jeweilige Setting zeitliche und reale Räume für leibliche Wahrnehmung zur Verfügung? Gibt es die Möglichkeit, sich Zeit zur Leibwahrnehmung zu nehmen und den wahrgenommenen Bedürfnissen in minimaler Weise nachzugehen, wie zum Beispiel durch die Möglichkeit Körperpositionen zu wechseln. Entspricht die materielle Ausstattung ergonomischen Forderungen? Können Rückzugsräume für entspannende und genüssliche Erfahrungen sowie körperliche Aktivität – möglichst selbst bestimmt nutzbar – geschaffen werden? Gibt es dazu geeignetes Kleinmaterial, wie z.B. Igelbälle in unterschiedlichen Größen, Massagerollen und -bürsten, Therabänder, das für jede Person barrierefrei nutzbar ist? Ermöglichen die Rahmenbedingungen sinnliche Erfahrungen?

Wie sollten Erholungspausen in die Tagesstruktur integriert werden? Ist die Aufgabengestaltung so zu verändern, dass ein Wechsel der Belastungsart möglich ist? Besteht ein positives, kommunikativ orientiertes soziales Klima? Werden Dialogräume für informelle und formelle Kommunikation zeitlich eingeplant?

Welches Maß an Selbstbestimmung und persönlicher Zielfestlegung wird eingeräumt? In welchen Bereichen kann Selbstwirksamkeit erlebt werden? Ist die

Erfahrung der Selbstwirksamkeit durch Veränderungen in Tätigkeit bzw. Arbeitsorganisation möglich? Kann es eine Sinnfindung und individuelle oder kollektive Bedeutungszuschreibung geben? Kann die Identifikation mit der Tätigkeit oder dem Betrieb gestärkt werden? Werden im Tages- oder Wochenverlauf Nischen für euthymes Erleben eingebaut? Welche kleinen „euthymen Inseln" existieren und/ oder können geschaffen werden?

Betriebliche Gesundheitsförderung setzt voraus, dass die jeweiligen Bedarfe ermittelt und Maßnahmen davon abgeleitet werden. Deshalb kann es auch kein „fertiges Konzept" geben, sondern dieses muss jeweils entwickelt werden. Das Thema Stressbewältigung ist ein sehr komplexes Thema und bedarf einer differenzierten Betrachtung, die den Rahmen dieses Beitrages sprengen würde.

Sozialarbeiterinnen, die in den Präventions-Handlungsfeldern tätig sein wollen, müssen sich an den Vorgaben des Leitfadens Prävention orientieren, falls die Maßnahme durch Krankenkassen finanziert werden soll. Für die Anwendung psychomotorischer Interventionen benötigen die Sozialarbeiterinnen die Berufsqualifikation Psychomotorik der Deutschen Akademie für Psychomotorik als Minimalqualifikation.

Gut zu wissen – gut zu merken

Psychomotorische Gesundheitsförderung im betrieblichen Kontext muss die gesetzlichen Rahmenbedingungen und Leitlinien berücksichtigen sowie in die gesamte Unternehmensstrategie integriert sein. Grundlegendes Wissen zu gesundheitlichen Belastungsfaktoren und Ressourcen in der Arbeit sollte bekannt sein.

Literatur

Antonovsky, A. (1997): Salutogenese. Zur Entmystifizierung der Gesundheit. Tübingen: dgvt Verlag.
Badura, B./Hehlmann, T. (2003): Betriebliche Gesundheitspolitik – Der Weg zur gesunden Organisation. Berlin: Springer.
Badura, B./Greiner, W./Rixgens, P./Ueberle, M./Behr, M. (2008): Sozialkapital. Grundlagen von Gesundheit und Unternehmenserfolg. Berlin: Springer.
Badura, B./Walter, U./Hehlmann, T. (2010): Betriebliche Gesundheitspolitik: Der Weg zur gesunden Organisation. Berlin: Springer.
Becker, P. (2006): Gesundheit als Bedürfnisbefriedigung. Göttingen: Hogrefe.
BKK Bundesverband (Hrsg.) (2006): Qualitätskriterien für die betriebliche Gesundheitsförderung. http://www.gesundearbeit.info/uploads/docs/8.pdf [20.06.2013].
BKK Bundesverband (Hrsg.) (2011): BKK Gesundheitsreport 2011. http://www.bkk.de/¬ fileadmin/user_upload/PDF/Arbeitgeber/gesundheitsreport/Gesundheitsreport_2011.pdf [20.06.2013].
Csikszentmihalyi, M./Charpentier, A. (2005): Flow. Stuttgart: Klett-Cotta.
Deutsches Netzwerk für betriebliche Gesundheitsförderung (Hrsg.) (2006): Was ist BGF. www.dnbgf.de [15.09.2013].
Deutsches Netzwerk für betriebliche Gesundheitsförderung (Hrsg.) (2006): Was ist BGF. www.dnbgf.de [15.09.2006].
Deutsche Rentenversicherung Bund (Hrsg.) (2009): Statistik der Deutschen Rentenversicherung. Rentenzugang 2009. Berlin. forschung.deutsche-rentenversicherung.de/sy-band _178. (1)pdf [05.06.2013].

Deutsche Vereinigung für Soziale Arbeit im Gesundheitswesen e.V. (Hrsg.): Soziale Arbeit im Gesundheitswesen. Psychosoziale Beratung, Begleitung und Unterstützung. http://dvsg.org/¬fileadmin/dateien/01Die_DVSG/DVSGFaltbalttSozialarbeitGesundheitswesen2011-01.pdf [2.6.2013].
Deutscher Bundestag (Hrsg.) (2013): Gesetzentwurf der Fraktionen der CDU/CSU und FDP. Entwurf eines Gesetzes zur Förderung der Prävention. Drucksache 17/13080; 17. Wahlperiode 16. 04. 2013. http://dip21.bundestag.de/dip21/btd/17/130/1713080.pdf [02.06.2013].
DIN Deutsches Institut für Normung (2000): DIN EN ISO 10075-1: Ergonomische Grundlagen bezüglich psychischer Arbeitsbelastung, Teil 1 Allgemeines und Begriffe.
Egger, J. (2005): Das biopsychosoziale Krankheitsmodell – Grundzüge eines wissenschaftlich begründeten ganzheitlichen Verständnisses von Krankheit. *Psychologische Medizin*, 16, 2-12.
Europäisches Netzwerk für Betriebliche Gesundheitsförderung (ENWHP) (Red.) (2013): mensch und arbeit im einklang – move europe. hwww.move-europe.de/mensch-und-arbeit-im-einklang-2009-2011.html [02.06.201].
Europäischen Netzwerkes für Betriebliche Gesundheitsförderung (ENWHP) (Red.) (2013): Return to Work – Wieder gesund zurück an den Arbeitsplatz. www.move-europe.de/¬return-to-work-2012.html [15.07.2013].
Forum Gesundheitsziele Deutschland (Hrsg.) (2013): Nationale Gesundheitsziele In http://¬www.gesundheitsziele.de/cgi-bin/render.cgi?__cms_page=nationale_gz [25.09.2013].
Haas, R. (1999): Entwicklung und Bewegung. Der Entwurf einer angewandten Motologie des Erwachsenenalters. Schorndorf: Hofmann.
Haas, R. (2006): Chancen des neuen Präventionsgesetzes für eine psychomotorisch orientierte Gesundheitsförderung. In Fischer, K. et al. (Hrsg.): Bewegung im Bildung und Gesundheit. Lemgo: akl Verlag, 323-336.
Haas, R. (2013): Psychomotorische Gesundheitsförderung – eine Einführung. In: Haas, R./ Golmert, C./Kühn, C. (Hrsg.): Psychomotorische Gesundheitsförderung in der Praxis. Spiel- und Dialogräume für Erwachsene. Schorndorf: Hofmann,11.
Hanßen-Pannhausen, R./Stamm, R./Taşkan-Karamürsel, E. (2009): IGA check 2009. Kurzversion zur Erfassung beruflicher Anforderungen, Belastungen und Gefährdungen. http://¬www.ihk-siegen.de/fileadmin/Geschaeftsfelder/Innovation_und_Umwelt/Arbeits-_und_Gesundheitsschutz/IGS-Reporte.pdf [20.6.2013].
Jost, A. (2013): Gesundheit und Soziale Arbeit. Stuttgart: Kohlhammer.
Kaluza, G. (2011): Stressbewältigung. Heidelberg: Springer.
Kreis, J./Bödeker, W. (2003): Gesundheitlicher und ökonomischer Nutzen gesundheitlicher Prävention und Gesundheitsförderung. BKK Bundesverband (Hrsg.), IGA-Report 3. www.¬dnbgf.de www.gesundearbeit.info/literatur/manuskripte/-/profil/111/Gesundheitlicherun¬dökonomischerNutzenbetrieblicherGesundheitsförderungundPräventionvention [24.09. 2013].
Lutz, R. (1983): Genuss und Genießen. Zur Psychologie genussvollen Erlebens und Handelns. Weinheim: Beltz, 30-41.
Oerter, R. (1997): Psychologie des Spiels. Weinheim: Psychologie Verlags Union.
Oppolzer, A. (2010): Psychische Belastungsrisiken aus der Sicht der Arbeitswissenschaft und Ansätze für die Prävention. In: Badura, B./Schröder, H./Klose, J./Macco, K. (Hrsg.): Fehlzeitenreport 2009. Arbeit und Psyche: Belastungen reduzieren – Wohlbefinden fördern. Berlin Springer, 13-22.
Pfaff, H./Slesina, W. (2001): Effektive betriebliche Gesundheitsförderung – Konzepte und methodische Ansätze zur Evaluation und Qualitätssicherung. Weinheim: Juventa.
Priester, K. (2003): Betriebliche Gesundheitsförderung. Speyer: Mabuse-Verlag.
Schlicht, W./Brand, R. (2007): Körperliche Aktivität, Sport, Gesundheit. Eine interdisziplinäre Einführung. Weinheim: Juventa.

Siegriest, J. (1997): Soziale Krisen und Gesundheit. Theorie der Gesundheitsförderung am Beispiel von Herz-Kreislauferkrankungen. Göttingen: Hogrefe.
Siegrist, J./von dem Knesebeck, O. (2009): Prävention chronischer Stressbelastung. In: Hurrelmann, K./Klotz, T./Haisch, J. (Hrsg.): Lehrbuch Prävention und Gesundheitsförderung. Bern: Huber, 119-127.
Viehhauser, R. (2000): Förderung salutogener Ressourcen. Regensburg: Roderer.
WHO Regionalbüro für Europa (2013): Ottawa-Charta 1986 zur Gesundheitsförderung. http://www.euro.who.int/__data/assets/pdf_file/0006/129534/Ottawa_Charter_G.pdf [24.09.2013].

7 MOTOTHERAPIE – DIE UMSETZUNG DES PSYCHOMOTORISCHEN GEDANKENS IN DER KLINISCHEN ARBEIT MIT PSYCHISCH ERKRANKTEN ERWACHSENEN

Dorothee Beckmann-Neuhaus

Was Sie in diesem Kapitel lernen können

Sie erhalten in diesem Kapitel zunächst einen kurzen Einblick in das psychiatrische Arbeitsfeld und eine erste Vorstellung zur motothempeutischen Arbeit über die Darstellung des zugrunde liegenden Bewegungs- und Körperverständnisses, der entwicklungs- und individuumsorientierten Grundlage dieses Ansatzes sowie der Umsetzung des Prinzips des Verstehens.

7.1 Einleitung

Die frühere Tendenz, in pädagogischen und therapeutischen Aufgabenfeldern Bewegungsaktivitäten für den erwachsenen Menschen allein im Sinne der körperlichen Gesunderhaltung zu nutzen und Entwicklungsprozesse ab einer reifen Entwicklungsstufe allein auf die kognitive und sprachliche Ebene zu verorten, hat sich gewandelt. In den letzten Jahrzehnten entwickelte sich – zum Teil in Rückbesinnung auf reformpädagogische, leiborientierte Ansätze aus den 20er Jahren des 20. Jahrhunderts – eine Vielzahl von körper- und bewegungsorientierten Ansätzen mit unterschiedlicher Ausrichtung und Theoriegründung, die Bewegungs- und Körperarbeit für die psychische Gesundung und die Gesunderhaltung einsetzen (vgl. Hölter 2011).

Für die Motologie als Studienfach, das die psychomotorische Idee aufgegriffen hat, öffnete sich mit der Übernahme des Lehrstuhls Mototherapie durch Prof. Gerd Hölter auch das Berufsfeld der Arbeit mit Erwachsenen. Besondere Impulse setzte Hölter aufgrund seiner Erfahrungen mit tiefenpsychologischen Bewegungstherapien in den USA. Aus diesen Erfahrungen heraus entwickelte er die themengebundene Bewegungsarbeit, die die Bedeutung der Bewegung und des Bewegungserlebens vor einem entwicklungspsychologischen und psychoanalytischen Hintergrund betrachtet. Neben dieser Bedeutung der Bewegung als Medium der Psychotherapie sieht Hölter (1993, 2011) in seinen Konzeptentwicklungen Bewegung in einem salutogenetischen Zusammenhang als Möglichkeit zum Erleben von Selbstwirksamkeit. In der Folge entwickelte Ruth Haas (1999) das Konzept der Angewandten Motologie auf der Grundlage der Entwicklungspsychologie über die Lebensspanne. Seit 2007 besteht im Studiengang Motologie in Marburg der

Studienschwerpunkt Körperpsychotherapie, der inhaltlich auf die Grundlagen und die Anwendungen von körperpsychotherapeutischen Verfahren ausgerichtet ist.

Im klinischen Setting findet sich so der psychomotorische Gedanke in der Mototherapie als ein spezifisches bewegungstherapeutisches Angebot wieder. In ihrer Haltung und Ausrichtung gründet sie sich in dem Verstehenden Ansatz der Psychomotorik (vgl. Seewald 2002, 2007).

7.2 Das Arbeitsfeld

7.2.1 Die psychiatrische Klinik

Eine psychiatrische Klinik ist ein auf die Behandlung von psychischen Erkrankungen spezialisiertes Krankenhaus. Die Betrachtungen in diesem Beitrag sind auf die mototherapeutische Arbeit in der Allgemeinpsychiatrie gerichtet. Zur stationären Behandlung psychischer Erkrankungen können zudem psychosomatische Kliniken sowie Kliniken für die Behandlung von Abhängigkeitserkrankungen, die gerontopsychiatrischen – d. h. auf die Behandlung von älteren Menschen mit einer psychischen Erkrankungen ausgerichtete – und die forensischen – d. h. auf die Behandlung von Straftätern, die aufgrund einer psychischen Erkrankung schuldunfähig oder vermindert schuldfähig sind, ausgerichtete – Kliniken differenziert werden.

7.2.2 Die Adressaten

In einer psychiatrischen Klinik werden Patientinnen mit einem breiten Spektrum psychischer Erkrankungen z. B. Depressionen, manisch-depressiven Erkrankungen, Psychoseerkrankungen sowie Patientinnen mit Angststörungen oder Essstörungen behandelt. Im ICD 10 (2011) werden im Wesentlichen folgende Gruppen von psychischen Störungen im Erwachsenenalter unterschieden:

F0   Organische, einschließlich symptomatischer psychischer Störungen z. B. Demenz
F1   Psychische und Verhaltensstörungen durch psychotrope Substanzen z. B. Alkohol
F2   Schizophrene, schizotype und wahnhafte Störungen z. B. Schizophrenie
F3   Affektive Störungen z. B. Depression
F4   Neurotische, Belastungs- und somatoforme Störungen, z. B. Angststörung oder Reaktionen auf schwere Belastungen
F5   Verhaltensauffälligkeiten in Verbindung mit körperlichen Störungen und Faktoren z. B. Anorexia nervosa
F6   Persönlichkeits- und Verhaltensstörungen

(vgl. ICD 10, 2011).

Die Ursachen einer psychischen Erkrankung werden heute als vielschichtig angesehen. Die Auseinandersetzung zwischen einer Position, die allein biologische und anlagebedingte Komponenten als Ursache für eine psychische Erkrankung gesehen hat, und der Gegenposition, die nur Umwelt- und Sozialkomponenten verantwortlich machte, ist der Sichtweise gewichen, dass beide Komponenten mit jeweils unterschiedlicher Gewichtung ihren Anteil haben. Aus dem allgemeinen sog. „Vulnerabilitäts-Stress-Modell", das das Zusammentreffen einer anlage- und sozialisationsbedingten Verletzbarkeit für eine psychische Erkrankung mit später als Auslöser hinzukommenden umweltbedingten Stressfaktoren für die Entstehung einer psychischen Erkrankung verantwortlich macht, hat sich in den letzten Jahrzehnten auf der Grundlage neurobiologischer und genetischer Forschung ein differenziertes Bild zur „Anlage-Umwelt-Interaktion" entwickelt.

So stellen Möller u. a. (2005) die möglichen ursächlichen Faktoren einer depressiven Erkrankung folgendermaßen dar:

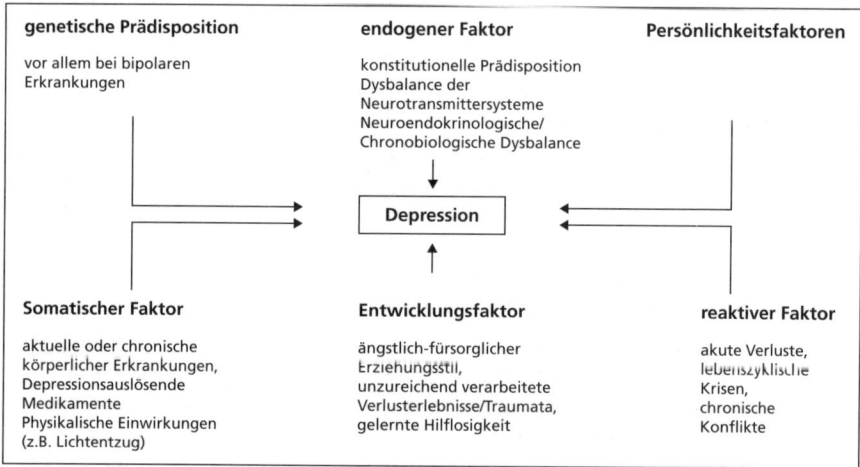

Abb. 1: Darstellung zu ursächlichen Faktoren von Depressionen nach Möller u. a. (2005, 79)

Genetische und endogene Prädispositionen sind demnach zusammen mit dysfunktionalen Lernprozessen und psychodynamisch gegründeten, fehlgeschlagenen Verarbeitungsprozessen die wesentlichen Faktoren, die unter gesteigerten äußeren Belastungen zu einer depressiven Erkrankung führen können (vgl. Möller u. a. 2005).

7.2.3 Die Behandlung

Als allgemeine Zielsetzung der psychiatrischen Behandlung kann zunächst eine erste Entlastung von dem krisenhaften Erleben, das zur Krankenhausbehandlung geführt hat, gesehen werden. Die Stabilisierung des psychischen Befindens und die Symptomreduzierung stehen hierbei im Vordergrund. Es folgt eine Phase, in der die Patientin mit unterschiedlichen Angeboten ihre eigene Belastbarkeit erprobt und sich über Selbstwirksamkeitserleben weiter stärken kann. Psychoedukative Elemente wie das Wissen über Ursachen und Entwicklungsbedingungen der Erkrankung sowie Hilfestellungen im Umgang mit der Erkrankung vermitteln der Patientin ein allgemeines „Krankheitsmodell", helfen ihr die Erkrankung zu verstehen (Bäuml 2010). Die darauf aufbauende psychotherapeutisch ausgerichtete Therapie betrachtet die Erkrankung in ihrem individuellen Sinnzusammenhang. Sie hilft der Patientin u. a., *sich in ihrer Erkrankung zu verstehen*, und intendiert Veränderungen von Verhaltens- und Beziehungsmustern, die im Kontext mit der Entstehung und dem Auftreten der Erkrankung stehen. Dies soll im Folgenden kurz skizziert werden.

Arolt und Wesselmann (2010) stellen die psychodynamische Psychotherapie als eine Hauptrichtung der Psychotherapie vor, die in der Behandlung einer depressiven Erkrankung in der psychiatrischen Klinik zum Tragen kommt. Sie ist an der Theorie der Psychoanalyse orientiert und greift so deren Grundgedanken auf, dass in Erfahrungen und Ereignissen in der Kindheit wie z. B. Verlust, Enttäuschung und Verunsicherung der Ausgangspunkt für eine psychische Erkrankung liegt. In der Folge können diese frühen Verunsicherungen zu einem Grundkonflikt führen, wie z. B. zwischen dem Bedürfnis, versorgt zu werden, und dem Streben nach Autonomie und Anerkennung. Zur Lösung der Spannung dieses inneren, häufig unbewussten Konflikts entwickeln sich sog. maladaptive Verhaltens- und Interaktionsmuster, als deren Folge weitere Verunsicherungen entstehen. Ziel der psychodynamischen Behandlung ist, über Einsicht und Verständnis sowie über positive Beziehungserfahrungen eine Verbesserung des psychischen Erlebens zu initiieren (vgl. Arolt/Wesselmann 2010, 144 f.).

Die kognitive Verhaltenstherapie als weitere wichtige Psychotherapieform in der Psychiatrie fokussiert demgegenüber stärker auf das Verhalten und Einstellungen als krankheitsauslösende oder verstärkende Faktoren. So sieht sie die Ursachen einer psychischen Erkrankung wie der Depression zum einen in einem Mangel an positiver Verstärkung und damit verbundenem Rückzug von positiven Aktivitäten. Zusammen mit dysfunktionalen negativen Einstellungen und Bewertungen bzgl. sich selbst und des Umfeldes führt dies zu einem depressiven Erleben (vgl. Rist u. a. 2010). Behandlungsziele der kognitiven Verhaltenstherapie sind auf der Verhaltensebene, positive Aktivitäten insbesondere Sozialkontakte aufzubauen, und auf der kognitiven Ebene, dysfunktionale kognitive Schemata bzgl. des Selbstkonzepts, Erwartungs- und Bewertungsmuster, innerer Verhaltensregeln und Normen aufzuspüren, zu hinterfragen und zu verändern (Arolt/Wesselmann 2010, 146 ff.).

Neben diesen beiden Hauptrichtungen der Psychotherapie bestehen unterschiedliche psychotherapeutische Ansätze, die schulungsübergreifend oder für ein spezifisches Erkrankungsbild entwickelt wurden (vgl. Arolt/Wesselmann 2010).

In der Behandlung psychischer Erkrankungen werden zu den spezifischen psychiatrisch-psychotherapeutischen Behandlungsformen und der Psychopharmakotherapie auch soziotherapeutisch oder psychotherapeutisch ausgerichtete Therapieangebote, die sog. Komplementärtherapien oder auch adjunktiven, d. h. die Behandlungsformen der Mediziner und Psychologen ergänzende, Therapien wie z. B. die Ergotherapie, die Bewegungstherapie, die Musiktherapie integriert. Schonauer stellt diese Therapien in ihrer Ausrichtung innerhalb der Polarität zwischen Innensicht – Außenorientierung und der Polarität zwischen Entlastendem/Regressivem und Forderndem/Trainierendem dar (vgl. Schonauer 2010).

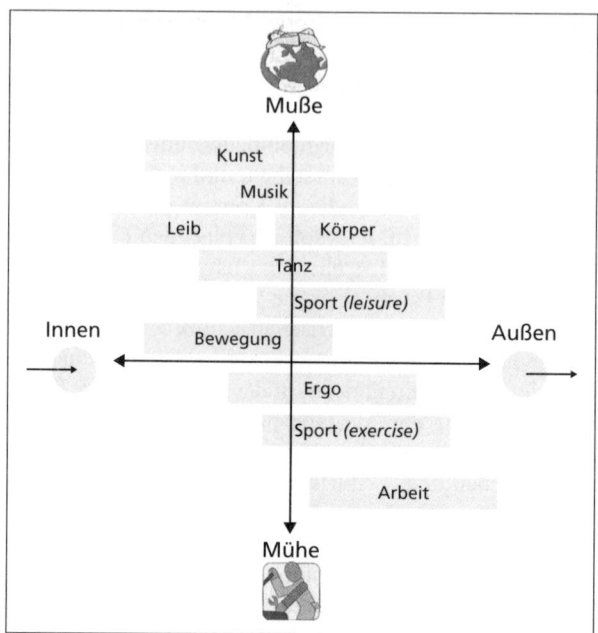

Abb. 2: Verortung kotherapeutischer Medien und Methoden (Schonauer 2010, 115)

Methodenintegrativ kann so ein auf die jeweilige Patientin und ihr Erkrankungsbild abgestimmtes Therapieangebot entwickelt werden.

7.3 Mototherapie als spezifische Bewegungstherapie in der psychiatrischen Klinik

Wie die Darstellungen von Schonauer (2010) zeigen, nutzen klinische Konzepte unterschiedliche Formen, in denen Sport, Bewegung, der Körper und der Leib der Unterstützung des Gesundungsprozesses dienen. Eine differenzierte Darstellung – Grenzen, Übergänge, Schnittmengen – dieser verschiedenen Therapien ist an dieser Stelle nicht möglich.

Wesentliches Kriterium in der Ausrichtung eines bewegungs- und körperorientierten Angebotes ist dessen Körper- und Bewegungsverständnis. Das der mototherapeutischen Arbeit zugrunde liegende Verständnis wird hier kurz skizziert. Zur weiteren Charakterisierung der Mototherapie werden die entwicklungs- und individuumsorientierte Ausrichtung sowie das Prinzip des Verstehens dargestellt, um anschließend allgemeine Zielsetzungen der Mototherapie vorzustellen.

7.3.1 Körper- und Bewegungsverständnis in der Mototherapie

Die Bewegung wird in der Mototherapie als Einheit von Wahrnehmen, Denken, Erleben und Bewegen gesehen, der Körper als „Leib" verstanden. Der „Leibbegriff" umfasst die körperliche, psychische und kognitive Dimension des Menschen mit seiner Einbindung in seinen Lebensraum und seine lebensgeschichtliche Entwicklung (vgl. Petzold 1974). Der Körper ist in diesem Verständnis Bedeutungs- und Symbolträger für bewusste wie unbewusste Lebenserfahrungen (vgl. Seewald 2002, 2007).

Nach Fuchs (1996, 2003) hinterlassen Erfahrungen bleibende Spuren im sog. impliziten – vorbewussten – Gedächtnis, sind hier sensorisch, motorisch und emotional hinterlegt. George Downing (1996) beschreibt diesen Zusammenhang in seiner Theorie der affektmotorischen Schemata. Diese Verbindung motorischer Muster mit affektiven Färbungen und kognitiven Einschätzungen stellen die Verkörperung subjektiver Erfahrungen dar. Bezeichnet wird dieser Zusammenhang auch mit dem Begriff des sog. „Leibgedächtnisses".

7.3.2 Entwicklungs- und Individuumsorientierung

Als ein entwicklungs- und individuumsorientierter Ansatz greift die Mototherapie das aktuelle Selbsterleben der Patientin sowie ihre biografischen Erfahrungen auf. Sie entwickelt entsprechend ein für jede Patientin eigenes „sinnhaftes" Therapieangebot mit Inhalten aus den bewegungs- und sportwissenschaftlichen Bereichen wie auch aus körperorientierten Ansätzen. Vorbereitung, Therapieprozess und Reflexion sind begleitet von der Fragestellung, in welchem individuellen Bedeutungszusammenhang das Körper- und Selbsterleben der Patientin aus ihrem Entwicklungsgeschehen heraus zu verstehen ist.

Erlebt die Patientin das taktile Erfahren der körperlichen Grenzen über ein Objekt als Schutz oder als Halt oder fühlt sie sich hierdurch eher eingegrenzt? Welche biografische Erfahrung, welche Beziehungserfahrung, welche Bedürfnisse liegen diesem Erleben zugrunde, welche weiteren Erfahrungen sind für die Patientin für eine Entwicklung aus der Erkrankung heraus wichtig?

Als Grundlage greift die Motologin auf ihr Wissen aus Grundlagentheorien – wie z. B. Entwicklungspsychologie, Psychoanalyse – und ihre vielfältigen Erfahrungen aus den Bewegungswissenschaften und aus Selbsterfahrungen in der Aus- und Weiterbildung zurück.

7.3.3 Verstehen als Prinzip

Das Prinzip des „Verstehens" begleitet den mototherapeutischen Prozess auf vielfältige Weise:

Es spiegelt sich zunächst in der Grundhaltung der Motologin wider, die dem Selbst- und Krankheitserleben der Patientin empathisch gegenübersteht und so für die Patientin eine therapeutische Beziehung des Verstandenwerdens gestaltet.

Das Verstehen der Erkrankung in seiner Gewordenheit, das Erkunden des Sinnzusammenhangs, in der die Erkrankung steht – u. a. mit Fragen wie: Mit welcher aktuellen Thematik steht die Erkrankung in Zusammenhang? Welche früheren und frühen Lebenserfahrungen insbesondere Beziehungserfahrungen liegen zugrunde? Wo zeichnet sich ein defizitäres Erleben oder ein Grundkonflikt ab? Welche Selbstattribuierungen, welche dysfunktionalen Schemata, welche Lebensmotive, welche Themen sind zu erkennen? – ist Grundlage des mototherapeutischen Vorgehens.

Das Prinzip zeigt sich während des Therapieprozesses in dem Verstehen des affektiven Erlebens der Patientin und dem Erfassen der Bedeutung, die diese Körper- und Bewegungserfahrung für sie hat (siehe Beispiel oben).

Im Prozessverlauf, wie in der Nachbetrachtung gilt es das Beziehungsgeschehen zwischen Patientin und Therapeutin zu verstehen, es in Bezug zu dem Entwicklungsgeschehen der Patientin zu setzen. Die Motologin nutzt hier ihr Wissen und insbesondere das eigene leibliche Resonanzerleben (vgl. Seewald 2007, 95f., Fuchs 1997, 2003).

7.3.4 Zielsetzungen und „Wirken" der Mototherapie

Die Frage, wie die Therapie einer psychischen Erkrankung wirkt, warum sie erfolgreich ist, ist selbst für die medikamentöse und damit insbesondere für eine nonverbale, psychotherapeutische Behandlungsform nicht einfach zu beantworten. Sie wird innerhalb psychotherapeutischer Ansätze vielfach durch die Darstellung zugrundeliegender Modellvorstellungen beantwortet.

Zu einer näheren Bestimmung des Wirkens werden in diesem Kapitel allgemeine Behandlungsziele, wie sie für den Verlauf eines stationären Aufenthalts relevant sind, und deren Umsetzung in mototherapeutische Zielsetzungen vorgestellt. Hierauf folgend wird die mototherapeutische Unterstützung der zwei psychotherapeutischen Ansätze – verhaltenstherapeutisch und psychodynamisch orientiert – dargelegt und schließlich das dem spezifischen nonverbalen Vorgehen zugrundeliegende Verständnis beschrieben.

Zu Beginn des stationären Aufenthaltes steht die Entlastung des krisenhaften Erlebens und die Stabilisierung des Selbsterlebens der Patientin im Vordergrund. So sind hier für die Mototherapie auch supportive und edukative (s.o.) Ziele wie z.B.: Selbstaktualisierung/Selbstvergewisserung, Aktivierung des Selbst, Vermittlung von Kompetenzen zur Bewältigung von Symptomen wie Unruhe, Anspannung sowie Ressourcenaktivierung und Selbstwertstärkung zunächst relevant.

Im weiteren Verlauf tritt die Unterstützung des Entwicklungsprozesses des Selbst in seiner Emotionalität und in seiner Handlungs- und Interaktionsfähigkeit in den Mittelpunkt.

In dieser, die psychotherapeutisch orientierte Arbeit unterstützenden Ausrichtung der Mototherapie werden das Selbsterleben und relevante Themen der Patientin über Explorieren, Erfahren, Erproben im Bewegungsbereich angesprochen und ggf. im reflektierenden Gespräch aufgearbeitet. Ansatzpunkte der mototherapeutischen Arbeit sind die für die Krankheitsentstehung und dessen Aufrechterhaltung relevanten Themen wie z.B. selbstüberforderndes Verhalten oder Beziehungs- und Interaktionsmuster, in denen sich dysfunktionale innere Überzeugungen oder innere Konflikte widerspiegeln. Anhand des verdichteten Selbsterlebens in den bewegungsorientierten Sequenzen können sog. affektmotorische Muster, wie sie in dem Ansatz von Downing (1996) vorgestellt werden, in ihren motorischen Merkmalen und in Bezug auf ihre affektive Färbung und kognitive Einschätzung analysiert werden.

> Erste Äußerungen von Patientinnen nach einer Therapieeinheit zum Thema „Geben – Nehmen", in der die eigene Bewegungsform zunächst im Hinblick auf unterschiedliche Dimensionen (Kraft, Raum und Zeit) exploriert, anschließend eine Gruppeninteraktion initiiert wurde:
> „Ich habe immer viel weniger genommen als gegeben",
> „Zu einem weit ausholenden Nehmen musste ich mich wirklich überwinden",
> „Wenn ich das langsam mache, merke ich erst einmal, was das mit mir macht",
> „Es war schön etwas zu bekommen, aber ich hatte das Gefühl, ich dürfte es nicht",
> „Dir konnte man die Kugel nicht geben, du bist immer ausgewichen",
> „Ohne Kugel war es auch schön, da hatte man keine Verantwortung",
> „Einmal habe ich die Kugel einfach nicht genommen",
> „Und dann habe ich etwas gemacht, was ich nie mache: ich habe mich vor A. gestellt und um die Kugel gebeten". (Beckmann-Neuhaus, 2010)

Es gibt verschiedene Möglichkeiten des therapeutischen Arbeitens mit diesen Mustern:
Der eine verhaltenstherapeutische Arbeit unterstützende Ansatz setzt den Fokus eher auf das Gegenwartserleben und -handeln. Er sucht die sich im Bewegungshandeln widerspiegelnden dysfunktionalen Schemata und zugrundeliegenden inneren Überzeugungen, wie z. B. „Ich darf nicht zu viel beanspruchen, sonst werde ich nicht gemocht", gibt Hilfestellungen zu deren Hinterfragung und zu dem Erproben neuer Verhaltensmuster, Handlungsweisen, Begegnungs- und Beziehungsmuster und „schleift" sie durch Wiederholungen ein. Der erlebnisaktivierenden Form dieser Verhaltensmodifikation kommt dabei eine besondere „Lern"wirkung zu (Beckmann-Neuhaus 2010).
In einem die psychodynamische Arbeit unterstützenden Ansatz liegt der Fokus auf der Wahrnehmung eigener Bedürfnisse, auf dem Erleben des Beziehungsgeschehens und dem Erfassen von deren Gewordenheit. So kann z. B. ein sich in den Bewegungsmustern widerspiegelndes übermäßig angepasstes Bewegungsverhalten ein Ansatzpunkt sein, um

- über das Erleben der Bewegungsfreude im autarken Tun den Zugang zu einem Bedürfnis nach Autonomie zu eröffnen
- mit dem Erleben der Einschränkung dieses Bedürfnisses den damit bestehenden Autonomie-Abhängigkeitskonflikt zu thematisieren
- und diesen im Hinblick auf seine biografische Gewordenheit zu reflektieren.

Ein wesentliches Moment des mototherapeutischen Ansatzes ist in dessen Möglichkeit des Zugangs zur Emotionalität aufgrund der erlebnismäßigen Verdichtung und Fokussierung in der Bewegungssituation zu sehen. Wichtigstes Moment ist jedoch der Zugang zu im Körpergedächtnis verankerten Erfahrungen, die sich in Wahrnehmungs-, Erlebnis-, Begegnungs- und Bewegungsmustern widerspiegeln.

Der therapeutische Weg über die Bewusstmachung ist nicht für jede Patientin und nicht zu jedem Zeitpunkt der Therapie angezeigt oder sinnvoll. Nach Fuchs (2003) müssen diese als Inhalte des impliziten Wissens anzusehenden Muster nicht unbedingt explizit gemacht werden, jedoch können korrektive Erfahrungen helfen, das implizite Beziehungsgedächtnis der Patientin zu verändern (vgl. Fuchs 2003). So gesehen ist also auch der nonverbale Weg der Eröffnung neuer Körper-, Bewegungs- und Begegnungsmuster therapeutisch sinnvoll. Das mototherapeutische Vorgehen ist dabei verbunden mit einem Erlebnisgehalt, der zu einer Manifestierung beiträgt. Besondere Relevanz erhält dieses Vorgehen in der Thematisierung von Beziehungserfahrungen. So kann es z. B. für eine Patientin mit Erfahrungen von defizitärem emotionalem Erleben in der Kindheit in der körper- und bewegungsorientierten Therapie in erster Linie sinnvoll sein, ein Angenommensein, Zugewandtheit und Sich-körperlich-sicher-Fühlen zu erleben und so das Gedächtnis um diese Erfahrung des Selbsterlebens zu erweitern.

Zusammengefasst findet sich ein „Wirken" im mototherapeutischen Vorgehen in den Möglichkeiten der Selbststärkung, der Selbstregulation und der Selbstreflexion. Eine besondere Bedeutung ergibt sich in der Möglichkeit des Zugangs zu im impliziten Wissen verankerten Erfahrungen (Fuchs 2003). Dies eröffnet eine Sicht auf bisher vorbewusste Erfahrungen und Beziehungs- und Verhaltensmuster. Ungeachtet des Vorgehens der Bewusstmachung ermöglicht die Körper- und Bewegungsarbeit in ihrem erlebens- und sensitiv orientierten Vorgehen ein Ergänzen oder Überschreiben dieser Muster durch neue Erfahrungen.

So versteht sich die Motottherapie als eine psychotherapeutisch orientierte Bewegungstherapie, die als schulungsübergreifender Ansatz sowohl verhaltens- und erlebnismodifizierende als auch themen- und problemorientierte Ausrichtungen umfasst (vgl. Beckmann-Neuhaus 2010, 2012b).

7.4 Motottherapie dargestellt an der Körper- und Bewegungsarbeit mit depressiv Erkrankten

Am Beispiel der mototherapeutischen Arbeit mit depressiv Erkankten sollen im Folgenden die vorherigen Darstellungen konkretisiert werden. Hierzu werden mögliche Zielsetzungen mit ihren Hintergründen und im Hinblick auf eine mototherapeutische Umsetzung vorgestellt (vgl. Beckmann-Neuhaus 1993, 2007, 2012). In der Umsetzung wird die inhaltliche Arbeit über die Körperwahrnehmung vorgestellt. Dies ist jedoch nur eine Form der Umsetzung, möglich ist die Arbeit über unterschiedliche bewegungs- und körperorientierte Inhalte. Sie werden im Hinblick auf die Zielsetzung, Ressourcen und Bedürfnisse der Patientin ausgewählt.

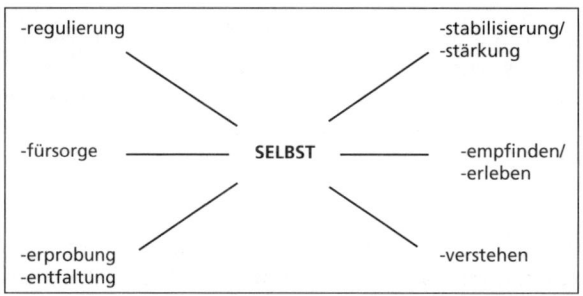

Abb. 3: Zielsetzungen in der mototherapeutischen Arbeit mit depressiv Erkrankten

7.4.1 Sich selbst regulieren

Erstes Anliegen der Patientin ist, eine Hilfestellung zur Linderung oder Bewältigung der Symptome der Erkrankung zu finden. Sie stellt als „Erstversorgung" häufig den Einstieg in die Therapie dar. Die Handhabung von Symptomen eröffnet der Patientin eine aktive Rolle innerhalb des Krankheitsgeschehens und kann den Aufbau eines konstruktiven Krankheitskonzeptes fördern.

In der Depression häufig genannte Symptome sind ein erhöhtes Anspannungserleben, das Erleben einer inneren Unruhe, Erschöpfungserleben und Antriebshemmung sowie Grübelneigung (vgl. ICD 10, 2011).

Als Regulationshilfe aus dem Bewegungs- und Körperbereich wirkt eine körperliche Belastung in Form eines Ausdauersports erwiesenermaßen „antidepressiv", ist aber häufig für Patientinnen in einem akuten depressiven Erleben kaum oder nur mit Hilfe einer unterstützenden Methodik umsetzbar. Ein Angebot, das weniger Energie und Motivationsaufwand und geringere Orientierungstätigkeit in einem komplexen Handlungssetting erfordert und daher auch zu einem frühen Zeitpunkt der Behandlung möglich ist, ist die basale Aktivierung über die Körpersinne: Wahrnehmungstätigkeit als das bewusste Erspüren, Ertasten und Erforschen über die Körpersinne beschränkt den Fokus noch überwiegend auf die afferente Aufnahme von Reizen (d. h. die Weiterleitung der Impulse von den Rezeptoren zum Zentralnervensystem) sowie deren Verarbeitung und lässt den Erspürenden sich als aktives, erforschendes Selbst erleben. Diese Aktivierung von einfachen sinnlichen Erfahrungen über die Körpersinne setzt als basale Stimulation an der entwicklungspsychologisch frühesten Form der Wahrnehmung an. Betrachtet man die psychomotorische Gehemmtheit und Blockiertheit in ihrer Schutzfunktion des Ichs, so ermöglicht diese basale Aktivierung den Patientinnen, sich aus dem Schutzraum gesichert heraus zu tasten und einen authentischen Kontakt mit der Umwelt aufzunehmen (vgl. Beckmann-Neuhaus 2007, 2012b).

Herr K. zeigte in der Depression deutlichen Rückzug in ein sehr verlangsamtes, fast erstarrt wirkendes Bewegungsgesamt und eine in der psychischen Erkrankung gegründete Unfähigkeit zum sprachlichen Ausdruck. Ansonsten allen therapeutischen

> Angeboten abwehrend gegenüberstehend, konnte er das Angebot eines mit Sand gefüllten kleinen weichen Balls in der Hand aufgreifen. Das Erfühlen dieses Balls und das Rollen und Bewegen des Balls in der Handfläche schien ihm angenehm und es bildete sich hieraus eine Brücke zur Interaktion mit diesem Patienten (vgl. Beckmann-Neuhaus 2007).

Die basale Arbeit über die Körperwahrnehmung zeigt – wie aus den unterschiedlichen körperorientierten Entspannungsverfahren bekannt – auch eine entspannende Wirkung: Die Konzentration auf die taktile Wahrnehmung z. B. des Untergrundes, die kinästhetische Wahrnehmung z. B. von Schwere oder die vestibuläre Wahrnehmung (Gleichgewichtssinn) im Standpendel fokussiert die Aufmerksamkeit von der Außenwelt auf das innere körperliche Erleben, wobei das Hier und Jetzt ein Wegdriften verhindert. Sie ermöglichen ein Umschalten des Körpers auf parasympathikone – d. h. im vegetativen Nervensystem beruhigend wirkende – Zustände, die der Erholung dienen (vgl. Beckmann-Neuhaus 2007).

> Herr T.: „Diese Unruhe macht mich verrückt. Kaum sitze ich, muss ich wieder hoch, nichts hält mich, immer diese Gefühl getrieben zu sein, nicht anzukommen."
> In dem Entspannungsangebot hatte der Patient die Aufgabe, im Liegen einzelne Körperteile anzuheben, zu halten, um die Schwere zu spüren, und dann langsam – wie in Zeitlupe – sacken zu lassen und auch beim Erreichen des Bodens weiter nach zu geben.
> „Der Weg nach unten ist mir sehr lang vorgekommen, aber ich konnte immer mehr loslassen, (...). Ich spüre mich jetzt viel mehr auf dem Boden aufliegend, war auch vom Kopf her ganz hier und bei der Sache und fühle mich ruhiger", beschrieb der Patient sein Erleben (vgl. Beckmann-Neuhaus 2007).

Entwicklungspsychologisch bietet die Entspannung dem Depressiven eine Form der Regression, die auf frühe Seinszustände zurückführt. So entspricht dieses Angebot dem regressiven Bedürfnis des Patienten, das sonst häufig mit Selbstvorwürfen besetzt ist, hier aber in einer positiven, weil „erlaubten" Art und Weise erlebt werden kann.

Körperliches Anspannungserleben ist zwar als Stressreaktion anzusehen, kann aber auch eine Schutzfunktion haben, indem sie dem Depressiven das Gefühl von einem letzten inneren Halt vermittelt. Eine Betonung der Verankerung im Hier und Jetzt z. B. durch die Konzentration auf die Erdung oder die taktile Orientierung an einem Gegenstand – im Sinne von Winnicott (1973) als Übergangsobjekt – scheint insbesondere für die depressiven Patientinnen wichtig, um Auflösungstendenzen entgegenzuwirken und Stabilität zu bewirken (vgl. Beckmann-Neuhaus 2007).

Mit der Umsetzung der Prinzipien der Achtsamkeit und Akzeptanz kann die Fokussierung auf die Körperwahrnehmung hilfreich für die Regulation der depressiven Grübelneigung sein. Aus verhaltenstherapeutischer Sicht ermöglicht diese Fokussierung die vorübergehende kognitive und affektive Distanzierung von belastenden Gedankengängen und damit die Veränderung ungünstiger Verhaltens- und Erlebnisautomatismen (vgl. Heidenreich 2006, 252 f.).

> Die Prinzipien der Achtsamkeit und Akzeptanz haben ihren Ursprung in der buddhistischen Meditationslehre. Deren Umsetzung in Konzepte zum Stressmanagement (Jon Kabat-Zinn) führte dazu, sie als hilfreiche Prinzipien auch innerhalb der Psychotherapie zu verwenden. Nach Kabat-Zinn stellen sie eine besondere Form der Aufmerksamkeitslenkung dar, wobei die Aufmerksamkeit absichtsvoll, nicht-wertend sowie auf das bewusste Erleben des aktuellen Augenblicks gerichtet ist (vgl. Heidenreich/Michalak, 2004, 10 f).

7.4.2 Sich selbst stärken und stabilisieren

Die Symptome wie auch die kognitiven und ebenso die psychodynamischen Erklärungsansätze zur Depression weisen auf ein instabiles Selbsterleben und eine gehemmte Selbstentwicklung hin. Auf der körperlichen Ebene kann dies z. B. durch Entfremdungserleben, Gleichgewichtsunsicherheit oder einen übermäßig objekthaften funktionalen Bezug zur eigenen Körperlichkeit zum Ausdruck kommen (vgl. Beckmann-Neuhaus 2007).

> Beispiel: Patienten berichten von dem „Erleben, sich selbst nicht mehr wieder zu erkennen", oder „dem Gefühl, neben sich zu stehen". Über die Wahrnehmung der Körpergrenzen kann das Dasein wieder gesichert werden, der Körper als ein „greifbarer" Teil und sicherer Ort des Seins erlebt werden.

Eine basale Körperwahrnehmungsarbeit ist als ein Aufgreifen früher Erfahrungen der Selbstentwicklung zu verstehen, um auf einem sicheren Niveau Selbstvergewisserung und Selbstaktualisierung zu ermöglichen. Die fühlende und spürende Selbstexploration kann als Erkennen des basalen Körper- und Bewegungsraums Entfremdungs- und Unsicherheitserleben aufheben und als „Körper-Ich-Kompetenz" (Röhricht u. a. 2005) das Erleben der körperlichen Integrität als Grundlage eines gesicherten Selbstgefühls bilden (vgl. Beckmann-Neuhaus 1993, 2007).

Diese Wahrnehmungen setzen an entwicklungspsychologisch frühen Seinszuständen, die Grundlage der Identitätsentwicklung sind, an und ermöglichen einen Zugang zur körperlich-psychischen und vorbewussten Entwicklung des Selbst in der frühen Kindheit.

So bedeutet dieses Angebot im Sinne von Balint eine „Regression um der Progression willen" (Balint, 1970), in der, auf einer gesicherten Ebene oder auf dem nachreifenden Prozess des Selbsterlebens aufbauend, neue Entwicklungen initiiert werden.

Die bewegungstherapeutische Arbeit an der Aufrichtung und Zentrierung, der Zugang zu Ressourcen über das Bewegungserleben und damit das Erfahren von Selbstwirksamkeit können die Stärkung des Selbst auf höheren Entwicklungsstufen vermitteln.

Im therapeutischen Prozess folgt die Stabilisierung des Selbst häufig dem ersten Schritt der Symptombewältigung, über die reine Funktion der Stabilisierung kann dieser Bereich auch auf die intensive Arbeit der Psychotherapie vorbereiten.

7.4.3 Sich selbst erleben und empfinden

Das „Gefühl der Gefühllosigkeit" ist ein häufig im Zusammenhang mit der Depression genanntes Symptom. Die Beschreibung will zum Ausdruck bringen, dass „alles grau ist", weder positive noch negative Gefühle empfunden werden können. Während dies neurobiologisch als eine Störung des Verarbeitungsprozesses, durch den körperlich-physiologische Reaktionen auf einen affektauslösenden Reiz zu erlebbaren Gefühlen werden, betrachtet wird (vgl. Subic-Wrana 2001), ist aus psychodynamischer Sicht das blockierte Erleben, eine hohe Rationalisierung und geringer Zugang zum eigenen Empfinden als Resultat der Abspaltung von konflikthaft erlebten Affekten zu verstehen.

Die grundlegende Bedeutung des körperlichen Empfindens in der Entwicklung der Gefühlswahrnehmung wird in dem Entwicklungsmodell von Lane/Schwartz (1978) deutlich, denn danach sind die Wahrnehmung körperlicher Prozesse und das Erleben der Resonanz auf den Ausdruck dieser Empfindungen durch die Bezugsperson Grundlage für die Entwicklung der emotionalen Bewusstheit. So scheint es auch aus entwicklungspsychologischer Sicht sinnvoll, einen Zugang zum affektiven Erleben über die subjektiv bewusst erlebte Wahrnehmung von sinnlich-emotionalen Körpererfahrungen zu suchen.

Über basale Körperwahrnehmungen kann eine erste Sensitivität aufgebaut und über das fühlende Erkunden von subjektiven Färbungen ein erster Zugang zur Emotionalität eröffnet und die Wahrnehmung des eigenen Erlebens weiter differenziert werden (vgl. Beckmann-Neuhaus 2007). „Eine Person findet in fühlender Wahrnehmung einen Zugang zur eigenen Befindlichkeit, zu den Stimmungslagen und den körperlichen Konfigurationen, an die Gestimmtheit gekoppelt ist" (Marlock 2006, 145). Die bewusste Orientierung am Körpererleben führt zu einer Differenzierung im Erleben und eröffnet den Zugang des Patienten zu seinem Befinden. Diese leibliche Resonanz (vgl. Seewald 2007, Fuchs 2003) unterstützt einen Zugang zur individuellen Bedeutung des Geschehens, sie kann als Grundlage für die Reflexion eigener Handlungs- und Interaktionsmuster genutzt werden. „Der Patient kann etwa unklaren Gefühlen nachgehen, indem er auf seine leiblichen Empfindungen achtet, sie lokalisiert, ihre Nuancen erspürt und dann ihre Bedeutung (...) erforscht" (Fuchs 2003, 343).

7.4.4 Sich selbst verstehen

Die Einsicht in die Bedingungen, die zur Erkrankung geführt haben, das Erkennen krankheitsfördernder eigener Wahrnehmungs-, Denk-, Erlebnis- und Verhaltensmuster ist ein wesentlicher Faktor des psychotherapeutischen Prozesses.

Welche Funktionen und welche Bedeutung kann der Arbeit über den Körper und die Bewegung in dieser psychotherapeutischen Behandlung zukommen? Hölter (1993) und Haas (1999) haben die mototherapeutische Unterstützung und Begleitung der Psychotherapie durch den erlebnisorientierten Zugang zu den Lebens-/Entwicklungsthemen über Körper- und Bewegungsarbeit dargestellt. Dieser bewegungs- und körperorientierte Zugang zu den individuellen Themen zeichnet sich insbesondere durch die Unmittelbarkeit des Bewegungs- und Handlungsgeschehens und eine damit verbundene Verdichtung des emotionalen Selbsterlebens aus.

Welche Themen können sich nun für den depressiv Erkrankten als besonders relevant zeigen?

Selbstverstehen: Themenorientierte Arbeit

Selbstattribuierung

Leistungsmotiv

Autonomie – Abhängigkeit

Abgrenzung – Anpassung

Anerkennung – Selbstvertrauen

Geben – Nehmen

Hemmung – Aggression

Vertrauen – Kontrolle

Nähe – Distanz

Abb. 4: Themen in der Arbeit mit depressiv Erkrankten (vgl. Beckmann-Neuhaus 2011)

In einer „Mikroanalyse" können die den Verhaltens- und Beziehungsmustern innewohnenden Wahrnehmungs- und Erlebnismuster, Bedürfnis- und Motivationsstrukturen, aber auch Denkmuster wie Selbstabwertungstendenzen und depressionsspezifische Attributionsstile erkannt und erarbeitet und in ihrem krankheitsbedingenden und biografischen Zusammenhang gebracht werden.

Die erlebnisorientierte, verdichtete Bewegungssituation, die Fokussierung auf das Selbstbefinden, die Veranschaulichung im Bewegungsgesamt können so zum Zugang zu implizitem Wissen, den gespeicherten Erfahrungen in mehr oder weniger unbewussten Wahrnehmungs- und Verhaltensmustern, führen.

Folgendes Beispiel soll dies kurz skizzieren.

Führen – Geführtwerden

Zwei Patienten fassen mit geschlossenen Augen einen ca. 40 cm langen Stab jeweils an einem Ende und führen die Arm- bzw. Körperbewegungen des Gegenübers über diesen Stabkontakt. Nach anfänglicher Verteilung der Führungsrolle wird diese Verteilung aufgehoben mit dem Hinweis, selbst immer wieder – möglichst ohne Worte – für Wechsel innerhalb der Führung zu sorgen. Über die Wahrnehmung der eigenen Bewegungsimpulse und -muster, des eigenen Krafteinsatzes und des inneren Erlebens wie auch über die Rückmeldung der Wahrnehmungen des Partners lässt sich Zugang zu persönlichkeitseigenen Mustern und dahinter liegenden Motiven und Bedürfnissen finden.

Mögliche Fragen können sein:
Habe ich mehr geführt oder mich mehr führen lassen?
Wie habe ich mich in den unterschiedlichen Rollen gefühlt?
Wie habe ich Signale empfangen oder gesendet?

Herr K: „Ich habe auf der anderen Seite von Frau A. gar keinen Gegendruck gespürt. Das war unangenehm so ohne klare Antwort, als wäre niemand dort."

Frau A. war eine sehr unsichere Persönlichkeit mit übermäßig angepasstem Verhalten, das sie in der Übung auch wieder erkannte. Im Folgenden war es für die Patientin zum einen wichtig, die Erfahrungen ihres Gegenübers nachzuvollziehen, um die Interaktionsschwierigkeiten zu verstehen, zum anderen aber auch Schemata des Führens über die Bewegung, d. h. den Aufbau von Zug und Druck zu erfahren.

Frau M.: „Das Führen war zwar nicht schlecht, aber ich habe mich lieber führen lassen, denn wenn ich selbst führe, habe ich ständig Angst, dass ich etwas falsch mache, dass ich die Verantwortung dafür habe, dass sich der andere wohl fühlt."

Innerhalb der depressiven Erkrankung von Frau M. spielte eine Selbstwertproblematik eine wesentliche Rolle. Durch die Rückmeldung ihres Partners, dass er sich gut gefühlt habe, wenn sie ihn führte, sonst hätte er sich schon gemeldet, erhielt die Patientin zunächst einmal Anerkennung. Mit dieser Aussage konnte weiter verdeutlicht werden, dass jeder Partner auch eine Selbstverantwortung behält und der Austausch über das Befinden evtl. auch eine Rückversicherung während des Interaktionsangebots Sicherheit vermitteln kann.

Frau L.: „Ich wollte eigentlich führen, aber ich wusste nicht, ob ich durfte. Wenn ich Gegendruck gespürt habe, habe ich sofort nachgegeben. Zufrieden war ich damit aber nicht."

Ein in der Biographie sich abzeichnender Autonomie-Abhängigkeitskonflikt kann als Ursache für das „schnelle Aufgeben" der Patientin gesehen werden. Für den weiteren Verlauf auf der bewegungstherapeutischen Ebene schien wichtig, der Patientin Druck- und Kraftaufbau gegen Widerstände im Sinne von „Durchsetzen" zu vermitteln und in einem spielerischen „Kampfdialog" erfahrbar zu machen, dass sie eigenständig und „mächtig" interagieren kann und darf.

„Herr Z. hat mich ziemlich gefordert. Da konnte ich teilweise nicht mitkommen."

In der Genese der depressiven Erkrankung von Herrn Z. ist eine übermäßige Leistungsorientierung verbunden mit einem hohen Darstellungsbedürfnis ein wichtiger Faktor. Weitere Aufgabenstellungen ermöglichen ihm die Wahrnehmung von

> Druck nachlassen, loslassen und sich führen lassen, was er als entlastend erleben konnte – nicht zuletzt auch deshalb, weil so die Verbindung zu dem Partner für ihn wahrnehmbar wurde und er dieses In-Kontakt-Sein positiv erlebte (vgl. Beckmann-Neuhaus 2007).
> Reflexion eines Patienten:
> „Hier war es immer wie in einer Laborsituation. Wie mit einer Lupe wurden mir meine Muster aus dem Alltag deutlich; z. B. in der Stunde mit dem Führen und Geführt-Werden: in dieser kleinen Bewegungssituation hat sich das Komplexe aus dem Alltag so deutlich gezeigt. Und dann konnte ich anderes ausprobieren, es konnte mir hier ja nichts passieren (...)" (vgl. Beckmann-Neuhaus 2010, 63).

7.4.5 Sich selbst neu erfahren und neu erproben

Ein explizites Bewusstmachen und die Reflexion des Erlebten, das bewusste Erfassen des Sinns und der Bedeutung ist nicht für jede Patientin und nicht zu jedem Zeitpunkt angezeigt oder möglich. Das Bewegungserleben an sich kann auf dieser therapeutischen Ebene schon heilsam sein, da der Patient eine neue Form des „Inder-Welt-Seins" eröffnet wird und eine nachreifende Ich-Entwicklung durch das Experimentieren und Erleben entwicklungsspezifischer Bewegungsmöglichkeiten initiiert wird (vgl. Beckmann-Neuhaus 2010). Im Sinne von Fuchs (2003) scheinen so über die erlebnisintensive Körper- und Bewegungsarbeit eine Aktivierung des impliziten Gedächtnisses und eine Verankerung korrektiver Erfahrungen möglich.

> Nach einer Bewegungssequenz zum Schwingen im Stand, in der Frau K. von einer Partnerin an den Schultern gehalten und in ein Pendeln/Schwingen gebracht wurde, hatte die Patientin die Aufgabe, auf ihr inneres Erleben zu achten, Unsicherheiten ihrer Partnerin direkt mitzuteilen. Sie berichtete Folgendes über dieses neue Beziehungserleben: „Es hat mir gut getan, mein Gewicht in die Hände des anderen abzugeben, aber das konnte ich nur, weil ich sagen durfte, wie es für mich gut ist. Und es war schön zu erleben, dass der Andere darauf eingeht" (vgl. Beckmann-Neuhaus 2010, 56f.).

Für den psychotherapeutischen Prozess ist es relevant, über die Einsicht in krankheitsauslösende und -verstärkende Faktoren hinaus Modifikationen/Veränderungen in Verhaltens- und Interaktionsmustern zu initiieren. In der Stärkung eines neuen Selbstverständnisses und in der Entwicklung veränderter oder anderer Verhaltens- und Interaktionsmuster kann die Selbsterprobung ein wichtiger Faktor sein. Der Bewegungsbereich bietet hierzu einen abgeschlossenen, Sicherheit vermittelnden Raum und lässt Selbstwirksamkeit erfahrbar werden.

> Hintergrund der depressiven Erkrankung von Frau A. war ein übermäßiges Anpassungsverhalten, das sich u. a. in Zusammenhang mit Verlust- und Mangelerfahrungen in der Kindheit entwickelt hatte und schließlich mit einem Überforderungs-

erleben zur depressiven Erkrankung geführt hatte. Im stationären Verlauf hatte die Patientin Einsicht in die der Krankheit zugrunde liegenden biografischen Erfahrungen, in das sich daraus entwickelte übermäßige Anpassungsverhalten gewonnen.
In einer intensiven mototherapeutischen Arbeit hatten sich Momente des Nachholens und Nachreifens im Selbsterleben entwickelt. Zum Ende der Behandlung probierte die Patientin sich nun innerhalb einer Gruppentherapie mit dem Inhalt Stockkampfinteraktion in einer Dialogsituation. Hier fand die Patientin im Stock zunächst einen „Halt", berichtete vom Erleben von Stärke im Hantieren mit dem Stock. Die Vorgabe einer festen Bewegungsform, das Erleben eines klaren Kontaktpunktes im Aufeinandertreffen der Stöcke mit dem Partner schien der Patientin Sicherheit zu vermitteln, so dass ein Gegenhalten von der Patientin positiv erlebt wurde, sie zunehmend Kraft und Stärke in der Interaktion aufbauen konnte. In der Arbeit an den Bewegungsmustern konnte der Patientin ihr eher passiv-abwartendes Gegenhalten verdeutlicht werden. In der Entwicklung einer aktiven, zielgerichtet geführten Bewegungsausführung wurden der Patientin autonome Möglichkeiten im Interaktionsgeschehen erfahrbar. In der Nachbesprechung machte Frau A. ihr Erleben deutlich: das Erfahren von Eigenständigkeit in der gezielten Bewegung, Abgrenzung im klaren Kontakt beim Aufeinandertreffen der Stöcke und das gleichzeitige Erleben von Gemeinsamkeit in der gemeinsamen Form und dem gemeinsamen Rhythmus.

7.4.6 Selbstfürsorge

Zum Ende eines stationären Aufenthalts ist es wichtig, der Patientin Hilfestellungen und Hinweise für eine Gesunderhaltung, dem Vorbeugen einer Wiedererkrankung zu vermitteln. Auf der Körper- und Bewegungsebene kann dies Anregungen zur Selbsthilfe zum Beispiel über Informationen zu einem antidepressiv wirkenden Ausdauerangebot, die gemeinsame Suche nach angenehmen Körper- und Bewegungsmöglichkeiten für die Erholungsphasen in der Freizeit oder nach Möglichkeiten positiven Sozialkontakts im Bewegungsbereich sein.

Stress gilt als ein wesentlicher Einflussfaktor innerhalb der Entstehung einer Depression, daher macht es Sinn, innerhalb der Therapie der Depression Möglichkeiten der Stresssteuerung und damit die Möglichkeit der Selbstfürsorge zu vermitteln, um so eine Gesunderhaltung zu unterstützen, einer Wiedererkrankung vorzubeugen. Körper- und Bewegungsarbeit kann durch die Sensibilisierung für das Körpererleben helfen, das eigene Stresserleben zu erfassen, und eröffnet Möglichkeiten der Stressregulation. In der themenorientierten Arbeit werden zudem dem Stresserleben zugrunde liegende Einstellungs- und Denkmuster wie zum Beispiel das „Streben nach Perfektionismus" erfasst und hinterfragt. In der Vermittlung eines Stressmodells, mit dessen Hilfe für den Patienten individuelle Stressreize, Stressreaktionen und zugrunde liegende Einstellungen und Glaubenssätze erkennbar werden, aber auch Einstellungs- und Handlungsalternativen vermittelt werden, eröffnet sich dem Patienten eine Möglichkeit der Selbststeuerung (vgl. Beckmann-Neuhaus 2012b).

7.5 Qualifikationen

Mototherapeutische Arbeit bedeutet, Bewegungsangebote gezielt auf das Individuum ausgerichtet anzubieten, die Patientin in ihren Bewegungen und in ihrem Bewegungserleben sinnhaft zu verstehen und sowohl über Bewegungsangebote als auch über die Reflexion des Geschehens zu intervenieren.

Neben vielfältigen eigenen Erfahrungen im Körper- und Bewegungsbereich sind Wissen über den Bedeutungsgehalt von Bewegungserfahrungen insbesondere auf dem entwicklungspsychologischen Hintergrund, über Symptomatik und Genese von psychischen Erkrankungen und, sobald auch eine psychotherapeutische Ausrichtung umgesetzt werden soll, Fähigkeiten und Qualifikationen in psychotherapeutischen Tätigkeiten notwendig.

In ihrer Ausbildung weisen Motologinnen einen sport- oder bewegungswissenschaftlichen Studienabschluss und darauf aufbauend das Motologiestudium (früher Diplom, jetzt Master) auf. Für die Arbeit im Erwachsenenbereich nehmen Motologinnen nach dem Studium zudem häufig Fort- und Weiterbildungangebote aus dem psychotherapeutischen Bereich (z. B. Gesprächspsychotherapie, systemische Therapie) oder zu bewegungspsychotherapeutischen oder körperorientierten Ansätzen wahr (vgl. Beckmann-Neuhaus 2010). Vereinigungen wie der Deutsche Arbeitskreis für Konzentrative Bewegungstherapie, die Deutsche Gesellschaft für Tanztherapie, die Deutsche Gesellschaft für Integrative Bewegungs- und Leibtherapie bieten zudem Weiterbildungen zu Bewegungsfachleuten im klinischen Bereich an.

Gut zu wissen – gut zu merken

Die Mototherapie als eine Umsetzung des psychomotorischen Gedankens in der klinischen Arbeit mit psychisch erkrankten Erwachsenen ist durch das Prinzip des Verstehens gekennzeichnet. Dies zeigt sich im Verstehen der Patientin in ihrer Erkrankung, dem Verstehen der Hintergründe und der entwicklungspsychologischen Zusammenhänge, die zu der Erkrankung geführt haben. Darüber hinaus bedeutet dies auch das Verstehen der Patientin in ihrer Persönlichkeit. Für die körper- und bewegungstherapeutische Arbeit wird die Bedeutung, die die Bewegungserfahrung in dem Erleben der Patientin hat, aus dem Entwicklungsgeschehen und dem Krankheitserleben heraus verstanden und aus diesem Verstehen heraus Inhalte, die den Gesundungsprozess unterstützen können, angeboten.

Abgestimmt auf die unterschiedlichen Phasen des therapeutischen Prozesses und deren Erfordernisse sind damit auch die mototherapeutischen Zielsetzungen wie Stabilisierung, Selbststärkung und Selbstregulation, themenzentrierte Arbeit zur Auseinandersetzung mit dem eigenen Selbstverständnis, um so den psychotherapeutischen Prozess zu unterstützen.

Hierzu werden die Modelle mit ihren Prinzipien des in der allgemeinen Therapie bei der Patientin angewandten psychotherapeutischen Ansatzes auf das mototherapeutische Vorgehen übertragen. Aufgrund der Möglichkeiten des Zugangs zum Erleben und zu im Körpergedächtnis verankerten Mustern bietet der mototherapeutische Ansatz eine besondere Unterstützung des psychotherapeutischen

Prozesses. Als besonderes Vorgehen bietet sich in der Mototherapie zudem die Möglichkeit, über körper- und bewegungsorientierte Erfahrungen Entwicklungen im sogenannten impliziten Gedächtnis zu initiieren.

📖 *Literatur*

Arolt, V./Kersting, A. (Hrsg.) (2010): Psychotherapie in der Psychiatrie. Heidelberg: Springer.
Arolt, V./Wesselmann, U. (2010): Psychotherapie depressiver Erkrankungen. In: Arolt, V./ Kersting, A. (Hrsg.): Psychotherapie in der Psychiatrie. Heidelberg: Springer, 137–161.
Bäuml, J. (2010): Psychoedukative Therapie. In: Arolt,V./Kersting, A. (Hrsg.): Psychotherapie in der Psychiatrie. Heidelberg: Springer, 121–134.
Balint, M. (1970): Therapeutische Aspekte der Regression. Stuttgart: Klett-Cotta.
Bauer, J. (2002): Gedächtnis des Körpers. München. Piper.
Beckmann-Neuhaus, D. (1993): Mototherapie als Wahrnehmungsförderung in der Einzeltherapie von psychisch Kranken. In: Hölter, G. (Hrsg.): Mototherapie bei Erwachsenen. Schorndorf: Hofmann, 109–126.
Beckmann-Neuhaus, D. (2007): Körperwahrnehmung – Zugang zu Selbstwahrnehmung und Selbsterleben bei Depressionen. *Motorik*, 4, 210–220.
Beckmann-Neuhaus, D. (2010): Mototherapie und Körperpsychotherapie – ein Blick aus der klinischen Praxis. *Motorik*, 2, 59–64.
Beckmann-Neuhaus, D. (2012a): Selbstfürsorge als Gesundheitsförderung im Kontext einer psychischen Erkrankung. *Motorik*, 2, 80–85.
Beckmann-Neuhaus, D. (2012b): Mototherapie – Eine spezifische Bewegungstherapie vorgestellt am Therapieprozess bei einer depressiven Erkrankung. In: Deimel, H. (Hrsg.): Facetten der Bewegungs- und Sporttherapie in Psychiatrie, Psychosomatik und Suchtbehandlung. Sankt Augustin: Academia, 115–127.
Downing, G. (1996): Körper und Wort in der Psychotherapie. München: Kösel.
Fuchs, T. (1996): Leibliche Kommunikation und ihre Störungen. *Zeitschrift Klinische Psychologie, Psychiatrie und Psychotherapie*, 44, 415–428.
Fuchs, T. (2003): Non-verbale Kommunikation: Phänomenologische, entwicklungspsychologische und therapeutische Aspekte. *Zeitschrift Klinische Psychologie, Psychiatrie und Psychotherapie*, 51, 333–345.
Haas, R. (1999): Entwicklung und Bewegung. Schorndorf: Hofmann.
Heidenreich, Th./Michalak, J. (Hrsg.) (2004): Achtsamkeit und Akzeptanz in der Psychotherapie, Tübingen: dgvt.
Heidenreich, Th./Michalak, J./Junghanns-Royack, K. (2006): Achtsamkeit und Akzeptanz in der kognitiven Verhaltenstherapie. *Psychotherapie im Dialog*, 7, 252–256
Hölter, G. (1993): Mototherapie mit Erwachsenen. Schorndorf: Hofmann.
Hölter, G. (2011): Bewegungstherapie bei Psychischen Erkrankungen. Köln: Deutscher Ärzteverlag.
Internationale Klassifikation psychischer Erkrankungen ICD – 10 (2011): Kapitel V(F). (8. Aufl.). Bern: Huber.
Lane, R. et al. (1978): Levels of emotional awareness: a cognitive-developmental theory and its application to psychopathology. *American Journal of Psychiatry*, 144, 133–143.
Marlock, G. (2006): Körperpsychotherapie als Wiederbelebung des Selbst – eine tiefenpsychologische und phänomenologisch-existentielle Perspektive. In: Marlock,G./Weiss, H. (Hrsg.): Handbuch der Körperpsychotherapie, Stuttgart: Schattauer, 138–151.
Möller, H.-J./Laux, G./Deister, A. (2005): Psychiatrie und Psychotherapie. Stuttgart: Thieme.
Petzold; H (1996): Integrative Bewegungs- und Leibtherapie. Paderborn: Junfermann.
Rist, F./Witthöft, M./Bailer, J. (2010): Grundlagen der kognitiven Verhaltenstherapie. In: Arolt,V./Kersting, A. (Hrsg.): Psychotherapie in der Psychiatrie. Heidelberg: Springer, 45–74.

Röhricht, F./Seidler, K./Joraschky, P./ Borkenhagen, A./Lausberg, H./Lemcke, E./Loew, T./ Schreiber-Willnow, K./Tritt, K. (2005): Konsensuspapier zur terminologischen Abgrenzung von Teilaspekten des Körpererlebens in Forschung und Praxis. *Zeitschrift für Psychotherapie, Psychosomatik und Medizinische Psychologie*, 55, 183–190.

Schonauer, K. (2010): Ergänzende Therapieverfahren in der Psychiatrie. In: Arolt, V./Kersting, A. (Hrsg.): Psychotherapie in der Psychiatrie. Heidelberg: Springer,111–120.

Seewald, J. (2002): Leib und Symbolik. München: Fink.

Seewald, J. (2007): Der Verstehende Ansatz in Psychomotorik und Motologie. München: Ernst Reinhardt Verlag.

Subic-Wrana, C. (2001): Levels of Emotional Awareness Scale. *Psychotherapeut*, 46, 176–181.

Wehowsky, A (2006): Affektmotorische Schemata. In: Marlock, G./Weiss, H. (Hrsg.): Handbuch der Körperpsychotherapie, Stuttgart: Schattauer, 188–201.

Weiss, H. (2006): Bewusstsein, Gewahrsein und Achtsamkeit. In: Marlock, G./Weiss, H. (Hrsg.): Handbuch der Körperpsychotherapie. Stuttgart: Schattauer, 406–413.

8 EINRICHTUNGEN IN BEWEGUNG. ORGANISATIONSENTWICKLUNG BEWEGT BEGLEITEN

Stefan Schache

Was Sie in diesem Kapitel lernen können

In diesem Kapitel lernen Sie das Handlungsfeld einer psychomotorisch orientierten Organisationsberatung kennen. Dabei stehen vor allem Non-Profit-Organisationen im Fokus, die sich einem Bildungs- und Erziehungsauftrag verschrieben haben. Sie werden neben einer kurzen theoretischen Annäherung an die Organisation v.a. die Ebenen und die Bedeutung einer Organisationskultur verstehen lernen sowie das Phänomen des Widerstands einordnen können. Aus psychomotorischer Perspektive steht abschließend das Konzept reflexiver Leiblichkeit im Mittelpunkt, das für das Verständnis metaphorischer Bewegungssituationen in Organisationen unerlässlich ist, welche als methodischer Schlüssel in der Begleitung und Beratung von Organisationen verstanden werden. Konkrete Praxissituationen sowie ein Ausblick schließen das Kapitel ab und zeigen Entwicklungsmöglichkeiten des bisher eher kleinen Forschungs- und Arbeitsfeldes auf.

8.1 Einleitung

Eine Hauptschule machte sich in den letzten Jahren in bestimmten methodischen Konzepten stark und schrieb sich diese Kompetenz auf die Fahne; sie wurde ausgezeichnet als Schule ohne Rassismus; setzte sich verstärkt für Berufsanfängerseminare und den Übergang in die Berufswelt ein; sie machte sich auf den Weg, eine gebundene Ganztagsschule zu werden, leitete bauliche Erneuerungen ein und vernetzte sich stärker mit den Bildungspartnern vor Ort; sie stellte neues Personal (Lehrerinnen, Schulsozialarbeiterinnen, Therapeutinnen etc.) ein und brach mit ihren alten Zeitstrukturen, um einer Rhythmisierung des Schulalltags mehr gerecht zu werden. Neben inhaltlichen (Neu-) Ausrichtungen veränderten sich auch schulgesetzliche Maßgaben. Der Schulalltag und seine Herausforderungen veränderten sich so rasant, dass das Schulprogramm fortwährend weiter und neu geschrieben werden musste. Neben all diesen Erneuerungen und neben diesem Wandel war die Schule durchweg von einer möglichen Schließung bedroht. Und der bevorstehende Wandel hin zu einer ‚inklusiven Schule' steckte dabei noch vollends in den Anfängen.

> „Überall dort, wo geplante Veränderungen in Organisationen tatsächlich bedeutsam sind, zeigt sich auch Widerstand" (Ahr 2013, 40).

Wie diese Schule exemplarisch mit diesem Wandel umging und wie sie mit den Veränderungen zurechtkam, hatte zweierlei Gesichter: Zum einen waren es Veränderungen und Etappen eines Wandels, die die Schule sich selbst auferlegte und aus einer Unzufriedenheit mit der Ist-Situation vollzog; diese Erneuerungen verfestigten sich mit der Zeit im Schulalltag und wurden zum großen Teil durch das Kollegium getragen und vorangetrieben. Zum anderen gab es aber auch Veränderungen und Umgestaltungen, die der Schule auferlegt wurden. In diesen Wandelprozessen war im Kollegium und bei der Leitung etwas zu spüren, was nicht leicht in Worte zu fassen war und sich einem Konkretisieren des Öfteren entzog. Spürbar war es im gesamten Alltag der Schule, es zeigte sich konkret aber nur in vereinzelten Handlungen und Äußerungen, die aber nicht direkt zu entschlüsseln und zu verstehen waren. Bei diesen letztgenannten Wandelprozessen wurde etwas spür- und vielleicht auch teilweise sichtbar, was einen erheblichen Einfluss auf den Wandel, auf die Entwicklung hatte. Dieses ‚Etwas' soll im Folgenden ausgeführt und eine Relevanz für die Psychomotorik herausgeschält werden.

8.2 Fallbeispiel: eine „psychomotorische Bildungseinrichtung" für alle

Eine große Einrichtung, die unter anderem Träger einer Tagesbildungsstätte und zweier Kindergärten ist, suchte – vor allem ausgelöst durch die Ratifizierung der UN-Behindertenrechtskonvention von 2009 – nach externen Partnern, die sie auf dem Weg zu einer inklusiven Bildungseinrichtung begleiten sollten. Durch persönliche Erlebnisse und Begegnungen Einzelner, aber auch durch diskursive Auseinandersetzungen mit den Inhalten fand die Einrichtung in der Psychomotorik diesen Partner. Der Wunsch der Einrichtung, der auch als Auftrag gelesen werden kann, hieß:

> „Wir wollen eine inklusive Schule, inklusive Kindergärten [...] und zwar mit dem Profilierungsmerkmal, ja mit einem Alleinstellungsmerkmal über und durch die Psychomotorik, so etwas wie eine psychomotorische Bildungseinrichtung für alle."

Sie sah sich aufgrund der UN-Behindertenrechtskonvention in der Pflicht, einen Entwicklungsprozess anzustoßen, der letztlich eine inklusive Bildungseinrichtung zum Ziel hat. Ihr Anliegen war es, Konzepte und Ideen eigenständig zu entwickeln und umzusetzen, um etwaigen Vorgaben der Behörde zuvorzukommen. Dazu benötigte die Einrichtung aber Hilfe. Da diese Einrichtung auch auf dem (Bildungs-)

Markt bestehen muss, sah sie sich aufgrund einer Marktanalyse im Handlungszwang, der wie folgt geäußert wurde:

„[…] entweder wir finden ein ansprechendes Alleinstellungsmerkmal, das keine andere Schule oder Einrichtung hier in der Umgebung hat […], oder wir verlieren den Konkurrenzkampf um die Kinder und Schüler und können unsere Schule [Tagesbildungsstätte] schließen."

Es wurde der Fachrichtung der Psychomotorik in Gestalt einer Fortbildungsakademie (Deutsche Akademie für Psychomotorik, dakp) angetragen, zu überlegen, ob eine Bildungseinrichtung dergestalt beraten und eine Entwicklung vollziehen bzw. angehen kann, dass diese sich als psychomotorische Einrichtung bezeichnen könnte.

Der Auftrag einer psychomotorischen Organisationsberatung kam also von der Einrichtung selbst. Die dakp hatte zu überlegen, inwiefern sie einen solchen Auftrag annehmen und wie sie solch einen Prozess gestalten kann. Allerdings sind bei der Auftragsformulierung einer notwendigen Organisationsentwicklung nicht immer oder eher selten alle Mitarbeiter involviert, so dass zwar ein Auftrag an Berater und Begleiter formuliert werden kann und somit aus eigenem Antrieb ein Anstoß gegeben wird; es ist aber trotz allem auch als eine Delegation (von oben) zu verstehen, nach der sich die Mitarbeiter zu richten haben. Die Einrichtung vergibt also aktiv den Auftrag einer Organisationsentwicklung, verharrt aber (passiv) in der Ist-Situation; sie beauftragt eine externe Expertise, da sie die Notwendigkeit scheinbar empfindet, sieht sich selbst aber als den eigentlichen Experten an; sie möchte sich der Beratungssituation öffnen, verschließt sich aber neuen oder alternativen Vorschlägen und Angeboten.

Diese Ambivalenzen wurden zu Beginn und im weiteren Verlauf des Begleitungsprozesses sehr deutlich: Nach dem offiziellen ‚Startschuss' bildete sich eine Arbeitsgruppe, um gemeinsam die ersten Schritte planen und angehen zu wollen. Mit der Zeit wurden aber Aussagen, wie

- „Natürlich sprechen wir hier alle nur mit Vorbehalten",
- „Wir haben, das wird mir immer deutlicher, ein großes Kommunikationsproblem",
- „Die Frage nach Transparenz scheint immer wichtiger zu werden" getroffen, die später auch mit
- „Angst vor Verlust des Arbeitsplatzes",
- „Angst vor Sanktionen" oder auch „Es ist irgendwie ein Schatten alter Strukturen spürbar"

intensiviert wurden (vgl. Schache 2013, 149).

Es wurde augenfällig, dass neben einem Zugeständnis und einem Willen zur Organisationsentwicklung auch Kräfte wirkten, die diesem rationalen Willen entgegenstanden. Und es war spürbar, dass diese Kräfte teilweise nicht so leicht in Worte zu fassen waren. Es treten also auch in Organisationen, die aus eigenem Antrieb eine Organisationsentwicklung inklusive deren Beratungs- und Begleitprozesse einfordern und angehen wollen, Widerstände und Vorbehalte auf.

8.3 Organisationen und ihre Organisationskultur: verborgen, aber wirksam

Wenn hier von Organisation und/oder Einrichtung die Rede ist, dann wird zumeist auf eine allgemeine Definition zugegriffen, die wie folgt zusammengefasst und umschrieben werden kann:

> ***Organisation:*** können als sozialer Prozess (Akt des Organisierens), als sozialer Katalysator (Organisiertheit oder Sozialstruktur) oder als soziales Subjekt verstanden werden. Ein soziales Subjekt ist gemeint, wenn ein Betrieb, eine Behörde oder ein Verein als Organisation (griech. Organon: Teil eines lebenden Wesens) bezeichnet wird. Es beschreibt den sinnvollen Ordnungszusammenhang, der zur Erfüllung eines Ziels errichtet wird und als komplexes Interaktions- und Kommunikationssystem verstanden wird. Eine solche Organisation besitzt eine formale Struktur, ist auf Dauer angelegt und zeichnet sich durch Arbeitsteilung, einschließlich Machtdifferenzierung und Verantwortungsdelegation aus (vgl. Endruweit 2004, 19 f.).

Damit ist der mögliche Adressat einer psychomotorisch orientierten Organisationsberatung und -begleitung klar umrissen. Und es wird deutlich, dass sowohl kleinere Vereine, wie beispielsweise Vereine zur Bewegungsförderung, als auch große Betriebe und Behörden eine entsprechende Berücksichtigung finden. Zwar sollte jede Einrichtung im Einzelfall betrachtet und verstanden werden, es können aber auf allgemeine Aussagen, Kriterien und Charakterisierungen zurückgegriffen werden, die jeder Organisation gemein sind. Eines dieser allgemeinen Charakteristiken ist die Organisationskultur. Sie kann definiert werden als:

> ***Organisationskultur:*** Der Kulturbegriff ist der Ethnologie entlehnt und bezeichnet dort die besonderen, historisch gewachsenen und zu einer komplexen Gestalt geronnenen Merkmale von Volksgruppen. Auch eine Organisation bildet eine spezifische Kultur heraus, die das organisationale und individuelle Verhalten und Erleben ganzheitlich prägt und auf eine bestimmte Weise interpretiert. Organisationskulturen sind im Wesentlichen implizite, gemeinsam geteilte Überzeugungen, die Orientierung, Werte und Handlungsmuster bieten. Sie sind gewachsene, emotionale und normierende Prozesse, die erfahrungsgebunden und nicht ohne weiteres beeinflussbar sind (vgl. Schreyögg 2003, 450).

Eine Kultur hat immer unbewusste oder implizite Anteile, die nicht über rationale, bewusst-intentionale Handlungen zu verstehen sind. Eine Organisationskultur sorgt

- für Komplexitätsreduktion,

- für Stabilität und Ordnung und damit
- für Sicherheit, Schutz, Verlässlichkeit und Zuversicht.
- Sie gibt Orientierungspunkte vor, die im alltäglichen Tun (und v. a. im professionellen Alltag) Entlastung bieten und Handlungssicherheit vermitteln (vgl. Schönig 2000, 39).

In konstruktivistischen Prägungen wird die Organisationskultur als eine Möglichkeit verstanden, die Wirklichkeit zu sehen (vgl. Franzpötter 1999). Diese kulturspezifischen Wirklichkeitsdeutungen sind aber implizit und damit nicht so leicht zu versprachlichen: sie wirken als grundlegende Annahmen von Werten, Normen, Standards und Erwartungen, die erst aus ihrer Verborgenheit herausgeholt werden müssen, um sie mitteilen zu können. Werden diese Orientierungspunkte mitteilungsfähig gemacht und evtl. in Frage gestellt, so wird die alltägliche Routine hinterfragbar (vgl. Schache 2010). Damit gehen aber vorerst immer eine Unsicherheit und eine ‚Handlungsunfähigkeit' einher.

Das Thematisieren von (selbstverständlichen) Überzeugungen und Annahmen verunsichert zutiefst und kann einen Rechtfertigungsdruck erzeugen, dem man nicht immer gewachsen ist. Eine Kultur (einer Organisation, einer Institution, einer Bewegung, ...), die dem Handeln einer Pädagogin in Form von Annahmen und Erwartungen zugrunde liegt, verleiht hierbei Sicherheit und Schutz. Sie ist imstande, Antworten zu geben, Orientierung zu schaffen, die Wirklichkeit durch ihre Brille zu betrachten: sie offeriert eine Sinngemeinschaft, welche den ‚Rechtfertigungsdruck' mit ihrer Legitimationsfolie und ihrer Sicht auf die Dinge aufzuheben weiß. Eine Sinngemeinschaft – verstanden als handlungsleitende Überzeugungssysteme – beinhaltet Handlungsempfehlungen und -regeln, die sich in Vorstellungen (über Erziehung, über den Menschen ...), Werten (erstrebenswert, „gut", „sozial" ...) und Überzeugungen (das ist das Wesentliche...) niederschlagen.

Durch spezifische Sinn-Angebote (wie zum Beispiel: eine bestimmte pädagogische Richtung ist erstrebenswert, andere Konzepte sind zu vernachlässigen oder „Bewegung tut den Kindern immer gut") werden den Organisationsmitgliedern Wirklichkeitsdeutungen offeriert. Sie erzählen über das Symbolsystem der Organisationskultur die ‚Organisations-Wahrheit' und können insofern als ideologische Wirklichkeitskonstruktionen verstanden werden.

Das *Symbolsystem* bildet nach Schein (1984, 4) die oberste Ebene der Organisationskultur (siehe Abb. 1). Es zählt zu den Oberflächenphänomenen, die sichtbar, aber interpretationsbedürftig sind. Die Symbole und Zeichen, wie Sprache, Kleidung, Rituale oder Umgangsformen, sind am einfachsten zugänglich, können aber nur im Zusammenhang mit den zugrunde liegenden Wertvorstellungen verstanden werden.

Die teils sichtbare, teils unbewusste Ebene der *Normen und Standards*, die Maximen, Richtlinien oder Verbote, stellen konkrete Wertvorstellungen und Verhaltensstandards dar. Sie sind oft in Führungsgrundsätzen oder ‚Philosophien', Programmen und Konzepten zu lesen, haben aber oft mit der gelebten Organisationskultur wenig zu tun (vgl. Schreyögg 2003, 456).

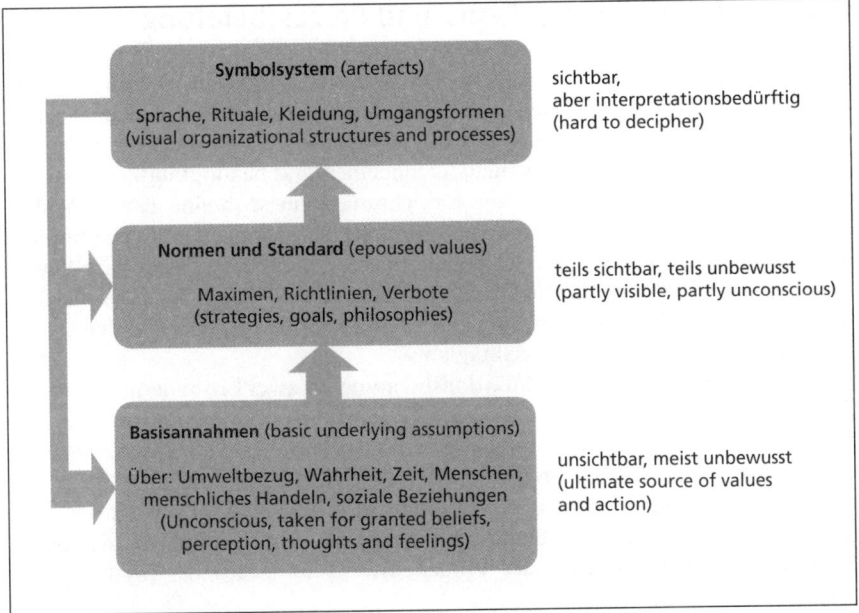

Abb. 1: Kulturebenen und ihr Zusammenhang – levels of culture and their interaction (Schein 1984)

Die Ebene der *Basisannahmen* ist unsichtbar und zumeist unbewusst. Diese tiefste Ebene besteht aus einem Satz grundlegender Orientierungs- und Vorstellungsmuster und bildet den Kulturkern. Es sind die selbstverständlichen Orientierungspunkte organisatorischen Handelns, die gewöhnlich ganz automatisch, ohne darüber nachzudenken oder sie zu kennen, verfolgt werden. Das (unbewusste) Gefüge von Grundannahmen, Regeln, Normen und Erwartungen verdichtet sich auf der Ebene des Symbolsystems und findet in Gestalt von Mythen, Legenden, Ritualen, Feiern usw. seinen Ausdruck.

Das Symbolsystem beruht auf den tiefer liegenden Ebenen, kann aber sozusagen als Sprache der Organisation verstanden werden, welche die ‚Organisations-Wahrheit' beansprucht. Soll eine Organisationsberatung, eine Begleitung und organisationale Entwicklung langfristig und nachhaltig sein und als gelingend empfunden werden, so ist es notwendig, den Kulturkern mit einzubeziehen, ihn zumindest thematisch zu berühren.

In diesem Sinne sollten also grundlegende Überzeugungssysteme, die beispielsweise Handlungsempfehlungen und -regeln beinhalten, die sich in Vorstellungen (über Erziehung, über den Menschen, …), Werten (erstrebenswert, „gut", „sozial" …) und Überzeugungen (das ist das Wesentliche …) niederschlagen, hinterfragt werden. Sie erzählen die Wirklichkeit mit eigens gewählten Kriterien (Wirklichkeitskonstruktion), betonen und heben wesentliche Phänomene hervor, legen Wert auf bestimmte Zusammenhänge – und verkürzen dabei andere Entwürfe und Wirklichkeitsdeutungen.

8.4. Auftragsklärung: Fach- und Prozessberatung

Eine Einrichtung begibt sich zumeist aus zweierlei Antrieb in einen Beratungs- oder Entwicklungsprozess: Sie steckt in einer Krise, die sie klar benennen kann oder deren Aufkommen auch erst nur erahnt wird; sie bekommt den Auftrag, sich eines bestimmten Feldes/Inhalts (neu) anzunehmen und benötigt dafür eine fremde Expertise. Damit begibt sich die Einrichtung zumeist in eine zweischneidige Situation: sie meint eine Fachexpertise von außen zu benötigen, um neue Impulse und Fachlichkeit zu erlangen, sie befürchtet aber gleichzeitig auch eine Bevormundung und Regulierung. Die Einrichtung hegt einen Wunsch nach gesichertem, objektivem (Experten-) Wissen, aber gleichzeitig sieht sie sich selbst als den eigentlichen Experten in ihrem Arbeitsalltag an.

Formal sollte man eine Organisationsberatung an zwei Leitbildern bzw. paradigmatischen Richtungen unterscheiden. Die Unterscheidung ist hilfreich, um sich zu verorten. In der Praxis verschwimmt allerdings diese Unterscheidungslinie und auch im wissenschaftlichen Diskurs werden beide Leitbilder immer mehr vereint und miteinander versöhnt (vgl. Königswieser 2005). Trotz dieser Tendenz der Annäherung sollen beide Beratungslinien hier kurz aufgeführt werden, da sie Vorstellungen und Vorgaben der Vorgehensweise und auch der Methodik beinhalten.

> **Fachberatung/Expertenberatung:** richtet sich an einem expertokratischen Paradigma aus, das auch als klassisch, normativ und funktionalistisch beschrieben werden kann. Diese Art der Organisationsberatung geht von einem one-best-way der Organisationsgestaltung aus. Der Berater gilt hierbei als externer Experte, der über ein der Organisation überlegenes Wissen (Expertenwissen) verfügt. Seine Aufgabe besteht darin, die internen und externen Bedingungen objektivierend zu ermitteln, ihre Entsprechung zu analysieren und die daraus resultierende Diagnose in eine Gestaltungsempfehlung umzusetzen.
>
> **Prozessberatung:** ist in einem prozeduralistischen Paradigma zu verorten. Es hat sich aufgrund von Mängeln des normativen Paradigmas in einigen Bereichen entwickelt und durchgesetzt. Diese Ausrichtung verzichtet auf die Vorstellung einer optimalen Gestaltungsempfehlung und auf die Vorstellung eindeutig bestimmbarer Erfordernisse. Der Berater und Begleiter unterstützt vielmehr die Organisation bei der selbstständigen Definition und Bearbeitung von Problemen durch kommunikative Verfahren. Dabei vermittelt er eben keine inhaltlichen Ziele, Normen und Werte. Die Prozessberatung nach Schein (1984) und die Systemische Organisationsberatung sind idealtypische Vertreter dieser grundlegenden Ausrichtung.

In der Praxis der Organisationsberatungen fällt diese Unterscheidung in den Begründungsebenen wenig ins Gewicht, da hier zumeist nach pragmatischen Gesichtspunkten entschieden wird, die durch die jeweilige Situation und Bedürfnislage der Einrichtung bestimmt werden. Hier ist zumeist eine Vermischung beider Richtungen anzutreffen. Wenn der Wunsch der Einrichtung nach Eindeutigkeit

	Klassisches Paradigma	Aktuelles Paradigma
Erkenntnistheorie	Positivismus, Rationalismus	Konstruktivismus
Organisationstheorie	‚alte' Systemtheorie, situativer Ansatz	‚neuere' Systemtheorie, Selbstorganisationstheorie
Interventionstheorie	normativ-expertokratisches Modell	Prozeduralismus, Partizipationismus

Abb. 2: Begründungsebenen der beiden dominierenden Beratungsverständnisse (Moldaschl 2001)

der Gestaltungsempfehlungen vorherrscht, wird damit gleichzeitig eine Relativierung, Abgrenzung und Kontextualisierung verhindert. Diese sind es aber, die notwendig sind, um die Selbstentwicklung einer Einrichtung und die Begleitung von Entwicklungsprozessen zu respektieren und zu ermöglichen. Mithilfe einer *Steigerung der Selbstreflexionsfähigkeit*, die nach Moldaschl als ein alternatives Paradigma zu verstehen ist (vgl. ders. 2001, 133), können Bedingungen geschaffen werden, das vermeintlich normative Expertenwissen zwar zu hören und ernst zu nehmen, es aber auch zu relativieren und als möglichen Entwurf einer Wirklichkeit (nämlich die des Experten) zu verstehen. Eine Prozessberatung, die sich nach systemischen Gesichtspunkten ausrichtet, kann ohne fachliches Wissen, also ohne eine normative Vorstellung von Expertise, auf dem Markt gar nicht bestehen (vgl. Königswieser 2005, 3).

8.5 Widerstand: „...natürlich schütze ich mich"

Für Organisationen und Organisationsberatungen sind Routinen eine zweischneidige Angelegenheit: Zum einen sichern sie Stabilität und Kontinuität im (professionellen) Handeln, zum anderen stehen aber Routinen vor allem für das Bewährte und Eingeschliffene, für ein reibungsfreies Handeln. Diese Routinen und Handlungsmuster stehen aber vor allem zur Disposition, wenn eine Beratung, Begleitung und (Weiter-) Entwicklung initiiert wird. Wenn alltägliche, Handlungssicherheit gebende Annahmen und Vorstellungen der Einrichtungen (siehe Organisationskultur) in den Fokus geraten und hinterfragt werden, reagiert die Einrichtung oft mit einer Art Widerstand.

> Nicht jede Art des Widerstandes gegen Änderung fällt unter diesen hier gebrauchten Begriff; denn bei einer objektiven Verschlechterung der Lebensverhältnisse beispielsweise sind die Gründe für eine Abwehrhaltung evident. Es geht hier eher um einen Widerstand gegen Änderungen, deren Gründe nicht offensichtlich erkennbar sind.

> **Widerstand:** Eine Organisation, die sich in einer Beratungs- und Entwicklungssituation befindet, reagiert häufig mit Widerstand gegenüber einer Änderung (resistance to change). Dabei sind in diesen Änderungswiderständen keine offensichtlichen Nachteile monetärer oder nicht-monetärer Art erkennbar. Widerstände treten in den unterschiedlichsten Formen zutage und sind wichtig für das Verständnis von Organisationen und Organisationsentwicklungen. Das Wahrnehmen und Erkennen von personenbezogenen und/oder organisationalen Widerständen ist der erste Schritt, Bedeutsamkeiten der Organisation zu verstehen. Widerstände sollten nicht, wie ursprünglich angenommen, gebrochen und überwunden werden, um eine organisationale Entwicklung zu initiieren bzw. aufrechtzuerhalten; sie sollten als sinnvolle und kraftvolle Handlung der Organisation interpretiert und als bereits erster Schritt der organisationalen Veränderung und des Lernens verstanden werden.

Wenn eine Einrichtung mit Widerständen reagiert – und auch Einrichtungen, die explizit eine Beratung an- und einfordern reagieren auf unterschiedlichen Ebenen mit Widerständen –, dann bedeutet dies nicht, diesen schnellstmöglich zu durchbrechen und aufzulösen; vielmehr gilt es, dieses Phänomen als Handlung der Einrichtung zu verstehen, welche sinnvoll und notwendig für den Entwicklungsprozess ist. Wird beispielsweise ein (neues) Fachwissen der Einrichtung in Form einer Fachberatung angeboten, so heißt das für die Mitarbeiterinnen der Einrichtung: Was sie bisher gemacht und wie sie bisher gearbeitet haben, reicht nicht aus, um mit den organisationalen Änderungen und Entwicklungen mitzugehen. Das bedeutet, dass die Sicherheit spendenden Routinen zunächst aufgehoben werden müssen und eben keinen Schutz und keine Stabilität mehr bieten. Die Reaktion der Mitarbeiterinnen und der Einrichtung, sich gegenüber Handlungsunsicherheit zu schützen, wird in Gestalt des Widerstands gegenüber Änderungen deutlich. Da diese Widerstände ganz unterschiedlicher Art und Form sind, somit auch nicht unbedingt sichtbar und eindeutig, ist es eine Aufgabe der Organisationsberatung, diese Widerstände zu verstehen. Sie sind eng verwoben mit den tieferliegenden Anteilen der Organisationskultur, so dass auch hier mitunter gilt: unsichtbar und interpretationsbedürftig (s. o.).

Unterschiedlichste Methoden können dabei helfen, die Widerstände zu explizieren (darzulegen) und zu konkretisieren. Vor allem in der Systemischen Organisationsberatung gibt es ganze ‚Handwerkskoffer' diverser Methoden (-schulen), die allesamt ihre Berechtigung bereits in der Praxis erwiesen haben. Die Psychomotorik, die sich natürlich auch anderer Schulen als der Systemischen bedient, verfügt über eine weitere Methode, die originär psychomotorisch genannt werden kann, da sie auf ein bestimmtes Körperverständnis aufbaut, welches im nächsten Kapitel Ausführung findet.

8.6 Metaphorische Bewegungssituationen und reflexive Leiblichkeit

Die Methodik der metaphorischen Bewegungssituationen zielt dahingehend, implizite und verborgene Anteile einer Organisationskultur (und/oder eines Widerstands gegenüber Änderungen) ein wenig zu entschlüsseln und aufzudecken. Die verborgenen Anteile, die oft nur spür-, aber nicht sichtbar sind, sollen der Sprache ein wenig näher gebracht werden. Dabei ist eine Art Übersetzungsarbeit notwendig: Etwas, was nur gespürt wird (Gefühl, Regung, Gestimmtheit, ...), soll verbalisiert und mitteilungsfähig gemacht werden. Metaphorische Bewegungssituationen, die auf ein Körpermodell zurückgreifen, das durch den Begriff der Leiblichkeit definiert werden kann, nehmen eine Brückenfunktion ein zwischen dem unmittelbar Erlebten und der auf bestimmte Themen abzielenden Reflexion der Erfahrung.

> *Metaphorische Bewegungssituationen:* können alle Bewegungsspiele und -aufgaben (Beispiele siehe unten) sein, die das Potential in sich tragen, eine zweite Ebene der Interpretation des Erlebten zuzulassen. Es ist Bewegungssituationen gemein, dass sie unmittelbar wirken – sozusagen kategorienlos. Die Teilnehmerinnen gehen zumeist in solchen spielerischen Bewegungssituationen auf – ihr „Kopf scheint abgeschaltet", sie sind unmittelbar in der Situation und mit der Situation verwoben. In der Reflexion werden die unmittelbaren Erfahrungen auf bestimmte Erlebens- und Verhaltensmuster hin erörtert.
> Ziel ist es, mögliche übersituative Prägungen und Neigungen zu erkennen und sie als veränderbar wahrzunehmen. Konkrete Bewegungsspiele und -aufgaben stehen metaphorisch für etwas größeres Ganzes (vgl. Seewald 2007, 109) wie beispielsweise Kommunikations- und Interaktionsmuster, Annahmen und Wertvorstellungen, Routinen und Vorlieben.

Die Versprachlichung des leiblich Wahrgenommenen in den Bewegungssituationen steht im Mittelpunkt. Die thematische Ausrichtung der Bewegungssituationen ist der jeweiligen Organisation, Situation und dem spezifischen Entwicklungsvorhaben oder -prozess geschuldet. Es ist innerhalb solcher Bewegungssituationen möglich, die eigenen Muster in der Kommunikation aufzudecken, Vorurteile aufgezeigt und gewohnheitsbedingte Einstellungen vorgeführt zu bekommen. Dabei werden auch organisationale Routinen, Wertvorstellungen und Handlungsweisen offensichtlich. Der Blick in die eigenen Denk- und Handlungsmuster sowie das Erfahren organisationaler Muster ist grundlegend: er bildet den Anschlusspunkt für Erneuerungen und Änderungen.

Die metaphorischen Bewegungssituationen stellen also thematische Angebote dar, die erlebt und erfahren werden sollen. Sie intendieren, das Gespürte in diesen Situationen, die leiblichen Regungen und Erlebnisse zu gegenwärtigen, um sie zur Sprache bringen zu können. Allerdings ist in der phänomenologischen Betrachtung das Sprechen über das Wahrgenommene und Erspürte dem leiblich gelebten

Leben unhintergehbar nachgeordnet. Das bedeutet, dass zwischen den Dingen und der Sprache eine Kluft besteht, jedoch kein Bruch. Durch verschiedene Symbolisierungsformen (Beispiele siehe unten) ist es möglich, die Kluft zu überwinden und das Gespürte und leiblich Wahrgenommene der Sprache näher zu bringen. Die impliziten Annahmen und Überzeugungen, die einer Kultur zugrunde liegen, sollen in den metaphorischen Bewegungssituationen erlebt werden, um sie aus ihrer Latenz zu holen und um sie der Sprache zugänglicher zu machen.

> *Reflexive Leiblichkeit:* Der Begriff des Leibes (Leiblichkeit) hebt die Trennung von Psyche und Physis auf: Leiblich nehmen wir die Welt wahr, noch bevor sie den Durchgang durch unsere Ratio, durch die bewusste Reflexion genommen hat. Der Leiblichkeit wird die Fähigkeit zugeschrieben, den primordialen (ursprünglichen) Sinn zu erfassen. Der Leib bildet so den existenziellen Untergrund für unsere Wahrnehmung. In der Psychomotorik geht es um die Rolle des Leibes als Dialogpartner und Berater für das bewusste und moralisch verantwortliche Ich. Die Fähigkeit, einen permanenten, subtilen inneren Dialog mit seiner leiblichen Gestimmtheit und Resonanz auf die Welt führen zu können, wird mit dem Begriff des Leibbewusstseins festgehalten. Dabei müssen die leiblichen Gestimmtheiten wahrgenommen und interpretiert werden. Reflexiv werden sie dann, wenn das Wahrgenommene intentional genutzt werden kann (vgl. Seewald 2007, 18). Mit diesem sogenannten „Konzept der reflexiven Leiblichkeit" hat die Psychomotorik die Möglichkeit, implizite und unbewusste Anteile spürbar zu machen und sie in ihrem Symbolisierungsniveau zu heben.

Die Organisationskultur, v.a. der Kern der Kultur sowie die Normen und Standards sind auf einem niedrigen (nicht wertend) Symbolisierungsniveau zu verorten: sie sind (zumeist) implizit und auf einer unbewussten Ebene. Die Sprache reicht nicht bis in diese Implizitheit und in dieses Unbewusstsein hinein. Es ist also nicht möglich, eine Organisation zu einer verbalen Beschreibung ihrer Organisationskultur aufzufordern. Die Berücksichtigung der Organisationkultur ist aber für einen Wandelprozess und eine Begleitung einer Organisationsentwicklung grundlegend. Die Einrichtung sollte sich auf unterschiedlichen Wegen dieser, ihrer Kultur nähern. Eine Möglichkeit bietet die Methodik der metaphorischen Bewegungssituationen.

8.7 Praxisbeispiele

Die folgenden Praxisbeispiele sollen die Methodik der metaphorischen Bewegungssituationen verdeutlichen und konkret veranschaulichen. In der Reihenfolge liegt keine Vorgabe. Es ist allerdings darauf zu achten, dass in den erstgenannten mehr das Individuum im Vordergrund steht, in den weiteren die Gruppe bzw. die Interaktion Gruppe – Individuum. Je nach Reflexionsschwerpunkt und der spezifischen Situation und Stand der Organisationsentwicklung kann mehr der Einzelne in den Fokus kommen, der Einzelne in Beziehung zu dem Anderen (Kollegium, Team) oder die Gruppe, das organisationale Team als solches. Die jeweiligen Bewegungssituationen beginnen jeweils mit der Beschreibung der Situationen und schließen mit exemplarischen Reflexionsfragen. Die Praxisbeispiele sind entnommen aus: Schache 2010, 306 ff. sowie Schache 2012.

„**Das bin Ich und die Konstruktion der Anderen**" – Eine (Arbeits-) Statur mit sich/von sich erschaffen – und verändern lassen: Diese Situation fordert die Organisationsmitglieder auf, sich in Kleingruppen zusammen zu tun, um die eigene (Arbeits-) Statur zu formen. Dabei formen nacheinander die Personen sich als ‚typische' (Arbeits-) Statur, die anderen Personen ‚begutachten' die Statur und verändern sie nach ihren eigenen Vorstellungen. Die jeweiligen Personen werden aufgefordert, ihrer eigenen Statur nachzuspüren, die Veränderungen an sich ergehen zu lassen und diese Veränderungen erneut zu erspüren. Wie fühlt sich die neue Statur an, erlebe ich mich noch als stimmig oder stellt die veränderte Statur mich nicht mehr dar? Auch ein Rollenwechsel ist möglich: Personen formen den Anderen als die eigene (Arbeits-) Statur und lassen sich Empfindungen zu den eingenommenen Haltungen mitteilen.

„**Ich ziehe die Fäden – ich bin eine Marionette**" – Führen und Folgen in unterschiedlichen Qualitäten: Ein Organisationsmitglied wird von einem anderen ‚ferngesteuert'. Dabei kommen sowohl Seile und Stäbe als auch Terrabänder o. ä. zum Einsatz. Die Marionette kann auch über verbale (o. ä.) Signale gesteuert werden. Beide Rollen werden erlebt und anschließend thematisiert. Dabei spielen die unterschiedlichen Materialien in der Reflexion eine Rolle. In dieser Situation sollen die Organisationsmitglieder erspüren, welche Rolle und welche Art der Führung die angenehmste war bzw. die unangenehmste. Fühle ich mich der Situation ausgeliefert? Kann ich mich auf eine Führung einlassen? Wie erlebe ich mich beim Geführtwerden/beim Führen selbst? - das sind Fragen, die auf Situationen im organisationalen Alltag Bezug nehmen: Kann ich mich einer Führung überlassen, ohne mich zu verlieren?

„**Das ist unser Haus – kann ich es verändern?**" – Meine Organisation nach eigenen Vorstellungen bauen – und zerstören: Der Hausbau stellt im Verstehenden Ansatz eine Standardsituation dar. Im individuell entstehenden Haus kann sich „im metaphorischen Sinn eine innere Stimmungslage ausdrücken – ein Bedürfnis nach Grenze und Schutz, nach Kontakt, nach Ordnung, nach Ästhetik. Manchmal wirkt ein solches Haus wie ein Fingerabdruck von langfristig übersituativen Neigungen und Prägungen einer Person; manchmal ist es lediglich eine Momentaufnahme einer aktuellen Stimmung" (Seewald 2007, 107). Mit dem Bau einer Firma nach eigenen Vorstellungen ist diese Situation noch näher an der Arbeitswirklichkeit. Eventuelle Überträge auf die tatsächliche Arbeitswelt können von den Organisationsmitgliedern vorgenommen werden. Dabei ist darauf zu achten, dass die Mitglieder die jeweiligen Stimmungen erspüren, die die verschiedenen Bauten auslösen. Ist eine Firma/ein Haus der Vollendung nahe und spüren die Organisationsmitglieder Befriedigung mit ihrer Leistung, werden sie aufgefordert, ihr ‚Werk' zu zerstören. Im Anschluss kann die Materialwahl, der Zerstörungsprozess (langsam abtragend oder ‚Abrissbirne'), die Zerstörungsbereitschaft und der Widerstand etc. thematisiert werden.

„Der ‚Lebensweg' in der Organisation – mit Hindernissen" – Durch ein Labyrinth mit akustischen Signalen geführt werden: Eine Fläche wird mit Matten o. ä. als Labyrinth gestaltet, so dass mehrere Wege zum ‚Ausgang' führen. Einem Organisationsmitglied werden die Augen verbunden. Die anderen Mitglieder postieren sich so in dem Labyrinth, dass sie, ohne ihre Position verändern zu dürfen, dasjenige Organisationsmitglied mit unterschiedlichen akustischen Signalen durch das Labyrinth lotsen können. Beim Aufbau ist darauf zu achten, dass es zu kleinen ‚Schwierigkeiten' kommen soll. Beispielsweise kann ein weiches Tuch den Durchgang ‚versperren' oder ein Seil auf dem Boden den Weg ‚erschweren'. Das einzelne Organisationsmitglied ist dabei aufgefordert, aufgrund der gegebenen Signale seinen Weg zu finden. Dabei wird es in Situationen geraten, die zweideutig sind: das Signal fordert ihn zum Vorwärtsgehen auf, das Seil oder Tuch versperrt ihm allerdings den Weg. Die anschließende Reflexion soll sich auf diese Situationen richten. Nachdem allgemeine Rückmeldungen thematisiert worden sind, können einzelne Situationen innerhalb des Weges angesprochen werden: Habe ich mich auf die Signale der Gruppe verlassen? Habe ich gedacht, dass sie mich foppen wollen? Vertraue ich meiner Wahrnehmungsfähigkeit? Traue ich mich, den Schritt ins Ungewisse zu tun? Wem vertraue ich bei Unstimmigkeiten, meinem Gefühl, den Signalen der Gruppe, beiden? Komme ich einen Schritt voran, wenn ich beiden gleiche Bedeutung schenke? ...

„Wie viel Gruppe bin ich?" – Ein Spiel (mit gegebenem Material) erfinden, spielen und verändern: In dieser Situation werden bestimmte Materialien vorgegeben. Mit ihnen sollen die Organisationsmitglieder ein Spiel erfinden. Dieses wird nach den entworfenen Regeln durchgeführt. Ist ein Organisationsmitglied unzufrieden, kann es das Spiel stoppen und eine Regelveränderung vorschlagen. Diese Veränderungsmöglichkeit gilt solange, bis alle Mitspielenden zufrieden sind. Es können dabei genauso schnelle und bewegungsreiche Spielideen entstehen, wie auch ruhige und entspannende. In den Veränderungsphasen werden Vorschläge unterbreitet, die sowohl auf Zustimmung als auch auf Ablehnung treffen können. In der anschließenden Thematisierung können Kommunikationsmuster offen gelegt werden, Rollenfestschreibungen hinterfragt werden; die kreative Ausgestaltung mit gegebenen Bedingungen und die Kompromissfähigkeit bei Entscheidungen stehen ebenso im Vordergrund, wie Gruppenzugehörigkeit oder das entspannende Moment des Spiels. Diese Standardsituation bietet durch die freie Ausgestaltungsmöglichkeit ein breites Spektrum an möglichen Themen, die für ein organisationales Zusammensein aussagekräftig sein können: Habe ich mich bei der Gestaltung des Spiels eingebracht? Habe ich mich zurückgehalten, obwohl ich vielleicht gute Ideen hatte? Waren es wieder dieselben, die das Spiel an sich rissen? Habe ich beim Spiel mein Wohlsein oder Unwohlsein kundgetan? Habe ich Veränderungsvorschläge eingebracht? Wie sehr war mir meine Rolle bewusst? Gefällt sie mir oder würde ich sie gern ändern wollen? Welche Spielform hat die Gruppe gewählt? Welches Aktivitätsniveau hatte das Spiel? Wie sehr war es eine gemeinsame Spielgestaltung? Wer hatte die Führung inne? Wie oft wurden Veränderungen vorgeschlagen und kam es zum Spielfluss? Wie wurden Veränderungen aufgenommen? Habe ich mich an die Materialvorgabe (Rahmenbedingungen) gehalten? Habe ich Material ignoriert, hinzugefügt...? Fühlte ich mich ‚sicherer' mit genannten Rahmenbedingungen?

„**Wir greifen an...**" – Eine Angriffsformation bilden – in Figuren und Personen: „Wir packen es an, wir erstürmen Hindernisse" – unter diesem Motto soll das Team, Kollegium oder die Organisation eine ‚Angriffsformation' mit unterschiedlichen Rollen (und Materialien) aufstellen. Die Organisationsmitglieder nehmen dabei die Rollen eines Generals, Beraters, Maschinisten, eines Spähers o. ä. ein und stellen sich zum Angriff. An dieser Stelle kann ähnlich dem Skulpturieren in Systemischen Ansätzen die räumliche Beziehung zueinander thematisiert werden. Wie steht die Formation, wer an erster ‚Front', wer begleitet, sichert, gibt Rückendeckung oder wer versteckt sich? In einem nächsten Schritt wird die Wahl der Rollen reflektiert: Fühle ich mich in meiner Rolle und an meiner Position wohl? Habe ich mir die Rolle selbst gewählt oder wurde sie mir zugewiesen. Welche Rolle hätte ich gern und warum habe ich sie mir nicht genommen...? Die weitere Sequenz besteht in der Milderung des Rollenschutzes: die Organisationsmitglieder sollen als sie selbst eine Angriffsformation bilden. Die anschließende Thematisierung reflektiert sensibel hierarchische Strukturen der Gruppe bzw. der Organisation: Wo stehe ich in der Organisation? Fühle ich mich an meiner Position wohl, sicher, verletzlich? Wer steht hinter mir? Stehe ich an derselben Stelle wie vorher meine Rolle? An welcher Position befinde ich mich, wo sehen mich die anderen, wo möchte ich gern sein? Einen weiteren Reflexionspunkt bildet in dieser Situation die Gruppenkohäsion. Inwiefern bilden die Organisationsmitglieder als Gruppe und Team eine (geschlossene) Einheit? Wie stark fühlt sich der Einzelne in dieser Gruppe aufgehoben und beachtet? Um diesen Reflexionsfokus zu verstärken, empfiehlt es sich auch die Situation inhaltlich umzukehren: „Bildet eine Verteidigungsformation – schützt Euch vor Angriffen." In dieser Version können in der anschließenden Thematisierung leichter (organisatorische) Widerstände, Zusammenschlüsse, Verfestigungen u. ä. besprochen und (gegebenenfalls) aufgedeckt werden.

Die folgenden Situationen haben sich in der Beratungspraxis von Organisationen bewährt, die sich für die Anforderungen der inklusiven Bildung stark machen wollen. Dabei ist zu beachten, dass in diesen metaphorischen Bewegungssituationen eine thematische Vorgabe bereits enthalten ist. Es steht nicht – wie in den obigen Beispielen – das Änderungsvorhaben, ein Wandel an sich im Mittelpunkt, sondern ein Wandel in Richtung inklusiver Bildung. Daher sind v. a. Schulen und Kindergärten der Adressat sowie Bereiche, die in der konzeptuellen Gestaltung von Bildungseinrichtungen ihr Aufgabengebiet und ihren Schwerpunkt haben.

„**Die Pforte des Bildungssystems**" – **Organisationsentwicklung im Kontext der Inklusion** – Eine Gruppe erhält die Aufgabe, durch das geschwungene Langseil auf die andere Seite zu gelangen. Mit einem gewissen Maß an Rhythmik, Koordination und Schnelligkeit stellt diese Aufgabe in den meisten Fällen keine besondere Herausforderung dar, obschon auch hier einige Teilnehmerinnen an den Rand ihrer Leistungsfähigkeit gebracht werden. Weitere Differenzierungen sind in der Art des „Hindurchkommens" vorzunehmen. Zu zweit, zu dritt, etc. muss das Seil passiert werden; zu zweit mit zweimaligem Hüpfen etc. Eine Besonderheit stellt die Verteilung von ‚Handicaps' dar. So werden Teilnehmerinnen die

Augen verbunden, anderen der Bewegungsradius der Beine eingeschränkt, wieder andere müssen schwere Gegenstände transportieren. In der anschließenden Reflexion kommen die spontanen Reaktionen und Assoziationen der Gruppenmitglieder zur Sprache. Dabei ist vorerst der Einzelne für sich angesprochen: Wie habe ich die Herausforderung gemeistert? Was habe ich dabei gefühlt, gedacht? Habe ich mich zurückgezogen, bin ich vorangegangen, habe ich Rücksicht genommen, habe ich anderen geholfen? Wie stand ich der Herausforderung gegenüber? Wie fühlte ich mich beim Scheitern? Und was war die Konsequenz davon? Habe ich Rahmenbedingungen verändert, wenn ich die Aufgabe als zu schwer empfand? Eine besondere Richtung erhält die Reflexion, wenn die Metapher der Situation thematisiert wird: Wie wird das Wahrgenommene und Erlebte interpretiert, wenn das schwingende Seil als Pforte verstanden wird? Als Pforte zu einem Bildungssystem? Wie fühle ich mich, wenn alle durch die Pforte gelangen, nur meine Fähigkeiten/Fertigkeiten mir den Durchgang nicht erlauben? Wie stehe ich einer solchen Schranke gegenüber? Versuche ich mich hindurch zu mogeln? Versuche ich Rahmenbedingungen (langsamer Schwingen, Schwingen aussetzen, …) zu verändern? Und wie steht die Gruppe dem ‚Gescheiterten' gegenüber? Hilft sie? Bemüht sie sich, dass alle durchkommen? Oder warten sie geduldig das Ende der Situation ab?

„Der Lernweg" – Organisationsentwicklung im Kontext der Inklusion – Eine (Klein-) Gruppe steht am Ufer eines Flusses und soll diesen durchqueren, um auf die andere Seite zu gelangen. Dabei dürfen sie das Wasser nicht berühren. Sie haben tragbare Steine, die sie als Hilfsmittel verwenden können (weniger Steine als Teilnehmer). Wird aber ein solcher Stein nicht von einer Teilnehmerin berührt, schwimmt dieser weg. Einigen der Teilnehmerinnen werden die Augen verbunden, anderen der Mund, wieder andere tragen Gegenstände mit sich. In der Reflexion, die wieder mit spontanen Regungen, Eindrücken und Erlebtem beginnt, wird wieder – wenn sie sich nicht selbst aufdrängt – eine Metapher dieser Situation angeboten. In diesem Fall die eines Lernwegs. Das zu erreichende Ufer wird als Lernzielvorgabe o. ä. bezeichnet, das andere Ufer umschreibt eine Lernausgangslage. Wie gestaltet sich nun der Weg hin zum Ziel? Geht es mir in der Gruppe zu langsam/zu schnell voran? Möchte ich zuvor unseren Weg besprechen oder gehen wir zuvorderst einfach los? Nehme ich dabei die anderen mit oder gehe ich allein voran? Entziehe ich mich einer möglichen Verantwortung – vielleicht weil ich nicht weiß, wie ich mich einer Verantwortung stellen kann? Was geschieht, wenn Steine den Fluss hinuntergespült werden, mir und der Gruppe also wichtige Hilfsmittel fehlen? Können solche Hilfsmittel mit didaktischen/methodischen Konzepten verglichen werden? Hole ich mir Hilfe oder ergebe ich mich meinem Schicksal? Warte ich auf Veränderungen von außen? Wie fühlt sich das Ankommen am Ziel an? Nach gelungenem Weg? Nach einem mir gemäßen/ungemäßen Weg? Braucht meine Gruppe einen klaren Weg mit Vorgabe oder nehmen wir Umwege? Sind diese Umwege Teil meines Weges/Teil unseres Weges oder sinnlose Zeitverschwendung?

8.8 Fachwissen?

Bis hierher liegt die Betonung der psychomotorischen/motologischen Perspektive auf dem Prozess einer Organisationsberatung und -entwicklung v. a. in der Wahl der Methodik. Das ist den Phänomenen der Organisationskultur und des Widerstands gegenüber Änderungen geschuldet. Sie besitzen eine Struktur oder Beschaffenheit, die zum Verstehen auffordert. Implizite Anteile dieser Phänomene sollen durch das ‚Heben' des symbolischen Niveaus über metaphorische Bewegungssituationen und deren Reflexion bewusster und der Sprache zugänglicher gemacht werden – also mitteilungsfähig. Es ist aber auch der Notwendigkeit der Prozessberatung geschuldet, die die Einrichtung in ihrem Entwicklungsprozess v. a. begleitet und (Lern-) Arrangements zur Verfügung stellt.

Im weiteren Zuge steht nun mehr die Experten- oder Fachberatung im Vordergrund: Welches Wissen, das normativ organisiert ist, kann einer Einrichtung angeboten werden? Welches Fachwissen birgt die Psychomotorik und Motologie, das (Bildungs-) Einrichtungen auf ihrem Weg der Gestaltung angeboten werden kann?

Es kann in diesem Beitrag nicht behandelt werden, welche Wissensbausteine der Psychomotorik relevant sind, welches Wissen weitergegeben werden soll und wie die Einrichtungen davon profitieren können. Es kann nur eine ungefähre Annäherung geboten werden, die sich konzeptuell versteht und im Einzelfall konkretisiert und ausgeführt werden muss. Der vorliegende Band „Psychomotorik in Sozialpädagogischen Arbeitsfeldern" kann aber als ein psychomotorischer/motologischer Wissenskanon verstanden werden, der Einrichtungen durch diese Bündelung an Fachwissen unterstützen kann, einen ihnen gemäßen Entwicklungsweg zu gehen.

Allgemein kann festgehalten werden, dass der Ansatzpunkt der psychomotorischen und motologischen Theorienbildung und -betrachtung im Körper und Leib und damit verbunden in der Bewegung zu sehen ist. Dieser Ansatzpunkt gibt den Ausschlag für die (wissenschaftliche) Betrachtung von Entwicklung und damit auch von Bildung oder Lernen. Um nun diesen Output theoretischer Überlegungen und praktischer Erfahrungen zu systematisieren, kann das motologische Wissen aus bestehenden Konzepten, Ansätzen und Praxisleitlinien extrahiert und gebündelt werden. Damit entstehen Wissensbausteine, die für den Beratungsprozess, aber auch für das Fach der Psychomotorik selbst hilfreich sind; vor allem aber für eine Profilierung des psychomotorischen und motologischen Wissenskorpus, der sich gegenüber anderen Bewegungs- und Entwicklungsdiskursen abheben sollte. Die Bausteine könnten wie folgt überschrieben werden (vgl. Schache 2013 156). Die Aufzählung kann nur als eine mögliche verstanden werden, die nach Erweiterung, Vervollständigung oder Neuformulierung verlangt:

- psychomotorisches Wissen um Entwicklung und deren Förderung und Begleitung,
- motologische Expertise von Körper- und Bewegungsmodellen,
- expliziertes Wissen über ein psychomotorisches Menschenbild, eine psychomotorische Haltung und Beziehung.

8.9 Fazit: Eine zarte Pflanze

Eine psychomotorisch orientierte (motologische) Organisationsberatung verfügt über die Kompetenz und Qualität sowohl eine fachlich ausgerichtete, an einem Expertenwissen orientierte Beratung anbieten als auch den Prozess einer solchen Beratung und Entwicklung begleiten, moderieren und gestalten zu können.

Geht man davon aus, dass es im Verlauf einer Beratung zu Widerständen, Vorbehalten und Blockaden kommt, verfügt die psychomotorische Organisationsberatung über Methoden mit diesen Phänomenen umzugehen und sie wertschätzend zu thematisieren. In einer ausschließlichen Fachberatung ist die Einrichtung oft nicht imstande, das neue, aber auch fremde Wissen hören und annehmen zu können. Es kann in dieser Situation der Einrichtung kein Wille zum Dialog unterstellt werden (vgl. Zima 2004). Vielmehr ist oft von einer verzerrenden Ablehnung des Expertenwissens auszugehen. Es kommt also darauf an, über den Weg der Prozessberatung die Organisation vorzubereiten, das andere, fremde Wissen in Form einer Expertise oder Fachberatung annehmen zu können (vgl. Abbildung 3), nicht als letztgültige Wahrheit, sondern als ein Dialogangebot, das sich durch seine konstruktivistische Prägung auszeichnet. Über eine Anbahnung der Dialogfähigkeit, die u.a. durch metaphorische Bewegungssituationen in der Organisationskultur ihre Verankerung finden muss, können Widerstände thematisiert und die Organisation vorbereitet werden, die neue und fremde Expertise (z.B. Psychomotorik/Motologie) der Fachberatung annehmen zu können.

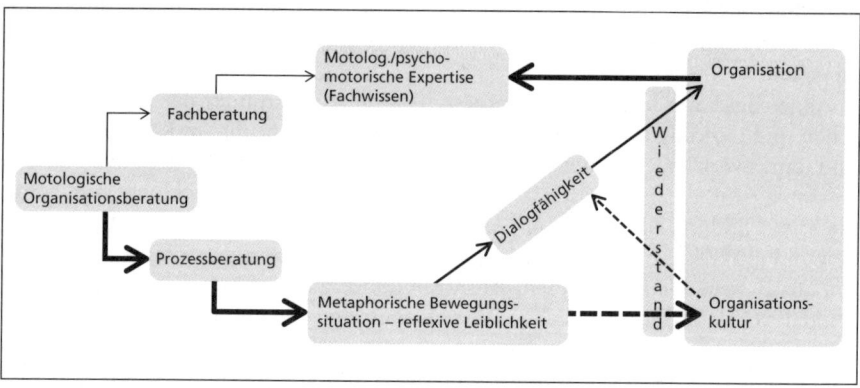

Abb. 3: Psychomotorisch orientierte (motologische) Organisationsberatung (Schache 2013, 154)

Das Feld einer psychomotorisch orientierten (motologischen) Organisationsberatung ist noch nicht groß und hat noch keinen langen Bestand. Damit geht einher, dass es keine (groß angelegten) Evaluationen bis dato gibt. Das Niedersächsische Institut für frühkindliche Bildung und Entwicklung (nifbe), Forschungsstelle Bewegung und Psychomotorik, führt derzeit ein Evaluationsprojekt einer solchen Organisationsberatung durch. Die Universität Marburg, Fachbereich Sportwissenschaft und Motologie, und die Universität Osnabrück, Institut für Sport- und Bewegungswissenschaften, Sport und Erziehung, haben dieses Forschungs- und Betätigungsfeld in ihrer Ausrichtung mitenthalten. Des Weiteren ist die Deutsche Akademie für Psychomotorik (dakp) in diesem Themenfeld aktiv.

Die psychomotorisch orientierte (motologische) Organisationsberatung steckt in den Kinderschuhen. Es scheint aber ein lohnenswertes Forschungsfeld zu sein, da nicht nur (Bildungs-) Einrichtungen nach psychomotorischen Gesichtspunkten und Relevanzen mit gestaltet werden können, sondern die Beschäftigung mit psychomotorischen Wissensbausteinen auch eine Profilierung und Abgrenzung des Fachs und damit eine stärkere Legitimierung mit sich bringt. Die Erfahrungen und die Resonanz in der Praxis sprechen zumindest eine eindeutige Sprache.

Gut zu wissen – Gut zu merken

- Eine gelingende und nachhaltige Organisationsberatung sollte den Kern der Organisationskultur berücksichtigen und verstehen lernen.
- Eine Prozessberatung begleitet den Prozess der Organisationsentwicklung. Die Organisation verfügt bereits über das relevante Wissen, es muss ‚nur' genutzt werden. Die Prozessberatung basiert auf systemischen Grundannahmen.
- Organisationale Widerstände dem Beratungsprozess gegenüber sind sinnvoll und sollten respektiert werden – ein ‚Brechen' des Widerstandes scheint kontraproduktiv.
- Eine Steigerung der Selbstreflexivität ist grundlegende Bedingung, neues Wissen annehmen und eine Organisationsentwicklung angehen zu können.
- Metaphorische Bewegungssituationen und das Konzept reflexiver Leiblichkeit sind psychomotorisch orientierte Zugangsweisen, Selbstreflexivität zu steigern und damit Offenheit und Neugier dem Fremden und Anderen gegenüber anzubahnen.
- In Bewegungssituationen können Verhaltens- und Erlebensmuster zutage treten, die implizit und unbewusst sind und damit nicht oder weniger wahrgenommen werden.

Literatur

Ahr, M. (2013): Wenn alle Flaggen auf Sturm stehen. Erfahrungen mit Widerständen in Veränderungsprojekten. *Zeitschrift Organisationsentwicklung*, 1.
Endruweit, G. (2004): Organisationssoziologie. (2. Aufl.). München: Ernst Reinhardt Verlag.
Franzpötter, R. (1999): Organisationskultur: Begriffsverständnis und Analyse aus interpretativ-soziologischer Sicht. Baden-Baden: Nomos Verlag.
Königwieser, S./Hillebrand, M. (2005): Einführung in die Systemische Organisationsberatung. Heidelberg: Carl Auer Verlag.
Moldaschl, M. (2001): Reflexive Beratung. Eine Alternative zu strategischen und systemischen Ansätzen. In: Degele, N./Münch, T./Pongratz, H./Saam, N. (Hrsg.): Soziologische Beratungsforschung. Perspektiven für Theorie und Praxis der Organisationsberatung. Opladen: Leske + Budrich, 133–157.
Schache, S. (2010): Die Kunst der Unterredung. Organisationsberatung: ein dialogisches Konzept aus motologischer Perspektive. Wiesbaden: VS.

Schache, S. (2013): Inklusion beginnt im „Bauch". Eine leibliche Perspektive zur Begründung einer inklusiven Kultur. *Zeitschrift für Inklusion*, 4, Retrieved Mai 30, 2013, www.inklusion-online.net/index.php/inklusion/article/view/190/178 [20.08.2013].

Schache, S. (2013): Und sie bewegen sich doch. Organisationsberatung und Psychomotorik; und warum hört man eigentlich die Psychomotorik nicht? In: Richter-Mackenstein, J./ Eckert, A. (Hrsg.): Familie und Organisation in Psychomotorik und Motologie. Marburg: Wissenschaftlicher Verlag für Psychomotorik und Motologie (wvpm), 141–164.

Schönig, W. (2000): Schulentwicklung beraten. Das Modell mehrdimensionaler Organisationsberatung der einzelnen Schule. Weinheim: Juventa.

Schreyögg, G. (2003): Organisation. Grundlagen moderner Organisationsgestaltung. Mit Fallstudien. (4. Aufl.). Wiesbaden: Gabler Verlag.

Seewald, J. (2007): Der verstehende Ansatz in Psychomotorik und Motologie. München: Ernst Reinhardt Verlag.

Zima, P.V. (2004): Was ist Theorie. Theoriebegriff und Dialogische Theorie in den Kultur- und Sozialwissenschaften. Tübingen: A. Francke Verlag.

9 MOTOGERAGOGIK: PSYCHOMOTORIK IM ALTER

Marianne Eisenburger

Was Sie in diesem Kapitel lernen können

In diesem Kapitel lernen Sie die psychomotorische Arbeit mit Menschen in der Lebensspanne Alter kennen. Das Konzept der Motogeragogik dient dabei als Strukturrahmen, der sowohl auf theoretischer Basis die Bedürfnisse dieser sehr heterogenen Zielgruppe herausstellt als auch viele praktische Anregungen gibt, wie – zielgruppenbezogen – eine psychomotorische Entwicklungsbegleitung umgesetzt werden kann. Sie erhalten eine Orientierung darin, psychomotorische Begleitung alter Menschen anzubieten.

9.1 Einleitung

Das Alter wird allgemein definiert als bestimmter Lebensabschnitt vom mittleren Erwachsenalter bis zum Tod und suggeriert eine gewisse Einheitlichkeit der Lebensspanne. Das aber ist irreführend, denn es ist davon auszugehen, dass dieser Entwicklungsabschnitt, der bis zu 30-40 Jahre umfasst, in seiner interindividuellen Verschiedenheit unübertroffen ist. Mittlerweile findet sich häufig keine Übereinstimmung zwischen chronologischem und funktionalem Alter (es gibt bewegungslose 70jährige und agile 90jährige Menschen). In der amerikanischen Literatur hat sich zur Kennzeichnung der geistigen und körperlichen Verfassung die Unterteilung durchgesetzt:

- unabhängig lebende Seniorinnen: „go goes",
- hilfsbedürftige Seniorinnen: „slow goes",
- pflegebedürftige Seniorinnen: „no goes".

Das ist zwar sehr lässig formuliert, gibt dennoch den Hinweis darauf, wie groß die Unterschiede der Lebensgestaltung in diesem Entwicklungsabschnitt sind.

Eine psychomotorische Förderung, Stützung oder Begleitung der Menschen muss entsprechend differenziert werden, sollen die Angebote auf die jeweiligen Bedürfnisse abgestimmt sein.

Mittlerweile hat sich herausgestellt, dass die Gruppe der vitalen Seniorinnen auf psychomotorische Angebote weniger anspricht. Dagegen eröffnet sich mit der demographischen Entwicklung und der Zunahme der Menschen, die in einem Alten- und Pflegeheim leben, eine Nische für die Motogeragogik. Gerade für diese Menschen sind die Angebote besonders geeignet. Denn Psychomotorik hat sich von jeher den Menschen zugewandt, die einen besonderen Förderbedarf haben und ihnen Unterstützung und Entwicklungsbegleitung angeboten. Älter werden und alt sein allein bedarf unter normalen Lebensumständen keiner besonderen Förderung – genau so wenig wie eine normale Kindheit. Anders dagegen liegen die Gegebenheiten, wenn wir unseren bisherigen Lebensraum aufgeben müssen, weil die körperliche und/oder geistige Verfassung eine selbständige Lebensführung nicht mehr zulässt und wir in ein Alten- und Pflegeheim ziehen. Dort sind oft die Lebensbedingungen zusätzlich zu den vorhandenen Einschränkungen so einengend, dass sie Selbständigkeit und Bewegung noch weiter einschränken. Eine psychomotorische Förderung kann hier ansetzen und dem entgegenwirken.

Eine ganz besondere Zielgruppe sind für die Motogeragogik Menschen mit Demenz. Gerade hier, wo der Verstand schwindet, baut Bewegung die Brücken, um die Menschen zu erreichen. Menschen mit Demenz zu verstehen – auf einer nonverbalen Ebene – und sie durch Anregung des Leibgedächtnisses in ihrem Personsein zu stützen, ist genau das, was Psychomotorik bietet.

9.2 Das Konzept

Das Konzept der Motogeragogik bezog sich ursprünglich mit seinem präventiven Anspruch auf die Zielgruppe der vitalen, rüstigen Älteren. Mittlerweile hat die Erprobung in der Praxis, die weitere theoretische Erarbeitung und die gesellschaftliche Entwicklung zu kleinen Modifikationen, zu einer genaueren Zuordnung und Spezifizierung der Praxisthemen und Präzisierung der Zielgruppen geführt (Eisenburger 2004, 537 ff.).

Motogeragogik ist eine Anwendungsdisziplin der Motologie. Sie basiert auf den Grundlagen der Motopädagogik, also auf dem Konzept der ganzheitlichen Erziehung durch Bewegung. Bewegung wird als grundlegend für die Handlungs- und Kommunikationsfähigkeit des Menschen gesehen. Motopädagogik bedient sich des Mediums Bewegung, um Persönlichkeitsentwicklung zu fördern (siehe Kapitel I.2).

Weil aber Entwicklung nicht im Kindesalter aufhört, sondern lebenslang erfolgt, wurde für den Lebensabschnitt Alter ebenfalls herausgearbeitet, wie bedeutsam Bewegung auch hier ist. Mit dem Konzept der Motogeragogik wurde die Motopädagogik ausgeweitet und auf die Zielgruppe Ältere und Alte bezogen. Es wurde nachgewiesen, dass das Gedankengut der Psychomotorik auch in der Lebensspanne „Alter" seine Gültigkeit hat und begleitend und unterstützend nicht nur im Kindesalter, sondern auch im Alter wirken kann. Durch diese gezielte Bewegungsarbeit kann eine Förderung und Stabilisierung der gesamten Persönlichkeit im Alternsprozess erreicht werden. In einer thematischen Analyse wurden die Entwicklungsaufgaben und Daseinsthemen der Menschen im Lebensabschnitt Alter herausgearbeitet. Die Kompetenzen, die der Mensch braucht, um diese Aufgaben zufriedenstellend zu lösen, wurden in drei Bereiche unterteilt. Analog zur Aufschlüsselung des Kompetenzbegriffs in der Motopädagogik wurden die herausgearbeiteten Inhalte jeweils der Ich-Kompetenz, Sozial-Kompetenz oder Sach-Kompetenz zugeordnet (Philippi-Esenburger 1991).

In den Bewegungsstunden wollen wir die Kompetenzen stärken, die

- auf die **Person** bezogen sind (**Ich-Kompetenz**),
- auf ihre Eingebundenheit in ein **soziales Netzwerk** wirken (**Sozial-Kompetenz**),
- auf ihr Zurechtfinden in der **Umwelt** abzielen (**Sach-Kompetenz**).

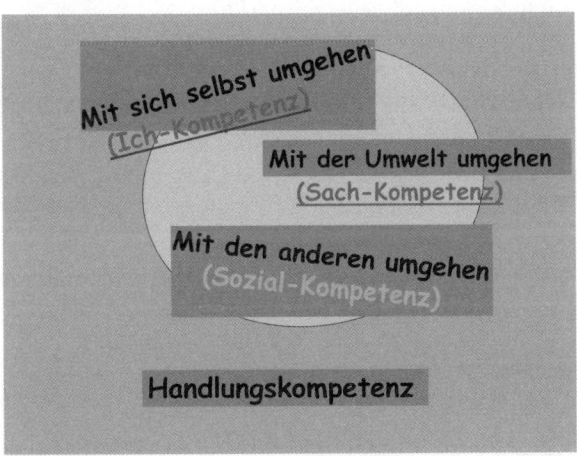

Abb. 1: Handlungskompetenz

9.2.1 Die Erfahrungsfelder der Motogeragogik

Wie können diese drei großen Kompetenzbereiche durch *Bewegungsangebote* gefördert werden? Wie können wir Erfahrungen ermöglichen, die den Menschen in die Lage versetzen, besser mit sich selbst und mit der sozialen und dinglichen Umwelt umzugehen? Der zentrale Begriff ist „*Lernen durch Erfahrung*": Indem man Erfahrungen macht, gliedert man sie in sein Denken und Fühlen ein und es erfolgt „Lernen", d. h. Weiterentwicklung, Stärkung, Stabilisierung und damit ist man besser gewappnet, auf die Hindernisse des Lebens zu reagieren.

Zur besseren Handhabung in der Praxis sind die drei großen Kompetenzbereiche jeweils nochmals untergliedert: in die „Erfahrungsfelder". Die einzelnen Erfahrungsfelder erklären zum einen, was dieser Aspekt jeweils für den Menschen bedeutet und welche Entwicklungen im Alter zu erwarten sind. Zum anderen bieten sie ganz konkrete Vorschläge und Ideen an, wie wir sie in der Praxis fördern können (Eisenburger 2004, 531ff., Eisenburger 2012a, 29ff.).

Ich-Kompetenz

Um mit sich gut umgehen zu können, ist es nötig,
seinen Körper zu kennen und zu beherrschen (Körpererfahrung),

seinen Wahrnehmungen zu trauen und sie als Anker in der Welt zu benutzen – der Mensch ist ein Sinneswesen *(Wahrnehmung)*,
seine körperlichen Gegebenheiten zu respektieren (Alterungsprozesse werden nachweislich auf der körperlich-motorischen Ebene durch Bewegung beeinflusst) *(biologisch-organische Grundlagen)*,
sein Gedächtnis in Schwung zu halten *(Gedächtnis)*,
unabhängig von dem, *was* wir machen, die motorischen und körperlichen Voraussetzungen zu schulen *(Bewegungsfähigkeit)*,
den Wechsel von Spannung und Entspannung zu erleben *(Entspannung)*.

Sozial-Kompetenz

Um gut mit der sozialen Umwelt zurecht zu kommen, ist es nötig,
sein angeborenes Bedürfnis nach Gemeinschaft zu erleben *(Gemeinsames Tun)*,
seine verbale und nonverbale Kommunikationsfähigkeit zu verwenden *(Kommunikation)*,
mit anderen gemeinsam etwas zu tun *(Interaktion)*.

Sach-Kompetenz

Um sich gut in der dinglichen Umwelt zurecht zu finden, ist es nötig,
sich mit Materialien, Objekten oder physikalischen Gesetzmäßigkeiten zu beschäftigen *(Materialerfahrung)*,
sensomotorisches Handeln als Teil der Intelligenz nicht nur zu deren Aufbau (*vom Greifen zum Begreifen*), sondern auch zu deren Erhalt zu nutzen *(Sensomotorisches Handeln)*,
zweckfrei und kreativ mit den Dingen umgehen zu können *(Umgang mit den Dingen)*,
die heilsamen Einflüsse der Natur zu spüren *(Natur)*.

Dieser Ordnungsrahmen dient als Gerüst, dessen konkrete Inhalte in der Bewegungsstunde dann jeweils an die unterschiedlichen Bedürfnisse angepasst werden. Jedoch bleiben die Erfahrungsfelder die gleichen, denn die Aspekte der Menschen, die wir über eine Bewegungsarbeit ansprechen und auf die wir fördernd einwirken können, sind im Entwicklungsverlauf durchgängig immer vorhanden. In der Psychomotorik wird Entwicklung verstanden als Abfolge von Entwicklungsaufgaben, die zwar je nach Lebensabschnitt verschieden sind, aber im Grundprinzip gleich bleiben: Der Mensch muss mit sich selbst und seinem Körper, eingebunden in seinem sozialen Netzwerk in der Umwelt, zurechtkommen. Dazu braucht er bestimmte Fähigkeiten und Kompetenzen: Ich-Kompetenz, Sozial-Kompetenz und Sach-Kompetenz. Und zwar lebenslang. Diese verändern sich, je nach dem, in welchem Lebensabschnitt sich der Mensch gerade befindet und welche Aufgaben bewältigt werden müssen. So muss ein Kindergartenkind beispielsweise lernen, was links und rechts, vorne und hinten ist (Ich-Kompetenz), es muss Kontakt zu anderen Kindern aufbauen (Sozial-Kompetenz) und sich das Außengelände des Kindergarten erobern (Sach-Kompetenz), während ein junger Erwachsener berufliche Leistungen erbringen, eine Partnerschaft zufriedenstellend gestalten und adäquat mit den Anforderungen der Technik umgehen muss. Ein alter Mensch in einem Pflegeheim muss beispielsweise die Gebrechlichkeit seines Körpers akzeptieren (Ich-Kompetenz), Einsamkeit verarbeiten (Sozialkompetenz) und sich in der neuen Umgebung zurecht finden (Sach-Kompetenz). Es bleibt immer das Gleiche: Der Mensch muss mit sich in seinen sozialen Bezügen in der Umwelt zurechtkommen.

In der pädagogischen/geragogischen Förderung können wir nicht die realen Lebenssituationen eines jeden Einzelnen bearbeiten – wohl aber können wir die persönlichen Ressourcen und Kompetenzen jedes Einzelnen stärken, damit er besser in die Lage versetzt wird, seine individuellen Aufgaben zu lösen. Und wir tragen dazu bei, dass der Mensch in Bewegung bleibt.

> Im Unterschied zu den anderen Entwicklungsabschnitten bedeutet im Alter „Nichtstun" nicht nur Stillstand, sondern Abbau.

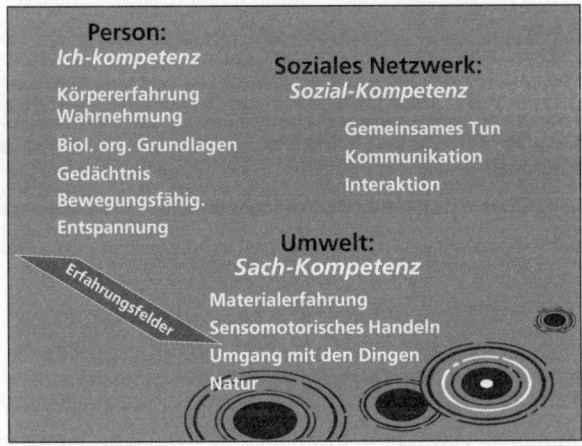

Abb. 2: Die Erfahrungsfelder

Zunächst fällt auf, dass dieses Ordnungssystem sehr statisch erscheint, isolierte Aspekte anspricht, die im Menschen nicht getrennt voneinander existieren. Die Einheit Körper, Geist, Seele wird zwar abstrakt formuliert, aber in der Realität nicht eingelöst. Eine Antwort ergibt sich, wenn man durch die Brille der Praxis schaut: „Wie gestalten wir eine Stunde? Welche Möglichkeiten haben wir konkret, abwechslungsreiche Angebote zu machen, um die verschiedenen Aspekte zu fördern?"

Das Konzept der Motogeragogik wird zu einem Schubladenkasten, der hilft, die Praxisangebote zu strukturieren.

9.2.2 Methodisch-didaktisches Handlungswissen/Vorgehen

Als Orientierungsrahmen für die Gestaltung der Förderpraxis werden die drei Kompetenzbereiche (Ich-, Sozial- und Sachkompetenz) modellhaft in einem Schubladenkasten veranschaulicht und in weitere Erfahrungsfelder differenziert. So kann in der psychomotorischen Praxis gezielt ein Fokus auf einzelne Erfahrungen gerichtet werden

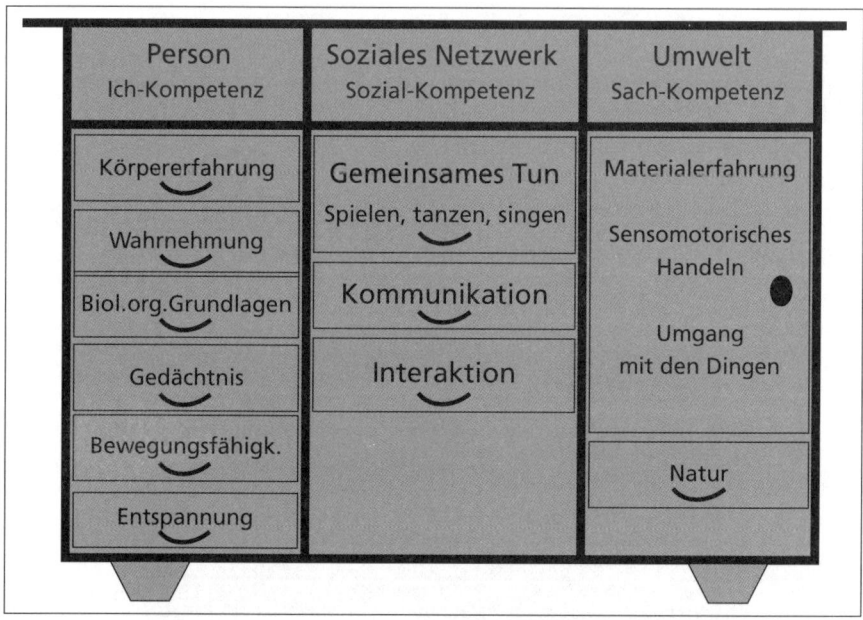

Abb. 3: Der „Schubladenkasten" Motogeragogik

Prinzipiell gibt es verschiedene Möglichkeiten, wie man mit den Erfahrungsfeldern umgehen und seine psychomotorischen Stunden gestalten kann. Der Grundaufbau (Einstimmung, Hauptteil, Ausklang) bleibt davon natürlich unberührt. Entweder wählen wir einen Schwerpunkt, also ein einziges Erfahrungsfeld (eine „Schublade") aus, zu dem wir in dieser Stunde verschiedene Aufgaben und Übungen anbieten, oder wir stellen die Stunde unter *ein* bestimmtes Thema bzw. *ein* Material zieht sich als roter Faden durch die Stunde. Dann werden verschiedene „Schubladen" geöffnet und liefern Aufgaben und Impulse. So werden *verschiedene* Erfahrungsfelder angesprochen. Eine letzte Möglichkeit ist, dass in jeder Stunde eine ausführliche Gymnastik stattfindet und wir danach jeweils *ein* Erfahrungsfeld (kürzer) auswählen (Eisenburger 2012a, 122 ff.).

Durch die Brille der Methode betrachtet, ergibt sich Folgendes: Das Strukturmodell beruht auf der Fähigkeit des Menschen zur Figur-Grund-Wahrnehmung. Die menschliche Wahrnehmung ist fähig, aus einer Vielzahl von Reizen diejenigen herauszufiltern, die von besonderer Bedeutung sind. Die anderen bleiben als Hintergrund zwar bestehen, werden aber weniger deutlich wahrgenommen. So machen wir selbstverständlich, während wir die Wahrnehmung schulen, auch Körpererfahrungen, stärken bei Spielen, Tanzen und Singen das Gedächtnis oder gewinnen, wenn wir mit Materialien umgehen, auch Einsichten über uns selbst – und doch: Der menschliche Geist vermag immer nur eines aufmerksam zu registrieren.

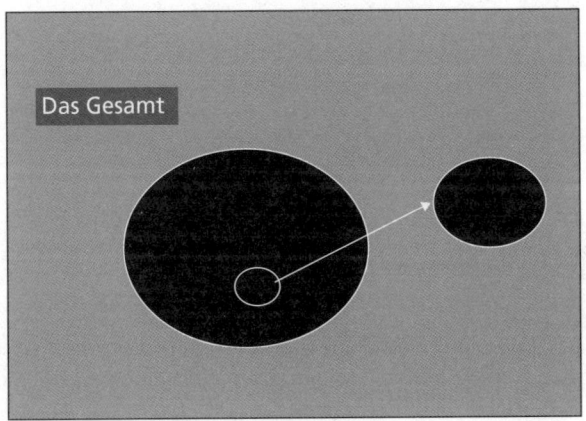

Abb. 4: „Zoomen"

Wenn die Aufmerksamkeit also auf den jeweils angesprochenen Aspekt gelenkt wird (in einem bestimmten Erfahrungsfeld), treten alle anderen in den Hintergrund, sind weitgehend für eine bestimmte Zeit ausgeklammert. Erst wenn die Wirkung in ihrer Stärke nachlässt, rücken sie wieder ins Bewusstsein. Sie waren immer da und – nicht bewusstseinspflichtig – natürlich auch beteiligt. „Zoomen" bedeutet also im übertragenen Sinne ein Akzentuieren bestimmter Aspekte für eine gewisse Zeitdauer, danach werden sie wieder in das gesamte Bild integriert – und wirken weiter.

Um zu verstehen, wie sich dieses Phänomen des Weiterwirkens vorstellen lässt, betrachten wir das Gesamt durch die Brille der Wirkung: „Wie fühlt es sich an? – Wie wirkt es?"

Hier hilft das Bild eines Mobiles weiter. Gleich den fragilen Elementen eines Mobiles schwingen die Aspekte des Menschen, die durch die jeweiligen Erfahrungsfelder besonders akzentuiert werden, stärker als die anderen. Sie setzen wiederum andere in Schwingung, diese wieder andere und so fort. Je nach Intensität der ersten Anstöße wird so mehr oder weniger das gesamte Mobile in Schwingung kommen. Die (intensiven) Erfahrungen in einem der Erfahrungsfelder breiten sich aus, berühren die anderen Bereiche der Person, schwingen weiter.

Kehren wir zu unserem Ausgangspunkt zurück. Die riesengroße Bandbreite der Entwicklungsaufgaben, Themen und Daseinsformen im Lebensabschnitt Alter machen auch eine Anpassung der jeweiligen Inhalte nötig. Der Ordnungsrahmen, das Raster Motogeragogik, bietet die notwendige Grundstruk-

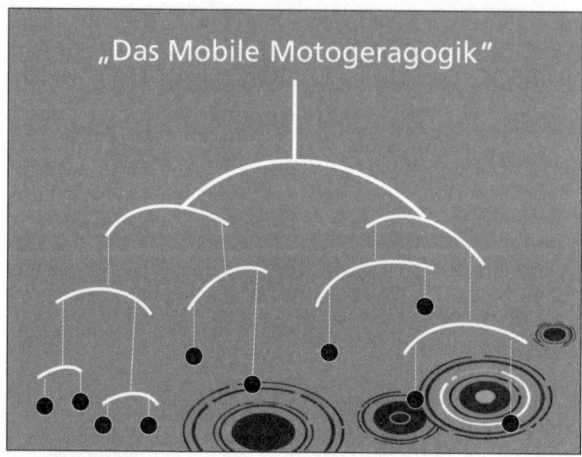

Abb. 5: „Das Mobile Motogeragogik"

tur gesichert an. Ob es im Erfahrungsfeld „Körpererfahrung" darum geht, die eigene körperliche Befindlichkeit reflektiert wahrzunehmen oder ob eine konkret-sinnlich erfahrbare Schultermassage angeboten wird, ob im Erfahrungsfeld „Gedächtnis" differenzierte bewegungsorientierte Gedächtnisübungen angeregt werden oder ob „nur" der sensomotorische Umgang mit z. B. harten/weichen Gegenständen erfolgt, ob im Erfahrungsfeld „Gemeinsames Tun" Spielen mit kompliziertem Regelwerk erfolgt oder darin besteht, einen Ball weiter zu geben – solche Unterschiede in den Inhalten, Aufgaben und Impulsen entsprechen nur den jeweiligen Bedürfnissen und Möglichkeiten der verschiedenen Gruppen. Die Erfahrungsfelder, in denen wir Angebote machen, bleiben immer gleich.

Das biologische Funktionsgesetz „Was nicht gebraucht wird verkümmert" zieht sich durchs ganze Leben (z. B. Beinbruch, Bein in Gips, Muskulatur weg), aber es kann schnell kompensiert werden. Nur im Alter wird es so auffällig und kann nie mehr vollständig kompensiert werden.

Die schönsten Übungen, die buntesten Bilder, die interessantesten Materialien – sie alle nützen nichts, wenn wir die Menschen nicht erreichen. Wenn wir sie nicht berühren – in mehrfachem Sinn. Sprachlich und fühlbar, die Sinne und die Seele, den Körper und das Herz. Wir müssen unsere Stunde so gestalten, dass die Menschen wach werden, dass sie „da" sind und im Dasein: „Tun." Wertschätzung und Einfühlungsvermögen, Echtheit und Verlässlichkeit – diese psychomotorischen Grundsätze machen auch hier den Kern aus.

Wir müssen diese Stunde zu einer echten *Begegnung* werden lassen, einer guten Begegnung, von der die Teilnehmerin etwas hat. Bewegung ist auch Begegnung. Menschen, die bewegungslos geworden sind, erleben auch wenig Begegnung. Psychomotorische Stunden sind Stunden, in denen wir mehr Bewegung ins Leben holen und damit auch mehr Begegnung - Bewegungsstunden sind Stunden der Begegnung.

Die Angebote für sich beinhalten schon viele sinnliche Anregungen und spürbare Genüsse, aber nutzt man diese Stunden nicht zur Begegnung, bleiben ganz wesentliche Potentiale der Psychomotorik ungenutzt.

> In den psychomotorischen Stunden kommt es nicht nur auf das „Was" an, sondern entscheidend auf das „Wie". Bewegungsstunden können Begegnungsstunden sein – das ist das „Herz" der Psychomotorik.

9.3 Psychomotorik mit vitalen Älteren

Ideale Vorstellungen gelingenden Alters – gesellschaftlich gesehen eine ganz neue Aufgabe. Angesichts der demographischen Entwicklung wird sie nun angenommen und bearbeitet (*Vertiefung:* Aner/Kurt/Rosenmayr 2007). Wir können nicht mehr auf gesellschaftliche Normen und Werte zurückgreifen – die Altersbilder von früher gelten nicht mehr. Dazu kommt: wir leben immer länger, wir sind immer gesünder – wir müssen auf die Suche gehen nach neuen Modellen des Lebens im Alter.

In unserer Gesellschaft wächst eine Generation 65 + heran, die in ziemlich anderer Verfassung ist als die bisherigen. Keine Kriegs- und Nachkriegserfahrungen, ein Lebensbeginn und eine persönliche Entwicklung in der aufstrebenden Konsumgesellschaft, der Wertewandel (Schlagworte wie Individualisierung, Selbstverwirklichung oder Meinungsfreiheit) – die Menschen heutzutage sind im Alter von 65 Jahren anders als die Menschen mit 65 noch vor zwanzig Jahren: alle wollen nun in der Nachberufszeit unangestrengter leben, wünschen sich Abwechslung, vielfältige Angebote und Wahlmöglichkeiten.

Psychomotorische Angebote werden von Menschen, die sich in der Phase des „Älter werdens" befinden, erfahrungsgemäß eher wenig genutzt. Große Scheu besteht vor dem Wort „psycho" – es suggeriert zu leicht „defekt", andere Bezeichnungen wie „Bewegungsförderung" sind abschreckend (wer soll hier wen und warum „fördern"?). Über Sportvereine, Volkshochschulen oder Kirchenkreise erreichen wir die Menschen kaum.

Das Interesse der Menschen dieser Altersgruppe – bezogen auf den Bewegungsbereich – liegt überwiegend an dem, was im Breitensport üblich ist. Die Menschen wollen ein- oder zweimal in der Woche „Sport treiben". Es ist mittlerweile anerkanntes Allgemeinwissen, dass Sport und Bewegung Alterungsprozesse verlangsamen und zur Gesunderhaltung bis ins hohe Alter beitragen können. Es gilt als gesichertes Wissen, dass Bewegungsmangelerkrankungen häufige Todesursache sind. Der Schwerpunkt liegt dabei eindeutig auf dem sportmotorischen Aspekt. Gerade im Gesundheitssektor siedeln sich immer mehr entsprechende Angebote an.

Themen wie Achtsamkeit, Selbstbewusstheit oder Gehirntraining werden in anderen Zusammenhängen bearbeitet, die eher nichts mit Bewegung zu tun haben.

Anders als zu Beginn der motogeragogischen Arbeit gedacht, hat sich heraus gestellt, dass hier kein großer Arbeitsmarkt für Psychomotorikerinnen entstanden ist und vorläufig auch nicht entstehen wird. Deshalb kann sich die Psychomotorik auf ihr Kerngeschäft besinnen: Die Arbeit mit „Randgruppen".

9.4 Psychomotorik im Alten- und Pflegeheim

Noch einmal: Alt werden allein ist noch keine Bedingung, psychomotorische Förderung zu bekommen. Dennoch birgt auch das Älter- und Altwerden die Risiken einer ungesunden Entwicklung. Genauso wie gestörte Kindheitsverläufe gibt es auch gestörte Alternsverläufe. Und bei gestörten Entwicklungsverläufen kommt die Psychomotorik ins Spiel.

Wenn die körperlichen oder geistigen Einschränkungen ein selbständiges Leben nicht mehr zulassen, bedeutet der Einzug in ein Alten- und Pflegeheim eine radikale Änderung des bisherigen Lebens. Nicht selten ist damit eine einseitige Unterordnung unter das Setting der Institution verbunden und individuelle Lebensgewohnheiten können kaum mehr gelebt werden. Die Selbstständigkeit wird weiter eingeschränkt und so unterbleiben die zu deren Ausführung notwendigen Bewegungen – die Menschen werden zu „Sitzenden" und „Wartenden". Damit beginnt ein Prozess der Selbstentfremdung – die eigene Identität ist bedroht. Das bedeutet letztlich, sich selbst zu verlieren (Koch-Straube 1997). Auch der Körper baut mehr und mehr ab. „Was nicht gebraucht wird verkümmert" – dieses universelle biologische Funktionsgesetz behält auch im hohen Alter seine Gültigkeit – auf allen Ebenen menschlichen Seins. Sich schwach und abhängig zu empfinden, wird unwiderruflich und selbstverständlich – und dennoch bleibt irgendwo tief verborgen spürbar, wer man einst war. *„In jedem alten Menschen steckt ein junger, der sich wundert, was mit ihm passiert ist",* beschreibt der britische Dichter Pratchett treffend das Erleben (Eisenburger 2012a, 9 ff.).

Die Bewegungslosigkeit drückt sich nicht allein in motorischen Einschränkungen aus wie dem gehemmten Gang, den kleinen Schritten, den steifen Armen, sondern auch in der Starrheit der Körper, den eingefrorenen Gesichtszügen, den hängenden Schultern. Alte schwache Hände werden noch schlaffer und lebloser, weil es nichts mehr zu tun gibt, Blicke bleiben gesenkt, weil es nichts Interessantes mehr zu sehen gibt, wackelige Beine bleiben sitzen, weil es sich nicht mehr lohnt, „in die Welt zu gehen", und irgendwann können sie wirklich nicht mehr zupacken, nicht mehr lächeln, „nicht mehr gehen".

Aber wir wissen: Solange Menschen leben, können sie sich auch wieder mehr bewegen, *wenn* sie es tun (wenn auch nicht mehr so wie früher). Durch ‚praktischen Vollzug' gehorcht der Körper wieder mehr, werden Muskeln kräftiger, Gelenke beweglicher. Aber bevor zentralnervöse und muskuläre Prozesse stattfinden, muss etwas im Bewusstsein geschehen, muss der Mensch erreicht werden auf seinem Weg in den Rückzug: „Zuerst muss die Seele bewegt werden." Wenn es wieder etwas Interessantes zu sehen, riechen, schmecken gibt, wird man wieder aufmerksam, wenn sinnliche Erfahrungen das eintönige Einerlei unterbrechen und durch kleine „Körpersensationen" der Körper wieder spürbar wird, wird man wach und sich seiner selbst bewusst. Wenn man von einer freundlichen Berührung erreicht wird, von einem wertschätzenden Lächeln, wird einem warm ums Herz.

Wenn ein Luftballon vor der Nase tanzt, kann man auf einmal Arme, die steif und unbeweglich waren, wieder bewegen, wenn ein Ball hinter den Stuhl rollt, kann man sich auf einmal wieder bücken.

Nur reichen bei vielen Menschen im Pflegeheim die eigenen Energien nicht mehr aus, sich gegen die Übermacht der institutionellen Lebensbedingungen zu behaupten und selbst für die Bewegung, die Anregungen zu sorgen, die der Mensch im Allgemeinen braucht, um lebendig und „da" zu sein. Hier sind die Menschen – wie der Mensch am Anfang seines Lebens auch – auf intensive Zuwendung angewiesen. Und hier wieder bekommt – wie zu Beginn unseres Lebens – die Psychomotorik ihre besondere Bedeutung. In unserer psychomotorischen Arbeit können wir diese Zuwendung geben. Wir können vielerlei Anregungen bieten – und wir können dann erleben, dass sie aufgegriffen werden, dass sich jemand aus seiner Zurückgezogenheit in die Welt zurück bewegt. Dann werden Menschen (zeitweilig) wieder zu den individuellen Persönlichkeiten, die sie sind.

„Lohnt" sich psychomotorisches Arbeiten in einem Pflegeheim überhaupt?

Wir sind gewohnt, dass immer etwas passiert, dass es lebendig zugeht in unseren Stunden. Wir können es oft schwer aushalten, wenn wir das Gefühl haben, es sei „langweilig". Gerade das müssen wir lernen, wenn wir in solchen Gruppen arbeiten. Die Bewegungslosigkeit, die uns zu Beginn einer Stunde empfängt (und die so anders ist als zu Beginn von Kindergruppen beispielsweise), die einfachen Angebote (im Vergleich beispielsweise mit den komplexen Anforderungen einer Bewegungslandschaft), die Stille, wenn keiner etwas sagt und nur ein Ball hin und her rollt – wir müssen uns umstellen. Wir müssen lernen, dass es für die Menschen hier gar nicht langweilig ist, wenn ein Wasserball zehn Minuten im Kreis herum gegeben wird, dass die Mienen sich wenig ändern, nur der Blick wacher wird oder dass sich Arme und Beine nur zentimeterweise bewegen. Wenn wir das verstanden haben und nicht mehr nach den großen, ins Auge fallenden Sensationen suchen, finden sich viele Anregungen, die die Menschen erreichen und sie – zeitweilig – aus ihrem Verstummen und ihrer In-sich-Gekehrtheit in die Welt holen – und damit zu einer „salutogenen Quelle" werden, aus denen die Menschen schöpfen können.

Jeder Mensch hat – auch im Alter und auch im Pflegeheim – Bedürfnisse, die weit über die physiologischen Bedürfnisse wie Essen, Schlaf, Wärme hinausgehen. Dazu zählt auch das Bedürfnis nach Genuss und Selbstvergewisserung. Diesem Bedürfnis wird durch psychomotorische Angebote begegnet. Unmittelbare motorisch-sensorische Erfahrungen sind verbunden mit Gefühlen und eröffnen die Möglichkeit zu Lebensfreude und -genuss (auch im Kleinen). Sich selbst zu spüren ist Voraussetzung, um in der Welt zu sein. Sinnliche Genüsse und Empfindungen wie Schmecken, Riechen, Tasten können das subjektive Wohlbefinden steigern. Durch Spielen, Singen und Tanzen kann ein warmes Gemeinschaftsgefühl entstehen.

Ein Lächeln, das über ein bisher unbewegtes Gesicht huscht, ein aufmerksamer Blick in bisher erloschene Augen, eine plötzliche Armbewegung in einem bisher bewegungslosen Körper, eine Fußspitze, die im Takt mitwippt – solche Äußerungsformen zeigen uns, dass wir einen Menschen erreicht haben, dass er kurzzeitig aus seiner (selbstgewählten) Versunkenheit, Einsamkeit und Leere wieder ‚in die Welt' gekommen ist.

Auch hier wieder bieten die Erfahrungsfelder der Motogeragogik den Ordnungsrahmen, mit dem konkrete praktische Anregungen umgesetzt werden, wie die Menschen besser mit sich in ihrem sozialen Netzwerk zurecht kommen und ihr Bezug zur Umwelt erhalten werden kann (Eisenburger 2012a, 29 ff., Eisenburger 2012 c, 30 ff., Eisenburger/Zak 2008, 22 ff.).

9.5 Psychomotorik und Demenz

Wenn der Geist schwindet, bildet Bewegung die Brücke, auf der wir Menschen mit Demenz erreichen – und sie stützen. Die kognitiven Fähigkeiten schwinden. „Ich denke, also bin ich" – seit der Aufklärung beherrscht uns dieser Leitsatz und erklärt die absolute Vorherrschaft des Denkens in unseren westlichen Kulturen. Für die Menschen mit Demenz stellt sich die Frage: Ich denke nicht mehr – bin ich auch nicht mehr? Nein, es kann nur heißen: *Ich denke nicht mehr und bin doch!*

Neue Pflegetheorien sind sich längst darüber einig, dass ein anderes als das rein medizinische Denken über Demenz erforderlich ist. Es entwickelt sich eine neue Demenzpflegekultur, in der die Ressourcen gestärkt werden und wertschätzendes Verhalten und Interaktionsformen gegeben sind, die die Person stützen (Kitwood 2008, Wißmann 2004). Psychomotorik stellt die ideale Ergänzung dazu dar (Eisenburger 2012b und d).

In der Arbeit mit demenzkranken Menschen ist das ausdifferenzierte Konzept der Motogeragogik viel einfacher, noch mehr in einander verwoben. Die Erfahrungsfelder greifen noch mehr ineinander. Alles dient dem Bemühen, die Person zu stärken. Menschen mit Demenz brauchen – genau wie alle Menschen in allen Altersstufen – das Gefühl, dass sie mit sich zurechtkommen, eingebettet sind in ihre soziale Umwelt und den Bezug zur Umwelt nicht verlieren. Dass sie etwas wert sind. Und wichtig. Und dies eben nicht auf einer rationalen Ebene, sondern „leiblich", nicht durch Denken, sondern durch Erleben. Wir bieten Kontakt und Unterstützung durch Bewegung – nicht durch Worte (Eisenburger/Zak 2013, 10ff.).

Menschen mit Demenz ... denken anders

In medizinischen Lehrbüchern wird immer betont, das vordringliche Symptom der Alzheimerkrankheit sei der Gedächtnisverlust. Und damit würde der Mensch das Wichtigste verlieren: seine Fähigkeit zu denken. Das stimmt schon – aber der Mensch verliert „nur" seine kognitiven Fähigkeiten, sein „rationales Gedächtnis". Das andere, das „implizite Gedächtnis", aber bleibt. Der Verstand schwindet, der Leib nicht (Baer 2009).

Das verstandesmäßige Gedächtnis (explizites Gedächtnis) macht nur einen Bruchteil unseres „Gedächtnisses" aus. Es existiert weit darüber hinaus ein Gedächtnis des Erlebens (implizites Gedächtnis): ein Gedächtnis der Sinne, der Klänge, des Körpers, in dem – ineinander verwoben und mit Gefühlen bereichert – ganze Situationen, Szenen, Bewegungsabläufe gespeichert sind: das „Leibgedächtnis". Bei Menschen mit Demenz wird das rationale Gedächtnis zunehmend löchrig – das Leibgedächtnis jedoch bleibt. Und damit etwas ganz Wesentliches: das „Ich".

Und dieses zu stützen ist angesichts der dramatischen Veränderungen, die die Krankheit im Leben des Menschen mit sich bringt, das Wichtigste, was wir tun können. Die Psychomotorik mit ihren sinnlichen, sensomotorischen Angeboten erreicht die Menschen auf der Ebene jenseits des rationalen Denkens – sie spricht das Leibgedächtnis an. So haben sie auf einer vorbewussten Ebene Zugang zu ihrer eigenen Biografie – und damit wird stützende Förderung möglich, die die Identität erhält.

Menschen mit Demenz ... müssen etwas tun

Erfahrungen der Selbstwirksamkeit, der Autonomie und Kontrolle sind für unsere Selbstsicherheit und das Selbstwertgefühl entscheidend. Demenzkranke brauchen diese Erfahrungen erst recht – unmittelbar, direkt erlebt, immer wieder. Sie können nichts speichern und erinnern, sie können die aktuelle Situation nicht kraft ihres Denkens „entschärfen". Eine anregungsarme Umwelt kann nicht durch innere Bilder verschönt werden – dazu wären „Gedanken" nötig, die sie nicht mehr haben. Aber das Erleben im Hier und Jetzt ist ungefiltert und stark. Viele solcher Momentaufnahmen stärken die Person – bleiben sie jedoch aus, untergraben sie die Person. Ja schlimmer noch – meist erleben Menschen mit Demenz genau das Gegenteil, nämlich dass sie beschämt, belächelt, verspottet werden, dass sie zurückgewiesen und übergangen werden. Sie machen zu oft die Erfahrung, dass das, was sie machen, falsch ist. Und genauso wie in der Kindheit, wenn ein Kind oft genug von seiner Mutter signalisiert bekommt, dass es falsch und schlecht ist, was es macht, wirkt es sich auch hier auf das Selbstbewusstsein aus und auf das Gefühl „hier bin ich sicher und hier geht es mir gut".

Psychomotorik legt Wert auf Erfahrungen des eigenen Tuns und des selbstbestimmten Handelns – auch wenn es in den Augen gesunder Erwachsener noch so absonderlich erscheinen mag. Es sind entscheidende Bestandteile der eigenen Identität. Etwas *selbst* zu tun und dafür wertschätzende Rückmeldung zu erhalten – das sind Bausteine des Selbst. Immer.

Menschen mit Demenz ... handeln sinnvoll

Alles, was der Mensch tut, hat seinen Sinn für den, der es tut. Auch wenn die anderen diesen Sinn nicht verstehen. Wir Gesunden müssen damit aufhören, bestimmen zu wollen, was sinnvoll ist und was nicht. Wenn jemand einen Kamm verwendet, um zu essen, oder einen Schuh, um den Tisch zu putzen – für denjenigen, der es macht, macht es Sinn. Und das ist das Entscheidende. Wir müssen nur darauf achten, dass er sich nicht selbst oder anderen schadet in dem, was er tut (aber das passiert nicht oft).

Zweckfreies Handeln – in der Psychomotorik mit seinem spielerischen, kreativen und freien Potential gerade als Gegengewicht zu der normierten Zweckgebundenheit des Erwachsenendenkens (alles muss ein Ziel haben und für etwas gut sein) – tut dem Menschen mit Demenz besonders gut: hat er doch den eigentlichen

Zweck, zu dem dieser Gegenstand geschaffen wurde, längst vergessen – aber der Appell der Materialien weckt Ideen, mit ihm um zu gehen. Und hier wird er „gelassen" und: ermutigt.

Menschen mit Demenz ... kehren in die Abhängigkeit zurück,

die uns am Anfang unseres Daseins ins Leben gebracht hat.

Je weiter die Krankheit voranschreitet, umso größer wird die Abhängigkeit. Menschen mit Demenz brauchen wieder andere Menschen, die ihnen das geben, was in der Kindheit mit „primärer Bindung" umschrieben ist. Hier können durchaus verschiedene Personen diese Aufgabe übernehmen. Während der Stunde schlüpfen wir in diese stützende Rolle. Ob die Haare braun oder blond sind, ob der Mensch dick oder dünn ist, spielt keine Rolle angesichts einer zugewandten, wertschätzenden – psychomotorischen – Grundhaltung.

Vertrauensvolle Beziehungen brauchen keine Sprache. Der „Geist" ist geschwunden, aber der Leib nicht. Und die Seele auch nicht. Bewegung baut die Brücke, die Menschen mit Demenz zu erreichen (siehe Abb. 6). Psychomotorik bietet das „Handwerkszeug" dazu und die Haltung.

Abb. 6: Bild Frau D.

📖 *Gut zu wissen – gut zu merken*

- Die Lebensspanne Alter umfasst eine Phase mit sehr unterschiedlichen Lebensformen.
- Das Konzept der Motogeragogik ist ein theoriegeleitetes Praxiskonzept. Ziel ist, die Menschen dabei zu unterstützen, besser mit sich selbst in ihren sozialen Bezügen und in der Umwelt zurecht zu kommen. Dazu wird ihre Ich-Kompetenz, Sozial-Kompetenz und Sach-Kompetenz gestärkt.
- Das Medium der Motogeragogik ist die Bewegungsarbeit. Die Unterteilung der drei großen Kompetenzbereiche in verschiedene Erfahrungsfelder strukturiert die Praxis und gibt konkrete Hilfestellung zur Umsetzung.
- Der Schwerpunkt der Psychomotorik liegt mittlerweile auf der Begleitung von Menschen in Alten- und Pflegeheimen und Menschen mit Demenz.
- Die Lebensbedingungen in einem Alten- und Pflegeheim bedeuten oft eine Einschränkung der Selbstständigkeit und Bewegung. Damit wird die weitere Persönlichkeitsentwicklung gefährdet. Gerade hier können durch die psychomotorischen Anregungen Menschen in „besonderen Lebenslagen" begleitet und unterstützt werden.
- Wenn Worte versagen, bildet Bewegung die Brücke, auf der wir die Menschen erreichen. Psychomotorik und Demenz „passen" zueinander.

📖 *Literatur*

Aner, K./Karl, F./Rosenmayr, L. (Hrsg.) (2007): Die Neuen Alten – Retter des Sozialen? Wiesbaden: VS Verlag.
Baer, U./Schotte, G. (2009): Das Herz wird nicht dement. Weinheim: Beltz.
Eisenburger, M. (2004): Psychomotorik im Alter. In: Köckenberger, H./Hammer, R. (Hrsg.): Psychomotorik – Ansätze und Arbeitsfelder. Dortmund: Verlag modernes lernen, 531–570.
Eisenburger, M. (2012 a): „Zuerst muss die Seele bewegt werden". Psychomotorik im Pflegeheim. Ein theoriegeleitetes Praxisbuch. (2. Aufl.). Dortmund: Verlag modernes lernen.
Eisenburger, M. (2012b): Bewegung baut Brücken zu Menschen mit Demenz. *Motorik*, Schwerpunktheft Psychomotorische Entwicklungsbegleitung in der zweiten Lebenshälfte, 4, 158–170.
Eisenburger, M. (2012c): Aktivieren und Bewegen von älteren Menschen. (7. Aufl.). Aachen: Meyer & Meyer.
Eisenburger, M. (2012d): Menschen mit Demenz verstehen. Bewegung baut Brücken. Hannover: Vincentz.
Eisenburger, M./Gstöttner, E./Zak, T. (2008): In Bewegungsrunden aktivieren. Ideen und Anregungen aus der Psychomotorik. Hannover: Vincentz.
Eisenburger. M./Zak, T. (2013): Bewegte Begegnungsstunden für Menschen mit Demenz. Aachen: Meyer&Meyer.
Kitwood, T. (2008): Demenz. Der personenzentrierte Ansatz im Umgang mit verwirrten Menschen. (5. Aufl.). Bern: Huber.
Koch-Straube, U. (1997): Fremde Welt Pflegeheim. Bern: Huber.
Philippi-Eisenburger, M. (1991): Bewegungsarbeit mit älteren und alten Menschen. Schorndorf: Hofmann. Reihe Motorik, Bd. 10.
Wißmann, P. (Hrsg.) (2004): Werkstatt Demenz. Hannover: Vincentz.
Wojnar, J. (2007): Die Welt der Demenzkranken. Hannover: Vincentz.

Teil III   Weiterführende Informationen

1 QUALIFIZIERUNGSMÖGLICHKEITEN

Astrid Krus

Qualifizierungen im Fachgebiet der Psychomotorik sind auf verschiedenen Qualifikationsniveaus und mit unterschiedlichen Abschlüssen möglich und umfassen einschlägige Hochschulstudiengänge, eine Fachschulausbildung und Fortbildungen. Darüber hinaus gibt es zwischenzeitlich mehrere Hochschulstudiengänge, die Psychomotorik als Studienschwerpunkt oder Vertiefungsfach anbieten.

1.1 Studiengänge

Das Angebot an spezifischen psychomotorischen Studiengängen ist derzeit noch sehr begrenzt und die multidisziplinäre Ausrichtung des Faches spiegelt sich auch darin wider, dass Psychomotorik als Lehrgebiet in andere Disziplinen (Heilpädagogik, Sonderpädagogik, Sozialpädagogik – siehe auch I.1) integriert ist. Zum aktuellen Zeitpunkt (Stand Oktober 2014) gibt es bundesweit einen Bachelor- und einen Masterstudiengang.

Bachelorstudiengang

An der Hochschule Emden/Leer gibt es seit 2013 einen Bachelorstudiengang „Interdisziplinäre Physiotherapie – Motologie – Ergotherapie". Dabei handelt es sich um einen drei-semestrigen Vollzeitstudiengang, der auf einer Ausbildung zur Physiotherapeutin, Motopädin oder Ergotherapeutin aufbaut.

Inhalte: Zentrale Intention des Studiengangs ist die Befähigung zur Entwicklung und Umsetzung bedarfs- und klientenorientierter Begleitungs- und Behandlungskonzepte, die eine gesunde Entwicklung ermöglichen. Körper, Bewegung, Wahrnehmung und Handlung werden dabei als Voraussetzung für die Persönlichkeitsentwicklung angesehen. Die Studierenden erwerben disziplinübergreifend professionelle Handlungskompetenz im Arbeitsfeld der Entwicklungs- und Gesundheitsförderung.

Umfang: Das Studium ist in zwei Studienabschnitte unterteilt: der erste Studienabschnitt findet an kooperierenden Fachschulen für Physiotherapie, Motopädie oder Ergotherapie sowie an der Hochschule Emden statt. Der zweite Studienabschnitt wird in Vollzeit an der Hochschule absolviert. Physio- und Ergotherapeutinnen und Motopädinnen mit einer abgeschlossenen Ausbildung können über eine Zugangsprüfung in den Studiengang einsteigen.

Zulassungsvoraussetzungen: Fachhochschulreife, fachgebundene oder allgemeine Hochschulreife und Ausbildung an einer kooperierenden Berufsfachschule oder Einstufungsprüfung und Teilnahme an Hochschulmodulen für examinierte Physiotherapeutinnen, Motopädinnen, Ergotherapeutinnen.

Abschluss: Bachelor of Arts (BA)
Weiterführende Informationen: www.hs-emden-leer.de/no_cache/fachbereiche/¬soziale-arbeit-und-gesundheit/studiengaenge/interdisziplinaere-physiotherapie¬motologie-ergotherapie.html

Masterstudiengang

Die theoretische Fundierung der Psychomotorik im Rahmen der Grundlagenkommission des Aktionskreises Psychomotorik mündete 1983 in die Etablierung des Diplom-Aufbau- und heutigen Masterstudiengangs Motologie an der Philipps-Universität Marburg.

Inhalte: Masterabsolventinnen sollen dazu befähigt werden, über die Arbeit mit Körperlichkeit und Bewegung Menschen über die gesamte Lebensspanne in ihrer Entwicklung zu unterstützen. Der Studiengang weist zwei Studienschwerpunkte auf, die Körperpsychotherapie und die Psychomotorische Förderung und Beratung. Beiden Studienrichtungen liegen Theorien zur Körperlichkeit und Bewegung, Selbsterfahrung, Entwicklungstheorie, Diagnostik und Gruppendynamik zugrunde. Der Schwerpunkt Körperpsychotherapie (KPT) fokussiert auf die Arbeit mit Erwachsenen in psychosomatischen und psychiatrischen Kliniken, während der Schwerpunkt Förderung und Beratung auf die Entwicklungs- und Gesundheitsförderung im Lebensverlauf ausgerichtet ist. Der Master eröffnet den Zugang zur Promotion.

Umfang: 4 Semester/2 Jahre als Voll- und Teilzeitstudium möglich
Zulassungsvoraussetzung: Mindestvoraussetzung ist ein abgeschlossenes B.A. Studium in Erziehungswissenschaft, Sportwissenschaft, Psychologie, Psychomotorik, Physiotherapie oder Ergotherapie, Sozialpädagogik bzw. –arbeit oder Heilpädagogik. Die Zulassung erfolgt über ein Eignungsfeststellungsverfahren.
Abschluss: Master of Arts
Weiterführende Informationen: http://www.uni-marburg.de/fb21/motologie

Studiengänge mit psychomotorischem Schwerpunkt

Die Qualifikation Psychomotorik im Rahmen grundständiger Bachelorstudiengänge erfolgt je nach Studienfach und -ort auf unterschiedliche Art und Weise. Ein Teil der Studiengänge weist die Bewegung/Psychomotorik als Vertiefung oder Schwerpunkt auf (z. B. Universität zu Köln). Einige Fakultäten (TU Dortmund, Leibniz-Universität Hannover, Hochschule Niederrhein) kooperieren mit externen Weiterbildungsakademien (z. B. Deutsche Akademie für Psychomotorik) und ermöglichen Studierenden eine zusätzliche, psychomotorische Qualifizierung (Berufsqualifikation Psychomotorik[dakp]). Einzelne Module (Psychomotorikseminare) des jeweiligen Studiengangs werden als Äquivalent der externen Qualifikation anerkannt. Um die psychomotorische Qualifikation abschließen zu können und das Zertifikat Psychomotorikerin zu erhalten, müssen die Studierenden nur einzelne Module der externen Kursreihe belegen und finanzieren. Voraussetzungen für die Anerkennung sind die inhaltliche Orientierung an den Curricula der Akademie und eine entsprechende Qualifizierung und Anerkennung der Dozentinnen. Eine Besonderheit stellt die seit vielen Jahren bestehende studiengangsinhärente Zusatzqualifikation Psychomotorik im Bachelor Soziale Arbeit der Hochschule Darmstadt dar (ausführlicher Kapitel I.5).

1.2 Fachschulausbildung

Die Curriculumkommission des Aktionskreises Psychomotorik erarbeitete nicht nur die Grundlagen für den Diplomstudiengang Motologie, sondern ebenso Lehrpläne für eine einjährige Fachschulausbildung, die von dem damaligen Schulleiter der Höheren Berufsfachschule für Gymnastik Dortmund, Johannes Gockel, aufgegriffen wurden und zur Gründung der ersten Fachschule für Motopädie 1977 und zur Ausbildung staatlich geprüfter Motopädinnen führte. Bei der Qualifizierung zur Motopädin handelt es sich um eine Weiterbildung mit staatlicher Abschlussprüfung, die auf eine vorherige Berufsausbildung als Erzieherin, Gymnastiklehrerin o. ä. aufbaut.

Inhalte: Motopädinnen erwerben umfangreiche Handlungskompetenzen, Menschen mit Einschränkungen in Wahrnehmungs- und Bewegungsfunktionen in ihren Lern- und Entwicklungsprozessen zu begleiten und zu fördern. Sie arbeiten mit Menschen aller Altersstufen, vorrangig aber mit Kindern und Jugendlichen.

Umfang: Die Weiterbildung wird als einjähriger Vollzeitbildungsgang oder als zweijährige, berufsbegleitende Maßnahme angeboten.

Zulassungsvoraussetzung: Abgeschlossene Berufsausbildung im Sozial- oder Gesundheitswesen, mindestens einjährige Berufserfahrung, sportmotorische, rhythmische oder psychomotorische Qualifikation.

Abschluss: Der Abschluss als staatlich anerkannte Motopädin kann derzeit an 13 staatlich genehmigten und anerkannten Fachschulen in Nordrhein-Westfalen, Sachsen-Anhalt, Thüringen und in Hessen erlangt werden. Allerdings ist die staatliche Anerkennung noch nicht bundeseinheitlich geregelt.

Weiterführende Informationen: http://www.motopaedie-verband.de

1.3 Fort- und Weiterbildungen

Das zentrale Anliegen der Gründungsmitglieder des Aktionskreises sowie der Mitarbeitenden in den Grundlagen- und Curriculumkommissionen war es, die Inhalte der psychomotorischen Praxis zu systematisieren und fachspezifisch zu formulieren, um sie dann einem breiteren Fachpublikum zugänglich zu machen. 1977 wurde der Grundstein für eine 200-stündige Zusatzqualifikation Motopädagogik gelegt, die bis heute als Rahmencurriculum fachlich fundierter Qualifikationen Gültigkeit hat. Die Inhalte der Körper-, Material- und Sozialerfahrung bilden die Kernthemen dieser Qualifikationen, die um aktuelle theoretische Fundierungen sowie Themen aus dem pädagogischen und therapeutischen Arbeitsfeld ergänzt wurden. Daneben entstand eine Vielzahl von Weiterbildungsangeboten, die sehr stark hinsichtlich Umfang, Qualität und inhaltlicher Ausrichtung differieren. Als

Weiterführende Informationen

fachlich fundierte und den umfangreichen Anforderungen des Handlungsfeldes gerecht werdend hat sich ein Qualifizierungsmodell etabliert, das auf dem damaligen Rahmencurriculum basiert und neben theoretischem Basiswissen und praktischen Anregungen insbesondere vielfältigen Selbsterfahrungsmomente und deren Reflexion bzw. die Auseinandersetzung mit der eigenen professionellen Haltung in den Vordergrund rücken.

Weiterführende Informationen zu den 200stündigen Qualifikationen finden Sie bei folgenden Anbietern:

Deutsche Akademie für Psychomotorik
Kleiner Schratweg 32
32657 Lemgo
www.dakp.de

Rheinische Akademie – Erwachsenenbildung im Förderverein Psychomotorik
Wernher-von-Braun Str. 3
53113 Bonn
www.psychomotorik-bonn.de

Institut für Bewegungsbildung und Psychomotorik
Gröbenhüter Str. 9
82194 Gröbenzell
www.ibp-psychomotorik.de

2 VERBÄNDE UND ORGANISATIONEN

Europäisches Forum für Psychomotorik

Das Europäische Forum für Psychomotorik (EFP) mit Sitz in Strasbourg wurde formell am 18. September 1996 während des ersten Europäischen Kongresses der Psychomotorik in Marburg gegründet (siehe auch I.1.3). Sie ist eine Interessenvertretung von Psychomotorikerinnen mit dem Ziel der Unterstützung der Psychomotorik in Europa, in der Bildungs-, Präventions- und Therapiepraxis, in der Anfangsformation oder Weiterbildung, in der Professionalisierung und der wissenschaftlichen Forschung.
www.psychomot.org

Deutsche Gesellschaft für Psychomotorik

Die Deutsche Gesellschaft für Psychomotorik e.V. (DGfPM) wurde am 26.09.2006 mit Sitz in Hamm/Westf. gegründet. Sie bietet allen psychomotorisch tätigen Institutionen die Mitgliedschaft in diesem Dachverband. Durch Vernetzung, Kooperation, gemeinsame Weiterentwicklungen, Fachveranstaltungen und politische Stellungnahmen sollen Bedeutung und Einfluss der Psychomotorik auf allen Ebenen von Praxis (Anwendung in Prävention, Förderung und Therapie), Fort-, Aus- und Weiterbildung, Forschung, qualitativ erweitert, im öffentlichen Bewusstsein verankert und besser etabliert werden. Die DGfPM besteht aus den folgenden sechs Sektionen: Aktionskreis Psychomotorik (AKP), Deutscher Berufsverband der Motopäden (DBM), Berufsverband der Motologen – Diplom/Master (BVDM), Wissenschaftliche Vereinigung für Psychomotorik und Motologie (WVPM), Psychomotorisch orientierte Aus-, Fort- und Weiterbildungsinstitutionen sowie der Bundesvereinigung der Psychomotorikvereine in Deutschland (BPVD).

Deutsche Gesellschaft für Psychomotorik
Wittmannstraße 3
59071 Hamm
www.dgfpm.com

Aktionskreis Psychomotorik

Der Aktionskreis Psychomotorik (AKP) ist die älteste und bundesweit agierende Interessenvertretung von Psychomotorikerinnen (siehe auch I.1.2). Als Initiator und Träger der Psychomotorik in Deutschland setzt sich der AKP auch übergreifend mit anderen Organisationen für die weitere Entwicklung und Verbreitung der Psychomotorik ein.

Aktionskreis Psychomotorik
Kleiner Schratweg 32
32657 Lemgo
www.psychomotorik.com

Deutscher Berufsverband der Motopäden

Der Berufsverband der MotopädInnen/MototherapeutInnen (DBM) wurde am 15.03.1980 gegründet, um eine berufsständische Interessenvertretung und eine Positionierung gegenüber anderen Berufsgruppen sowohl im sozialen wie auch im medizinisch-therapeutischen Bereich zu erreichen. Zu Beginn waren im Verband staatlich geprüfte/staatlich anerkannte Motopädinnen organisiert, die im Angestelltenverhältnis, freiberuflich oder selbständig im Bereich der Motopädie tätig waren. Ende 1986 integrierte sich der Berufsverband der Mototherapeuten, ein Zusammenschluss von Absolventinnen des Schulzentrums für Psychomotorik in Neustadt, das von 1976 bis 1979 Mototherapeutinnen ausbildete, in den DBM.

Deutscher Berufsverband der MotopädInnen/MototherapeutInnen DBM e. V
Wittbräuckerstraße 957
44265 Dortmund
www.motopaedie-verband.de

Berufsverband der Motologen – Diplom/Master

1985 wurde der Berufsverband gegründet, der die Interessenvertretung und das berufspolitische Organ der Diplom/Master-Motologen (BVDM) ist. Der BVDM sieht seine zentrale Aufgabe darin, die Präsenz und Akzeptanz der motologischen Denk- und Arbeitsweise innerhalb gesellschaftlich relevanter Bereiche wie z. B. dem Gesundheitsbereich, dem Schulwesen sowie in Aus- und Weiterbildungsinstitutionen zu unterstützen.

BVDM Geschäftsstelle
Postfach 200655
35018 Marburg
www.motologie.net

Wissenschaftliche Vereinigung für Psychomotorik und Motologie

Die Wissenschaftliche Vereinigung für Psychomotorik und Motologie (WVPM) wurde am 28. 01. 2006 von Wissenschaftlerinnen, die in den Bereichen der Psychomotorik und Motologie in Forschung und Lehre tätig sind, in Marburg gegründet. Zentrales Anliegen der WVPM ist die Förderung und Weiterentwicklung der wissenschaftlichen Psychomotorik und Motologie.

Wissenschaftliche Vereinigung für Psychomotorik und Motologie e. V.
c/o Prof. Dr. Christina Reichenbach
Evangelische Fachhochschule Rheinland Westfalen-Lippe
Immanuel-Kant-Str. 18-20
44803 Bochum
http://www.wvpm.org

Bundesverband der Ausbildungsstätten für staatlich anerkannte Motopädinnen und Motopäden

Am 07. 03. 2006 gründeten Vertreterinnen von Ausbildungsschulen für Motopädie den Bundesverband (BAM) in Bergisch Gladbach. Ihre zentralen Ziele sind die Zusammenarbeit zwischen den Mitgliedsschulen und der (Fach-) Öffentlichkeit, die Sicherung von Qualitätsstandards sowie der Erhalt und die Weiterentwicklung des Berufsfeldes und Berufsbildes der staatlich anerkannten Motopädinnen.
www.bam-ev.com

VERZEICHNIS DER AUTORINNEN UND AUTOREN

Dorothee Beckmann-Neuhaus
Diplom-Motologin, Sportwissenschaftlerin und Sportpädagogin, seit 1987 zuständig für den Bereich Mototherapie an der Klinik für Psychiatrie und Psychotherapie des Universitätsklinikums Münster, Schwerpunkte in der Arbeit mit Patientinnen mit affektiven Erkrankungen, Angsterkrankungen, Essstörungen, Lehrtätigkeit für Fortbildungsakademien, Hochschulen und Universitäten.

Prof. Dr. Amara R. Eckert
Diplom-Pädagogin, Sozial- und Sonderpädagogin; Professorin für Psychomotorik am Fachbereich Gesellschaftswissenschaften und Soziale Arbeit der Hochschule Darmstadt. Arbeitsschwerpunkte: Entwicklungsbegleitung und -therapie im Elementar- und Primarbereich, Supervision in psychiatrischen Einrichtungen. Weiterbildungen in Gesprächs- und Gestalttherapie, NLP, Systemische Beratung, Körperpsychotherapie, prä- und perinatale Trauma-Therapie. Seit 1979 Dozentin der Deutschen Akademie für Psychomotorik (dakp).

Dr. Marianne Eisenburger
Diplom-Pädagogin und Sportpädagogin, Promotion zur Bewegungsarbeit mit älteren und alten Menschen (Motogeragogik). Wissenschaftliche Mitarbeiterin im Studiengang Motologie, Arbeitsschwerpunkte: Psychomotorik im Alter, Psychomotorik und Demenz. Vorstandsmitglied der Alzheimer Gesellschaft Marburg-Biedenkopf. Leiterin von Bewegungsgruppen im Altenheim und in Betreuungsgruppen für Demenzkranke.

Prof. Dr. Ruth Haas
Diplom-Motologin, Sport- und Religionspädagogin, Professorin für Prozessorientierte Körper- und Bewegungstherapie im Fachbereich Soziale Arbeit und Gesundheit der Hochschule Emden. Studiengangsleitung des BA-Studienganges „Interdisziplinäre Physiotherapie – Motologie – Ergotherapie", Dekanin des Fachbereichs Soziale Arbeit und Gesundheit; Mitherausgeberin der Zeitschrift Motorik; Sprecherin des Netzwerkes Emder Kinder in Bewegung (NEKiB).

Dr. Richard Hammer
Diplom-Motologe, Lehrer Sek. II für Sport und Physik, Ausbildung in Gestalttherapie und Systemischer Paar- und Familientherapie, zurzeit Lehrer an der Kath. Fachschule für Sozialpädagogik, Saarbrücken; von 2002 bis 2009 1. Vorsitzender des Aktionskreis Psychomotorik.

Prof. Dr. Christina Jasmund
Erzieherin, Diplom-Philosophin, Diplom-Sozialpädagogin, Motopädin, Professorin für das Lehrgebiet Kindheitspädagogik an der Hochschule Niederrhein Mönchengladbach, Leiterin des Kompetenzzentrums Kindheitspädagogik in Bewegung an der Hochschule Niederrhein (gemeinsam mit Astrid Krus).

Verzeichnis der Autorinnen und Autoren   251

Prof. Dr. Astrid Krus
Diplom-Motologin, Professorin für das Lehrgebiet Kindheitspädagogik an der Hochschule Niederrhein Mönchengladbach, Leiterin des Kompetenzzentrums Kindheitspädagogik in Bewegung an der Hochschule Niederrhein (gemeinsam mit Christina Jasmund), langjährige Berufserfahrung als Diplom-Motologin in einem Sozialpädiatrischen Zentrum, Mitherausgeberin der Zeitschrift motorik, 1. Vorsitzende des Aktionskreises Psychomotorik, Präsidentin der Deutschen Gesellschaft für Psychomotorik.

Vertr. Prof. Dr. Stefanie Kuhlenkamp
Diplom-Pädagogin mit dem Studienschwerpunkt Bewegungserziehung und -therapie, Vertretungsprofessorin an der Fachhochschule Dortmund im Fachbereich Angewandte Sozialwissenschaften, Promotion zur Wirkung psychomotorischer Förderung auf Sprache und Kommunikation bei Schulkindern in sozial benachteiligten Regionen. Langjährige Tätigkeit als Dozentin und Therapeutin im Bereich Psychomotorik.

Prof. Dr. Frank Ulrich Nickel
Diplom-Sportlehrer, Psychomotoriker (dakp), Dr. phil., Professor für Pädagogik an der Hochschule Darmstadt, Lehrbeauftragter an Universitäten im In- und Ausland, Spiel- und Theaterpädagoge, Psychomotoriker, Lehrqualifikation Psychomotorik AKM, Schauspielausbildung, Kleinkunstpreise.

Prof. Dr. Stefan Schache
Diplom-Motologe; Lehramt Sonderpädagogik, Professor für Heilpädagogik und Inklusive Pädagogik an der EFH Bochum, zuletzt wiss. Mitarbeiter im Institut für Sport- und Bewegungswissenschaften der Universität Osnabrück, berufliche Erfahrungen in der Organisationsberatung, als Sport- und Förderschullehrer und als Motologe in Schulen und Vereinen. Forschungsschwerpunkte: Inklusion und Psychomotorik, Selbstkompetenz transdisziplinär.

Jan Schulz
Diplom-Sozialpädagoge (FH), Lehrqualifikation Motopädagogik/Psychomotorik (dakp), Aus- und Weiterbildungen in Sportpädagogik, Erlebnispädagogik, Kampfkunstlehrer. Vielschichtige Berufserfahrungen in Jugendhilfe und Schule, arbeitet seit mehreren Schuljahren als Lehrer auf Vertretungsstellen an Förderschulen Lernen und Soziale Entwicklung und im Gemeinsamen Unterricht einer Grundschule, www.Soziomotorik.de

Bettina Bretländer
Michaela Köttig
Thomas Kunz (Hrsg.)

Vielfalt und Differenz in der Sozialen Arbeit

Perspektiven auf Inklusion

2014. 260 Seiten. Kart.
€ 29,99
ISBN 978-3-17-022252-6

Grundwissen Soziale Arbeit

Der Umgang mit Vielfalt und Differenz markiert in der Sozialen Arbeit eine zentrale Herausforderung. Das vorliegende Lehrbuch dient der Standortbestimmung und Weiterentwicklung der gegenwärtigen Diskussion in diesem Spannungsfeld. Nach einer grundlegenden Einführung in zentrale Fachbegriffe werden die Differenzkategorien Geschlecht, ethnische Herkunft, Behinderung, Alter und sexuelle Orientierung in ihren historischen und sozialpolitischen Kontext eingebettet sowie eine intersektionale Betrachtung von Differenzlinien vorgestellt. Im Anschluss werden Arbeitsfelder, Ansätze und Konzepte der Sozialen Arbeit diskutiert, die diese Differenzkategorien und entsprechende Erfahrungshintergründe in den Mittelpunkt gestellt haben, um gesellschaftliche Teilhabechancen zu verbessern. Die Autorinnen und Autoren diskutieren Reichweite, Begrenzungen und Kritikpunkte dieser Ansätze. Ein Augenmerk liegt auf der Frage, ob das in der Diskussion stehende Paradigma der Inklusion anknüpfungsfähig sein könnte und inwieweit es bisherige Zielgruppenfixierungen zu irritieren vermag.

Die Herausgeberinnen und der Herausgeber lehren an der Frankfurt University of Applied Sciences.

Leseproben und weitere Informationen unter www.kohlhammer.de

W. Kohlhammer GmbH · 70549 Stuttgart
vertrieb@kohlhammer.de